中国真实进步指标测算报告
(2018)

MEASURING REPORT OF
CHINA GENUINE PROGRESS INDICATOR (2018)

主编／关成华　涂勤

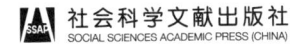

社会科学文献出版社
SOCIAL SCIENCES ACADEMIC PRESS (CHINA)

北京高精尖学科"陆地表层学"资助

This research is financially supported by Beijing Advanced Innovation Program for Land Surface Science

前 言

关成华

工业革命以来，全球经济结束近千年的长期停滞状态，步入快速发展的全新阶段。人口总量作为"马尔萨斯陷阱"时代最重要的经济表征已经远不足以衡量经济发展的全貌，国民收入账户体系以及国内生产总值（Gross Domestic Product，GDP）相应诞生，并迅速成为全球经济核算的通行指标。但在 GDP 指标创设之初，GDP 的局限性就已经显现，西蒙·史密斯·库兹涅茨在 1934 年首次向美国国会提交国民收入账户报告时曾这样表示："一个国家的福利如何，几乎无法从国民收入的数量来判断。"究其原因，GDP 核算关注的是经济总量的增长，而忽略了经济发展的质量，与经济增长相伴而生的环境污染和贫富差距等问题都不在 GDP 核算的范畴内。如果任由上述问题持续恶化，最终会反噬经济增长，更会伤及提升社会福利这一经济持续发展的原动力。

为实现经济的可持续增长，理想的情形是从社会福利的角度着手进行经济核算。现代福利经济学创始人阿瑟·塞西尔·庇古早在 20 世纪 20 年代就开始这方面的尝试，但受制于缺乏成熟的宏观经济测度体系等因素，前期相关量化工作的推进非常缓慢。20 世纪 90 年代至今，可持续发展的理念逐渐在全球范围内得到广泛的认同：1992 年，联合国发展大会通过的《21 世纪议程》正式提出全球可持续发展行动计划，明确强调对可持续发展进行量化测度的重要性；2012 年，联合国"里约+20"峰会再次强调创设新的、可衡量的和可持续发展指标的重要性；2015 年 9 月，联合国成员国在峰会上正式通过 17 个可持续发展目标（Sustainable Development Goals，SDGs），即促进经济发展、社会包容与环境可持续性的统一，肯定了人类社会与社会生态系统之间相互依存、协调发展的关系。

SDGs 指出人类行为对地球系统可能造成根本性的影响，同时也强调人类为"永续保留享受美好生活的机会"共同努力的重要性。强调以消除贫困、消除饥饿、确保优质教育、实现性别平等、确保食品和水资源安全、改善人类健康、遏制生物多样性丧失等为切入点,转变发展模式,推动可持续发展引领创新改革,把可持续发展目标作为一个非常重要的、新的创新政策的战略方向来对待,同时推动绿色发展,保证生态和生产的可持续性。我们应意识到实现什么样的发展目标与思考我们该如何采取行动是同等重要的,治理创新便源于此。此外,统计量化和分析评估是社会治理的重要手段,任何由目标与子目标构成的治理系统,其基础都应该是量化工作。任何特定目标均可通过多种方式量化,而实施方式、利益主体、量化体系发展、指标选取的方式将对最终目标的实现产生重要影响。量化体系的成功与否取决于次国家级参与者形成的分散网络是否愿意且能够收集并报告数据,进而形成可对比、可量化的指标。力求做到这些,正是本书的价值所在,本书还旨在提升全球指标选择过程的参与度和透明度,促进中国融入国际可持续发展目标。

在围绕可持续发展目标和社会福利提升创设的指标体系中,真实进步指标(Genuine Progress Indicator,GPI)是学界传播度最广和认可度最高的一个。该指标是由克利福德·科布、泰德·哈斯特德和乔纳森·罗于1995年在原有的经济福利测度(Measure of Economic Welfare,MEW)和可持续经济福利指标(The Index of Sustainable Economic Welfare,ISEW)的基础上提出的。GPI涵盖了经济、社会和环境三个方面,用20余个子指标来测度市场和非市场的经济活动,通过全面核算其对社会福利的贡献和损失来弥补GDP在测算可持续性和社会福利方面的不足。比如,核算了当期投资的"未来收益"或"未来服务价值"(如教育支出和耐用品的消费等),核算了经济活动对环境和社会产生负面的影响(如水污染、空气污染成本和犯罪成本等),核算了提高人类福祉但未在市场上定价的经济活动(如家务劳动和志愿者服务等)。

中国自改革开放40年以来,经济取得了举世瞩目的成就,GDP总量已经跃居全球第二,人均GDP也将在2019年迈过1万美元大关。以GDP为导向的激励机制在其中扮演了非常重要的角色,但由此衍生的生态环境破坏和社会经济问题也不容忽视。步入新时代,随着中国经济从高速增长阶段转向高质量发展阶段,弱化GDP增速目标和淡化GDP考核成为必然的选择。围绕高质量发展构建新的经济指标体系作为现代政府治理体系的重要理论基础被赋予了更加重要的时代意义。GPI较好地契合了高质量发展的内涵，但目前国内相关的研究较为稀缺，且主要基于可得的宏观数据来进行测算。

为了弥补中国GPI测算中微观数据不足的短板，北京师范大学经济与资源管理研究院成立中国真实进步微观调查与研究中心，有针对性地开展"中国真实进步微观调查"（China Genuine Progress indicator Survey，CGPiS）这一全国性的大型综合调查项目，为测算中国和分省级的真实进步指标提供更为扎实的微观数据支持。中心在2016年、2017年和2019年三次开展全国性综合社会调查的基础上，进一步总结调查经验，完善测算方法，长期推进相关调查研究工作。基于调查所得数据，中心建立了"中国真实进步数据库"，开展相关研究工作，构建中国真实进步指标体系与测算框架，为更加全面、准确地反映我国可持续发展和社会经济福利水平提供扎实的研究成果，同时在志愿者服务价值、家务劳动服务价值和收入不平等的社会成本等学界和社会关注的问题上进行深入的研究和探索。这些都将成为政策制定的理论依据，促进从全球到区域、国家和地方各级可持续发展目标的实现。

本报告首次基于具有全国和省级代表性的微观调查数据，对全国和各省的GPI进行测算，探讨省级GPI之间的差别。除此之外，我们收集了全球已有对GPI测算的国家和地区的数据并进行比较分析，以明确中国（或各省）在全球可持续发展和福利水平中的定位，为探索如何提高国家经济增长质量、环境可持续性和社会福利提供新的视角。在此基础上我们还充分进行了一系列的深入研究工作，未来我们将陆续推出《中国真实进步指标测度报告1979~2018》《中国志愿者服务经济价值测算报告2020》《中国家务劳动经济价值测度报告2020》等报告。

谨在此感谢在中国真实进步微观调查中跋山涉水只为获取第一手数据的高校学子，感谢西南财经大学中国家庭金融调查与研究中心对本研究的大力支持，感谢参与报告写作的研究人员，包括张婕、王志敏、郭赛赛、张秋月、赵翼、田梦杰、刘禹麟等。关成华、涂勤在初稿基础上对全书进行了补充修改。

目录

第1章　绪论 ·· 001

第2章　真实进步指标理论综述 ·· 004
2.1　引言 ·· 004
2.2　真实进步指标的理论与测算思路 ································ 005
　2.2.1　真实进步指标理论的诞生与发展 ························ 005
　2.2.2　GPI指标的测算思路 ······································· 015
2.3　GPI的指标设置 ··· 019
　2.3.1　指标设置——以美国佛蒙特州为例 ····················· 020
　2.3.2　GPI 2.0指标设置——以巴尔的摩市为例 ·············· 032
　2.3.3　中国真实进步指标报告指标设置 ························ 039
2.4　GPI的应用 ·· 042
　2.4.1　国家、地区应用 ·· 042
　2.4.2　基于GPI核算的政策评估 ································ 055
2.5　GPI评价与前景 ·· 057
　2.5.1　GPI的优点 ·· 057
　2.5.2　GPI的不足 ·· 059
　2.5.3　前景与改进 ·· 060

第3章　市场基础的商品和服务价值 ······································ 065
3.1　家庭消费支出 ··· 065
3.2　防御性消费支出 ·· 071

    3.2.1 医疗保健成本…………………………………………… 072
    3.2.2 法律服务成本…………………………………………… 078
    3.2.3 食品和能源浪费成本…………………………………… 081
    3.2.4 福利中性商品…………………………………………… 087
    3.2.5 防尘防雾霾支出………………………………………… 093
    3.2.6 保险成本………………………………………………… 097
  3.3 家庭投资成本………………………………………………… 101
    3.3.1 耐用品支出……………………………………………… 101
    3.3.2 家居维修保养及改善支出……………………………… 108
    3.3.3 高等和职业教育………………………………………… 112
  3.4 收入不平等的调整…………………………………………… 117
  3.5 公共物品和服务……………………………………………… 119

第4章 要素资本提供的服务价值……………………………………… 123
  4.1 人力资本服务价值…………………………………………… 123
    4.1.1 高等教育的服务价值…………………………………… 125
    4.1.2 制造业服务价值………………………………………… 132
  4.2 社会资本服务价值…………………………………………… 136
    4.2.1 家务劳动………………………………………………… 136
    4.2.2 志愿服务………………………………………………… 144
  4.3 存量资本服务价值…………………………………………… 162
    4.3.1 交通基础设施服务价值………………………………… 162
    4.3.2 电力燃气水基础设施服务价值………………………… 167
    4.3.3 家庭资本服务价值……………………………………… 170
    4.3.4 高铁服务价值…………………………………………… 174
  4.4 自然资本服务价值…………………………………………… 178

第5章 环境与社会成本………………………………………………… 184
  5.1 不可再生能源消耗的替代成本……………………………… 185
  5.2 污染成本……………………………………………………… 187
    5.2.1 温室气体排放…………………………………………… 187

  5.2.2 空气污染 190
  5.2.3 水污染 193
  5.2.4 固体废弃物污染 195
  5.2.5 噪声污染 198
 5.3 经济活动的社会成本 200
  5.3.1 犯罪成本 200
  5.3.2 家庭变更成本 206
  5.3.3 通勤成本 211
  5.3.4 交通事故成本 222
  5.3.5 休闲时间损失成本 226

第6章 真实进步指标测算结果及比较分析 239
 6.1 测算结果与分析 239
  6.1.1 全国GPI、人均GPI 239
  6.1.2 东、中、西及东北区域GPI、人均GPI测算结果与分析 242
  6.1.3 各地区GPI、人均GPI测算结果与分析 248
 6.2 三大账户比较 253
  6.2.1 全国GPI各账户比较 253
  6.2.2 区域GPI各账户比较 256
  6.2.3 地区GPI各账户比较 262
 6.3 GPI的国内外比较 275
  6.3.1 国家GPI比较 275
  6.3.2 国家GPI/GDP比较 275
  6.3.3 地区GPI比较 277
  6.3.4 地区GPI/GDP比较 277
  6.3.5 和中国现有GPI测算结果比较 278

附 件 282

第1章 绪论

早在20世纪20年代,现代福利经济学创始人A.C.Pigou,就在其著作《福利经济学》(*The Economics of Welfare*)中,阐述过将国民收入与福利等价起来的思想。但是在当时,这个想法还难以真正实现,因为没有成熟的宏观经济测度体系。1953年,联合国发布"国民经济核算体系"(System of National Accounts,SNA),其中国民生产总值(Gross National Product,GNP)或国内生产总值(Gross Domestic Product,GDP)作为该体系的核心内容,受到广泛的关注与推崇,其主要核算一定时期内国家的生产能力,衡量经济的发达程度。

1970年以后,人们逐渐意识到,影响福利水平的不仅仅是经济因素,社会、环境等因素都在发挥着重要作用。一些经济学家提出,经济增长或收入增加不能等同于福利提升,比如在自然灾害等破坏性项目上支出增加,虽然GDP增加,但实则意味着国民享受到的福利减少。同时,生产的最优规模、资源的公平分配与效率配置等,成为经济学家们关注的重点。对人类福利水平的测度,需要将社会、环境等因素纳入现有的国民经济核算体系,因此学术界对已有的宏观框架进行研究和调整,或者直接开发新的框架,福利测度方法的探索迎来了一个热潮。

伴随着观念的进步,从20世纪70年代到90年代,相关学科也得到了重大发展,产生了很多新学派、新理论。其中,有代表性的包括:新古典经济学、生态经济学、经济伦理学、绿色经济学、可持续发展理论等。[1] 这些理论大部分发源于美国,既为真实进步指标(Genuine Progress Indicator,

---

[1] 关于各理论形成的具体时间,新古典经济学和生态经济学是1970年代,经济伦理学是1970~1980年代,绿色经济学和可持续发展理论都是1980年代末至1990年代。正是在这个时期,MEW、ISEW和GPI相继诞生。

GPI）的产生提供了理论依据，也为其进一步发展完善创造了有利条件。总之，从1970~1990年的实践与理论发展中，可以清楚地看到GPI产生的历史必然性。这一背景为GPI后来在国际上迅速流行，奠定了坚实的社会基础，提供了广阔的发展空间。

GPI诞生的直接原因是对GDP的反思与批评。但是事实上，其更深刻的时代背景，是人们对于经济福利的认知觉醒与不懈追求。自20世纪60年代末开始，美国等西方发达国家的民众，就开始关注环境和社会问题。他们意识到工业化的生产方式和现代化的生活方式，会造成自然环境的破坏，并给社会带来消极影响。在这个时期，发达国家经过二战后的高速发展，经济开始普遍遭遇危机，国家的福利政策困难重重，社会中贫富分化、矛盾冲突不断加剧，自杀、犯罪、毒品等问题日益凸显。自20世纪80年代晚期到90年代初，由于全球经济出现衰退，经济增长重新成为人们关注的焦点。但即使如此，环境与社会问题也仍然吸引了越来越多的注意，在某些发展中国家和地区，甚至出现了进一步恶化的趋势，比如绝对贫困、森林破坏、气候变化等。

与此同时，20世纪70年代，西方国家的政府管理体系遇到了前所未有的困境，改革的呼声越来越高。西方国家的政府开始学习私人企业的经验，通过运用新技术特别是信息手段，建立健全的绩效管理和考核体系，全面提升执政能力与服务水平。这个改革在1990年达到了一个高峰，即普遍建设服务型政府，以服务为本、以公民为中心的施政理念得到了广泛接受和实行，互联网技术的发展也为这一理念的落实提供了有力的技术支持。

处于发展时期的中国，政府追求高速的经济增长，采取粗放的增长模式，导致中国也面临着一系列的问题——贫富分化、社会矛盾加剧，环境恶化等。习近平总书记在十九大报告中提出"我国经济已由高速增长阶段转向高质量发展阶段"，"高质量发展，就是能够很好满足人民日益增长的美好生活需要的发展，是体现新发展理念的发展，是创新成为第一动力、协调成为内生特点、绿色成为普遍形态、开放成为必由之路、共享成为根本目的的发展。"

在这种情况下，对于政府来说，如何在经济不断增长的同时，保证经济、社会、环境全面协调发展，保证人们享受可持续的福利，成为亟待解决的时代课题。其中，最直接和迫切的任务，是建立健全科学的绩效考评体系。由此，GPI 这类新型指标体系的建立自然成为必要。

　　本报告的主要目的是基于 2017 年中国真实进步微观调查数据和宏观数据，通过对 GPI 的系统研究和测算，全面、准确地展示中国真实进步的理论与实践状况，推动国内相关研究与应用的深入开展，并为促进经济、社会和环境更加健康、可持续发展提供政策依据。

　　本报告主要分为六章：第 1 章为绪论；第 2 章为真实进步指标理论综述，主要内容为 GDP 存在的不足，其他测算社会发展福利水平的指标，GPI 的理论与逻辑，GPI 的指标设置，GPI 的应用以及 GPI 的评价与前景；第 3 章为市场基础的商品和服务价值，第 4 章为要素资本提供的服务价值，第 5 章为环境与社会成本，其中，第 3、4、5 章主要根据对中国真实进步微观数据的处理和宏观数据的收集，对中国 GPI 各账户分类指标进行核算和结果展示；第 6 章为真实进步指标测算结果及比较分析，主要基于测算的人均 GPI 和人均 GPI/GDP，各省人均 GPI 和人均 GPI/GDP，进行了国别、区域和省际对比分析。

第2章 真实进步指标理论综述

2.1 引言

中国特色社会主义进入新时代，社会主要矛盾已经转化为人民日益增长的美好生活需要和不平衡不充分的发展之间的矛盾。如何科学衡量国家或地区的发展进步，体现发展的可持续性与社会福利的提升成为新时代需要解决的首要问题之一。真实进步指标（Genuine Progress Indicator，以下简称 GPI）为这一问题的解决提供了思路与方法。

自 GPI 诞生以来，国际上对其研究与应用日益广泛，在国家/地区真实进步的变化趋势、真实进步的国际对比等方面都形成了一定的成果（Andrade & Garcia, 2015；Clarke & Shaw, 2008；Costanza et al., 2004；Delang, 2016；Hayashi, 2015；Kubiszewski et al., 2013；Kubiszewski et al., 2015）。然而，由于 GPI 体系中包含的指标繁多，且部分指标缺乏统一、标准的测度方式，因此不同研究结果之间难以进行横向对比。

近年来，国内学者开始尝试对中国整体或地区开展 GPI 测度研究（李刚等，2001；李燕、李应博，2014；Hou，2017）。这些研究在一定程度上揭示了中国的真实进步程度，但其研究或缺乏微观调查数据的支持，或包含的地域范围较小，且缺乏长期坚持，无法进行省际的横向对比，难以产生持久显著的社会影响。

随着 GPI 理论与实践的发展，为了更加准确地测度 GPI，使指标设置更加统一，便于进行对比，在一部分国外学者的提倡下，GPI 核算在近年来进行了一次较大的核算原则与指标体系设置的调整，亦称 GPI 2.0（Bagstad et al., 2014；Talberth & Weisdorf, 2017）。当前，国内尚缺乏对 GPI 2.0 体系的介绍，也鲜有基于 GPI 2.0 测度的实践。

针对上述情况，本章将主要对 GPI 的理论与实践进行系统梳理，并着重对比 GPI 1.0 与 2.0 指标体系之间的差异，并相应提出中国真实进步指标测算框架。

2.2 真实进步指标的理论与测算思路

2.2.1 真实进步指标理论的诞生与发展

从根本上来说，GPI 的诞生与弥补国内生产总值（Gross Domestic Product，以下简称 GDP）对于福利水平测度的不足密切相关。因此，本节首先简要介绍 GDP 对福利的测度与不足。

2.2.1.1 GDP 对福利的测度

GDP 最早由 Simon Kuznets 于 1934 年提出，指按照市场价格测算一个国家或地区在一定时期内生产的最终产品和服务的总价值，通常被视为衡量宏观经济成效的指标。GDP 对国民福利水平的测度主要体现为：以支出法测算的 GDP 能反映社会所有成员在一段时期内的支出总和，而在经济均衡运行的条件下，用消费者在特定环境中满足自己最大效用所需的最小支出可以度量消费者的效用满足水平，因此在度量社会总支出水平的同时，GDP 能够在一定程度上反映社会总体的效用水平。

2.2.1.2 GDP 对福利测度的不足

在过去半个多世纪中，GDP 是一个非常重要的宏观经济账户，在全球范围内得到广泛应用。然而随着时间推移，越来越多的学者意识到 GDP 的局限性（Nordhaus & Tobin，1972；向维国和唐光明，2004）并逐渐达成共识。结合以往文献的观点，本报告对于 GDP 对福利测度的不足主要有如下总结。

1. 在市场交易活动的度量方面，GDP 无法区分产出增长的性质

首先，GDP 无法识别产出增长带来的是福利增长还是福利损耗。GDP 计算的是市场上可交易的最终产品和劳务的货币价值，只要最终产品和服务发生市场交易，就会带来 GDP 的增加。但是这些市场交易的性质并不能区分是增加还是减少了社会福利，比如犯罪、自然灾害和交通事故等带来的支出，使 GDP 增加了，但使国民的福利水平降低了。

其次，GDP无法体现产出增长与福利增长之间存在的时滞。例如，一些耐用消费品为居民带来的福利可能会持续几年，比如电视机、汽车等，因此其支出不应全部计入当期收益，而应根据使用年限分期核算。

再次，GDP不能有效反映经济增长的质量。一方面，由于存在通货膨胀等价格因素，在使用GDP衡量经济增长时需要对价格进行调整，实际GDP（使用之前某年价格作为基期价格调整的GDP）的产生在一定程度上缓解了此问题；另一方面，即使使用相同基期价格，也只是对市场活动中的数量进行统计，并不反映产品和服务的质量变化。GDP的快速增长，可能只是生产了大量劣质的产品和服务，并没有提高其品质，同时技术进步和产品升级可使居民享受到更高质量的生活，却很难在现有的GDP统计中体现出来。

最后，GDP无法反映增长带来的发展可持续性。GDP只是反映人们过去经济活动取得的结果，无法反映这些活动对当前和未来的影响，即只反映结果，不反映产生结果的能力是否可持续。作为经济发展的必要条件，自然资源的可再生能力、人力资源的开发等，都没有被计入。同时，GDP忽略了收入分配的公平性，从而不能完全反映社会群体的贫富分化，以及其带来的潜在风险。

2. 忽略了非市场交易活动

由于GDP的度量范围仅包含市场交易活动，因此忽略了一些非市场交易活动中的隐性收益或损失。在收益方面，比如社会活动的积极贡献，包括家庭劳动、志愿服务等创造的服务价值，应作为加项计入收益；在损失方面，比如环境污染、森林消耗、家庭破裂等带来的成本，应当在收益中予以扣除。

总之，GDP存在以上提到的诸多问题。到目前为止，虽然在计算一国产出时，GDP依旧具有很大的优势。然而在计算一国居民在一定时期内享受的福利时，GDP却存在很大问题。其根本原因在于，GDP的设计初衷是为了及时反映宏观经济形势并做出有效应对，并非要对经济社会发展做全面衡量，因此不能完全体现国民享受到的福利水平。而后，随着GDP被广泛应用且易于理解，GDP的重要性被逐渐放大，一个国家或地区的GDP越高，通常被认为越富裕，福利水平也越高。这种将市场表现与更广泛的福利等同的观点，会导致政府政策的偏离和不可持续的增长。在某些国家和地区，GDP 增长几乎成为政府最重要的目标，造成了严重后果，比如自然资源耗竭、生活环境恶化、社会矛盾高发等。

为了准确、全面衡量人类享受到的福利水平，自 20 世纪 70 年代以来，学术界或对已有的 GDP 测算框架进行调整，或者直接开发新的指标体系，试图建立更完善通行的 GDP 替代指标。

2.2.1.3 GDP 的调整及替代指标

20 世纪 70 年代初，经济学家开始质疑 GDP 度量的经济增长与人类福利改善成比例的假设（Berik et al., 2011）。此后，一些旨在衡量社会福利水平的指标相继出现，试图解决 GDP 存在的不足。以下是对一些以 GDP 为基础的调整指标和 GDP 的替代指标进行的梳理介绍。

1. 以 GDP 为基础的调整指标

（1）经济福利量

经济福利量（Measure of Economic Welfare, MEW）由美国诺贝尔经济学家得主 William D. Nordhaus 和 James Tobin 共同提出。该指数是第一个对 GDP 进行调整的指数，也是第一个衡量经济可持续发展的指标，为之后 GDP 替代指标的提出奠定了重要基础（Nordhaus & Tobin, 1972）。

MEW 以国民产出为测算基础，做出以下四个方面的调整：一是剔除不会直接增加家庭福利的支出，比如运用于国家安全和外交的支出；二是增加家务劳动、非法产出和闲暇的价值；三是扣除环境破坏造成的损失，或者工业活动造成的环境污染成本，也是衡量城镇化的成本；四是将 GDP 的支出重新划分为消费、投资与中间投入。

然而，MEW 在包含某些可持续发展指标时，并没有全面核算其带来的福利或损失，比如自然资源的损耗问题。因此，虽然 MEW 较 GDP 加入了部分社会、环境指标，但是它仍然不能作为全面衡量福利水平、社会幸福感和生活质量的指标。

（2）绿色 GDP

绿色 GDP（Green National Accounting or Green, GDP）由联合国统计署于 1989 年提出，并在 1992 年"联合国环境与发展大会"里约峰会上获得广泛关注。在会议上，联合国各成员国就解决环境问题的重要性达成共识，并指出将环境指标纳入国民核算体系的必要性。

绿色 GDP 在 GDP 的基础上考虑了人类经济活动造成的环境降级（包括空气、水和土地）的成本，是对 GDP 的修正（Talberth & Bohara，2006）。绿色 GDP 的主要内容包括如下几个方面。

1）对自然资源的破坏和生态环境污染造成的直接损失。

2）为减少环境污染，恢复生态平衡所支付的经济支出。

3）过度开采和大量消耗导致自然资源枯竭所产生的负面效应。

4）环境污染导致的社会负效应。

然而，绿色 GDP 本身也存在如何从 GDP 中扣除成本、如何为环境污染和破坏定价等核算问题，且未包含除环境问题之外的其他经济活动可能带来的收益和损失。因此到目前为止，绿色 GDP 仍未发展成为衡量经济健康发展的统一指标，也尚未得到广泛使用。

（3）真实储蓄指数

真实储蓄指数（Genuine Saving，GS）由世界银行于 1997 年的世界发展报告中首次发布。GS 在国民储蓄的基础上考虑创造的人力资本和破坏的自然资本，增减相关项目，作为评估国家投资是否可持续的依据，并为国家的政策制定者提供清晰简明的指标。GS 相比 GDP 对于财富的界定更广。其在 GDP 基础上的调整内容包括如下几个方面。

1）从净储蓄中减去自然资源损耗（如森林和水资源损耗）、环境污染（包括污染造成的人类健康问题导致的福利损失）以及借款净额造成的成本。

2）加入当年的教育支出，把它作为对未来人力资本的投资而不是消费。

3）加入一系列 GDP 没有计算但影响经济发展的资产项。

然而，GS 的主要目标依旧是衡量社会、经济、环境的可持续发展，而不是人民福利。除此之外，GS 的不足之处与绿色 GDP 类似，在用价格评估社会和自然变量、环境损耗和环境破坏成本的方法上仍然不足。

（4）可持续发展指标体系

可持续发展指标体系（Sustainable Development Indicators，SDIs）由欧盟委员会（European Commission）于 2005 年首次发布，2007 年又进行了一次调整（European Commission，2011）。该体系属于欧盟可持续发展战略（EU Sustainable Development Strategy，EUSDS）的一部分。

SDIs 由 10 个一级指标构成，包括社会（贫困、教育、健康、人口统计等）、经济（经济发展、全球经济伙伴关系、消费和生产模式等）、环境（自然灾害、土地、海洋和海岸、淡水、生物多样性等）、制度（贪腐、犯罪等）等方面。

对 SDIs 的争议主要在于，将人均实际 GDP 增长率作为社会经济发展的指标能否充分衡量人民的可持续福利。目前，SDIs 主要被欧盟委员会用作衡量可持续发展而不是社会经济福利的指数，每两年汇报一次。

（5）经济环境核算体系

经济环境核算体系（System of Economic Environmental Accounts，SEEA）由联合国（UN）、欧盟（EU）、国际货币基金组织（IMF）、经济合作与发展组织（OECD）和世界银行（WB）于 2003 年联合提出。SEEA 集多种环境核算方法于一体，旨在测量环境对经济发展的贡献和经济发展对环境造成的影响。其由以下四类账户构成。

1）污染、能源和原材料的流量核算。

2）用于环境保护和资源管理的支出。

3）自然资源资产核算。

4）非市场环境商品和服务的价值。

作为政策制定的依据，SEEA 有助于评估空气、土壤和水污染等环境政策的实施效果，也有助于度量与环境相关的税收、补贴等措施的损益。值得注意的是，SEEA 虽然将环境和经济增长结合起来，但它尚未成为一个统计标准。目前，SEEA 由联合国统计委员会（UNSC）成立的联合国环境经济核算专家委员会（UNCEEA）进行优化，以期使 SEEA 成为国际通行的统计标准。

2. GDP 的替代指标

现代经济运行要求从经济、社会、环境、制度等方面综合衡量国家和地区经济社会发展的成果和经济福利。目前这些指标主要分为以下几类。

第一类，综合指数。综合指数是指将 GDP 在内的多个指标根据一定的算法结合而成的新的指数，比如人类发展指数（Human Development Index，HDI）和性别发展指数（Gender-related Development Index，GDI）等。

第二类，包括社会、环境变量，但不包括 GDP 的指数。比如物质生活质量指数（Physical Quality of Life Index，PQLI）、人类贫困指数（Human

Poverty Index，HPI)、生态足迹（Ecological Footprint，EF)、快乐星球指数（Happy Planet Index，HPI)、环境可持续发展指数（Environment Sustainability Index，ESI)、环境绩效指数（Environment Performance Index，EPI)、千年发展目标（Millennium Development Goals，MDGs)、可持续发展目标（Sustainable Development Goals，SDG）等。

第三类，地方性独立指标。由某个地区或地方性组织建立的指标，比如中国香港大学发布的香港生活质量指数（Hong Kong Quality of Life Index，HKQLI)、中国香港社会服务联会发布的社会发展指数（Social Development Index，SDI）和新加坡政府发布的城市生物多样性指数（City Biodiversity Index，CBI）等。

下文将对其中有代表性的部分指标进行简要介绍。

（1）人类发展指数

人类发展指数[①]（Human Development Index，HDI）由 Amartya Sen 和 Mahbudul Had 于 1990 年提出，包括三个维度：健康长寿、教育获得和生活水平。

HDI 衡量三个维度的指标分别为：出生时的预期寿命；成年人识字率（2/3 权重）和初等、中等及高等教育入学率（1/3 权重）；实际人均 GDP（购买力平价美元）。HDI 是这三种指标的平均值，三种指标的赋值分别从 0 到 100。按照 HDI 划分各国发展水平，将各国 HDI 值标准化为 0~1 之间的得分，划分具体标准：得分为 0.8~1 的国家为高发展水平国家；得分为 0.5~0.799 的国家为中等发展水平国家；低于 0.5 的国家为低发展水平国家。联合国开发计划署（UNDP）每年会在其人类发展报告中发布 177 个国家的 HDI，以激励世界各国家和地区关注人类发展。

HDI 是目前使用最广泛的测量人类发展水平的指标，然而其仍然存在不足之处。首先，HDI 忽略了生态环境变化带来的人们生活质量和社会福利变化问题；其次，HDI 核算的数据来源没有统一的标准，特别是对于欠发达国家和地区，数据的准确性有待提高；最后，由于缺乏更加综合的指标体系，

---

① HDI 来源于通过测量识字率、婴儿死亡率和其 1 岁时的预期寿命，来衡量人类生活质量和福利的物质生活质量指数（Physical Quality of Life Index，PQLI)。20 世纪 90 年代，PQLI 逐渐被 HDI 取代。HDI 延承了 PQLI 的理念。

HDI没有考虑更多影响人类社会可持续发展的方面，因此对衡量经济福利的指标仍需要进行发展和完善。

（2）性别发展指数

人类发展指数（HDI）推进了对人类发展的关注，但没有考虑社会发展中男女不平等的问题，因此联合国在1995年的人类发展报告（UNDP，1995）中提出了性别发展指数（Gender-related Development Index，GDI）。GDI的目的是在人类发展指数（HDI）的基础上加入性别差异的维度，方法是在计算HDI的三个组成部分时考虑性别差异，比如在计算预期寿命时考虑女性的平均寿命比男性长5年，计算实际收入时考虑到男女的收入差异。

GDI备受争议之处在于其仅仅是HDI与性别差异的结合，实际上还无法成为测量男女不平等的指标。并且，GDI与HDI一样没有统一的标准，因此在使用过程中仍有一定的局限性。

（3）人类贫困指数

人类贫困指数（Human Poverty Index，HPI）由联合国开发计划署（UNDP）于1997年提出，旨在评估一个国家的生活水准。HPI主要关注的是健康、教育、生活水平这三个维度，其目标是反映人们生活的贫困程度而不是消费或收入水平。

为了更好地反映国家间的社会经济差异，人类贫困指数把发展中国家（HPI-1）与高收入工业化国家（HPI-2）分开进行研究。HPI-1的测量维度主要包括预期寿命、成年人识字率和可获得的水资源以及体重不足的儿童。HPI-2的测量则主要包括预期寿命、成年人识字能力、收入不平等和长期失业率。

目前来看，人类贫困指数有一定优势，因为其包含的都是人类社会经济生活中必不可少的元素，对政府公共服务供给和政策制定实施都有直接的借鉴意义。但由于指标的独特设置，人类贫困指数更适合评估需要政策扶持的贫困地区的发展水平，却不适用于评估人们的生活质量和福利。在衡量贫困方面，Amartya Sen在HPI的基础上也进行了发展，并结合HDI进一步编制出了多维贫困指数（Multidimensional Poverty Index，MPI），意在反映个体或家庭在不同维度上的贫困程度。

（4）环境可持续发展指数

环境可持续发展指数（Environment Sustainability Index，ESI）是一个衡

量在生态环境可持续发展背景下的总体进步的综合指数,由 Daniel C. Esty 教授以及世界经济论坛的全球明日环境任务领导机构(Global Leader Tomorrow Environment Task Force)和哥伦比亚大学国际地球科学信息网络中心(Center for International Earth Science and Information Network)于 1999 年联合提出。

ESI 由一系列国家层面的经济社会和环境可持续发展程度指标构成,指标主体分为 5 个一级指标,分别为:环境系统(environmental systems)、缓解环境压力(reducing environmental stresses)、减少人类脆弱性(reducing human vulnerability)、社会和制度能力(social and institutional capacity)及全球治理(global stewardship)。下设 21 个二级指标,比如"环境系统"下设空气质量、生物多样性等;"缓解环境压力"下设减少空气污染、减少人口压力等;"减少人类脆弱性"下设环境健康、减少由环境破坏带来的自然灾害等;"社会和制度能力"下设环境治理、生态效率等;"全球治理"下设温室气体排放等。

ESI 是一个较为全面的评价生态环境可持续发展的体系,但是其有效性也取决于下设指标计算的正确性和完整性。除此之外,ESI 下设的 21 个二级指标权重相同,这一设置也存在局限,因此仍有待进一步完善。为了解决 ESI 的问题,一些学者在其基础上发展出了环境绩效指数。

(5)环境绩效指数

环境绩效指数(Environment Performance Index,EPI)由耶鲁大学环境法律与政策中心、哥伦比亚大学国际地球科学信息网络中心(CIESIN)于 2006 年联合首次推出。EPI 在 ESI 的基础上发展而来,目的是解决 ESI 不能充分衡量当前经济条件的问题。EPI 建立的指标体系关注环境可持续性和当前环境表现,并为国家/地区自然资源管理和环境污染治理提供参考依据。

EPI 由两个综合的环境目标组成:一是减少环境对人类健康的损害,二是激发生态系统活力和推动合理的资源管理。EPI(2006)下设 6 个政策分类一共 16 个子指标,包括城市颗粒物、可饮用水资源、木材收获率、生态环境保护、每单位 GDP 碳排放等。EPI(2008)将子指标扩展到了 25 个。

EPI 对于国家政策制定者而言是非常有价值的,选择的指标也反映了当前社会环境的焦点问题。但是该指标体系对于环境指数的合理范畴没有一致统一的答案，且在数据来源和计算上也存在一定的问题。

(6) 社会发展指数

社会发展指数（Social Development Index，SDI）由中国香港社会服务联会在 2002 年发布。SDI 是一个基于可测生活条件的客观指标构建的一个综合指数。基本的 SDI 框架由表示生活条件的 14 个一级指标组成，包括家庭团结、健康、个人安全、经济、环境质量、犯罪和公共安全、文艺娱乐、体育运动、政治参与、公民社会力量、房屋住宅、教育、国际化、科学技术。14 个一级指标下设 47 个二级指标。

SDI 通过三种不同形式的指数汇报：一是加权的社会发展指数（Weighed Social Development Index，WSDI），将 14 个一级指标加权为一个指数得分，用以报告整个社会范围的发展状态和进程；二是分别汇报 14 个一级指标的得分，以更详细地汇报影响生活条件的各方面发展状态和进程；三是分别汇报五类特殊社会群体的指数得分，分别是女性、0~14 岁少年儿童、青年人群体、老年人群体和低收入群体。

SDI 于 2002 年首次发布，随后每半年发布一次，主要运用于香港地区。SDI 对于引起居民对生活条件的重视做了很大贡献，但由于没有纳入评价生活条件的重要指标——"主观满意度"——而一直受到争议。

(7) 城市生物多样性指数

城市生物多样性指数（City Biodiversity Index，CBI）由新加坡在 2008 年的世界城市峰会上首次提出。CBI 的目标有：作为一种自我评估的工具，协助国家政府在城市水平上标准化管理生物多样性；监控城市生态系统生物多样性消失率减少的进程；协助测量城市的生态足迹；加强城市居民对生物多样性严峻状况的关注。

CBI 由 3 个一级指标共 23 个二级指标构成，具体如下。

1) 城市的原生生物多样性。该指标下设 11 个二级指标，包括自然和半自然区域的百分比、生态系统多样性、保护区百分比等。

2) 城市的原生生物多样性提供的生态系统服务。该指标下设 5 个二级指标，包括净水服务（洁净水的成本）、碳吸收（城市中树木的数量）、城市人均公园/保护区面积等。

3) 城市生物多样性管理。该指标下设 7 个二级指标，包括生物多样性项目预算、城市每年组织的生物多样性项目数量、规章制度和法律政策等。

CBI 的定量性质使城市能够测算出生物多样性随时间的变化。到目前为止，世界上已有超过 50 个城市在不同程度上采用 CBI，并且有 30 个城市发布了当地的 CBI 数据。但其缺陷在于，由于每个城市的生态构成不同，用 CBI 比较不同城市的生物多样性比较困难。且 CBI 的某些指标对于特定的生态地貌并不具有代表性。

3. 结论

以上介绍的 GDP 调整和替代指标在衡量社会经济福利和可持续发展方面都各有优势，但仍不够完善。问题主要包括：一是经济、社会和环境组成部分的权重问题，将所有指标赋予相同的权重并不符合实际情况；二是在计算一个指数包含的不同指标（经济、社会、环境）时，不同数据的单位难以统一；三是许多指数的指标设置不具有代表性或者不利于推广；等等。因此，这些替代指标还不能完全适用于衡量中国的可持续发展和真实进步，因此亟须建立更加完善和充分反映社会经济福利、生活质量和可持续发展，并适用于中国经济社会的 GDP 替代指标。

2.2.1.4 GPI 的产生与发展

在上述背景下，美国经济学家 Cobb、Halstead 和 Rowe 等人，于 1995 年在 MEW 和 ISEW 的基础上提出了一个更加规范的指标体系，即现在的真实进步指标（GPI）。[①]

在上一节介绍的各类指标中，与 GPI 关系最密切的是 MEW 和 ISEW，三者具有明确的传承关系。比如，在指标设置上，ISEW 在继承 MEW 的大部分内容的基础上增加了环境类指标，GPI 则与 ISEW 在理论基础和方法上保持一致。同时，三者的目标相同，都是要衡量经济发展带来的福利，而且都以个人消费作为起点，即认为个人消费是经济福利的基础。此外，三者也都考虑到了支出中的非消费部分，以及收入分配的不公平，改进了 GDP 在这方面存在的问题。

比较而言，ISEW 与 GPI 的关系更为紧密，而 GPI 在一些指标设置上有所改进，比如增加了犯罪、家庭破裂、就业不足等，并且减少了复杂性，

---

① 中文文献中有时也被称为"真实进步指数"或者"真实发展指数"。

更容易为大众接受。ISEW 提出后，多数欧洲国家都有应用，并且在此过程中不断改进，把生态系统、自然资本和时间等价值纳入。因此，很多欧洲国家仍然使用 ISEW，比如英国、德国、瑞典、意大利、比利时、奥地利等，学者们也认为 ISEW 和 GPI 在衡量可持续经济福利方面有一定的一致性。

2.2.2 GPI 指标的测算思路

2.2.2.1 GPI 的目标任务

多数 GPI 研究者在表述中，默认 GPI 的目标任务是衡量"可持续福利"，但是没有进行充分的论证，也未完全形成共识。比如，Lawn 认为，GPI 虽然严格来讲难以完全反映"可持续性"，但是相比其他指标，显然更能够衡量可持续福利。他在 2003 年的文章中认为，ISEW 和 GPI 的结果，近似于一国公民的可持续经济福利（Lawn，2003）。Lawn 这个说法与 Erickson 等人相似，后者认为，GPI 从经济的物质收益中减去了生态和其他的成本，因此可近似成为用货币表示的净可持续经济福利。但 Erickson 等人还认为，目前的 GPI 还不足以衡量"可持续福利"，至多是"可持续经济福利"。即便如此，GPI 也不够完善，这一领域的一些重要指标，比如住房情况、卫生保健质量等，都没有被纳入。另外，也有一些研究者认为 GPI 衡量的是"可持续发展"，包括 Talberth 和 Cobb 等（Talberth et al.，2007）。在这些研究者看来，GPI 衡量可持续发展与可持续福利并不矛盾，二者可以统一起来。

为了弄清楚 GPI 的目标任务，我们需要首先从 GPI 产生的背景来看。GDP 由于其主要衡量的是当前的生产能力，故而既不体现公民享受的福利水平，也不反映社会继续保持或提高这一水平的能力。因此，GDP 的数据在满足人们追求福利的现实需求，和为政府提供科学的决策依据方面存在一定的缺陷。GPI 要适应社会发展的实际需要，弥补 GDP 的不足，或者取代 GDP，应该着重在这方面有所突破。同时，MEW 和 ISEW 作为 GPI 的两个前期指标，其名称"经济福利量"和"可持续经济福利指数"已经清楚地表明了其真实意图。鉴于 GPI 与二者的密切关系，这也基本可以认定为 GPI 的真实意图。

鉴于 GPI 本身着眼于经济福利，即使纳入了环境与社会范畴的指标，其主要目的还在于对经济福利的影响，而且在方法上，其也采用经济方法进行测算和比较，因此，GPI 的目标任务，关键是要衡量"可持续经济福利（Sustainable Economic Well-being/Welfare）"。[①] 这里涉及两个概念：可持续、经济福利。下面就来讨论这两个概念。

2.2.2.2　可持续经济福利的含义

1. "可持续"的含义

1987 年，联合国报告《我们共同的未来》，给出了可持续发展的经典定义：这种发展，既满足当代人的需要，又不对后代满足其需要的能力造成危害。根据 Hicks 的相关理论，就福利来说，他认为"可持续"的要义，是保证产生福利的资本完好无损。Erickson 等人认为，"可持续"是一个以不削弱自己的生存为前提的系统。就实践来看，如果一个政治、社会和经济系统，能够不减少人类福利所依赖的资本存量，就是可持续的（Erickson et al., 2013）。这些定义虽然表述有些差异，但在本质上是一致的，即既要满足当前的需要，又要保证以后能够继续满足相同或更多的需要。

通常来说，人类社会的可持续性，在物质上主要依靠两类资本：人造资本（man-made capital）和自然资本（natural capital）。前者如工厂、机器、道路等，后者如森林、河流、土地等。由此，产生两种对可持续的理解："弱可持续（weak sustainability）"和"强可持续（strong sustainability）"。弱可持续理论认为，人造与自然两类资本存在较强的互补性，自然资本的损耗可以由人造资本代替，只要两类资本保持总量平衡，即可实现可持续；强可持续理论则认为，大多数的自然资本具有不可替代性，人造资本与自然资本必须分别保持平衡或增长，才能实现可持续。

科学与实践的发展，都越来越证明强可持续性的合理性。虽然科技发展使人们可以更多地依赖人造资本，但是自然资本不可能被百分之百替代。同时，自然资本的很多功能远超经济意义，比如生态维护功能等，目前人造功能还无法取代。因此，GPI 更倾向于遵循强可持续原则，在指标设置和

[①] 在 GPI 的英文文献中，well-being 与 welfare 可互换使用。welfare 通常译为"福利"，如"福利国家""福利经济学"等。为了表述方便，本报告遵循习惯用法，将两个词均称为"福利"。

测算方法中,也将这两类资本进行了明确区分,即强调分别保持相应的水平。

2."经济福利"的含义

对于人们能享受到的经济福利,主要有三种观点:一是早期如 Pigou 等人,主张将国民收入等同于福利;二是后来很多经济学家,将 GDP 等反映的宏观经济增长,等同于福利;三是近几十年来,一些经济学家,特别是生态经济学家,认为消费是福利的基础,而不是产出、收入或支出。这是由于产出的增加既可能增加福利,也可能减少福利;收入和支出增加,既可能用于提升人类的福利水平,也可能用于抵御侵害等非福利方面。所以,产出、收入或支出的变化无法准确反映福利水平的变化。

随着时代的发展,越来越多的证据证明第三种观点更具合理性,也最有利于弥合经济增长数据与人们实际体验之间的差距。本报告认为,以消费为基础的经济福利可以反映经济增长能够给人们带来的生活水平的提高和生活质量的改善。

总之,GPI 要反映的是以消费为基础的福利,因此在指标设置上,比 GDP 包含了更多的消费方向的影响因素;在测算方法上,与其他衡量可持续发展的指标相比,也更加突出个人消费支出对福利的影响。

2.2.2.3 GPI 测算的理论来源

GPI 主要以消费为基础来进行测算,其对于可持续经济福利测量的理论依据何在?为了解决这一问题,Lawn 引入了 Fisher 的收入和资本理论,认为这个理论是对 GPI 测算依据的最好诠释(Lawn,2003)。

收入和资本理论的发展有迹可循。其中,Hicks 对收入的描述是:一个人或者一个国家,在一段时间内能够消费的最大数量,并且在这段时间结束时,能保持同样的消费能力。很明显,这里面包含了可持续消费的观念,即当期消费要保证留有足够的资本,以保证下一期继续同样的消费。如前所述,GDP 无法衡量这种收入,因为其无法反映未来的生产和消费能力,也无法解决人造资本与自然资本的替代问题。

然而,Hicks 的收入观点本身也存在难以解决的问题。虽然他将福利等同于生产和消费,比 Pigou 只注重收入要更加进步,但是他忽略了影响福利的一些其他重要因素,比如非市场活动的价值、社会和环境的成本等。同时，这个观点也没有将耐用品的服务及成本进行年度分摊。

与 Hicks 不同，Fisher 认为，收入不是由当年的产品构成的，而是由最终消费者享受到的所有产品的服务构成的。这些服务包括影响福利的非常重要的因素，比如产品质量、收入分配等。Fisher 将这些服务称作"精神收入"，后来大多数经济学家称之为"效用满意度"。这样，对于福利人们关注的就不再是某年度的产品和消费，而是其最终消费者享受到的服务，对耐用消费品提供的服务也必须分年计算。同时，还可以用"精神支出"来处理经济过程中那些不令人愉快的内容，比如犯罪、家庭破裂等。从而，通过"精神收入"的总和减去"精神支出"的总和，就可以得到"精神净收入"。

同时，Fisher 将资本定义为人们拥有的物品，以及能够直接或者间接满足人们需求的能力。也就是说，资本包括了所有的生产资料和消费资料。

这种将收入与资本分开的观念，隐含着这样一种思想，即维持资本是一种成本，而非福利。这也就强调了，人们必须从当前的消费品中节省一部分，以维持人造资本和自然资本用以生产新的产品。要维持人造资本的不变或增加，就不可避免地要开发自然资源。由此，自然资源的损耗也理应计入成本。

这种思想较好地解决了 GPI 账户设置的合理性问题，且有力地回应了一些质疑，对于构建 GPI 理论体系是非常重要的突破。但是，这个解释也有不足的地方：总体上只着眼于"微观"层面，对于一些更"宏观"的问题，比如 GPI 为何能够将经济、社会、环境等因素融合到一个账户中，并且相互比较和计算，仍然缺乏说服力。

除了收入和资本理论以外，还有一些新兴理论成果可以给予理论支持。比如，新古典经济学秉承经济自由主义，以边际效用论和均衡价格论为基础，主张对政府、市场各自在经济发展中的作用，进行重新评价，并强调利用市场力量解决发展问题。价格体现商品的边际效用，因而 GPI 能够通过货币价格来衡量，并将效用作为经济福利测算的主要内容。此外还有生态经济学，其旨在促进社会经济在生态平衡的基础上，实现持续稳定发展。其基本内容包括：社会经济发展同自然资源和生态环境的关系，人类的生存、发展条件与生态需求，生态价值理论，生态经济效益，生态经济协同发展等。这些都为 GPI 将环境纳入经济福利，并量化环境的价值，提供了重要的理论依据。

2.2.2.4　GPI 的设计结构

从总体结构上看，GPI 主要分为三大账户：经济、社会与环境，并通过指标货币化，实现可加减与相互比较。经济账户的基本原则是，人造资本和自然资本的存量能够保证继续生产等量或更多的产品及服务；环境账户基于"强可持续"原则，将人造资本与自然资本独立核算，衡量各自的可持续性；社会账户的原则是，实现更加全面和可持续的发展，既测算非市场活动直接产生的价值或损失，也考虑可能造成长期影响的社会问题。

从具体指标及其相互关系看，GPI 以个人消费支出作为账户起点，并在调整收入不平等的基础上，加上家务劳动、志愿服务等带来的社会福利的价值，再减去犯罪、家庭破裂等的社会损失，以及自然资源和环境的消耗等，最终得到人们真实享受到的经济福利价值。若用公式来表示，则为：GPI＝根据收入分配系数调整后的个人消费支出+非市场活动价值-社会损失-环境损失。

值得注意的是，作为对当前福利的衡量，GPI 2.0 的估值基础变为消费者剩余（consumer surplus，CS）、支付意愿（willingness to pay，WTP）和受偿意愿（willingness to accept，WTA）。在计算 GPI 时，需要注意统计是基于 CS、WTP 还是 WTA 的，或者是这些方法的近似。例如，在计算污染带来的成本时，可近似认为其是以 WTP 为测算基础的。

2.3　GPI 的指标设置

GPI 在研究与实践的过程中，逐渐显露出一些问题，有些是 GPI 本身存在的，也有些是实践发展造成的。近年来，针对这些问题，一些学者和实践者从不同角度提出了改进的办法，并称改进后的 GPI 为"GPI 2.0"。

在 GPI 的 1.0 时代，很多数据只能从国家数据中折算，并且只有一个总数。而 GPI 2.0 充分利用了当前丰富的数据资源，比如人们日常生活的支出，并由此可以更加精确地区分哪些支出增加了居民福利。同时，根据研究的最新成果，GPI 2.0 重新评估了影响福利的某些因素，进而改进了分配不公的成本、生态系统的服务价值，以及空气和噪声的污染成本等指标的设置。另外，由于测度的技术手段的改进，GPI 2.0 也开始尝试使用空间数据，更准确地测算某个区域内的森林面积，以及空气污染成本等，增进了指标测算的精确性。

这些改进也有一个缺陷，即很多新数据只在近几年出现，无法比较过去多年的情况。因此，由于之前大多数对于 GPI 的测度是在 1.0 的框架下进行计算的，故在此也对 GPI 1.0 的框架进行简要介绍。

2.3.1 指标设置——以美国佛蒙特州为例

美国佛蒙特州在真实进步指标的实践方面一直处于领先地位。本节将参照 Erickson 等（2013）和 Costanza 等（2004）的研究，以 2011 年佛蒙特州 GPI 估算结果为例，介绍 GPI 1.0 的指标设置情况，同时简要分析 1960~2011 年佛蒙特州 GPI 的变化趋势。

GPI 1.0 的基本框架建立在国民收入核算基础之上，指标体系主要包含 3 个组成部分：经济账户、环境账户和社会账户，共有 25 个子指标（见表 2-1）。进行 GPI 测算时，一般先以国内生产总值（GDP）的个人消费为基础，再将一系列被忽视或误算的经济活动成本和非市场利益作为加减项来调整最终结果。

表 2-1　GPI 1.0 指标设置举例

序号	经济指标（6 个）	环境指标（9 个）	社会指标（10 个）
1	个人消费支出 PCE Personal Consumption Expenditure	水污染 CWP Cost of Water Pollution	家务劳动 VH Value of Housework
2	收入差距 IIA Income Inequality Adjustment	空气污染 CAP Cost of Air Pollution	家庭破裂 CFC Cost of Family Changes
3	耐用消费品提供的服务 SCD Services of Consumer Durables	噪声污染 CNP Cost of Noise Pollution	犯罪 CCR Cost of Crime
4	耐用消费品成本 CCD Cost of Consumer Durables	湿地净变化 CNWC Cost of Net Wetland Change	个人污染减排 CPPA Cost of Personal Pollution Abatement
5	就业不足 CU Cost of Underemployment	耕地净变化 CNFC Cost of Net Farmland Change	志愿服务 VVW Value of Volunteer Work

续表

序号	经济指标（6个）	环境指标（9个）	社会指标（10个）
6	净资本投资 NCI Net Capital Investment	森林覆盖净变化 CNFCC Cost of Net Forest Cover Change	闲暇时间变化 CLLT Cost of Lost Leisure Time
7		气候变化 CCC Cost of Climate Change	教育改善 VHE Value of Higher Education
8		臭氧层破坏 COD Cost of Ozone Depletion	道路服务 SHS Services of Highways and Streets
9		不可再生资源消耗 CNED Cost of Nonrenewable Energy Depletion	通勤 CCO Cost of Commuting
10			交通事故 CMVC Cost of Motor Vehicle Crashes

2.3.1.1　GPI 1.0 核算的公式

一般而言，GPI 1.0 指标体系的核算公式如表 2-2 所示，具体指标的核算方式见下文。

表 2-2　GPI 1.0 指标体系的核算公式

项　目	核算公式
经济账户 Economic	$Economic = (PCE/IIA) \times 100\% + (SCD+CCD+CU+NCI)$
环境账户 Environmental	$Environmental = CWP+CAP+CNP+CNWC+CNFC+CNFCC+CCC+COD+CNED$
社会账户 Social	$Social = CMVC+CCO+SHS+VHE+CLLT+VVW+CPPA+CCR+CFC+VH$
总账户	$GPI = Economic+Environmental+Social$

2.3.1.2 经济指标

1. 个人消费支出（加项）

消费支出是 GPI 核算的起点。使用消费而非收入进行核算的原因是：对于经济福利来说，最重要的不是产品或服务的生产，而是人们对其进行的消费。因此需要注意的是，个人消费在核算时并不包括收入中用来缴税、储蓄和投资等的支出。

与此同时，并非所有的个人消费支出都会带来福利的提升。对于一部分包含正外部性（例如教育支出）和负外部性（例如购买烟草的支出）的个人消费支出，其支出数额并不能完全衡量消费带来的社会福利损益。另外，诸如为交通事故支付的维修费用等，虽然同样是个人支出的一部分，但该项支出对社会福利并无提升。这些内容都应在之后的指标核算中进行调整。

佛蒙特州的个人消费支出指标使用美国经济分析局（U.S. Bureau of Economic Analysis，BEA）的居民人均收入数据计算得出，计算方法为佛蒙特州人均收入数据乘以美国个人消费支出占个人收入的比重。根据计算，佛蒙特州 2011 年个人消费支出总计 160.64 亿美元，人均消费支出为 25644 美元，是 GPI 总量的 138.63%。此外，该指标在 20 世纪 80 年代、90 年代和 21 世纪前十年的年均增长率估计值分别为 2.56%、2.07% 和 1.18%，2010~2011 年的年增长率为 1.48%。

2. 收入差距（加项/减项）

收入的不平等会影响经济福利的增长，这也是 GDP 无法衡量的很重要的一个方面。等量收入增加对穷人带来的边际效用和社会效益明显高于富人，而收入不平等的加剧本身也会带来居民整体幸福感的下降和社会不稳定因素的增加。因此，为测定收入增加带来的真实福利，就需要对个人消费支出进行调整。

通常情况下，GPI 1.0 体系的核算方式是利用给定年份的基尼系数（通常是系数较低的年份），将本年度的基尼系数转化为收入分布指数或者收入不平等指数，即本年度基尼系数占基年系数的百分比。如果比值为 1，表明情况没有变化；如果小于 1，表明情况好转；如果大于 1，表明情况恶化。

佛蒙特州的收入差距指标使用公开的基尼系数计算得出，计算方法为佛蒙特州当年度基尼系数值乘以 100，再除以基期 2000 年的基尼系数值。根据计算，相较 2000 年，佛蒙特州 2011 年由收入差距扩大带来的负面效应高达 31.81 亿美元，人均 5078 美元，占 GPI 总量的 27.45%。此外，该指标在 20 世纪 80 年代、90 年代和 21 世纪前十年的年均增长率估计值分别为 3.18%、7.23% 和 3.38%，2010~2011 年的年增长率为 -9.43%。

3. 调整后的个人消费支出（加项）

此项由前两项计算得出，具体算法为：（个人消费支出/收入差距）× 100%。调整后的个人消费支出为 GPI 的测算基础，以下各项指标都是在其基础上进行加减得出的。

根据计算，佛蒙特州 2011 年调整后个人消费支出的总估计值为 128.83 亿美元，人均估计值为 20566 美元。

4. 耐用消费品提供的服务（加项）

家庭耐用品，如冰箱、电视、电脑、汽车等，可以使用多年，因此其服务价值也应当分摊到各个年度进行计算。

佛蒙特州的耐用消费品提供的服务指标使用按人口比例折算的国家耐用消费品数据计算得出。根据计算，佛蒙特州 2011 年耐用消费品提供的服务的总估计值为 29.28 亿美元，人均估计值为 4674 美元，是 GPI 总量的 25.27%。此外，该指标在 20 世纪 80 年代、90 年代和 21 世纪前十年的年均增长率估计值分别为 1.55%、1.00% 和 2.08%，2010~2011 年的年增长率为 -1.80%。

5. 耐用消费品成本（减项）

在上一条对耐用品提供的服务进行核算之后，为了避免重复计算耐用消费品的价值，需要扣除当年耐用品消费支出。

佛蒙特州的耐用消费品成本指标使用美国经济分析局（BEA）的居民人均收入和耐用消费品数据计算得出，计算方法为佛蒙特州按人口比例缩小的人均收入乘以国家数据中消费者耐用品和个人收入之比。根据计算，佛蒙特州 2011 年耐用消费品成本的总估计值为 17.16 亿美元，人均估计值为 2740 美元，是 GPI 总量的 14.81%。此外，该指标在 20 世纪 80 年代、90 年代和 21 世纪前十年的年均增长率估计值分别为 2.76%、2.52% 和 -1.12%，2010~2011 年的年增长率为 2.62%。

6. 就业不足（减项）

GPI核算体系中对就业的衡量不仅包括失业率，还包括对就业失去信心（discouraged workers）、非自愿临时工作（想找稳定工作而不得），以及其他受客观条件限制而不能参加工作（比如照顾孩子、交通困难等）等情况带来的福利损失。测算方法是机会成本法，即统计这些劳动力本应工作而没有工作的时间，并设定合适的工资水平，计算出其虚拟工作收入，即为就业不足成本。

佛蒙特州的就业不足指标计算方法为未就业人员总数乘以每个人的未就业时间乘以平均时薪。根据计算，佛蒙特州2011年就业不足的总估计值为5.49亿美元，人均估计值为876美元，为GPI总量的4.74%。此外，该指标在20世纪80年代、90年代和21世纪前十年的年均增长率估计值分别为1.22%、-1.19%和9.09%，2010~2011年的年增长率为-7.69%。

7. 净资本投资（加项/减项）

一个经济体要实现可持续发展，必须随着人口增长和资本消耗不断投入新的资本，保证每个劳动力的平均资本（而非总资本）实现持平或增长。净资本投资的计算方法为资本投入量减去前一年的资本折旧，再减去劳动力人口变化与前一年人均资本的乘积。

佛蒙特州的净资本投资指标使用按人口比例缩小的全国数据计算得出。根据计算，佛蒙特州2011年净资本投资的总估计值为4亿美元，人均估计值为639美元，是GPI总量的3.46%。此外，该指标在20世纪80年代、90年代和21世纪前十年的年均增长率估计值分别为6.26%、11.09%和273.32%，2010~2011年的年增长率为30.35%。

2.3.1.3 环境指标

1. 水污染（减项）

此项主要包括预防和整治水污染付出的成本，不包括人们健康受损等其他代价，主要原因是数据较难获得。测算方法是，对一国或地区内的水体进行分类，统计出受污染而无法完成其应有功能的水体，并估算其损失价值。

佛蒙特州的水污染指标使用未受污染水域总价值乘以受污染水域比例数据计算得出。根据计算，佛蒙特州2011年水污染的总估计值为0.38亿美元，人均估计值为61美元，是GPI总量的0.33%。此外，该指标在20世纪80年代、90年代和21世纪前十年的年均增长率估计值分别为1.43%、12.45%和-1.80%，2010~2011年的年增长率为1.05%。

2. 空气污染（减项）

此项的内容比较多，包括烟雾或酸雨的清理费用，以及由此导致的财产损失、工资差异和农业生产率下降等。实践中，可以通过监测空气质量变化、有害气体排放等，形成测算的主要数据。

佛蒙特州的空气污染指标使用污染标准指数数据计算得出，计算方法为按比例缩小的国家空气污染乘以污染标准指数的价值。根据计算，佛蒙特州2011年空气污染的总估计值为0.25亿美元，人均估计值为39美元，是GPI总量的0.21%。此外，该指标在20世纪80年代、90年代的年均增长率估计值分别为17.84%、17.57%。

3. 噪声污染（减项）

噪声是对人们生活和情绪影响较大的因素。来自市内交通或工厂的噪声甚至会导致听力受损和睡眠障碍。由于此项数据比较难以获得，除了直接的宏观数据和微观调查外，也有些研究以城市化率为主要依据。

佛蒙特州的噪声污染指标使用世界卫生组织（World Health Organization，WHO）的噪声污染数据和由全国数据推算的城市化指数计算得出，计算方法为噪声污染损失值乘以城市化指数。根据计算，佛蒙特州2011年噪声污染的总估计值为0.21亿美元，人均估计值为33美元，是GPI总量的0.18%。此外，该指标在20世纪80年代、90年代和21世纪前十年的年均增长率估计值分别为-0.63%、1.00%和0.05%，2010~2011年的年增长率为0.29%。

4. 湿地净变化（加项/减项）

湿地流失会造成相应的土地功能损失，包括对气候、动植物生态和水净化等发挥的缓冲和保护作用。GPI通过累计测算每年湿地的净变化情况来测度湿地变化带来的福利变动。测算方法为首先评估每亩湿地的均价，之后乘以湿地变化的亩数。如果湿地增加，则此项为正。

佛蒙特州的湿地净变化指标使用各阶段佛蒙特州湿地调查及其趋势外推数据计算得出，计算方法为估计的湿地变化面积乘以每英亩湿地价值乘以反映稀缺性的价值。根据计算，佛蒙特州2011年湿地净变化的总估计值为-0.51亿美元，人均估计值为-81美元，是GPI总量的0.44%。此外，该指标在20世纪80年代、90年代和21世纪前十年的年均增长率估计值分别为0.52%、-0.73%和-0.23%，2010~2011年的年增长率为-0.05%。

5. 耕地净变化（加项/减项）

与上一项类似，通过评估每亩耕地均价，包括粮食生产、农户收入，以及生态价值等，再累计测量每年的变化亩数，两者乘积即为此项数据。

佛蒙特州耕地净变化指标使用基于城镇化率的耕地变化总面积乘以每英亩耕地估计价值计算得出。根据计算，佛蒙特州2011年耕地净变化的总估计值为-13.67亿美元，人均估计值为-2183美元，是GPI总量的11.80%。此外，该指标在20世纪80年代、90年代和21世纪前十年的年均增长率估计值分别为1.09%、0.27%和0.00%，2010~2011年的年增长率为-0.08%。

6. 森林覆盖净变化（加项/减项）

森林价值包括生物多样性、土壤质量、水净化、固碳等多方面，测算方法与前两项类似，亦是累计其变化后，乘以其均价。

佛蒙特州森林覆盖净变化指标使用森林覆盖的变化量乘以北部温带森林价值计算得出。根据计算，佛蒙特州2011年森林覆盖净变化的总估计值为1.36亿美元，人均估计值为217美元，是GPI总量的1.18%。此外，该指标在20世纪80年代、90年代和21世纪前十年的年均增长率估计值分别为4.55%、1.21%和-0.76%，2010~2011年的年增长率为2.54%。

7. 气候变化（减项）

此项包括年平均气温上升、暴风雨等恶劣天气等可能带来的损失，以及应对这些变化付出的代价。

根据计算，佛蒙特州2011年气候变化的总成本为7.98亿美元，人均成本为1274美元，是GPI总量的6.88%。此外，该指标在20世纪80年代、90年代和21世纪前十年的年均增长率估计值分别为4.34%、4.37%和2.91%，2010~2011年的年增长率为2.09%。

8. 臭氧层破坏（减项）

通过测算氯氟烃（CFCs）的排放，评估造成的损失。但是自1989年蒙特利尔协议生效以来，CFCs得到有效控制，该指标需要进一步调整。

佛蒙特州臭氧层破坏指标计算方法为人均臭氧损失量乘以每千克臭氧

损失带来的成本（61美元/千克）。根据计算，佛蒙特州2011年臭氧层破坏的总估计值为9.63亿美元，人均估计值为1537美元，是GPI总量的8.31%。此外，该指标在20世纪80年代、90年代和21世纪前十年的年均增长率估计值分别为2.79%、-0.61%和-0.89%，2010~2011年的年增长率为-0.91%。

9. 不可再生资源消耗（减项）

不可再生资源的消耗将会影响到未来人类的发展，因此作为成本减去。通常采用成本替代法，即不可再生资源的消耗成本等于替代这些不可再生资源所要用的可再生资源的价值。有些时候也会采用资源租赁法进行测算，即为获取资源而付出的租赁成本应该从GPI中部分地或全部减去。

佛蒙特州不可再生资源消耗指标使用能源信息管理局的不可再生能源消耗数据计算得出，计算方法为每桶石油的油耗水平乘以由可再生能源替代每桶石油的估计成本。根据计算，佛蒙特州2011年不可再生资源消耗的总估计值为36.27亿美元，人均估计值为5790美元，是GPI总量的31.30%。此外，该指标在20世纪80年代、90年代和21世纪前十年的年均增长率估计值分别为1.99%、2.07%和-0.75%，2010~2011年的年增长率为-0.08%。

2.3.1.4 社会指标

1. 交通事故（减项）

交通事故造成的伤害和损失，包括所有人身伤残、财产损失，以及法律、医疗、保险、丧葬等费用。具体测算方法是计算平均每次交通事故的损失（可以分类统计，比如造成死亡、受伤或无人伤亡等），再乘以交通事故数量。

佛蒙特州交通事故指标使用美国国家安全委员会的交通事故死亡成本数据计算得出，计算方法为直接成本（财产损失、医疗费用）加上间接成本（工资损失、心理损失）。根据计算，佛蒙特州2011年交通事故成本的总估计值为2.79亿美元，人均估计值为455美元，是GPI总量的2.41%。此外，该指标在20世纪80年代、90年代和21世纪前十年的年均增长率估计值分别为-3.81%、-3.56%和1.12%，2010~2011年的年增长率为0.20%。

2. 通勤（减项）

通勤成本主要包含两个方面：一是为交通支付的费用，二是通勤使用的时间。测算时，费用包括使用私人汽车的费用（年折旧费加上使用成本）、公共交通工具的票价；时间成本由居民花费的通勤总小时数，乘以每小时的平均价值（通常小于休闲时间的价值）。

佛蒙特州通勤指标利用购买和维护车辆成本、公共运输成本、以工资计算的时间损失成本等数据计算得出，计算方法为三种成本相加。根据计算，佛蒙特州2011年通勤的总估计值为5.83亿美元，人均估计值为931美元，是GPI总量的5.03%。此外，该指标在20世纪80年代、90年代和21世纪前十年的年均增长率估计值分别为2.13%、1.86%和0.66%，2010~2011年的年增长率为-0.26%。

3. 道路服务（加项）

每年街道和高速公路所做出的贡献。具体方法为首先评估境内所有街道和高速公路的净值，减去通勤的比例（比如25%），剩余部分的固定比例（比如10%）作为服务价值。

佛蒙特州道路服务指标使用美国交通部和英国电信公司的总开支数据计算得出，计算方法为道路服务总支出乘以7.5%/年。根据计算，佛蒙特州2011年道路服务的总估计值为6.21亿美元，人均估计值为991美元，是GPI总量的5.36%。此外，该指标在20世纪80年代、90年代和21世纪前十年的年均增长率估计值分别为-0.99%、1.50%和4.56%，2010~2011年的年增长率为-0.08%。

4. 教育改善（加项）

主要测算大学本科及以上教育程度带来的社会效益。高等教育的价值不仅包括为获得这些教育而支付的货币成本，而且包括由知识、生产力、公民参与、储蓄和健康等带来的收益，即其外部的"社会溢出"效应。具体算法是，评估每个学士及更高学位的平均价值，再乘以这部分人口的数量。

根据计算，佛蒙特州2011年教育改善的总估计值为23.01亿美元，人均估计值为3672美元，是GPI总量的19.85%。此外，该指标在20世纪80年代、90年代和21世纪前十年的年均增长率估计值分别为3.24%、2.42%和1.48%，2010~2011年的年增长率为1.55%。

5. 闲暇时间的变化（加项/减项）

产品和服务的增加，可能会导致人们休闲时间的减少，影响人们的身心健康及家庭、社会关系。休闲小时数的确定，可以通过调查等途径直接统计，也可以通过从可自由支配时间中（比如每天10个小时）减去工作时间得到。休闲时间总数乘以每小时休闲的价值，即为本年度休闲时间的总值，通过与基础年份的比较，可得到闲暇变化的价值。

佛蒙特州的闲暇时间变化指标使用美国劳工部统计局的就业水平、由国家GPI按人口比例缩小的闲暇时间变化数据计算得出，计算方法为就业水平乘以估计的闲暇时间变化乘以平均时薪。根据计算，佛蒙特州2011年闲暇时间变化的总估计值为-11.23亿美元，人均估计值为-1973美元，是GPI总量的9.69%。此外，该指标在20世纪80年代、90年代和21世纪前十年的年均增长率估计值分别为4.21%、3.97%和1.86%，2010~2011年的年增长率为1.22%。

6. 志愿服务（加项）

志愿服务作为许多非政府组织、其他民间社会组织以及社会活动的中坚力量，也是劳动的重要组成部分。测度志愿服务的价值需要测算人口中的志愿者比例，以及每位志愿者参与志愿服务的平均时长，并确定志愿服务的小时工资。志愿服务价值即为志愿者总数乘以平均时长，再乘以小时工资。

佛蒙特州志愿服务指标使用美国劳工部的志愿者服务数据计算得出，计算方法为志愿服务时间乘以平均时薪。根据计算，佛蒙特州2011年志愿服务的总估计值为2.51亿美元，人均估计值为401美元，是GPI总量的2.17%。此外，该指标在20世纪80年代、90年代和21世纪前十年的年均增长率估计值分别为1.34%、4.68%和-0.61%，2010~2011年的年增长率为-13.50%。

7. 个人污染减排（减项）

该项主要是指居民在自己家里为清洁空气、水，以及处理固体垃圾而支付的成本，比如安装空气和水的过滤器等。这三部分成本之和，即为污染防护费用。

佛蒙特州个人/家庭污染防护指标使用汽车减排支出加化粪池安装和清洁成本加固体废弃物处置费计算得出。根据计算，佛蒙特州2011年个人/家庭污染防护的总估计值为0.99亿美元，人均估计值为159美元，是GPI总量的0.86%。此外，该指标在20世纪80年代、90年代和21世纪前十年的年均增长率估计值分别为1.97%、-1.95%和1.77%，2010~2011年的年增长率为1.79%。

8. 犯罪（减项）

此项内容，除了犯罪造成的直接损失（医疗费用、财产损失等）及人们采取防范措施（购买锁、防盗警报器等）支付的费用外，还包括心理和精神伤害等"软性"成本。可以将犯罪分类（如凶杀、强奸、抢劫、故意伤害、入室盗窃、偷盗等），评估每类案件的平均损失，再乘以此类案件总数，加总之和即为本项的成本。

佛蒙特州犯罪指标使用佛蒙特州司法研究中心估计的犯罪平均成本和国家GPI按比例缩小的间接成本数据计算得出，计算方法为犯罪的直接成本（自付支出和被盗物品价值）加上间接成本（防止或避免犯罪的支出）。根据计算，佛蒙特州2011年犯罪的总估计值为0.41亿美元，人均估计值为66美元，是GPI总量的0.36%。此外，该指标在20世纪80年代、90年代和21世纪前十年的年均增长率估计值分别为2.03%、0.81%和0.65%，2010~2011年的年增长率为2.13%。

9. 家庭破裂（减项）

主要指夫妻离异带来的成本，通常计算三个方面：一是离婚数量乘以每次离婚的平均成本；二是离婚涉及的孩子数量乘以离婚为每个孩子平均带来的损失；三是既有孩子又有电视的家庭数，乘以每个家庭看电视的平均小时数，再乘以每个小时看电视的估计价值。此处，也将看电视视为一种社会成本。此三者之和为本项成本。

佛蒙特州家庭破裂指标使用离婚成本、每个家庭看电视的时间和每小时看电视的估计价值数据计算得出，计算方法为离婚成本加看电视的社会成本，其中看电视的社会成本等于看电视的时间和每小时看电视估计价值的乘积。根据计算，佛蒙特州2011年家庭破裂的总估计值为1.40亿美元，人均估计值为223美元，是GPI总量的1.21%。此外，该指标在20世纪80年代、90年代和21世纪前十年的年均增长率估计值分别为-0.45%、0.16%和-2.15%，2010~2011年的年增长率为2.06%。

10. 家务劳动（加项）

包括育儿、维修和保养等家务，其价值相当于市场购买此类服务的支出。具体方法与测算志愿服务价值类似，即计算出家务劳动的总小时数，再乘以市场上相关服务的小时工资。

佛蒙特州家务劳动指标计算方法为按性别计算的家务劳动时间乘以家政人员平均时薪。根据计算，佛蒙特州 2011 年家务劳动的总估计值为 34.88 亿美元，人均估计值为 5569 美元，是 GPI 总量的 30.10%。此外，该指标在 20 世纪 80 年代、90 年代和 21 世纪前十年的年均增长率估计值分别为 0.30%、-2.35% 和 -0.52%，2010~2011 年的年增长率为 0.03%。

2.3.1.5 总结

2011 年佛蒙特州 GPI 总量的估计值为 115.88 亿美元，人均估计值为 18499 美元，比人均 GDP 低 43%。佛蒙特州 2010~2011 年的 GPI 增长率为 5.34%，这一数值比 21 世纪前十年的平均增长率要高出近 4.8 个百分点，但 2011 年的 GPI 仍比 2007 年经济衰退前的历史峰值低 7.3%，而佛蒙特州的人均州生产总值却几乎已经恢复到衰退前的水平，这可能是国民经济增长不均衡导致的。此外，20 世纪 80 年代、90 年代和 21 世纪前十年的年均 GPI 增长率估计值分别为 2.33%、0.84% 和 0.56%。

在佛蒙特州 GPI 经济账户的测算中，有三个方面特别值得关注。一是收入差距较大。在经历了 2000 年的峰值后，收入差距水平趋于平稳，而在 2010 年，佛蒙特州的收入差距达到 50 年来最高水平，2011 年虽略有改善，但该指标仍是佛蒙特州 GPI 的第二大减项；二是失业问题改善。据统计，在 2010 年，佛蒙特州的就业不足率高达 12.5%（此外只有 1975 年的估计值更高），比失业率高出 6.1 个百分点，而 2011 年的就业不足率和失业率均有所改善，分别为 11.6% 和 5.6%；三是数据获得性问题。佛蒙特州净资本投资、耐用消费品的成本和服务等数据对 GPI 的估计均有很大的影响，但是缺乏具体的州际数据，因此这三个指标所用数据都是将国家数据按人口比例缩小后得到的。

从佛蒙特州 GPI 环境账户的测算结果来看，环境指标带来的成本占 GPI 的 58%，其中有四个方面特别值得关注。一是能源利用成为 GPI 最大减项。2011 年，不可再生能源消耗的成本成为佛蒙特州 GPI 的最大扣除项，约占

31.3%，但这与15年前相比已有明显的改善。二是耕地增加。2011年耕地净变化带来的GPI扣除额下降到11.8%，低于1997年的15.2%。三是森林面积波动。森林面积一直处于增加和减少的动态波动过程中，这是由于一部分森林转化为城市住房，而一部分农田则恢复成森林。四是持续的水污染。佛蒙特州的水污染成本与20世纪90年代相比情况更好，但水道的质量不佳仍然是GPI的拖累。

从佛蒙特州GPI社会账户的测算结果来看，社会指标大大提升了佛蒙特州的GPI，其中家务劳动的贡献最大，2011年占到GPI总量的30.10%。此外，还有四个方面特别值得关注。一是犯罪成本呈下降趋势。虽然犯罪成本在2001~2010年持续增长，但其增长速度还不及20世纪80年代的一半。二是交通事故指标持稳。在经历了20世纪80年代和90年代的大幅下降之后，2001年交通事故的成本降到了52年来的最低点。随后的十年中，交通成本一直保持平稳，2011年机动车事故死亡率达到自收集数据以来的历史最低值。三是通勤成本不断上升。尽管从20世纪80年代到90年代，通勤成本变化的速度正在放缓，但其仍在不断上升。四是高等教育达到新高度。2011年，拥有学士或以上学位的佛蒙特州人口比例达到了历史最高水平33.1%。

2.3.2　GPI 2.0指标设置——以巴尔的摩市为例

本节将参照Talberth和Weisdorf（2017）及Bagstad等（2014）的研究，以2014年美国巴尔的摩市的GPI估算结果为例，介绍GPI 2.0的指标设置。

总体而言，GPI 2.0指标体系包含3个主要组成部分：以市场为基础的商品和服务（Utility from consumption of market-based goods and services，以下简称UC）、要素资本提供的服务（Utility derived from the services of essential capital，以下简称UEC）和因不利的条件、趋势以及外部性遭受的损失（Disutility associated with undesirable conditions, trends, and externalities，以下简称DUCT）。亦即，第一部分主要计算来自当期消费的损益，第二部分计算来自既有资本的收益，第三部分则整体核算来自社会和环境账户的效用损失。

2.3.2.1　GPI 2.0核算的公式

GPI 2.0核算的公式如表2-3所示。

表 2-3　GPI 2.0 指标体系的核算公式

项目	核算公式
消费损益	$UC_i = (HBE_i - DEFR_i - HI_i) \times INQ + PP$
资本收入	$UEC_i = \hat{s}(KH_i + KS_i + KB_i + KN_i)$
效用损失	$DUCT_i = (DKN_i + POL_i + SC_i)$ ①
总账户	人均 $GPI = \dfrac{1}{N} \sum_{i=1}^{N} [U_i(UC_i) + U_i(UEC_i) + dU_i(DUCT_i)]$

下文将依据以上三个主要组成部分，以巴尔的摩市 2014 年 GPI 2.0 的核算结果为例，对其中包含的具体 13 个指标进行详细介绍。所有指标的核算均以 2012 年的美元价格为基准。

2.3.2.2　以市场为基础的商品和服务

1. 家庭预算支出（Household budget expenditures，HBE）

巴尔的摩市本项目数据由美国环境系统研究所公司（ESRI）提供。这些数据涵盖总计 768 类商品和服务的家庭预算支出，并被区分为福利支出、防御性支出和家庭投资。该指标使用美国劳工统计局（Bureau of Labor Statistics）提供的国家和地区消费者价格指数折算为 2012 年美元价格。

根据计算，巴尔的摩市 2014 年家庭预算支出的人均估计值为 20499.55 美元。

2. 防御性消费支出（Defensive and regrettable expenditures，DEFR）

在大多数 GPI 研究中，这一指标包括家庭污染治理和家庭安全的相关支出。GPI 2.0 在此基础上增加了一些防御性支出和福利中性商品的支出，比如医疗护理成本、法律服务成本、食品和能源浪费成本、保险、酒类、烟草、彩票、赡养费等。这些支出中很大一部分反映了家庭生活所产生的额外费用，以及支付后并不会带来福利改善的费用。

根据计算，巴尔的摩市 2014 年防御性消费支出的人均估计值为 3261.01 美元，其中人均医疗护理成本为 572.40 美元，人均法律服务成本为 66.30 美元，人均食品和能源浪费成本为 727.87 美元，人均家庭污染治

---

① 在效用损失的核算中，Talberth 和 Weisdorf（2017）认为在效用损失中也应当加入风险和不确定性的成本（Cost of risk and Uncertainty，Ru）。

理成本为200.94美元，人均保险支出为1336.25美元，人均福利中性商品支出为215.66美元，人均家居安全支出为10.08美元，人均家庭破裂成本为131.51美元。

3. 家庭投资成本（Household investments，HI）

在GPI 1.0账户中，消费耐用品不包含在个人消费支出之内，因为当前电器、家具和车辆的支出实际上可以视为一种投资。GPI 2.0在此基础上进一步纳入了其他类别的家庭投资。

对于耐用消费品，GPI 2.0增加了以下支出。

（a）家居改善，例如安装太阳能电池。

（b）家具维修和保养。

（c）高等职业教育。

（d）储蓄性投资和养老金。

（e）慈善捐助。

对于高等职业教育而言，关键在于如何看待私人教育支出，并决定其中消费支出（为其本身获取知识）和投资支出（增加劳动力市场机会）的比例。测算该指标时，假设中小学教育支出主要为消费，而高等职业教育支出是人力资本投资的一种形式。

根据计算，巴尔的摩市2014年家庭投资的人均估计值为5536.68美元，其中人均耐用品消费支出为1925.30美元，人均家庭维修和保养支出为336.92美元，人均家庭改善支出为494.47美元，人均高等职业教育支出为332.09美元，人均储蓄性投资和养老金支出为1936.53美元，人均慈善捐助支出为511.38美元。

4. 收入差距调整（Income inequality adjustment，INQ）

GPI 2.0进行收入差距调整的理论基础是收入边际效用递减。在巴尔的摩市GPI的测算中，测算者将收入边际效用递减的估计和全球数据结合起来，估计了一个体现随着收入的增加，收入的边际效用下降的参数。这些数据来源于1972~2005年50多个国家四次关于主观幸福感的调查数据。

根据计算，巴尔的摩市2014年收入差距调整的人均估计值为2075.97美元。

5. 公共物品和服务供给（Public provision of goods and services，PP）

该指标指的是文化艺术活动、食品、能源、金融服务和住房等公共物品和服务带来的福利。美国国家养老金管理研究所会对这些数据进行统计。这些数据均为净额，消除了家庭支出中已经包含的重复计算项目。

根据计算，巴尔的摩市2014年公共物品和服务供给的人均估计值为7437.49美元，其中人均联邦政府非国防支出为1060.20美元，人均州和地方政府支出为4960.86美元，人均非营利组织支出为1416.44美元。

2.3.2.3 要素资本提供的服务

对于每类资本提供的服务，处理过程均包括两个基本步骤：（1）计算各项资本的存量指标；（2）将资本存量乘以单位资本的年度贡献值。两者相乘的结果就是资本提供的服务所带来的价值量。

1. 人力资本提供的服务（Services from human capital，KH）

人力资本提供的服务包括高等教育、制造业从业人口和绿色产业从业人口提供的外部收益；具体存量指标为大学毕业生人数、制造业工作岗位和绿色就业岗位。

高等教育提供的外部收益方面，存量指标通过美国人口普查数据提供的25岁以上本科及以上学历人口比例的估计值折算得出。每个高等教育人口的贡献则根据最近美国各州的GPI研究，以每名毕业生带来16000美元的社会福利回报计算（以2012年美元计算为19447美元）。

制造业提供的外部收益方面，存量指标通过美国劳工统计局（BLS）统计的制造业就业数据进行折算。每个制造业人口的贡献根据各地补贴和激励计划的分析，每年为每个工作分配1万美元的价值。

绿色产业提供的外部收益方面，通过在2009~2011年报告的绿色就业数据进行折算。每个工作的价值以每年10万美元作为标准。

根据计算，巴尔的摩市2014年人力资本提供的服务的人均估计值为5068.42美元，其中人均高等教育的外部收益为3559.33美元，人均制造业就业的外部收益为175.43美元，人均绿色就业的外部收益为1333.66美元。

2. 社会资本提供的服务（Services from social capital，KS）

社会资本提供的服务包括志愿服务、家务劳动、看护、闲暇时间和使用免费互联网服务等。

以上各项内容的时间基本上是基于美国时间使用调查（ATUS）的数据来进行折算的。闲暇时间方面，主要利用税后中位数的工资为这些时间分配价值。对于免费互联网服务的价值，其存量指标通过估计3岁及以上的人口数量以及获取家庭互联网接入的数据进行折算，每个消费者享受免费互联网服务的价值采取两项不同研究的均值（591美元）进行估计。

根据计算，巴尔的摩市2014年社会资本提供的服务的人均估计值为13927.36美元，其中人均闲暇时间的价值为4656.35美元，人均志愿服务的价值为8709.84美元，人均免费互联网服务的价值为561.17美元。

3. 存量资本提供的服务（Services from built capital, KB）

该指标的核算以耐用消费品存量价值的20%和公路、街道等基础设施存量价值的7.5%为基础。

对于耐用消费品和家庭改善的核算而言，GPI 2.0以前8年该项消费支出的累积作为每年的初始存量，随后减去12.5%的折旧，然后将当前年度支出添加到当前存量总值中，最后将该数字的20%作为年度服务价值的估计值。在交通和水利基础设施方面，目前的净值是直接从美国的NIPA账户和巴尔的摩市的对应人均值中提取的，然后将当前的存量价值估计值乘以7.5%，从而估算出年度服务的价值。

根据计算，巴尔的摩市2014年存量资本提供的服务的人均估计值为4970.38美元，其中人均交通基础设施的价值为929.36美元，人均基础设施的价值为296.55美元，人均家庭资本服务的价值为3744.47美元。

4. 自然资本提供的服务（Services from nature capital, KN）

GPI 2.0对允许商业用途的受保护区域和不允许商业用途的区域进行了进一步区分。由于商业用的非保护区的主要产出已经包含在了GPI的市场指标中，因此GPI 2.0主要集中对后者的外部收益进行测度。

自然资本存量数据主要来源于美国地质调查局（USGS）的国家土地覆盖数据库（NLCD）和USGS国家差距分析项目的保护区数据库（USGS National Gap Analysis Program's Protected Areas Database）。

根据计算，巴尔的摩市2014年自然资本提供的服务的人均估计值为625.16美元，其中开阔水域的人均价值为373.67美元，荒地的人均价值为73.02美元，落叶林的人均价值为108.35美元，常绿森林的人均价值为

0.00 美元，混交林的人均价值为 22.23 美元，灌木和灌木丛的人均价值为 0.00 美元，草地和草本植被的人均价值为 27.44 美元，新兴湿地的人均价值为 20.45 美元。

2.3.2.4 环境和社会成本

1. 自然资源消耗（Depletion of natural capital，DKN）。

自然资源损耗包括土地转换、不可再生能源消耗的重置成本、地下水消耗的重置成本和土壤侵蚀的重置成本。

土地转换成本的核算首先根据国家土地覆盖数据（NLCD）的趋势推算出所有自然地表覆盖类型的损失，再衡量其经济价值。指标计算中，以消耗的生态系统服务价值进行贴现，计算出每年损失的费用，时间范围设定为 50 年，贴现率为 3%。

不可再生能源消费的重置成本基于用生物燃料、太阳能和风能替代使用化石燃料的成本进行衡量。

地下水消耗的重置成本基于对 1900~2008 年每年国家和地区蓄水层耗竭率的估计。地下水消耗并不是巴尔的摩市的主要问题，因此在该市的核算中排除了这一成本。

土壤侵蚀是根据自然资源保护署公布的国家和各州数值估算得出的。耕地面积由美国农业部公布的年度数据得到。对巴尔的摩市来说，城市土地使用（即建筑、地表径流）的侵蚀率是由环境保护署（Environmental Protection Agency）在该市主要流域的每日最大负荷报告中得出的。重置成本则借助当前的平均零售价格进行计算。

根据计算，巴尔的摩市 2014 年自然资源消耗的人均估计值为 4974.14 美元，其中人均土地流转成本为 0.00 美元，人均不可再生能源消耗的重置成本为 4956.51 美元，人均地下水消耗的重置成本为 0.00 美元，人均土壤侵蚀的重置成本为 17.63 美元。

2. 污染成本（Cost of pollution，POL）

该指标包括五种污染物的成本：空气、温室气体、噪声、水和固体废物。

空气污染成本以六类标准空气污染物的排放量乘以相应的边际损害作为基础进行折算。

温室气体排放成本使用经通货膨胀率调整的平均社会成本（每吨93美元）进行折算，排放量数据使用美国环境保护局和巴尔的摩可持续发展委员会的温室气体排放数据。

车辆是巴尔的摩市噪声污染最主要的来源，因此基于车辆噪声污染对噪声污染成本进行估算。具体方法是分析车辆行驶里程数据与联邦高速公路管理局公布的汽车噪声边际损害成本数据。

水污染成本基于水域受污染程度和社会清洁费用支付意愿综合考量。水生生态系统受污染数据可以从美国环境保护局获得。

固体废物排放量的数据由国家和地方机构定期公布，并以19.26美元/吨的价值进行计算。

根据计算，巴尔的摩市2014年污染成本的人均估计值为2770.46美元，其中人均空气污染成本为205.35美元，人均温室气体排放成本为346.75美元，人均噪声污染成本为1872.82美元，人均水污染成本为322.35美元，人均固体废弃物成本为23.19美元。

3. 经济活动的社会成本（Social costs of economic activity，SC）

在典型的GPI账户中，经济活动的社会成本包括犯罪成本、家庭破裂、休闲时间损失、就业不足、通勤和交通事故。本指标计算中将一部分家庭破裂成本（赡养费、离婚律师、子女抚养费）作为防御性支出。

对于犯罪、未充分就业和交通事故的核算，和大多数美国GPI研究使用的基本方法和数据一致。GPI 2.0中所包括的唯一额外指标是无家可归的成本——这是一种不良的社会状况，在很大程度上是住房市场失灵的结果。无家可归成本基于平均时间点上无家可归的人数统计，并使用40000美元/人衡量紧急服务、避难所、精神卫生服务、医疗保健和其他公共服务代表的经济价值。

根据计算，巴尔的摩市2014年经济活动的社会成本的人均估计值为6816.37美元，其中人均无家可归成本为164.69美元，人均就业不足成本为2158.47美元，人均犯罪成本为1130.99美元，人均通勤成本为2960.76美元，人均交通事故成本为401.46美元。

2.3.2.5 结论

总结来说，巴尔的摩市2014年人均GPI的估计值为27093.73美元，是当年该市 GDP 的 45%。以市场为基础的商品和服务的人均估计值为 17063.38 美元，要素资本提供的服务的估计值为 24591.32 美元，环境和社会成本的估计值为 14560.97 美元。

2.3.3 中国真实进步指标报告指标设置

中国真实进步指标报告指标体系设置基本遵循 GPI 2.0 的测度框架，并在其基础上，结合中国国情对某些指标进行了删减，创造性地加入了部分符合中国国情的指标，如防尘防雾霾支出、高铁建设等带来的真实进步损益。

2.3.3.1 中国真实进步指标体系核算项目

中国真实进步指标体系中包含的指标与 GPI 2.0 类似，并基于中国国情与中国基础数据情况，对一些指标细节做出了调整。以下主要对各项中的细节差异进行简单说明，具体核算指标框架及测算方式详见表 2-4 与第 3、4、5 章测算部分。

表 2-4　中国真实进步指标体系核算项目

一级指标	二级指标	三级指标
以市场为基础的商品和服务	家庭消费支出	—
	防御性消费支出	医疗保健成本
		法律服务成本
		食品和能源浪费成本
		福利中性商品成本
		*防尘防雾霾成本
		保险成本
	家庭投资成本	耐用品支出成本
		家居维修保养及改善成本
		高等教育支出成本
	收入不平等调整	—
	政府提供的商品和服务	—

续表

一级指标	二级指标	三级指标
要素资本提供的服务	人力资本服务价值	高等教育的服务价值
		制造业的服务价值
	社会资本服务价值	家务劳动价值
		志愿服务价值
	存量资本服务价值	交通设施服务价值
		水基础设施服务价值
		电力燃气家庭资本服务价值
		*高铁服务价值
	自然资本服务价值	—
环境和社会成本	自然资本消耗成本	不可再生能源消耗的替代成本
	污染成本	温室气体排放
		空气污染
		水污染
		固体废弃物污染
		噪声污染
	经济活动的社会成本	犯罪成本
		家庭变更成本
		通勤成本
		交通事故成本
		休闲时间损失成本

注：*为中国特色指标。

2.3.3.2 以市场为基础的商品和服务

以市场为基础的商品和服务账户是 GPI 测算的三大账户之一，该账户的核算主要包括家庭自身通过消费支出获取的商品和服务部分和政府提供的商品和服务部分。其中，前者需要在家庭消费支出中扣除防御性消费支出和家庭投资成本后进行收入不平等调整。

在此账户中家庭消费支出是核算的起点与基础。考虑到 GPI 核算的是居民实际享受到的可持续福利，从家庭实际消费支出的考量（代替 GPI 2.0 中的家庭预算支出）能够更接近居民获取的实际福利，并且中国真实进步微观调查也提供了有效的数据支持，所以在中国真实进步指标体系中选用家庭消费支出作为起始点。由于不同于 GPI 2.0 从家庭预算总支出出发的角度，所以在防御性消费支出和家庭投资成本的具体指标设置上也有所区别。

在防御性消费支出方面，本报告包含了 GPI 2.0 中的医疗保健成本、法律服务成本、食品和能源浪费成本、福利中性商品成本和保险成本，由于家庭变更成本会涉及父母离异需要给未成年子女支付的抚养费用，该指标属于转移支付的内容，不应被包含在消费支出范畴内，所以将家庭变更成本调整到经济活动的社会成本之中。此外，家庭污染减排和家庭安全指标由于数据方面的局限暂未包含。结合中国国情，本报告创新性地把防尘防雾霾成本纳入防御性消费支出之中。在家庭投资成本方面，由于本报告是基于家庭消费进行的扣除，所以未包含不属于消费性支出的储蓄、投资和退休、慈善性捐赠两项指标，仅包含了耐用品支出成本、家居维修保养及改善成本和高等教育支出成本。在收入不平等调整方面，中国真实进步指标采用 GPI 2.0 的算法，根据收入边际效用递减（declining marginal utility of income, DMUI）的原理进行调整。在政府提供的商品和服务方面，由于国内宏观数据中未包含 GPI 2.0 框架中分项核算（联邦非防御性支出、州和当地非防御性支出、非利润支出）的数据，所以中国真实进步指标使用宏观数据除去防御性支出后的政府消费支出直接进行核算。

2.3.3.3　要素资本提供的服务

所有的经济活动都是通过各种资本存量和服务来提供的，在 GPI 2.0 的要素资本提供服务账户中，具体包含了人力资本服务价值、社会资本服务价值、存量资本服务价值和受保护的自然资本的服务价值四个部分。

结合中国数据的可得性，中国真实进步指标对要素资本提供的服务账户进行了以下调整：在人力资本服务价值方面，仅仅包含了高等教育的服务价值和制造业的服务价值，未包括绿色工作的外部收益；在社会资本服务价值方面，包含了无偿劳动的价值（志愿服务价值和家务劳动价值），删去了互联网服务价值，且把休闲时间价值调整到经济活动的社会成本项目下的休闲时间损失成本来间接衡量；在存量资本服务价值方面，不仅包含了 GPI 2.0 中的交通设施服务价值、电力燃气水基础设施服务价值和家庭资本服务价值，还将电力燃气设施、高铁服务价值纳入其中；在受保护的自然资本服务价值中，与 GPI 2.0 中分类衡量受保护性自然资本有所差异，结合我国数据可得性直接通过计算自然保护区提供的服务价值整体进行估算。

2.3.3.4 环境和社会成本

在 GPI 2.0 中环境和社会成本账户属于减项账户，具体包含自然资本的消耗成本、污染成本和经济活动的社会成本三个部分。

结合中国数据的可得性，中国真实进步指标对环境和社会成本账户进行了以下调整：在自然资本的消耗成本方面，包含了不可再生能源消耗的替代成本，而土地转换成本、地下水枯竭的替代成本和土壤侵蚀造成的生产力流失成本由于数据局限暂未包含进去；在污染成本方面，则与 GPI 2.0 一致，包含了空气污染成本、温室气体排放成本、水污染成本、噪声污染成本和固体废弃物污染成本；在经济活动的社会成本方面，包含了 GPI 2.0 框架内的犯罪成本、通勤成本和交通事故成本，由于数据的局限以及本报告认为就业不足的成本已在收入（进而作用到消费中）的减少中反映，所以暂未把无家可归的成本和就业不足的成本包含进来，此外由于前面两账户指标建构的调整还包含了家庭变更成本和休闲时间损失成本。

2.4 GPI 的应用

2.4.1 国家、地区应用

2.4.1.1 国家、地区应用综述

自产生以来，GPI 受到了日益广泛的关注和接纳，越来越多的学者投入研究，应用范围也在不断扩展。在一些地区，政府以官方名义开展 GPI 核算，或者通过立法予以支持，并将核算结果作为政府决策的重要参考依据。[1]

目前，应用 GPI 的国家已经超过 20 个，包括美国、加拿大、英国、德国、芬兰、荷兰、比利时、瑞典、智利、丹麦、意大利、奥地利、韩国、日本、澳大利亚、新加坡、巴西等。从应用区域看，已经遍布五大洲，早

---

[1] 截至目前，正式以官方名义开展 GPI 核算的，是一些国家的省或州政府，主要包括：美国的 Vermont 和 Maryland，加拿大的 Alberta 和 Nova Scotia，以及澳大利亚的 Victoria 等。本章中涉及的其他国家或地区的应用，大多为非政府组织或者研究者个人，针对该国或该地区开展的应用研究成果。

期主要是欧美等发达国家使用，后来逐渐扩展到亚、非、拉的发展中国家；从应用层面看，主要有三个：一是对多个国家进行研究并比较，二是研究单个国家，三是在地区层面进行研究；从应用内容看，欧洲国家普遍使用 ISEW，其他地区大多使用 GPI，但如前所述，二者并无本质区别（具体见表 2-5）。

表 2-5　GPI 应用研究成果概要

序号	年代	作者	对象/范围	内容
国际层面					
1	1996	Jackson 和 Stymne	美国及欧洲 5 国	ISEW
2	2000	Stymne 和 Jackson	英国和瑞典	ISEW
3	2008	Lawn 和 Clarke	亚太地区 7 国	GPI
4	2013	Kubiszewski 等	全球 17 国	GPI
5	2015	Delang 和 Yu	中国香港和新加坡	GPI
国家层面				
6	1997	Hamilton	澳大利亚	GPI
7	1997	Stockhammer 等	奥地利	ISEW
8	1999	Castanneda	智利	GPI
9	2007	Talberth 等	美国	GPI
10	2007	Bleys	荷兰	ISEW
11	2008	Jackson 等	英国	ISEW
12	2010	金周英等（中国 GPI 研究组）	中国内地	GPI
13	2015	Andrade 和 Garcia	巴西	GPI
14	2015	Delang 和 Yu	中国香港地区，新加坡	GPI
地区层面				
15	2001	Anielski	加拿大：Alberta	GPI
16	2004	Ventoulis 和 Cobb	美国：San Francisco Bay Area	GPI
17	2004	Costanza 等	美国：Vermont, Chittenden County, Burlington	GPI
18	2005	Pulselli 等	意大利：Siena	ISEW

续表

序号	年代	作者	对象/范围	内容
19	2006	Lawn 和 Clarke	澳大利亚：Victoria	GPI
20	2007	Wen 等	中国：苏州、扬州、宁波、广州	GPI
21	2008	Pannozzo 等	加拿大：Nova Scotia	GPI
22	2011	Posner 和 Costanza	美国：Baltimore, Maryland	GPI
23	2013	Erickson 等	美国：Vermont	GPI
24	2013	Bleys	比利时：Flanders	ISEW
25	2014	李燕和李应博	中国：31 个省（区、市）	GPI
26	2015	Kubiszewski 等	美国：俄勒冈州	GPI
27	2015	Hayashi	日本：城乡比较	GPI
28	2016	李婧等	中国：广州、深圳、温州、苏州、无锡、常州	GPI
29	2017	Hou	中国：辽宁	GPI

比较来看，GPI 在其诞生地美国运用得最为广泛和成熟。起初主要是对全国进行测算，后来在州的层面开始流行。2009 年，马里兰州政府首先决定编撰官方 GPI 年度报告，作为州内生产总值（GSP）的补充；2012 年，佛蒙特州政府正式批准编撰 GPI 报告，并且率先通过立法的形式予以确定。此后，科罗拉多、俄亥俄、犹他、华盛顿、夏威夷等州都相继开展了测算工作。截至目前，应用 GPI 的州的数量已经有 20 个左右。美国不仅应用广泛，而且坚持改革创新，一直是全球 GPI 应用最具活力的国家。由于各州之间情况差异较大，GPI 缺乏统一标准，马里兰州根据自身实际，建立了一套 GPI 体系，并于 2012 年 10 月和 2013 年 6 月，在该州的巴尔的摩市两次召开"州际 GPI 峰会"。峰会就各州 GPI 账户的内容设置及计算方法提出了一些标准。峰会标准虽非强制，但是有效促进了 GPI 的趋同。佛蒙特州和马里兰州采用了一致的指标体系和测算方法，夏威夷、马萨诸塞和俄勒冈等州，也保持与前面两州的可比性。在城市层面，也有学者对佛蒙特州及其下辖的伯灵顿市和奇滕登县的 GPI 进行了测算，并进行了纵向比较。

加拿大的 GPI 研究与应用，主要集中在省级层面，多年来开展了大量扎实工作。该国的 NGO 组织 The Pembina Institute，于 1990 年代后期开展了 Alberta 省的 GPI 项目。2001 年，项目负责人 Anielski，发布了该省的第一份 GPI 报告。另一家更具国际影响力的 NGO 组织 GPI Atlantic，则在 Nova Scotia 省，主持开展 GPI 测算工作 10 多年。近年来，GPI Atlantic 还参与了不丹王国"国民幸福总值"的实地调查工作，并发布了独立调查研究报告。

澳大利亚研究院是该国 GPI 研究与应用的最早践行单位，以 Hamilton 为代表的团队于 1997 年就发布了全国 1950~1996 年 GPI 的测算结果，后来又进一步将时间段延伸到 2000 年。该国另一位重要研究人员 Lawn，如前所述，为构建 GPI 理论体系做出了重要贡献。不仅如此，Lawn 为了证明 Fisher 理论的合理性，又在 ISEW 基础上，开发出"可持续净效益指数（SNBI）"（将所有项目分为"收益"与"成本"两类，两类之差即为 SNBI）。2006 年，Lawn 和 Clarke 对澳大利亚 Victoria 州 1986~2003 年的 GPI 进行了测算，并与该国其他地区做了比较（Lawn & Clarke，2006）。

欧洲国家对 ISEW 的应用比较普遍，特别是西欧，几乎每个国家都有测算成果。其中，英国应用得最早，做得也比较成熟。Jackson 是这一领域的代表，他坚持做数据的修改和更新工作已超过 20 年。1994 年，Jackson 发表了第一份关于英国 ISEW 的研究成果；1997 年，他对数据进行了更新，并提供了基于互联网的互动工具，用户可以自由选择关键指标的参数；2008 年，他进一步发布了全国各地方的 ISEW 报告，为各地明确自身的优劣势和加强合作提供了参考（Jackson et al.，2008）。英国的研究者们在应用 ISEW 的同时，也积极进行改进完善，甚至建立了颇具特色的"英国国内发展指标（MDP）"。这一指标体系纳入了一些新的内容，比如犯罪和家庭破裂等的成本，实际上与 GPI 更为相似。

巴西、中国香港、新加坡等国家和地区的 GPI 研究也在逐步开展。例如，Andrade 和 Garcia 估计了巴西 1970~2010 年的真实进步指标（GPI），并试图将其作为国内生产总值（GDP）的替代指标。Delang 和 Yu 在 "*Measuring Welfare beyond Economics：The Genuine Progress of Hong Kong and Singapore*" 一书中对中国香港地区和新加坡的 GPI 进行了测算，并将其与 GDP 进行比较（Delang & Yu，2015）。

中国内地的 GPI 研究起步较晚，由于数据缺失较多，一些指标无法测算，影响到研究成果的可靠性，及其应用推广工作。其中，以中科院金周英研究员为首的中国 GPI 研究组，对中国内地的 GPI 进行了测算，并分别于 2010 年和 2012 年发布了两份研究报告，初步建立起了中国的 GPI 测算系统。温宗国和张坤民等学者，在 2011 年开展了中国城市 GPI 研究，包括苏州、扬州、宁波和广州四个城市，成果已在国内外发表，成为中国 GPI 研究在国际上的一个代表。此外，中国学者还对辽宁省 1978~2011 年的 GPI 进行了测算，并将其与 GDP 比较，使 GPI 在中国省级层面也得到了具体应用（Hou，2017）。总体来看，中国内地的 GPI 研究仍处于起步阶段，需要更多的投入与支持，以提高研究质量，增强应用实效。

2.4.1.2　GPI：全球真实进步对比

就目前来看，开展全球层面的 GPI 比较研究还很困难，因为不仅需要测算多国的数据，而且要保证相互之间具有可比性。与此同时，这类研究又非常重要，因为这不仅可以促进测算方法的一致化、科学化，从新的角度了解各国的优势与不足，还可以通过国际比较，从中发现一些普遍性的特点和规律，加深人们对经济社会本质的认识与把握。

如表 2-5 所示，目前已经有了一些国际比较研究的尝试，并且取得了较好的效果。这里以 Kubiszewski 等人的研究成果为例，来展示这类研究的重要发现。

Kubiszewski 等对澳大利亚、奥地利、比利时、智利、中国、德国、印度、意大利、日本、荷兰、新西兰、波兰、瑞典、泰国、英国、美国、越南等 17 个国家的 GPI 进行了研究。这些国家的人口占全球的 53%，GDP 占全球的 59%。从比较的 7 个指标来看，这些国家虽有些重要的差异，但还是能够呈现出一个总体趋势。自 1950 年以来，虽然各国 GDP 都有数倍的增长，但是发达国家由 GPI 衡量的经济福利，实际上在 1970~1980 年已经达到峰值，发展中国家普遍稍晚一些。也是在同一时期，全球生态足迹超过了生态承载力。与之相对应，几乎所有国家的生活满意度自 1975 年以来都没有明显改善（Kubiszewski et al.，2013）。

最后，Kubiszewski 将这 17 个国家 1950~2003 年的 GPI 指标数值进行加总，并根据全球人均 GDP 数据进行调整，得出近似的全球人均 GPI 数据

(见图2-1)。研究表明，1950~2003年，全球人均GDP增长超过3倍，但人均GPI在1978年就已停止上升。

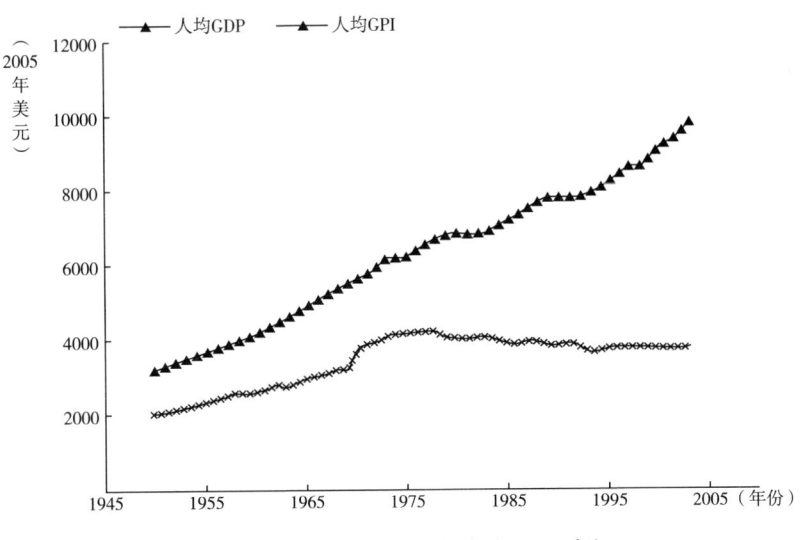

图2-1 全球人均GDP与人均GPI对比
来源：Kubiszewski等（2013）。

2.4.1.3 GPI：国家真实进步衡量

国家层面的GPI研究颇为丰富。此处以2007年Talberth等人发布的报告《2006真实进步指标：可持续发展的工具》（Talberth et al., 2007）为例，来展示这类研究成果。这份报告是基于对GPI理论和方法的系统改进而开展的测算，在国家层面研究中比较有代表性。

该报告以2000年美元价格为基准，测算了美国1950~2004年的GPI。从图2-2可以看出，实际GDP从1.78万亿美元增加到10.76万亿美元，年平均增长率3.39%；GPI的增长趋势则要平缓得多，从1.31万亿美元到4.42万亿美元，年平均增长率2.28%。

国民享受到的平均福利水平可以从图2-3看出。比较来看，实际人均GDP仍然保持较快增速，从11672美元到36596美元，年平均增长率2.14%；但是人均GPI在1978年以后却几乎没有明显提高，基本保持在15000美元左右。

为了更清楚地展示人均GDP和人均GPI的变化细节，Talberth还考察了

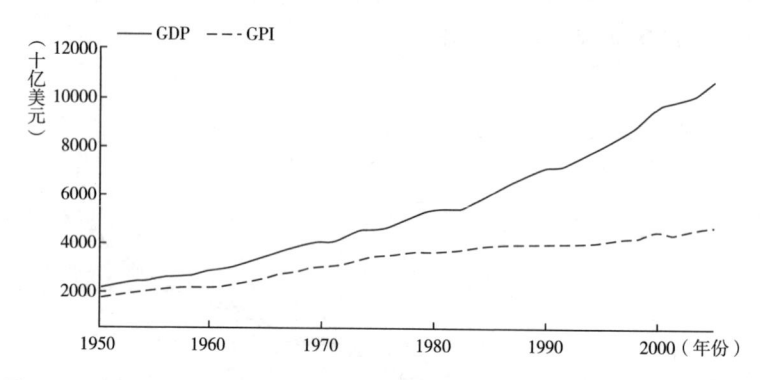

图 2-2　美国 1950~2004 年真实 GDP 与 GPI（以 2000 年美元为基准货币）
资料来源：Talberth 等（2007）。

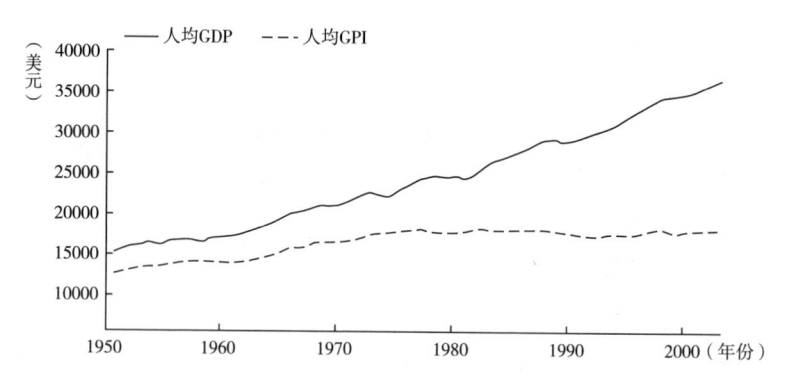

**图 2-3　美国 1950~2004 年真实人均 GDP 与人均 GPI
（以 2000 年美元为基准货币）**
资料来源：Talberth 等（2007）。

二者每年的增长率（见图 2-4）。结果显示：在 1980 年之前，实际人均 GDP 与人均 GPI 基本保持相同的发展趋势，并且通常是正值，高峰时达到 4%；但是自 1980 年开始，人均 GPI 的增速经常为负值，在 1991 年甚至低至 -1.64%；同时，人均 GPI 在 1978 年首次超过 15000 美元，此后就基本没有增长。更加重要的是，这意味着从 1980 年前后开始，人均 GPI 中的加项项目（如个人消费支出、家务劳动等）带来的边际收益，已经被减项项目（如收入不公平、自然资源损耗等）导致的边际成本抵消了。

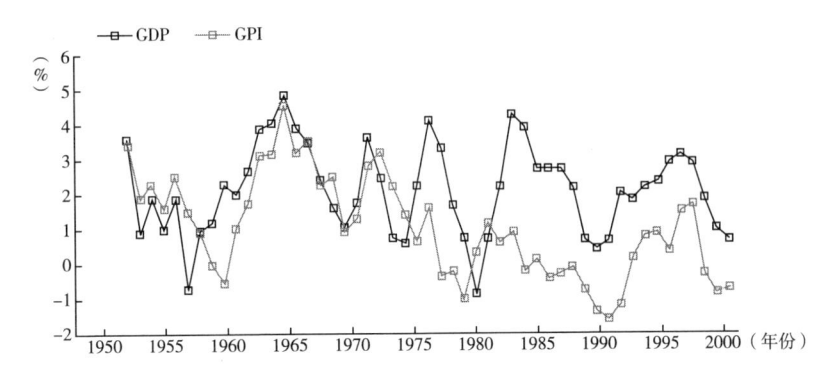

图 2-4　美国 1950~2004 年人均 GDP 与人均 GPI 的
年增长率（三年滚动平均增长率）

资料来源：Talberth 等（2007）。

2.4.1.4　GPI：地区真实进步衡量

1. 地区整体对比

地区层面的 GPI 研究成果，主要集中在 2000 年以后，且现在已逐渐成为主要研究领域。本报告选择 Lawn 和 Clarke 对澳大利亚的 Victoria 省的研究为代表进行阐述（Lawn & Clarke，2006），因为该研究系统性较强，而且通过与该国其他地区的比较，可发掘出更多有效信息。

在其研究中，Lawn 和 Clarke 将消费支出（包括私人与公共，CON）一项分为三种：一是无调整 CON（1），假定所有消费支出都对经济福利做正贡献；二是半调整 CON（2），在 CON（1）的基础上，将部分支出按比例扣除，如烟草全扣、酒类减半、政府最终消费减 1/4 等；三是全调整 CON（3），以 CON（2）为基础，再扣除其他一些支出项目中的相应比例，如所有食物支出、宾馆和餐馆消费的 1/4、通勤费的一半等。根据三种 CON 计算出来的 GPI，分别记为 GPI（1）、GPI（2）、GPI（3）。而 Lawn 和 Clarke 认为，GPI（3）最能准确反映经济福利水平，因此本报告在此主要讨论 GPI（3）的计算。

Victoria 省人均 GPI 与人均 GSP（省/州生产总值）的指数值在 1986~1993 年相差不大。但是，1993 年以后，前者的增速明显慢于后者。特别是 1999 年以后，二者的差距有不断扩大趋势。说明在这一阶段，经济增长并没有带来经济福利的相应提高，人均 GSP 产生的收益，被越来越高的社会和环境成本抵消。从 GPI 分指标来看，主要影响因素包括：CON（3）所占比例较大，且 1997 年后快速增长；1992~1997 年，分配指数上升较快；1990~1994 年和 1996~2003 年两个阶段失业成本快速增加；环境破坏成本大幅上升等。

在研究 Victoria 省 GPI 的同时，Lawn 和 Clarke 也研究了澳大利亚其他地区的 GPI，并将它们进行了比较分析。结果显示，Victoria 省的人均 GPI（3）水平明显高于该国其他地区，且在 1986~2003 年，差距有不断扩大之势，特别是在 2000~2003 年，差距扩大更加明显。在 1986~1994 年，Victoria 省的人均 GPI（3）增速要慢于该国其他地区，但是 1994 年之后形势出现了逆转。这种形势在 2000 年之后，变得更加明显，Victoria 省的人均 GPI（3）增速超出该国其他地区越来越多。与此同时，在大多数时间里，Victoria 省和该国其他地区的人均 GPI（3）变化轨迹基本相似，仅 1993 年和 1998 年出现短暂的相反情况。这可以有两个方面的解释：一是影响到澳大利亚整体的许多因素包括政府政策，对 Victoria 省产生了同样的影响；二是作为澳大利亚经济第二大省，Victoria 的发展对整个澳大利亚有重要影响。

2. 城乡对比

自 20 世纪 80 年代末以来，日本就面临着较大的城乡差距。然而，即使农村人口的工资和收入水平低于城市居民，一些人仍选择留在农村。这种现象表明了研究日本城乡差距的必要性。本小节以 2015 年 Hayashi 对日本 GPI 的研究为例，来展示城乡对比的研究成果（Hayashi，2015）。

Hayashi 研究中的乡村地区包括农业区、林业或渔业普遍存在的地区。区分乡村和城市地区本应在社区层面上进行，但测算 GPI 所需的数据和信息只能在县或市层面获得，最终选择在市层面划分农村和城市。其对人均 GPI 和 GDP 的估计结果如图 2-5 所示。

一方面，20 世纪 80 年代末到 90 年代初，日本处于所谓"泡沫经济"时期，城市 GDP 迅速增长，而农村地区的 GDP 增长相对缓慢，城乡差距呈现扩大趋势。另一方面，城乡地区的 GPI 增长相比于 GDP 增长都慢得多，表明泡沫经济通过较高的资产价格促进了城乡的 GDP 增长，却没有对农村和城市福利做出贡献。2000 年以后，农村和城市的 GPI 开始出现下降趋势，

2005 年后又恢复增长。总体来看，自 2000 年以来，城市的 GPI 一直在波动，而农村 GPI 的变动趋势比较平和。

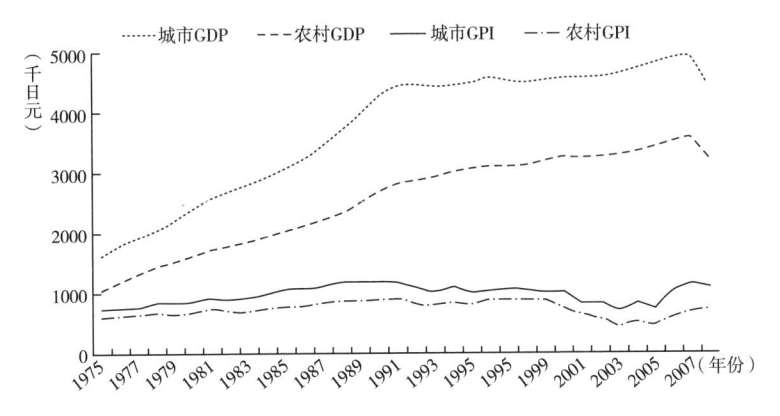

图 2-5　日本城乡人均 GDP 和 GPI 变动趋势

资料来源：Hayashi（2015）。

图 2-6 为城乡人均 GDP、人均 GPI 绝对差距。可以看出，相比城乡人均 GDP 绝对差距，城乡人均 GPI 绝对差距较小，但自 2000 年以来，城乡人均 GDP 绝对差距保持稳定，甚至稍有改善，城乡人均 GPI 绝对差距却呈现扩大的趋势。

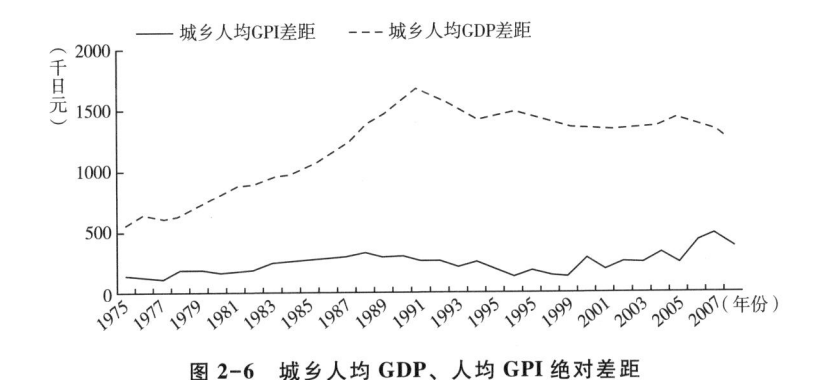

图 2-6　城乡人均 GDP、人均 GPI 绝对差距

资料来源：Hayashi（2015）。

就 GPI 的正向指标而言，除家庭消费支出以外，家务劳动的价值在农村和城市地区的正向指标中占据了最大的份额，并且城市的该指标大于农村地区。这是因为城市地区的工资水平较高，也意味着家庭工作的时间成本较高。农村在医疗和教育服务方面的公共支出和政府基础设施的收益比城市要高。这是因为公共支出和政府基础设施在全国范围内作为普遍服务进行分配，而人均价值在人口较少的农村地区占有一定优势。

3. 省际对比

本小节以2014年李燕和李应博对中国2002~2012年31个省（区、市）GPI的研究为例，来展示省际对比的研究成果（李燕和李应博，2014）。

从2002~2012年中国各省份的GPI变化情况中可以发现，GPI均呈快速增长趋势，且增长方式为指数型增长。结合中国经济在2002~2012年以10%以上速度增长的实际情况，可以说经济运行的质量和数量都有较大提高。

在国内外文献中，一般将人均GDP作为区域经济发展水平的代表，此文章也选用其表示经济发展数量。而真实进步指标（GPI）以加权人均消费能力为计算基础，并包含了各项服务等隐性福利和环境污染等隐性效用损失，可直观反映个人能感受的效用水平，因此在"以人为本"的发展理念指引下，可将其作为测度经济发展质量的指标。该文章将二者结合起来，分别以2002年和2012年的数据对中国31个省（区、市）进行聚类分析，考察了哪些省份和地区的经济实现了"质量与数量"的高速协同发展。

从GPI测算结果来看，在2002年，上海处于第一梯队，在GPI和人均GDP上都处于全国第一的位置，其次是北京，处于第二梯队。第三梯队是浙江、广东和天津，但它们却是不同的发展模式。天津经济发展速度更快、发展的质量相对较低，与浙江和广东呈现截然相反的发展态势。第四梯队是江苏、福建和西藏，西藏的GPI排名全国第五，但人均GDP水平处于全国后位，而江苏、福建则更注重经济发展速度。

在2012年，北京基本接近于上海的水平，与上海一同位居第一梯队。第二梯队是天津，相对于2002年，天津较高的GPI依然依赖经济高速增长。第三梯队是江苏、浙江和广东，相对来说广东的发展质量更高，而江苏的发展速度更快。

总体来看，2002~2012年，各省份的经济发展速度和质量均有提高，但2012年的区域间差异明显比2002年更大。

4. 城市对比

本小节以2016年李婧等人对1995~2012年中国"三大经济模式"下广州、深圳、温州、苏州、无锡、常州6个典型城市GPI的评估结果为例，来展示城市对比的研究成果（李婧等，2016）。

图 2-7 是 1995~2012 年中国 6 个典型城市的人均 GPI 和人均 GDP 对比图。可以看出，1995~2012 年，6 个城市的人均 GDP 总体呈指数型增长，可见 6 个城市的经济增长都相当迅猛；而人均 GPI 自 1995 年后基本不再上升，直至 2005 年左右才开始增长，且 GPI 与 GDP 的差距越来越大。究其原因，以 2012 年 6 个城市为例，经济损耗以调整分配不公为主，社会损耗以犯罪成本、交通堵塞成本为主，环境损耗则以污染治理成本、不可再生资源损耗为主（见表 2-6）。

同时，横向比较 6 市的人均 GPI 与增速（见图 2-7）可知，广州、深圳、无锡、常州的人均 GPI 一直非常相近，发展趋势大致相同；苏州人均 GPI 早期较高，经历 2004 年的大幅下降后与上述 4 个城市保持相似的发展趋势；这 5 个城市的 GPI 在后期实现增长后，处于相似的快速发展水平。温州 GPI 早期增长迅速，1996~2000 年的增速均在 10% 以上，直接导致温州 GPI 虽起点较低，但经历早期的迅猛发展后于 2000~2004 年接近其他城市的发展水平；然而后期增速减缓，与其他城市拉开差距，尤为突出的是 2009 年以后，温州的 GPI 增速都低于 10%。

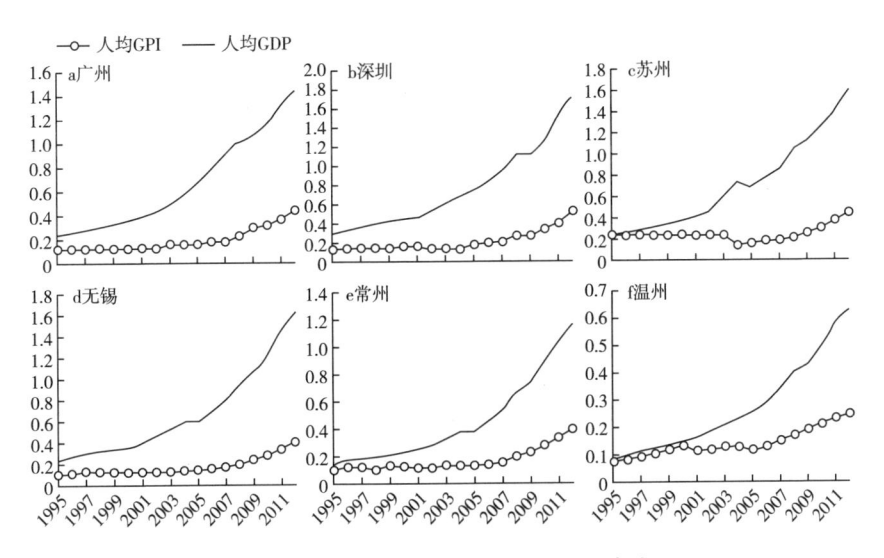

图 2-7　1995~2012 年各城市人均 GPI 和人均 GDP

资料来源：李婧等（2016）。

注：各图横轴为年份，纵轴单位为万美元。

表 2-6 2012 年主要因素占各类损耗比重

城市 City	对分配不公的 调整/经济损耗 Adjustment for unequal income distribution/ economic loss	犯罪成本/ 社会损耗 Cost of crime/ social loss	交通堵塞成本/ 社会损耗 Cost of commuting social loss	污染治理成本/ 环境损耗 Cost of pollution/ environmental loss	不可再生资源 损耗/环境损耗 Cost of nonrenewable resource depletion environmental loss
广州 Guangzhou	92.4	39.8	39.8	20.1	77.1
深圳 Shenzhen	88.1	28.5	67.8	78.1	16.8
苏州 Suzhou	84.5	47.0	49.6	36.2	57.5
无锡 Wuxi	84.7	20.1	71.4	38.5	56.3
常州 Changzhou	83.4	85.5	0	46.2	47.5
温州 Wenzhou	71.1	68.3	24.9	38.2	57.0

资料来源：李婧等（2016）。

2.4.1.5 总结

综上所述，在全球、国家和城市三个层面的 GPI 研究成果中，有两个重要特点需要关注。

第一，GPI 增长普遍存在一个阈值，当 GDP 达到一定水平之后，GPI 的阈值就会出现。20 世纪 80 年代，Max-Neef 等人在研究中发现一个有趣现象："每个社会似乎都有一个时期，此时经济增长能够带来人们生活质量的改善，但是经济增长到一定程度时，就会有一个临界点，超过这个临界点将导致人们生活质量的下降（Max-Neef, 2005）。"由此，他们提出了"阈值假说"，即当宏观经济体系经过一段时间的扩张之后，边际成本就会超过边际收益，出现"不经济增长"（uneconomic growth）的情况。在此之后，人们享受到的福利水平，就会停滞不前甚至下降。

20 世纪 90 年代初，Max-Neef 发现很多国家和地区的 ISEW，都呈现出倒 U 形的趋势：初期持续上升，在到达某一个点时，便开始下降。这个现象有力地支持了"阈值假说"。上述 GPI 在全球、国家和城市三个层面的研究成果也普遍存在类似现象,即支持"阈值假说"。生态经济学家认为,宏观经济的无节制持续增长,在生态上是不可持续的,也是一个不正常的现象。"阈值假说"显然为他们的这个观点提供了有力的事实证据。

但是,仍有学者对 GPI 的倒 U 形曲线提出了质疑。比如,Neumayer 认为:ISEW 和 GPI 之所以出现倒 U 形曲线,关键原因在于不可再生资源消耗成本的计算方法。很多国家在测算 GPI 这一指标时,都有一个前提假设:不可再生资源的消耗量是逐年递增的,比如美国设定的递增幅度是每年 3%。Neumayer 通过研究认为,如果假设不可再生资源的消耗量保持稳定,那么 ISEW 和 GPI 就不会出现"阈值"(Neumayer, 2000)。

对于此类质疑,Lawn(2003)曾做过简单回应,认为基于 Fisher 的相关理论,GPI 的指标设置与测算有充分的理论依据,ISEW 和 GPI 至少在数据上支持了"阈值假说",希望有更多人接受这一事实。但是,他没有给出有力的证据和理由。由此,关于"阈值"的争议,也许还会持续一段时间。针对质疑者提出的问题,支持者需要进一步证明,ISEW 和 GPI 的相关测算方法是科学合理的,或者证明"阈值"事实存在,与测算方法无关。

第二,GPI 与 GDP 的变化轨迹并不完全相同,也就是说,经济增长未必增加居民福利,经济下降也未必减少福利。这就促使我们重新考虑一些问题:政府是否应该将 GDP 的增长作为主要目标?如何才能使经济增长带来更高水平的经济福利?

2.4.2 基于 GPI 核算的政策评估

GPI 不仅可以衡量一个国家/地区在一段时间内的真实福利,也能推算某项政策执行前后真实福利的变化。随着 GPI 测算框架日益完善,GPI 也越来越多地被运用于政策分析领域,为政府政策评估提供一个崭新的视角。

基于 GPI 核算的政策评估方法即按照 GPI 核算的不同项目对政策实施前后各项指标的变化进行分别统计,再进行加总。美国马里兰州的巴尔的摩市通过 GPI 核算体系,对本市的雨水管理计划(Stormwater Management Plan,以下简称 SMP 计划)以及气候行动计划(Climate Action Plan)的价值进行了初步分析。报告显示,SMP 计划带来的净经济价值接近 2000 万美元,社会投资回报率超过 8%。

2.4.2.1 巴尔的摩市雨水管理计划的实施背景

在城市化过程中,自然景观中的植被和原有水文循环会遭到破坏,自然滞蓄能力锐减,如果不进行管理,就会导致雨水资源流失、径流污染增加及内涝频发等问题。在巴尔的摩市,随雨水流入附近切萨皮克湾的各类污染物,占到了切萨皮克湾每年污染物来源的 10%～20%,对当地的生态环境带来了不利影响。为了遏制城市径流污染的进一步恶化,满足马里兰州环保部 2013 年国家排污许可(National Pollution Discharge Elimination Permit)的要求,巴尔的摩市有针对性地启动了 SMP 计划。

SMP 计划通过实施一系列的"最佳流域管理措施(best management practices, BMPs)",直接或间接地对城市中超过 4240 英亩的不透水路面的降雨径流进行了处理。为了从经济学的角度考察这些措施产生的效益是否超过成本,并进一步考察如何最大限度地提高政策的净效益,巴尔的摩市采用了真实进步指标作为分析框架,对执行 SMP 计划带来的真实进步水平进行了考察。核算方式以 GPI 2.0 的通用方法为准。

2.4.2.2 巴尔的摩市雨水管理计划的经济价值

根据报告,SMP 对巴尔的摩市的 GPI 的影响体现在以下方面。

(1)家庭消费增加。SMP 对雨水管理基础设施和流域恢复项目的建设投资会为巴尔的摩市居民创造新的工作和收入,并最终增加居民对商品和服务的消费。据测算,这部分价值为 1530894 美元(以 2013 年美元价格计算,下同)。

(2)预防性支出减少。通过对雨水管理设施的建设,SMP 也会减少项目实施前巴尔的摩市居民解决径流污染的预防性支出。这部分价值为 25559 美元。

(3)志愿服务提供的(无偿)劳动增加。SMP 项目将居民提供的志愿服务作为劳动力计入 GPI。这一部分价值为 62354 美元。

(4)家庭资本提供的服务增加。在 GPI 的核算体系中,家庭资本投资包括对房屋结构或景观美化所做的所有改进。家庭资本投资会体现为更高的房屋市场价值和房主对其住房的满意程度。SMP 项目中的部分 BMP 措施会增加家庭资本投资,这一部分价值为 356117 美元。

(5)水基础设施的年服务价值增加。因为 SMP 而新建的水基础设施会增加基础设施的年服务价值。据测算，这一部分价值为 1553560 美元。

（6）生态系统年服务价值增加。SMP 项目实施各项针对措施后，城市生态系统的价值，例如公园、森林、湿地的年服务价值都会随之提升。这些价值可以用 SMP 带来的公园、森林、湿地等面积的改变乘以其单位面积年服务价值来核算。据统计，在溪流和湿地方面，SMP 会带来每年 6190426 美元的价值；在公园和露天场所方面，会带来 2400998 美元的价值；在市区植树造林方面，会带来 1630675 美元的价值。

（7）水污染损失降低。每年巴尔的摩市 GPI 都会因为水污染成本而降低。SWP 降低了巴尔的摩市每年对水污染治理的投资，因此提升了城市的 GPI。据统计，这部分价值为 3454032 美元。

（8）不充分就业的损失降低。SMP 项目通过为巴尔的摩市市民提供工作和就业，降低了失业和不充分就业带来的成本。据统计，这部分价值为 2501338 美元。

以上各项价值累计达 19705955 美元。按照"GPI 最大化（GPI-Max scenario）"的核算方法，SMP 带来的价值提升会进一步扩大，最终将超过一亿美元。

在此基础上，从成本-收益分析的角度考察 SMP 项目的净收益，将基础设施按照 20 年的预期使用寿命计算，SMP 项目的净收益超过 2200 万美元，投资的社会收益率为 8.17%。如果按照 GPI 最大化的方法计算，则投资的收益率可达 39.59%。GPI 为政策实施的真实回报也提供了一个有用的分析工具。

2.5　GPI 评价与前景

2.5.1　GPI 的优点

一是综合反映了可持续经济福利。GPI 将经济、社会与环境纳入同一个账户，并对这些指标统一进行量化处理，使之可以相互比较和计算。这样，GPI 不仅可以反映经济的增长，而且可以更全面地衡量经济福利的现有水平，及其今后的发展潜力。这种处理方法，显然比以往一些指标只测算经济增长，而不计经济增长带来的后果，要更加全面和科学。

二是较好地弥补了 GDP 的不足。基于对 GDP 固有缺陷的评判，GPI 提供了有针对性的、比较合理的解决办法。同时，GPI 保留了 GDP 的一些经济指标，方便了二者的对比，可以清晰地显示出 GPI 核算体系基于 GDP 做出的调整和改进。

三是具有较强的可操作性。GPI 的提出首先着眼于应用，这也是其最大的价值所在。GPI 不仅设置了具体明确的指标，而且形成了一套通行可用的测算方法，便于掌握和实施。越来越广泛的应用，已经在事实上证明了这一点。

四是易于理解和接受。GPI 的指标直接明确，与人们的生活体验密切相关，测算方法也比较符合常理，容易得到社会认可。同时，GPI 吸收了前期账户的优点和经验，并与 GDP 保持形式上的相似性，也有利于民众认知。例如，美国马里兰州现已建立了 GPI 测算的专门网页，供民众自己操作和检验。

五是方便纵向与横向的比较。GPI 虽然没有形成全球统一的测算格式，但是大部分指标和计算方法是一致的，很多使用数据也遵循国际通用标准。同时，GPI 既可以提供总的测算结果，也提供分指标数据，以便于指标之间的对比。各个国家和地区，不仅可以展示自己历年的发展变化，而且可以通过与其他国家、地区的比较，清楚地了解自身的优势与劣势。

六是能够导向健康的经济形态。在经济发展普遍超过自然环境承载能力的今天，人类究竟应该构建何种经济形态，是个非常现实的问题。GPI 的核心任务是衡量可持续经济福利，聚焦于人的生存质量与生活品质的提升，而不是经济规模的扩张。这种追求必然影响经济发展的理念与方式，促成新的更加健康的经济形态，比如现在讨论较多的稳态经济（Steady State Economy，SSE）。[1]

---

[1] 人类对稳态经济的设想由来已久，Mill 1857 年就讨论过这一问题，1909 年又在其著作 *Principles of Political Economy* 中说："财富的增长并非无限，增长的终点将会是一个静止状态（stationary state）。资本与财富的这种静止状态……将是对我们目前状况的重要改善。"他认为人口与资本存量终将零增长，关注的重点应转向精神、道德和社会等的进步。Herman Daly 继承并发展了 Mill 的思想，提出稳态经济的概念，出版多部著作进行讨论。Daly（1992）认为：在稳态经济中，人口与财富保持稳定并维持平衡，经济的流量保持在一个恒定水平，既不损害环境再生能力，也不超过其污染吸纳能力。稳态经济不是没有发展，而是将目标从资本和财富的数量增加，转向追求产品和服务的质量提高，转向追求人和社会的进步。稳态经济是可持续发展的重要内容，与 GPI 有着相近的理念与目标，是研究 GPI 需要讨论的重要经济形态。

2.5.2 GPI 的不足

一是指标选择缺乏统一客观的标准。GPI 测算框架是基于 Fisher 相关理论的，但具体指标的选择尚未形成统一标准，存在较大的主观空间。事实上，不同国家或地区，通常会基于数据可得性、对测算方法选择等因素，构建一套符合本国或本地区的 GPI 测算指标体系，从而影响了 GPI 的一致性。同时，一些与可持续经济福利密切相关的指标，如精神、文化等方面的状况体现也不够充分。

二是测算方法需要完善。具体算法对 GPI 的结果至关重要，但是目前仍存在很多争议。首先，一些指标的具体内涵和覆盖范围难以统一，比如志愿服务的价值，有些国家限于成人，有些国家则包括青少年；其次，对非市场活动和自然资源进行估价比较困难，对测算方法还没有形成共识，比如有学者认为用成本替代法高估了不可再生资源的成本。

三是数据准确性有待提高。缺乏数据，是研究和应用 GPI 面临的一个普遍问题。特别是一些超出传统统计范围的数据，比如家务劳动、噪声污染等，通常只能根据相关数据进行估算，或者使用替代指标。

四是在普适性上需要加强。对经济福利的理解与需求，受到经济、文化、习俗、地域等多种因素的影响，因此不同的国家或群体，对指标的理解与选择会有较大不同。比如，对于一些发达国家来说，保护自然环境、增加闲暇时间很有必要；而对于一些发展中国家来说，保持经济增速、减少贫困人口却是当务之急。因此，GPI 在保持一致性的同时，还需要适应和反映这些不同的效用需求。

五是不能体现商品贸易带来的污染转移。产业全球转移及商品和服务的跨国、跨地区流通，已成为普遍现象。目前 GPI 只能反映研究对象本身的经济、社会和环境情况，并不能反映这种跨界活动带来的影响。比如，一些国家将高耗能、高污染企业转移到其他国家，本国的生态环境得到了保护，经济福利水平明显提高，但是从全球来看，问题不仅没有解决，而且可能更严重，这也与 GPI 的本意背道而驰。

六是理论基础有待进一步完善。GPI 虽然基于经济学理论及影响广泛的可持续原则，但是其理论基础仍然薄弱，比如对于某些指标的选择和测算方法，其理论依据还不够明确。作为世纪之交的新成果，GPI 与此阶段相关理论的关系,也需要进一步探讨。

总体来看,GPI 的优势与不足都有很多,但是比较起来,优势是主要的。GPI 在本质上,仍然是一个广泛的、全面的、有序的新型指标。与此同时,GPI 的不足也不容忽视。批评和质疑的声音,在短期内可能影响 GPI 的发展,但是从长期来看,可以促使专家学者们进一步加强理论研究和实践探索。随着相关工作的深入开展,GPI 的理论体系、内容设置、数据质量和测算方法等方面都会不断改进和完善,不足之处自然也会得到有效解决和弥补。

2.5.3 前景与改进

1995 年,GPI 诞生之后,400 位著名经济学家、商界领袖及其他相关领域的专家联合发表声明:"由于 GDP 仅衡量市场活动的数量,而不计算其中社会和生态的成本,因此将之用来衡量真正的繁荣,是既不合理,又容易产生误导的。政策制定者、经济学家、媒体和国际机构应停止使用 GDP 作为进步的指标,并公开承认其缺陷。我们的社会,迫切需要新的进步指标来引导,……GPI 是朝这个方向迈出的重要一步。"[①]

2008 年,为应对全球金融危机,法国动议组建了"经济表现与社会进步评估委员会"(Stiglitz Commission),旨在明确以 GDP 为经济发展和社会进步衡量指标的局限性,并考虑替代办法。2009 年,该委员会以著名经济学家 Stiligtz、Sen 和 Fitoussi 为首发布了一份报告,结论是:GDP 不应被一概否定,但是作为市场活动的指示物,它未能涵盖对人的幸福感和社会进步有所贡献的许多因素(Stiglitz et al., 2009)。

上述两个事例充分表明,GPI 或者类似指标的产生,在当今时代已经不

---

① GPI Atlantic. The Genuine Progress Index-a History (http://www.gpiatlantic.org/gpi.htm). 联合声明签署人包括:Robert Dorfman, Professor Emeritus, Harvard University; Robert Heilbroner, Professor Emeritus, New School for Social Research; Herbert Simon, Nobel Laureate, 1978; Partha Dasgupta, Oxford University; Robert Eisner, former president, American Economics Association; Mohan Munasinghe, Chief, Environmental Policy and Research Division, World Bank; Stephen Marglin and Juliet Schor, Harvard University; Don Paarlberg, Professor Emeritus, Purdue University; Emile Van Lennep, former Secretary General, OECD; Maurice Strong, Chair, Ontario Hydro, and Secretary General, Rio Earth Summit; and Daniel Goeudevert, former Chairman and President, Volkswagen AG. Full text and signatory list available from Redefining Progress, 1904 Franklin St., Oakland, CA 94612.

可避免。GDP 如果不能改进完善，其衡量经济社会进步的功能，将被新的指标取代。

在这些新指标中，GPI 无疑是目前最具竞争力的一个。正如 Hamilton（1999）所说："GPI 虽然不是完美无缺，但从目前情况看，比 GDP 已经有了很大进步，尤其是在资源环境和社会方面，GPI 表现得更加全面和真实。"Erickson 等认为，GPI 通过重新测算以往被忽视的社会和环境因素，将有助于确定增长和经济发展的可持续性。GPI 之所以被视为可持续发展的综合性指标，是因为它采用了被广泛接受的科学方法，而这些方法可以被更多的国家和地区采用，并且随着时间的推移可进行比较。

总体来看，GPI 虽然还存在一些不足，但是其理论基础正不断加强，接受范围越来越广，应用程度越来越深，是截至目前衡量可持续经济福利的理想指标之一。同时，新探索不断开展，相关学科快速进步，有助于形成统一的 GPI 指标体系、测算方法，使所需数据库更加完备。可以预见，随着经济水平的提升，人类对福利状况的关注必将不断增多，对社会与环境的因素必将越来越重视，GPI 必将拥有日益广阔的发展前景。

参考文献

[1] Andrade, D.C., & Garcia, J.R. (2015). Estimating the Genuine Progress Indicator (GPI) for Brazil from 1970 to 2010. Ecological Economics, 118, 49-56.

[2] Anielski, M. (2001). The alberta GPI accounts: agriculture. Pembina Institute for Appropriate Development.

[3] Bagstad, K.J., Berik, G., & Gaddis, E.J.B. (2014). Methodological developments in US state-level Genuine Progress Indicators: Toward GPI 2.0. Ecological Indicators, 45, 474-485.

[4] Berik, G., Gaddis, E., Bagstad, K., & Lowry, J. (2011). The Utah Genuine Progress indicator (GPi), 1990 to 2007.

[5] Bleys, B. (2007). Simplifying the index of sustainable economic welfare: methodology, data sources and a case study for The Netherlands. International Journal of Environment, Workplace and Employment, 3 (2), 103-118.

[6] Bleys, B. (2013). The regional index of sustainable economic welfare for Flanders, Belgium. Sustainability, 5 (2), 496-523.

[7] Castaneda, B.E. (1999). An Index of Sustainable Economic Welfare (ISEW) for Chile. Ecological Economics, 28 (2), 231-244.

[8] Clarke, M., & Shaw, J. (2008). Genuine progress in Thailand: a systems-analysis approach. In P. A. Lawn & M. Clarke (Eds.), Sustainable Welfare in the Asia-Pacific: Studies Using the Genuine Progress Indicator: Cheltenham, UK; Northampton, MA: Edward Elgar, c2008.

[9] Communities, S. O. O. (2011). Sustainable development in the European Union: monitoring report of the EU sustainable development strategy. Publications Office of the European Union.

[10] Costanza, R., Erickson, J., Fligger, K., Adams, A., Adams, C., Altschuler, B., ... & Kerr, T. (2004). Estimates of the Genuine Progress Indicator (GPI) for Vermont, Chittenden County and Burlington, from 1950 to 2000. Ecological Economics, 51 (1-2), 139-155.

[11] Daly, H. E. (1992). Steady-state economics: concepts, questions, policies. Gaia-Ecological Perspectives for Science and Society, 1 (6), 333-338.

[12] Delang, C. O. (2016). Development beyond Growth: Singapore's Genuine Progress, 1968-2014. International Journal of Green Economics, 10 (1), 32-50.

[13] Delang, C. O., & Yu, Y. H. (2015). Measuring Welfare beyond Economics: the genuine progress of Hong Kong and Singapore. Routledge.

[14] Erickson, J. D., Zencey, E., Burke, M., Carlson, S., & Zimmerman, Z. (2013). Vermont Genuine Progress Indicator, 1960-2011. Findings and Recommendations.

[15] Hamilton, C. (1999). The genuine progress indicator methodological developments and results from Australia. Ecological Economics, 30 (1), 13-28.

[16] Hayashi, T. (2015). Measuring rural-urban disparity with the Genuine Progress Indicator: A case study in Japan. Ecological Economics, 120, 260-271.

[17] Hou, Y. (2017). Calculating a GPI for Liaoning Province of China. Social Indicators Research, 134 (1), 263-276.

[18] Jackson, T., & Stymne, S. (1996). Sustainable economic welfare in Sweden: a pilot index 1950-1992. Stockholm Environment Institute, The New Economics Foundation.

[19] Jackson, T., McBride, N., Abdallah, S., & Marks, N. (2008). Measuring regional progress: regional index of sustainable economic well-being (R-ISEW) for all the English regions.

[20] Kubiszewski, I., Costanza, R., Gorko, N. E., Weisdorf, M. A., Carnes, A. W., & Collins, C. E., et al. (2015). Estimates of the Genuine Progress Indicator (GPI) for oregon from 1960 – 2010 and recommendations for a comprehensive shareholder's report. Ecological Economics, 119 (119), 1-7.

[21] Kubiszewski, I., Costanza, R., Franco, C., Lawn, P., Talberth, J., & Jackson, T., et al. (2013). Beyond GDP: Measuring and achieving global genuine progress. Ecological Economics, 93, 57-68.

[22] Lawn, P. A. (2003). A theoretical foundation to support the Index of Sustainable

Economic Welfare (ISEW), Genuine Progress Indicator (GPI), and other related indexes. Ecological Economics, 44 (1), 105-118.

[23] Lawn, P., & Clarke, M. (2006). Comparing Victoria's Genuine Progress with that of the Rest-of-Australia. Journal of Economic & Social Policy, 10 (2), 115-138.

[24] Max-Neef, M. (2005). Economic growth and quality of life: a threshold hypothesis. Ecological Economics, 15 (2), 115-118.

[25] Neumayer, E. (2000). On the methodology of ISEW, GPI and related measures: some constructive suggestions and some doubt on the 'threshold' hypothesis. Ecological Economics, 34 (3), 347-361.

[26] Nordhaus, W. D., & Tobin, J. (1972). Is growth obsolete? In Economic Research: Retrospect and prospect, Volume 5, Economic growth (pp. 1-80): Nber.

[27] Pannozzo, L., Colman, R., Ayer, N., Charles, T., Burbridge, C., Sawyer, D., ⋯ & Dodds, C. (2009). The 2008 Nova Scotia GPI accounts: indicators of genuine progress. GPI Atlantic. GPI Atlantic: Glen Haven, NS, Canada.

[28] Pigou, A. (2017). The economics of welfare. Routledge.

[29] Posner, S. M., & Costanza, R. (2011). A summary of ISEW and GPI studies at multiple scales and new estimates for Baltimore city, Baltimore county, and the state of Maryland ☆. Ecological Economics, 70 (11), 1972-1980.

[30] Pulselli, F. M., Ciampalini, F., Tiezzi, E., & Zappia, C. (2007). The Index of Sustainable Economic Welfare (ISEW) for a local authority: a case study in italy. Ecological Economics, 60 (1), 271-281.

[31] Stiglitz, J. E., Sen, A., & Fitoussi, J. (2009). Report of the Commission on the Measurement of Economic Performance and Social Progress (CMEPSP).

[32] Stockhammer, E., Hochreiter, H., Obermayr, B., & Steiner, K. (1997). The Index of Sustainable Economic Welfare (ISEW) as an alternative to gdp in measuring economic welfare. the results of the austrian (revised) isew calculation 1955-1992., 21 (1), 0-34.

[33] Stymne, S., & Jackson, T. (2000). Intra-generational equity and sustainable welfare: a time series analysis for the Uk and Sweden. Ecological Economics, 33 (2), 219-236.

[34] Talberth, J., & Bohara, A. K. (2006). Economic openness and green GDP. Ecological Economics, 58 (4), 743-758.

[35] Talberth, J., & Weisdorf, M. (2017). Genuine Progress Indicator 2.0: Pilot Accounts for the US, Maryland, and City of Baltimore 2012-2014. Ecological Economics, 142, 1-11.

[36] Talberth, J., Cobb, C. W., & Slattery, N. (2007). The Genuine Progress Indicator, 2006: A tool for sustainable development. Redefining progress.

[37] Venetoulis, J., & Cobb, C. (2004). The Genuine Progress Indicator 1950-2002 (2004 Update): Measuring the Real State of the Economy. Redefining Progress.

［38］Wen, Z., Zhang, K., Du, B., Li, Y., & Li, W.（2007）. Case study on the use of Genuine Progress Indicator to measure urban economic welfare in China. Ecological Economics, 63（2-3）, 463-475.

［39］World Bank.（1997）. World Development Report 1997：The state in a changing world. Oxford University Press.

［40］李刚, 柳杰民, 朱龙杰.（2001）. GDP缺陷与GPI核算. 统计研究（12）, 31~35.

［41］李婧, 黄璐, 严力蛟.（2016）. 中国"三大经济模式"的可持续发展——以真实发展指标对6个典型城市的可持续性评估为例. 应用生态学报, 27（6）, 1785~1794.

［42］李燕, 李应博.（2014）. 我国区域经济发展质量的测度和演化——基于真实进步指标的研究. 科技与经济, 27（5）, 6~9.

［43］中国GPI研究组, 金周英.（2010）. 中国的真实进步指标（GPI）系统——一种促进可持续发展的工具. 中国科学院院刊, 25（2）, 180~185.

第3章　市场基础的商品和服务价值

从福利的视角来看，生产出的产品或提供的服务并不能直接转化为人们的福利，只有在人们对其进行消费时才能有效地转化为真实的福利，因此，在衡量家庭通过市场交易获得产品或服务产生的福利水平时，家庭消费支出是一个很好的切入点。家庭消费支出作为福利水平的替代指标，没有考虑政府提供从商品和服务带来的福利提升，也没有考虑到并非所有的家庭消费支出都能提升家庭的福利水平以及边际消费支出效用递减。因此，本章为了更为全面地衡量市场基础的福利水平，对家庭消费支持进行了以下3个方面的调整：（1）将不能提升家庭福利水平的消费支出从家庭消费支出中扣除，如防御性消费支出（包括医疗保健成本、法律服务成本、食品和能源浪费成本、福利中性商品成本、防尘防雾霾成本和保险成本）、家庭投资（包括耐用品支出成本、家居维修保养及改善成本和高等教育支出成本）；（2）利用收入不平等系数对扣除防御性消费支出和家庭投资后的家庭消费支出进行调整；（3）在（2）的基础上考虑政府提供的商品和服务带来的福利水平的提升。

3.1　家庭消费支出

1. 测算方法与数据描述

（1）测算方法

家庭消费支出是测算真实进步指标（GPI）的起点与基础（Bagstad & Shammin, 2012；Lawn, 2013；Kubiszewksi et al., 2015 等）。本报告利用家庭调查数据（2017 中国真实进步微观调查），从家庭单位出发来获取真实的消费支出情况。在测算家庭消费支出中所使用的具体指标见表 3-1。[①]

测算消费支出的具体思路：首先通过中国真实进步微观调查数据（CGPiS）计算出样本家庭消费支出，然后结合样本家庭人口数和相关家庭省内权重系数，获得地区人均消费支出，最后借助宏观层面的地区人口总数计算出地区总消费支出。全国总消费支出的计算首先按各地区总消费支出加总结合对应的各地区总人口计算出全国人均消费支出，然后与全国总人口相乘得到全国总消费支出水平。具体计算公式和步骤如下。

1) 样本家庭消费支出

$$C_{jh} = \sum_{i=1}^{n} C_{ijh}$$

其中，C_{jh} 表示地区 j 第 h 个样本家庭总消费支出，C_{ijh} 表示地区 j 第 h 个样本家庭第 i 类消费支出，i 取 1，2，3，…，8，分别代表着家庭 8 大类消费支出。

2) 地区人均消费支出、地区总消费支出

地区人均消费支出：$\overline{C}_j = \dfrac{\sum_{h=1}^{m} C_{jh} \times \omega_{jh}}{\sum_{h=1}^{m} Pop_{jh} \times \omega_{jh}}$

地区总消费支出：$C_j = \overline{C}_j \times Pop_j$

其中，$\overline{C}_j$ 表示地区 j 人均消费支出，ω_{jh} 为地区 j 第 h 个样本家庭的省内权重系数，Pop_{jh} 为地区 j 第 h 个样本家庭的人口数。C_j 表示地区 j 的总消费支出，Pop_j 为地区 j 的总人口数。

3) 全国人均消费支出、全国总消费支出

全国人均消费支出：$\overline{C} = \dfrac{\sum_{j=1}^{k} C_j}{\sum_{j=1}^{k} Pop_j}$

全国总消费支出：$C = \overline{C} \times Pop$

其中，$\overline{C}$ 为全国人均消费支出，k 取 1，2，3，…，29，分别代表调查样本中的 29 个省、自治区和直辖市；C 表示全国总消费支出，Pop 为全国总人口数。

[①] 中国真实进步微观调查中有关消费支出的问题设置仿照国家统计局的居民消费支出分类项目，包括居民消费支出中的食品烟酒、衣着、居住、生活用品及服务、交通和通信、教育、文化和娱乐、医疗保健、其他用品和服务等 8 个大类消费。

表 3-1 消费支出核算框架表

国家统计局	CGPiS
食品烟酒	伙食（包含外出就餐）
	烟
	酒
	自产自销农产品
衣着	衣物购买
居住	房租
	住房装潢、维修
	物业管理
	水、电、燃料及取暖
生活用品及服务	日常用品
	家居耐用消费品
	家政服务
交通和通信	交通费
	通信费
	家用交通工具
教育、文化和娱乐	教育培训
	文化娱乐
	旅游
医疗保健	自付医疗费
	保健、健身锻炼
其他用品和服务	奢侈品
	防尘防雾霾产品
	美容
	法律服务
	保险支出

资料来源：根据国家统计局《居民消费支出分类2013》和中国真实进步微观调查整理得出。

（2）数据描述

表 3-2 和图 3-1 具体给出了全国及各地区家庭总消费支出样本量和均值及其排序结果，整体来看，全国样本家庭平均消费支出水平达到 64289.31 元。从各地区来看，样本家庭平均消费支出排名前三位的是北京市、上海市和广东省，分别达到 102518.78 元、96082.58 元和 90149.98 元。除此之外，还有浙江省、福建省、天津市、青海省和江苏省等 5 个地区的样本均值水平超过全国平均水平，分别为 83361.96 元、75315.62 元、74617.69 元、73769.46 元和 65963.81 元。

表 3-2　全国及各地区家庭总消费支出样本量和均值

地区	样本量（个）	均值（元）	地区	样本量（个）	均值（元）
北京	1395	102518.78	河南	1146	48816.28
天津	1067	74617.69	湖北	1600	58393.41
河北	1580	51016.87	湖南	1585	58608.23
山西	1472	45896.63	广东	2947	90149.98
内蒙古	498	55440.08	广西	842	50332.86
辽宁	2235	59322.85	海南	840	61080.89
吉林	1456	46331.17	重庆	1388	52101.17
黑龙江	1330	49621.61	四川	1731	55699.37
上海	1933	96082.58	贵州	722	54161.77
江苏	1820	65963.81	云南	1015	50956.24
浙江	2333	83361.96	陕西	1251	61020.41
安徽	1009	45592.57	甘肃	824	53892.85
福建	1777	75315.62	青海	731	73769.46
江西	809	56834.2	宁夏	528	57064.98
山东	2147	53919.09	全国	40011	64289.31

资料来源：2017 中国真实进步微观调查。

注：全国指的是除新疆、西藏、香港、澳门和台湾地区之外的其他 29 省、自治区、直辖市的总和。

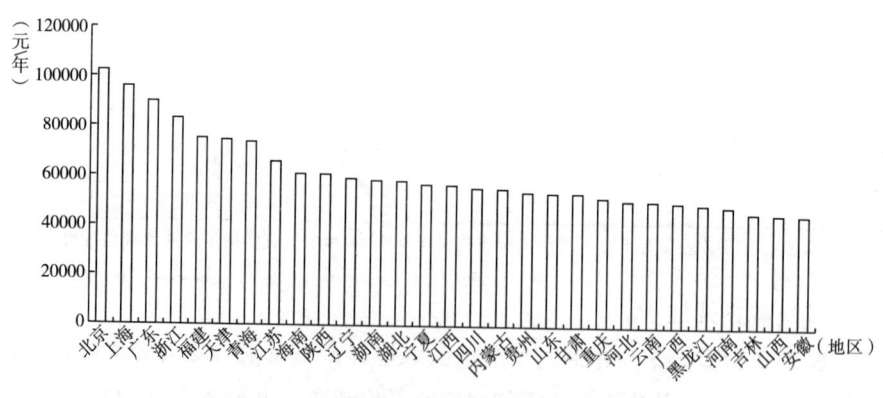

图 3-1　各地区样本家庭总消费支出均值排序

2. 计算结果

按照上述方法分别计算出全国及各地区人均消费支出和总消费支出，具体结果见表 3-3。为了便于比较分析，表中分别给出了基于 2017 中国真实进步微观调查和 2017 中国统计年鉴两种数据计算得出的全国和各地区居民总消费支出（第二列和第三列）及人均消费支出（第四列和第五列）的情况。从总消费支出来看，2016年全国总消费支出达到298772.70亿元，接近于国家统计局给出的292661.00亿元。地区层面的总消费支出水平主要表现出以下特征：①经CGPiS数据计算加权得出的总消费支出排名前十位的省份依次是：广东省、江苏省、山东省、浙江省、河南省、四川省、河北省、湖北省、湖南省和福建省。这十省以及紧邻其后的上海市、辽宁省和北京市的总消费支出均已突破万亿元大关，排名前三位的广东省、江苏省和山东省更是迈入了2万亿元行列，分别达到28847.05亿元、20559.12亿元和20430.07亿元。而根据统计局数据显示，排名前十位的省份依次为：广东省、江苏省、山东省、浙江省、河南省、四川省、上海市、湖南省、湖北省和河北省。两种计算结果下地区省份排位在前十位的省份大体一致（仅有一个省份不同，CGPiS数据计算中位居前十名的福建省跌出，取而代之的则是上海市）。②整体来看，地区总消费支出的高低明显反映出该地区经济发展水平的高低。比如GDP排名前十位的省份与经CGPiS数据计算加权得出的总消费支出排名前十位的省份相同，排名近似一致（仅河北省和湖北省调换了次序）。GDP排名前十位的省份从前往后依次为：广东省、江苏省、山东省、浙江省、河南省、四川省、湖北省、河北省、湖南省和福建省。

表 3-3　全国及各地区居民总消费支出及人均消费支出

地区	总消费支出（亿元）		人均消费支出（元）	
	CGPiS	NBS	CGPiS	NBS
北京	10106.80	10621.70	46532.25	48902.85
天津	5553.40	5636.28	35724.70	36257.83
河北	13221.60	10670.77	17753.07	14327.99
山西	6665.08	5533.25	18146.16	15064.66
内蒙古	6937.64	5608.02	27579.57	22293.86
辽宁	10238.59	10367.58	23375.77	23670.27
吉林	5637.98	3802.53	20554.05	13862.67
黑龙江	7056.03	6619.07	18541.66	17393.43
上海	10386.68	11994.75	42964.57	49616.34

续表

地区	总消费支出（亿元）		人均消费支出（元）	
	CGPiS	NBS	CGPiS	NBS
江苏	20559.12	28654.71	25739.12	35874.44
浙江	17584.17	17106.67	31600.63	30742.51
安徽	8984.09	9541.63	14560.93	15464.55
福建	10493.24	9006.78	27209.23	23354.80
江西	9042.97	7344.86	19748.79	16040.31
山东	20430.07	25593.42	20642.69	25859.78
河南	14845.99	15250.82	15617.49	16043.36
湖北	12919.31	11379.23	22014.68	19390.36
湖南	12894.69	11897.70	18955.81	17490.19
广东	28847.05	31127.58	26407.04	28494.67
广西	6298.94	7231.78	13076.48	15013.04
海南	1715.54	1684.52	18769.56	18430.20
重庆	6362.78	6378.08	20981.96	21032.42
四川	14487.43	13183.40	17596.78	16012.88
贵州	6536.67	5195.17	18452.15	14665.26
云南	8745.34	6912.78	18386.09	14533.33
陕西	8075.87	6334.68	21235.53	16657.06
甘肃	4713.29	3408.49	18093.25	13084.41
青海	1233.74	989.92	20893.16	16764.10
宁夏	1617.04	1246.76	24080.96	18566.79
全国	298772.70	292661.00	21671.16	21227.85

资料来源：2017中国真实进步微观调查和《2017中国统计年鉴》。
注：全国指的是除香港、澳门和台湾地区之外的其他31个省、自治区、直辖市的总和。

从人均消费支出来看，全国人均消费支出达到21671.16元，其中有12个省份的人均消费支出超过全国平均水平。地区层面的人均居民消费支出主要表现出以下特征：①不同省份人均消费支出具有明显差异。北京市、上海市、天津市和浙江省分列人均支出的前四位，分别达到46532.25元、42964.57元、35724.70元、31600.63元，其他地区均在3万元以下，最低为广西壮族自治区的13076.48元。②人均消费支出的地区分布差异大致反映了地区发展水平的差异，整体来看，东部地区省份大都位于前列，中西部地区大都排在后面。在人均消费支出排序前十名中有 8 个省份位于东部，分别为北京市、上海市、天津市、浙江省、福建省、广东省、江苏省和辽宁省。详细排名参见图 3-2。

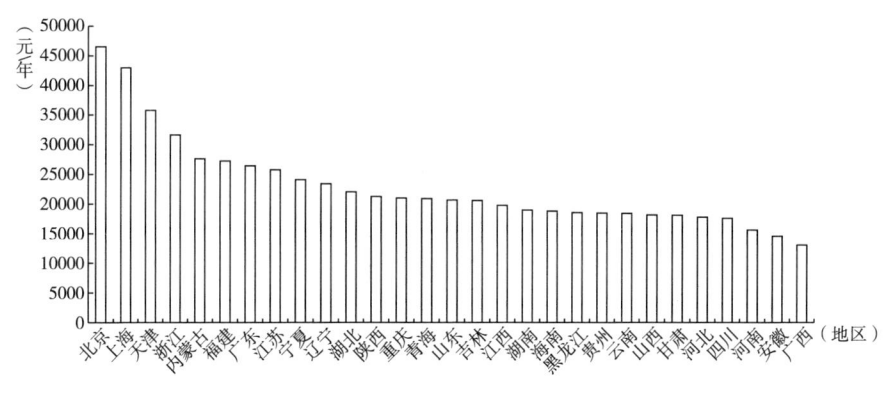

图 3-2　各地区人均消费支出排序

3.2　防御性消费支出

在家庭消费中，存在部分消费开支项目不能或不能完全转化为福利的情况，如医疗保健支出、食品和能源浪费支出、抽烟支出、酒精饮料支出等。在 GPI 最初核算中，把这部分消费项目称为防御性消费支出（Defensive Consumption Expenditures），并在经济账户核算时将其看作成本予以扣除（如 Lawn & Clarke, 2006；Berik & Gaddis, 2011；Bagstad & Shammin, 2012；Erickson et al., 2013；Lawn, 2013；Talberth & Weisdorf, 2014 等）。随后在 GPI 2.0 框架中（Talberth & Weisdorf, 2017），在防御性消费支出中还引入了保险成本。本报告在核算防御性消费支出时结合国内实际情况，在 GPI 2.0 框架的基础上引入防尘防雾霾商品支出成本项目。最终，本报告核算的防御性消费支出项目具体包含医疗保健成本、法律服务成本、食品和能源浪费成本、福利中性商品成本、防尘防雾霾商品成本、保险成本等项。详细的各项成本核算方法及测算结果见下文。

3.2.1 医疗保健成本

1. 测算方法与数据描述

(1) 测算方法

医疗保健开支（Costs of Medical Care）会对经济发展产生不合意的经济成本，增加消费的开支在给家庭带来经济负担的同时并不一定有助于家庭福利水平的提高（Talberth & Weisdorf，2014）。而关于多大比例的支出属于防御性消费支出的问题，不同学者给出了不同的意见。如：Wen 等（2007）在中国城市 GPI 的案例研究中，仅仅对汽车事故造成的医疗和维修成本以 100% 比例的方式扣除，由于数据的局限性并未对其他原因造成的医疗保健成本予以扣除。国外的研究中，针对此项成本的调整，主要有两种常见的方法：一是，按一定比例从家庭消费支出中剔除，如 Andrade 和 Garcia（2015）在估计巴西从 1970～2010 年的 GPI 时，认为防御性消费支出由私人和公共部门在教育和健康方面的支出所构成，进而假定 25% 的家庭消费支出应被划归为防御性消费支出，进行剔除处理。二是，采用 50% 的扣除比例对医疗保健成本进行直接处理，如 Lawn 和 Clarke（2006）在对 GPI 指标进行建构的过程中，Lawn（2013）在具体测算澳大利亚 1962～2010 年的 GPI 时，Delang 和 Yu（2015）在对新加坡和中国香港的 GPI 进行测算时，Talberth 和 Weisdorf（2017）运用 GPI 2.0 的框架计算美国国家层面以及马里兰（Maryland）州和巴尔的摩（Baltimore）港口城市时均采用此比例进行调整。

本报告采用第二种方法，即把 50% 的家庭医疗保健支出看作医疗保健成本，划归为防御性消费支出，并进行直接扣除。具体的医疗保健支出数据基于微观调查数据获取，主要包含两部分支出：医疗支出和保健、健身锻炼支出。医疗保健成本计算公式和步骤如下。

1) 样本家庭医疗保健成本

$$C_{jh} = 50\% \times (C_{medical\_jh} + C_{care\_jh})$$

其中，C_{jh} 表示地区 j 第 h 个样本家庭的医疗保健成本，$C_{medical\_jh}$ 表示地区 j 第 h 个样本家庭自付的家庭医疗消费支出，C_{care_jh} 表示地区 j 第 h 个样本家庭保健及健身锻炼方面的消费支出。

2）地区人均医疗保健成本、地区总医疗保健成本

地区人均医疗保健成本：$\bar{C}_j = \dfrac{\sum_{h=1}^{m} C_{jh} \times \omega_{jh}}{\sum_{h=1}^{m} Pop_{jh} \times \omega_{jh}}$

地区总医疗保健成本：$C_j = \bar{C}_j \times Pop_j$

其中 $\bar{C}_j$ 表示地区 j 的人均医疗保健成本，ω_{jh} 为地区 j 第 h 个样本家庭的省内权重系数，Pop_{jh} 为地区 j 第 h 个样本家庭的人口数。C_j 表示地区 j 的总医疗保健成本，Pop_j 为地区 j 的总人口数。

3）全国人均医疗保健成本、全国总医疗保健成本

全国人均医疗保健成本：$\bar{C} = \dfrac{\sum_{j=1}^{k} C_j}{\sum_{j=1}^{k} Pop_j}$

全国总医疗保健成本：$C = \bar{C} \times Pop$

其中 $\bar{C}$ 表示全国人均医疗保健成本，k 取 1，2，3，…，29，分别代表着调查样本中的 29 个省、自治区和直辖市；C 表示全国总医疗保健成本，Pop 为全国总人口数。

（2）数据描述

本报告所使用的医疗保健支出数据是扣除医保或报销之外的家庭实际承担的成本 $C_{medical\_jh}$。另外，保健、健身锻炼支出也被直接加入医疗保健总支出中予以调整。

在 CGPiS 数据中，医疗保健支出包含医疗支出和保健及健身锻炼支出两部分，具体两部分支出的样本家庭占比及其均值情况见表 3-4。首先，样本家庭占比情况，2016 年全国有 78.65% 的家庭会在医疗方面进行消费支出，而仅有 9.39% 的家庭会在保健及健身锻炼方面进行开支。分地区来看，医疗支出家庭占比呈现出明显的地区差异，尤其是中西部地区表现出明显的高比重特征，云南省、宁夏回族自治区、青海省、内蒙古自治区和甘肃省等 5 个西部省区位居前五位，占比分别为 87.88%、86.55%、85.91%、85.14% 和 84.47%，上海市为全国最低，仅为 68.03%。保健支出则表现出截然相反的地区特征，经济发展水平较高的东部地区相对于中西部地区在保健支出比重较高，表现出相对较强的保健意识和锻炼行为特征。如北京市、天津市、上海市、广东省和辽宁省等东部 5 省市存在保健支出的家庭比重位居前五位，分别为 18.57%、16.49%、15.83%、12.45% 和 10.83%，

远远高于位居尾端的贵州省（6.37%）、河南省（5.67%）、安徽省（5.65%）和吉林省（5.15%）等中西部省份。

表 3-4　样本家庭医疗支出和保健支出占比及均值

地区	有此项支出的家庭比重（%）		均值（元）	
	医疗支出	保健支出	医疗支出	保健支出
北京	79.21	18.57	8992.69	906.88
天津	82.19	16.49	9447.40	1092.89
河北	81.14	8.04	5046.84	350.81
山西	78.94	6.45	5002.61	355.51
内蒙古	85.14	7.03	7176.23	296.02
辽宁	73.20	10.83	6213.79	490.21
吉林	82.35	5.15	6089.46	195.79
黑龙江	82.18	8.12	6223.05	295.61
上海	68.03	15.83	5867.90	1056.21
江苏	71.21	8.52	5513.83	368.51
浙江	75.14	10.63	4732.84	570.88
安徽	79.19	5.65	4622.83	93.00
福建	68.09	7.71	4339.60	218.80
江西	81.58	7.91	4684.49	419.06
山东	79.13	8.34	4596.37	503.69
河南	82.72	5.67	5883.01	285.61
湖北	77.19	8.00	8057.91	415.13
湖南	82.65	8.39	4436.52	318.99
广东	77.54	12.45	5290.92	587.93
广西	82.42	9.74	4008.76	373.74
海南	83.69	6.43	5681.23	78.98
重庆	82.56	6.99	4856.94	248.58
四川	79.61	7.45	5191.56	228.08

续表

地区	有此项支出的家庭比重（%）		均值（元）	
	医疗支出	保健支出	医疗支出	保健支出
贵州	80.89	6.37	4603.62	192.93
云南	87.88	7.19	5982.98	249.05
陕西	80.10	10.71	6632.42	397.27
甘肃	84.47	8.74	5111.79	233.70
青海	85.91	8.07	8168.67	184.28
宁夏	86.55	10.42	5195.39	246.59
全国	78.65	9.39	5692.83	426.75

资料来源：2017中国真实进步微观调查。

注：全国指的是除新疆、西藏、香港、澳门和台湾地区之外的其他29个省、自治区、直辖市的总和。

其次，样本家庭医疗和保健支出情况，全国样本年均家庭医疗支出达到5692.83元，年均家庭保健支出达到426.75元。分地区来看，医疗支出方面，天津市、北京市和青海省位列前三位，分别为9447.40元、8992.69元和8168.67元，广西壮族自治区居末位，年均支出为4008.76元。而保健支出方面，天津市、上海市和北京市位列前三位，显著高于其他省份，分别达到1092.89元、1056.21元和906.88元，海南省居末位，年均家庭支出为78.98元。总体来看，家庭年医疗支出水平都远远高于保健支出水平。

表3-5则具体给出了家庭医疗保健成本的样本占比和均值及排序结果。从表中可以直观看出，全国40011户家庭中有医疗保健支出的家庭的占比为80.54%，家庭医疗保健成本均值为2604.71元。从各地区样本家庭医疗保健成本占比排序来看（见图3-3），总体上省份间差异不大，排名前三位的是云南省、宁夏回族自治区和青海省，分别达到89.56%、87.88%和87.82%，江苏省（73.46%）、上海市（72.43%）和福建省（69.78%）排名为最后三位。年均家庭医疗保健成本排名（见图3-4）前三位的是天津市（4288.23元）、青海省（3979.12元）和北京市（3920.92元），而广西壮族自治区（2068.21元）、福建省（2015.46元）和四川省（1949.79元）位列最后三位。

表 3-5　家庭医疗保健成本样本占比和均值

地区	样本量（个）	样本占比（%）	均值（元）	地区	样本量（个）	样本占比（%）	均值（元）
北京	1395	82.94	3920.92	河南	1146	83.60	2248.49
天津	1067	84.82	4288.23	湖北	1600	79.00	2678.46
河北	1580	82.78	2541.83	湖南	1585	84.42	2288.58
山西	1472	79.76	2464.17	广东	2947	79.81	2453.01
内蒙古	498	86.55	3464.79	广西	842	84.20	2068.21
辽宁	2235	75.70	2601.74	海南	840	85.12	2374.28
吉林	1456	83.59	2716.62	重庆	1388	84.08	2370.07
黑龙江	1330	83.23	3075.30	四川	1731	81.05	1949.79
上海	1933	72.43	3027.22	贵州	722	81.99	2228.88
江苏	1820	73.46	2621.40	云南	1015	89.56	2744.24
浙江	2333	77.45	2277.22	陕西	1251	81.61	2808.08
安徽	1009	80.28	2074.10	甘肃	824	85.92	2486.66
福建	1777	69.78	2015.46	青海	731	87.82	3979.12
江西	809	82.45	2419.57	宁夏	528	87.88	2488.51
山东	2147	80.62	2364.70	全国	40011	80.54	2604.71

资料来源：2017 中国真实进步微观调查。

注：全国指的是除新疆、西藏、香港、澳门和台湾地区之外的其他 29 个省、自治区、直辖市的总和。

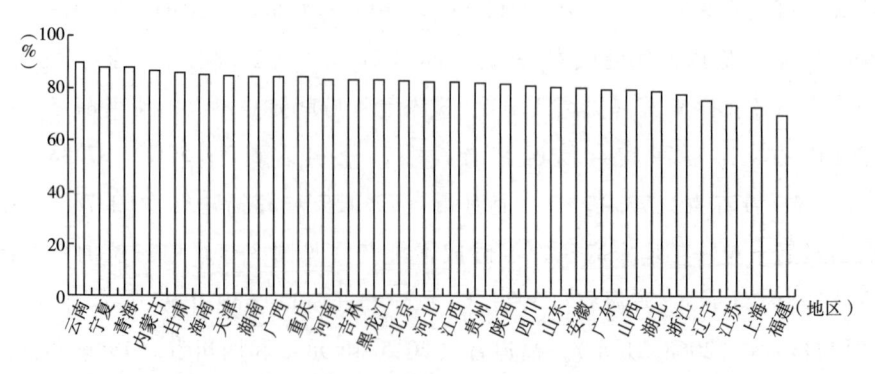

图 3-3　各地区样本家庭存在医疗保健成本占比排序

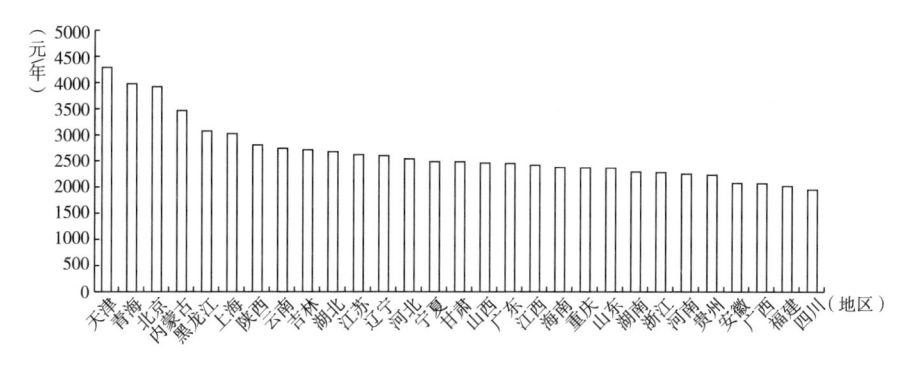

图 3-4 各地区样本家庭医疗保健成本均值排序

2. 计算结果

按照医疗保健成本测算方法，结果显示（见表 3-6）：全国总医疗保健成本为 10488.19 亿元，人均医疗保健成本为 760.75 元。

从各地区人均医疗保健成本及排序来看（见表 3-6、图 3-5），天津市和北京市家庭总医疗保健成本为 265.72 亿元、336.65 亿元，人均医疗保健成本均超过 1500 元，依次位居前两位，分别为 1709.37 元、1549.96 元；上海市、江苏省、黑龙江省、山东省、内蒙古自治区、辽宁省、青海省和浙江省人均医疗保健成本依次位居第 3~10 位，分别为 1442.28 元、1231.38 元、1039.74 元、936.92 元、933.69 元、908.17 元、799.07 元和 787.57 元，其总医疗保健成本分别为 348.67 亿元、983.56 亿元、395.67 亿元、927.27 亿元、234.87 亿元、397.78 亿元、47.19 亿元和 438.24 亿元。

表 3-6 全国及各地区人均医疗保健成本和总医疗保健成本

地区	人均医疗保健成本（元）	总医疗保健成本（亿元）	地区	人均医疗保健成本（元）	总医疗保健成本（亿元）
北京	1549.96	336.65	河南	623.91	593.09
天津	1709.37	265.72	湖北	739.59	434.03
河北	599.54	446.51	湖南	622.33	423.34
山西	638.37	234.47	广东	730.64	798.15
内蒙古	933.69	234.87	广西	580.34	279.55
辽宁	908.17	397.78	海南	633.27	57.88

续表

地区	人均医疗保健成本（元）	总医疗保健成本（亿元）	地区	人均医疗保健成本（元）	总医疗保健成本（亿元）
吉林	638.59	175.17	重庆	715.93	217.11
黑龙江	1039.74	395.67	四川	519.33	427.56
上海	1442.28	348.67	贵州	489.22	173.31
江苏	1231.38	983.56	云南	642.31	305.51
浙江	787.57	438.24	陕西	681.35	259.12
安徽	716.6	442.14	甘肃	532.22	138.64
福建	519.88	200.49	青海	799.07	47.19
江西	584.59	267.68	宁夏	780.78	52.43
山东	936.92	927.27	全国	760.75	10488.19

数据来源：2017 中国真实进步微观调查，并根据其相关数据计算出人均医疗保健成本占人均总消费支出的比例，与宏观数据中的居民人均总消费支出相乘得出。

注：全国是除港澳台之外 31 个省、自治区、直辖市之和。

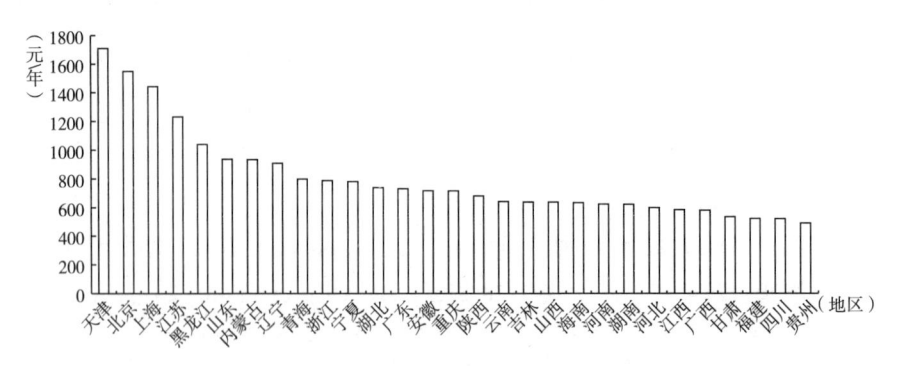

图 3-5 各地区人均医疗保健成本排序

3.2.2 法律服务成本

1. 测算方法

法律服务成本（Costs of Legal Services）并不会带来任何效用水平的提高，所以在 GPI 测算中对此项支出成本予以扣除，如 Lawn（2013）对澳大利亚 1962~2010 年 GPI 以及 Talberth 和 Weisdorf（2017）对美国国家层面以及马里兰州（Maryland）和巴尔的摩（Baltimore）港口城市 GPI 的测算中都对支出中的此指标进行了扣除处理。

法律服务方面的支出不仅从经济上给个人带来负担，而且给个人身心造成负面的影响（如寻求法律服务的压力以及法律服务过程中来回奔波造成的身心疲劳等），所以本报告把此项开支列为防御性消费支出从消费支出中进行扣除。我们的微观数据进行了此项内容的调查。相对于宏观上的简单代理，直接从微观角度探究更能体现出法律服务成本给个人福利造成的损失。针对具体的法律服务成本的核算则是基于 2017 中国真实进步微观调查数据，主要涉及指标为家庭法律服务方面的支出。调整方法采用文献中的做法并进行调整：家庭法律服务方面的支出 100% 被划归为防御性消费性支出。具体计算公式和步骤如下。

1）样本家庭法律服务成本

$$C_{jh} = 100\% \times C_{law\_jh}$$

其中，C_{jh} 表示地区 j 第 h 个样本家庭法律服务成本，C_{law_jh} 表示地区 j 第 h 个样本家庭的法律服务方面的消费支出。

2）全国人均法律服务成本、地区人均法律服务成本

全国人均法律服务成本：$\overline{C} = \dfrac{\sum_{j=1,h=1}^{k,m} C_{jh} \times \omega_{njh}}{\sum_{j=1,h=1}^{k,m} Pop_{jh} \times \omega_{njh}}$

地区人均法律服务成本：$\overline{C}_j = \dfrac{gdp_j}{gdp} \times \overline{C}$

其中，$\overline{C}$ 表示全国人均法律服务成本，ω_{njh} 为地区 j 第 h 个样本家庭的国内权重系数，Pop_{jh} 为地区 j 第 h 个样本家庭的人口数；$\overline{C}_j$ 表示地区 j 的人均法律服务成本，gdp_j 为地区 j 的人均国内生产总值，gdp 为全国人均国内生产总值。

3）全国总法律服务成本、地区总法律服务成本

地区总法律服务成本：$C_j = \overline{C}_j \times Pop_j$

全国总法律服务成本：$C = \overline{C} \times Pop$

其中，C_j 表示地区 j 总法律服务成本，C 表示全国总法律服务成本，Pop_j 为地区 j 的总人口数，Pop 为全国总人口数。

2. 计算结果

按照法律服务成本调整算法，即依托样本数据及权重系数首先核算出全国人均法律服务成本，根据地区经济发展水平（地区人均 GDP 与全国人均 GDP 的比例）来进一步获得各地区的人均法律服务成本，最后根据地区及全国人口总数，推算出全国及地区的法律服务成本总值，具体结果详见表 3-7 和图 3-6。可以看出，整体来说全国总法律服务成本为 410.84 亿元，人均年法律服务成本为 29.80 元。

表 3-7 全国及各地区人均法律服务成本和总法律服务成本

地区	人均法律服务成本（元）	总法律服务成本（亿元）	地区	人均法律服务成本（元）	总法律服务成本（亿元）
北京	66.19	14.38	河南	23.34	22.19
天津	62.16	9.66	湖北	26.09	15.31
河北	18.57	13.83	湖南	22.82	15.52
山西	15.76	5.79	广东	42.51	46.44
内蒙古	31.15	7.84	广西	23.44	11.29
辽宁	27.37	11.99	海南	23.15	2.12
吉林	19.40	5.32	重庆	31.13	9.44
黑龙江	20.23	7.70	四川	19.36	15.94
上海	71.74	17.34	贵州	14.17	5.02
江苏	72.14	57.62	云南	13.18	6.27
浙江	43.92	24.44	陕西	21.43	8.15
安徽	22.29	13.75	甘肃	10.61	2.76
福建	34.31	13.23	青海	18.69	1.10
江西	17.52	8.02	宁夏	19.51	1.31
山东	45.75	45.28	全国	29.80	419.05

数据来源：2017 中国真实进步微观调查，并根据其相关数据计算出人均法律服务成本占人均总消费支出的比例，与宏观数据中的居民人均总消费支出相乘得出。

注：全国是除港澳台之外 31 个省、自治区、直辖市之和。

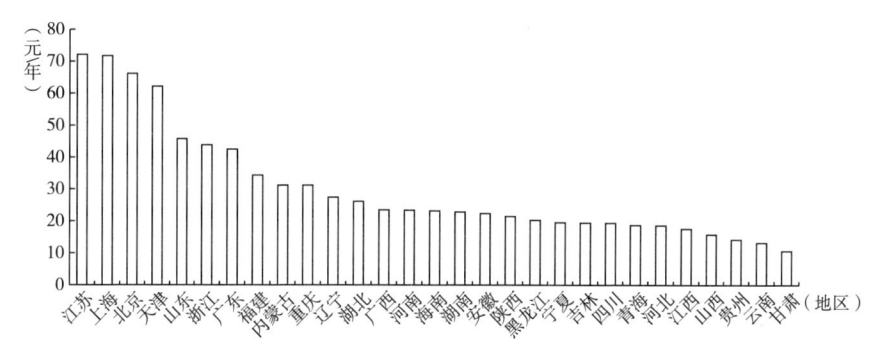

图 3-6　各地区人均法律服务成本排序

从各地区人均法律服务成本及排序来看，江苏省、上海市、北京市和天津市的总法律服务成本分别为 57.62 亿元、17.34 亿元、14.38 亿元、9.66 亿元，人均法律服务成本均超过 60 元，分别为 72.14 元、71.74 元、66.19 元和 62.16 元，依次位居第 1~4 位；山东省、浙江省、广东省、福建省、内蒙古自治区和重庆市的人均法律服务成本依次位居第 5~10 位，分别为 45.75 元、43.92 元、42.51 元、34.31 元、31.15 元和 31.13 元，其总法律服务成本分别为 45.28 亿元、24.44 亿元、46.44 亿元、13.23 亿元、7.84 亿元和 9.44 亿元。

3.2.3　食品和能源浪费成本

1. 测算方法与数据描述

（1）测算方法

Berik 和 Gaddis（2011）对美国犹他州（Utah）1990~2007 年的 GPI 进行测算时，按照 Lawn（2005）的建议，把 20% 的食物消费假定为垃圾食物的消费支出。Lawn 和 Clarke（2006）在 GPI 指标建构中，把对食物方面的花费分为两个部分，一部分是在家就餐的食物花费，另一部分是酒店、咖啡馆及餐馆的食物花费，并将 50% 的家庭食物消费支出和 25% 的酒店、咖啡馆及餐馆的食物消费支出从家庭消费支出中进行扣除。Lawn（2013）在测算澳大利亚 1962~2010 年的 GPI 时，在调整比例上做了一些改变，把 25% 的在家食物消费支出以及 12.5% 的酒店、咖啡馆及餐馆的食物花费予以扣除，同时按照 25% 比例将电力、汽油和其他燃料等能源消费划归为能源浪费成本，在 GPI 中予以扣除。Delang 和 Yu（2015）在测算香港地区的 GPI 时，把 25% 的食物支出和 25% 的燃料和电力消费支出划归为防御性消费，进行扣除；而在测算新加坡的 GPI 时，把 25% 的食物及非酒精饮料支出和 12.5% 的食品服务方面的支出划归为防御性消费支出，进行了扣除。Talberth 和 Weisdorf（2017）在计算美国国家层面以及马里兰州（Maryland）和巴尔的摩市（Baltimore）的 GPI 时，使用美国国家自然资源保护委员会提供的关于食品和能源浪费比例的估计结果，即在食物消费性支出中扣除了 25% 的在家食物消费支出及 19% 的外出就餐花费支出；在能源浪费成本计算中，对马里兰州和巴尔的摩市进行测算时扣除了 16% 电力和 42% 天然气的能源消费支出，对于美国国家层面 GPI 的测算调整，则采用 Granade 等（2009）报告中采用的麦肯锡公司（McKinsey & Company）的估计结果，认为在电力消费方面还有 12% 的潜在节约空间，在天然气消费方面仍然有 9% 的节约空间。

本报告在关于扣除比例的选择上，在食物浪费方面，中国科学院地理科学与资源研究所课题组 2013~2015 年的调查结果显示，我国餐饮食物浪费量约为每年 1700 万~1800 万吨，相当于 3000 万~5000 万人一年的口粮。综合考虑在家以及在外就餐状况，本报告认为我国食物消费浪费比例大约为 5%，并予以扣除。关于能源浪费方面的比例选择，国家发改委于 2016 年发布的《"十三五"全民节能行动计划》中强调在"十三五"时期要确保完成单位国内生产总值能耗降低 15% 的目标，这说明目前的能源利用中至少存在 15% 的改进节约空间，所以本报告把 15% 的能源支出看作能源浪费成本。具体来说，针对食品和能源浪费成本的核算基于微观调查数据，把食品方面 5% 的支出部分和能源方面 15% 的支出部分看作食品和能源浪费成本，最终将其划归为防御性消费支出。具体计算公式及步骤如下。

1）样本家庭食品和能源浪费成本

$$C_{jh} = 5\% \times C_{food\_jh} + 15\% \times C_{energy\_jh}$$

其中，C_{jh} 表示地区 j 第 h 个样本家庭的食品和能源浪费成本，C_{food_jh} 表示地区 j 第 h 个样本家庭的食品消费支出，C_{energy_jh} 表示地区 j 第 h 个样本家庭的能源消费支出。

2）地区人均食品和能源浪费成本、地区总食品和能源浪费成本地区人均食品和能源浪费成本：$\overline{C}_j = \dfrac{\sum_{h=1}^{m} C_{jh} \times \omega_{jh}}{\sum_{h=1}^{m} Pop_{jh} \times \omega_{jh}}$

地区总食品和能源浪费成本：$C_j = \overline{C}_j \times Pop_j$

其中 $\overline{C}_j$ 表示地区 j 人均食品和能源浪费成本，ω_{jh} 为地区 j 第 h 个样本家庭的省内权重系数，Pop_{jh} 为地区 j 第 h 个样本家庭的人口数。C_j 表示地区 j 的总食品和能源浪费成本，Pop_j 为地区 j 的总人口数。

3）全国人均食品和能源浪费成本、全国总食品和能源浪费成本

全国人均食品和能源浪费成本：$\overline{C} = \dfrac{\sum_{j=1}^{k} C_j}{\sum_{j=1}^{k} Pop_j}$

全国总食品和能源浪费成本：$C = \overline{C} \times Pop$

其中 $\overline{C}$ 表示全国人均食品和能源浪费成本，k 取 1，2，3，…，29，分别代表调查样本中的 29 个省、自治区和直辖市；C 表示全国总食品和能源浪费成本，Pop 为全国总人口数。

（2）数据描述

根据上文食品和能源浪费成本的计算公式，结合 CGPiS 数据我们获得了家庭食品和能源浪费成本情况，该指标样本家庭的平均值及排序见表 3-8 和图 3-7。从样本均值来看，全国家庭食品和能源浪费成本平均水平达到 1670.61 元，上海市、北京市、广东省排名前三位，分别为 2543.00 元、2493.41 元和 2438.55 元，云南省、山西省和安徽省为最后三位，均值水平达到 1175.18 元、1141.85 元和 1134.75 元。

表 3-8 家庭食品和能源浪费成本样本均值

地区	样本量（个）	均值（元）	地区	样本量（个）	均值（元）
北京	1395	2493.41	河南	1146	1210.26
天津	1067	2164.70	湖北	1600	1480.53
河北	1580	1406.00	湖南	1585	1451.13
山西	1472	1141.85	广东	2947	2438.55
内蒙古	498	1436.20	广西	842	1441.48
辽宁	2235	1669.51	海南	840	1605.45
吉林	1456	1191.52	重庆	1388	1323.60

续表

地区	样本量（个）	均值（元）	地区	样本量（个）	均值（元）
黑龙江	1330	1454.14	四川	1731	1373.04
上海	1933	2543.00	贵州	722	1419.89
江苏	1820	1590.31	云南	1015	1175.18
浙江	2333	2035.40	陕西	1251	1610.00
安徽	1009	1134.75	甘肃	824	1317.62
福建	1777	2057.43	青海	731	1790.07
江西	809	1397.68	宁夏	528	1420.50
山东	2147	1468.11	全国	40011	1670.61

资料来源：2017 中国真实进步微观调查。

注：全国是除新疆、西藏、港澳台之外其他 29 个省、自治区、直辖市之和。

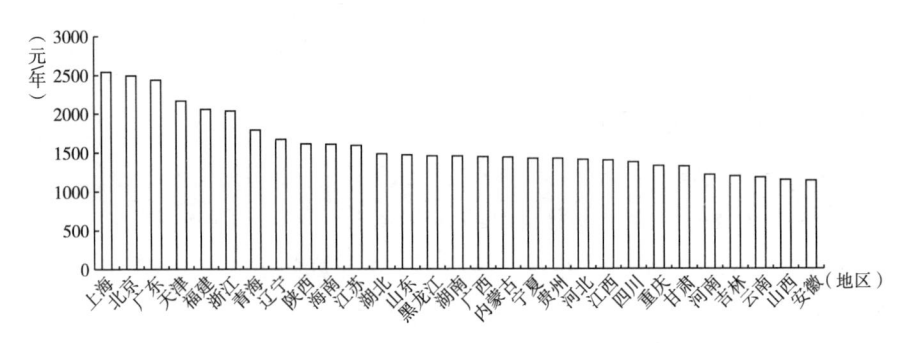

图 3-7 各地区样本家庭食品和能源浪费成本均值排序

2. 计算结果

（1）人均食品支出和人均能源支出

利用微观数据加权计算出全国及各地区人均食品支出和人均能源支出，结果显示（见表 3-9）：全国人均食品支出达到 5619.78 元，人均能源支出达到 1493.44 元。

表 3-9 全国及各地区人均食品支出和人均能源支出

地区	人均食品支出（元）	人均能源支出（元）	地区	人均食品支出（元）	人均能源支出（元）
北京	10563.27	2899.95	河南	3712.95	1121.78
天津	9943.19	2476.45	湖北	5862.03	1411.94

续表

地区	人均食品支出（元）	人均能源支出（元）	地区	人均食品支出（元）	人均能源支出（元）
河北	4117.68	1498.23	湖南	4800.92	1269.03
山西	4494.02	1269.63	广东	6983.25	1856.38
内蒙古	6327.44	2193.44	广西	3821.67	827.20
辽宁	6616.88	1985.55	海南	5780.9	1174.11
吉林	5802.94	1580.02	重庆	5768.29	1291.71
黑龙江	4948.22	1620.55	四川	4587.78	1103.06
上海	11514.51	2449.83	贵州	5076.14	1428.39
江苏	6239.47	1617.94	云南	4827.57	1135.80
浙江	7657.52	2134.92	陕西	5177.10	1664.18
安徽	3925.46	840.83	甘肃	4769.78	1083.12
福建	7506.00	1812.56	青海	5422.26	1509.62
江西	5689.14	1139.03	宁夏	6103.14	1844.19
山东	5560.87	1504.95	全国	5619.78	1493.44

资料来源：2017 中国真实进步微观调查。

注：全国是除新疆、西藏、港澳台之外其他 29 个省、自治区、直辖市之和。

从各地区人均食品支出来看，上海市和北京市人均食品支出均超过万元，分别达到 11514.51 元和 10563.27 元，依次位居第 1~2 位，天津市紧随其后，达到 9943.19 元。浙江省、福建省、广东省、辽宁省、内蒙古自治区、江苏省和宁夏回族自治区依次位居第 4~10 位，分别达到 7657.52 元、7506.00 元、6983.25 元、6616.88 元、6327.44 元、6239.47 元和 6103.14 元。

从各地区人均能源支出来看，北京市、天津市、上海市、内蒙古自治区和浙江省的人均能源支出均超过 2000 元，分别达到 2899.95 元、2476.45 元、2449.83 元、2193.44 元和 2134.92 元，依次位居第 1~5 位。辽宁省、广东省、宁夏回族自治区、福建省和陕西省依次位居第 6~10 位，分别达到 1985.55 元、1856.38 元、1844.19 元、1812.56 元和 1664.18 元。

(2) 总食品和能源浪费成本及人均食品和能源浪费成本

按照上述食品和能源浪费成本计算公式，结果显示（见表 3-10）：全国总食品和能源浪费成本为 6819.98 亿元，人均食品和能源浪费成本为

494.68元。

从各地区人均食品和能源浪费成本及排序（见表3-10和图3-8）来看，上海市和北京市的人均食品和能源浪费成本较高，均超过了1000元，分别为1089.23元和1012.23元，依次位居第1~2位，其对应的总食品和能源消费成本分别为263.32亿元和219.86亿元；天津市人均食品和能源浪费成本紧随其后，为881.59元，总成本为137.04亿元；江苏省、浙江省、广东省、辽宁省、山东省、福建省和内蒙古自治区的总食品和能源浪费成本分别为617.50亿元、380.62亿元、739.82亿元、278.83亿元、624.61亿元、214.23亿元和131.23亿元，其人均食品和能源浪费成本分别为773.08元、684.02元、677.24元、636.60元、631.11元、555.50元和521.70元，依次位居第4~10位。

表3-10　全国与各地区总食品和能源浪费成本及人均食品和能源浪费成本

地区	总食品和能源浪费成本（亿元）	人均食品和能源浪费成本（元）	地区	总食品和能源浪费成本（亿元）	人均食品和能源浪费成本（元）
北京	219.86	1012.23	河南	345.61	363.57
天津	137.04	881.59	湖北	260.97	444.70
河北	258.83	347.54	湖南	270.14	397.12
山西	126.59	344.65	广东	739.82	677.24
内蒙古	131.23	521.70	广西	174.29	361.83
辽宁	278.83	636.60	海南	41.75	456.75
吉林	97.52	355.54	重庆	146.57	483.33
黑龙江	175.10	460.12	四川	295.82	359.31
上海	263.32	1089.23	贵州	131.78	372.01
江苏	617.50	773.08	云南	154.81	325.47
浙江	380.62	684.02	陕西	151.68	398.85
安徽	211.27	342.41	甘肃	75.53	289.96
福建	214.23	555.50	青海	23.57	399.23
江西	169.34	369.81	宁夏	30.12	448.56
山东	624.61	631.11	全国	6819.98	494.68

数据来源：2017中国真实进步微观调查，并根据其相关数据计算出人均食品和能源浪费成本占人均总消费支出的比例，与宏观数据中的居民人均总消费支出相乘得出。

注：全国是除港澳台之外31个省、自治区、直辖市之和。

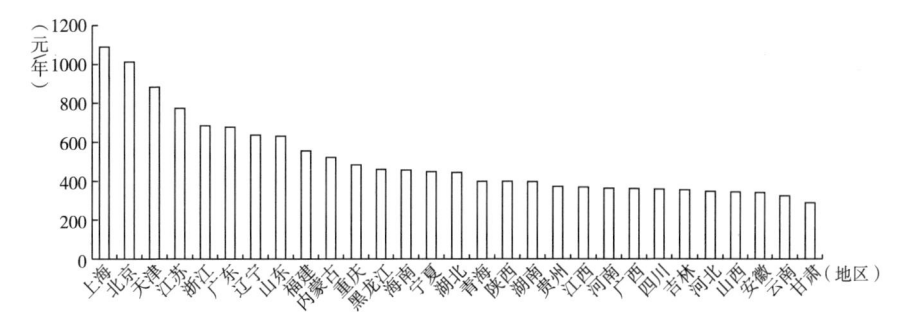

图 3-8　各地区人均食品和能源浪费成本排序

3.2.4　福利中性商品

1. 测算方法与数据描述

（1）测算方法

福利中性商品（Welfare Neutral Goods）主要指的是烟草和酒精饮料等商品。福利中性商品也在一定程度上对个人效用产生负向作用，并没有完全促进个人福利的提高，所以要在个人消费中进行一定的扣除调整。关于具体的调整比例，已有研究没有形成统一的标准，如 Lawn 和 Clarke（2006）在 GPI 指标建构中，认为烟草的消费对身体产生全部的负效用，而酒精饮料的饮用会对身体产生一定比例的负效用，具体调整比例为：把 100%的烟草消费支出和 50%的酒精饮料支出从个人消费支出中扣除。Berik 和 Gaddis（2011）在测算美国犹他州（Utah）1990~2007 年的 GPI 中，也是采用了同样比例调整方法进行扣除处理。而 Lawn（2013）在测算澳大利亚 1962~2010 年的 GPI 时，将酒精饮料支出由原来的 50%的扣除比例调整为 25%。Talberth 和 Weisdorf（2017）测算国家层面以及马里兰州（Maryland）和巴尔的摩市（Baltimore）的 GPI 时，也是仿效 Lawn（2013）中的做法对福利中性商品产生的防御性消费支出进行了扣除。

本报告采用文献中主流的做法：在福利中性商品支出中把 100%的烟草支出和 25%的酒精饮料支出部分看作福利中性商品成本，视为防御性消费支出部分，予以扣除，具体计算公式及步骤如下。

1）样本家庭福利中性商品支出成本

$$C_{jh} = 100\% \times C_{smoking\_jh} + 25\% \times C_{alcohol\_jh}$$

其中，C_{jh} 表示地区 j 第 h 个样本家庭福利中性商品支出成本，$C_{smoking\_jh}$ 表示地区 j 第 h 个样本家庭的抽烟消费支出，$C_{alcohol\_jh}$ 表示地区 j 第 h 个样本家庭的酒精饮料消费支出。

2）地区人均福利中性商品支出成本、地区总福利中性商品支出成本

地区人均福利中性商品支出成本：$\overline{C}_j = \dfrac{\sum_{h=1}^{m} C_{jh} \times \omega_{jh}}{\sum_{h=1}^{m} Pop_{jh} \times \omega_{jh}}$

地区总福利中性商品支出成本：$C_j = \overline{C}_j \times Pop_j$

其中 $\overline{C}_j$ 表示地区 j 的人均福利中性商品支出成本，ω_{jh} 为地区 j 第 h 个样本家庭的省内权重系数，Pop_{jh} 为地区 j 第 h 个样本家庭的人口数；C_j 表示地区 j 总福利中性商品支出成本，Pop_j 为地区 j 的总人口数。

3）全国人均福利中性商品支出成本、全国总福利中性商品支出成本

全国人均福利中性商品支出成本：$\overline{C} = \dfrac{\sum_{j=1}^{k} C_j}{\sum_{j=1}^{k} Pop_j}$

全国总福利中性商品支出成本：$C = \overline{C} \times Pop$

其中 $\overline{C}$ 表示全国人均福利中性商品支出成本，k 取 1，2，3，…，29，分别代表调查样本中的 29 个省、自治区和直辖市；C 表示全国总福利中性商品支出成本，Pop 为全国总人口数。

（2）数据描述

在 CGPiS 数据中，福利中性商品支出包含家庭抽烟支出和酒精饮料支出两部分，具体两部分支出的样本占比（指的是有此项开支的家庭样本数占家庭总数的比例）及其均值情况见表 3-11。

表 3-11　家庭福利中性商品支出样本占比及均值

地区	有此项支出的家庭比重（%）		均值（元）	
	抽烟支出	酒精饮料支出	抽烟支出	酒精饮料支出
北京	41.43	37.49	1651.26	930.50
天津	47.89	43.21	1754.17	1037.61
河北	51.14	46.27	1424.64	989.49
山西	57.13	27.31	1739.01	472.93
内蒙古	53.41	37.15	1710.05	703.28

续表

地区	有此项支出的家庭比重（%） 抽烟支出	有此项支出的家庭比重（%） 酒精饮料支出	均值（元） 抽烟支出	均值（元） 酒精饮料支出
辽宁	52.04	40.27	1727.35	895.33
吉林	51.30	44.92	1445.92	716.12
黑龙江	46.92	41.88	1330.14	616.07
上海	43.15	33.26	2261.09	1021.38
江苏	49.51	37.47	2678.54	1046.67
浙江	46.04	41.58	3124.62	1236.55
安徽	49.55	44.50	2034.32	1152.98
福建	51.27	34.55	2388.61	1238.66
江西	45.24	38.94	1810.69	863.48
山东	43.50	42.71	1407.50	956.27
河南	49.91	43.11	1684.15	1040.17
湖北	52.75	40.31	2468.02	897.28
湖南	58.61	31.55	2320.85	586.38
广东	45.47	26.94	2038.23	978.46
广西	47.39	34.20	1577.83	571.71
海南	55.36	33.45	2617.64	900.55
重庆	53.46	41.57	1898.20	749.87
四川	53.26	41.42	2135.23	824.16
贵州	63.99	32.55	2586.76	609.59
云南	61.08	41.48	2157.84	505.47
陕西	54.44	31.02	1896.56	738.10
甘肃	55.46	25.36	1842.50	596.04
青海	47.47	32.01	2140.86	969.14
宁夏	49.62	30.30	1814.59	941.84
全国	50.24	37.35	2019.09	886.70

资料来源：2017中国真实进步微观调查。

注：全国是除新疆、西藏、港澳台之外其他29个省、自治区、直辖市之和。

从样本的家庭比重情况来看，2016年全国有50.24%的家庭存在抽烟支出，有37.35%的家庭有酒精饮料支出。分地区来看，抽烟支出家庭比例呈现出一定的地区差异，中西部地区明显较高，东部地区较低。如中西部的贵州省、云南省和湖南省位居前三位，分别为63.99%、61.08%和58.61%，远远高于最后三位的山东省（43.50%）、上海市（43.15%）和北京市（41.43%）等东部省份。对于酒精饮料支出，则没有这一明显的区域特征，河北省（46.27%）、吉林省（44.92%）和安徽省（44.50%）位居前三位，山西省（27.31%）、广东省（26.94%）和甘肃省（25.36%）位居最后三位。

从样本家庭福利中性商品支出均值来看，全国年均家庭抽烟支出为2019.09元，年均家庭酒精饮料支出达到886.70元。分地区来看，抽烟支出方面，浙江省、江苏省和海南省位列前三位，年均突破2500元，分别为3124.62元、2678.54元和2617.64元，黑龙江省居末位，年均支出为1330.14元。而酒精饮料支出方面，福建省、浙江省和安徽省位列前三位，分别为1238.66元、1236.55元和1152.98元，山西省居末位，年均支出为472.93元。

2. 计算结果

（1）人均抽烟支出和人均酒精饮料支出

利用微观数据加权计算出全国及各地区人均抽烟支出和人均酒精饮料支出，结果显示（见表3-12）：全国人均抽烟支出达到611.84元，人均酒精饮料支出达到275.02元。

表3-12　全国及各地区人均抽烟支出和人均酒精饮料支出

地区	人均抽烟支出（元）	人均酒精饮料支出（元）	地区	人均抽烟支出（元）	人均酒精饮料支出（元）
北京	704.46	361.63	河南	434.68	276.02
天津	675.62	413.55	湖北	771.90	274.26
河北	446.52	299.23	湖南	669.27	181.65
山西	555.19	147.32	广东	566.89	248.26
内蒙古	660.59	257.88	广西	397.46	132.03
辽宁	587.19	311.00	海南	645.89	230.61
吉林	478.50	283.65	重庆	593.90	260.07
黑龙江	481.78	210.94	四川	582.33	240.93

续表

地区	人均抽烟支出（元）	人均酒精饮料支出（元）	地区	人均抽烟支出（元）	人均酒精饮料支出（元）
上海	948.66	412.18	贵州	824.65	200.75
江苏	839.93	344.44	云南	654.80	164.82
浙江	1084.61	426.95	陕西	590.31	286.95
安徽	554.74	332.38	甘肃	556.57	176.07
福建	700.58	415.89	青海	520.15	245.59
江西	515.95	234.57	宁夏	613.99	364.21
山东	473.62	323.73	全国	611.84	275.02

资料来源：2017中国真实进步微观调查。

注：全国是除新疆、西藏、港澳台之外其他29个省、自治区、直辖市之和。

从各地区人均抽烟支出来看，浙江省、上海市、江苏省和贵州省人均抽烟支出均超过800元，分别为1084.61元、948.66元、839.93元和824.65元，依次位居第1~4位；湖北省、北京市、福建省、天津市、湖南省和内蒙古自治区依次位居第5~10位，分别为771.9元、704.46元、700.58元、675.62元、669.27元和660.59元。

从各地区人均酒精饮料支出来看，浙江省、福建省、天津市和上海市人均酒精饮料支出均超过400元，分别为426.95元、415.89元、413.55元和412.18元，依次位居第1~4位；宁夏回族自治区、北京市、江苏省、安徽省、山东省和辽宁省依次位居第5~10位，分别为364.21元、361.63元、344.44元、332.38元、323.73元和311.00元。

（2）总福利中性商品消费成本和人均福利中性商品消费成本

按照福利中性商品消费成本计算公式计算得出全国及各地区总福利中性商品消费成本和人均福利中性商品消费成本（见表3-13）。结果得出全国总福利中性商品消费成本为9191.28亿元，人均福利中性商品消费成本为666.68元。

从各地区人均福利中性商品消费成本及排序来看（见表3-13、图3-9），江苏省、上海市和浙江省的总成本分别为1030.94亿元、293.62亿元和644.93亿元，人均福利中性商品消费成本均高于1000元，分别为1290.69元、1214.54元和1159.00元，依次位居第1~3位；北京市、天津市、湖北省、贵州省、山东省、海南省和福建省人均福利中性商品消费成本依次位居第 4~10 位，分别为 835.36 元、790.64 元、740.28 元、695.30 元、694.70 元、690.82 元和 690.58 元，其总福利中性商品消费成本分别为 181.44 亿元、122.90 亿元、434.43 亿元、246.31 亿元、687.54 亿元、63.14 亿元和 266.32 亿元。

表 3-13　全国及各地区总福利中性商品消费成本和人均福利中性商品消费成本

地区	总福利中性商品消费成本（亿元）	人均福利中性商品消费成本（元）	地区	总福利中性商品消费成本（亿元）	人均福利中性商品消费成本（元）
北京	181.44	835.36	河南	491.85	517.41
天津	122.90	790.64	湖北	434.43	740.28
河北	313.35	420.75	湖南	448.57	659.42
山西	180.52	491.49	广东	741.39	678.68
内蒙古	147.43	586.10	广西	238.07	494.22
辽宁	294.91	673.32	海南	63.14	690.82
吉林	101.64	370.55	重庆	200.30	660.50
黑龙江	190.81	501.41	四川	481.41	584.73
上海	293.62	1214.54	贵州	246.31	695.30
江苏	1030.94	1290.69	云南	261.68	550.15
浙江	644.93	1159.00	陕西	197.49	519.31
安徽	417.96	677.41	甘肃	113.14	434.32
福建	266.32	690.58	青海	27.55	466.62
江西	213.70	466.69	宁夏	36.50	543.60
山东	687.54	694.70	全国	9191.28	666.68

数据来源：2017 中国真实进步微观调查，并根据其相关数据计算出人均福利中性商品消费成本占人均总消费支出的比例，与宏观数据中的居民人均总消费支出相乘得出。

注：全国是除新疆、西藏、港澳台之外其他 29 个省、自治区、直辖市之和。

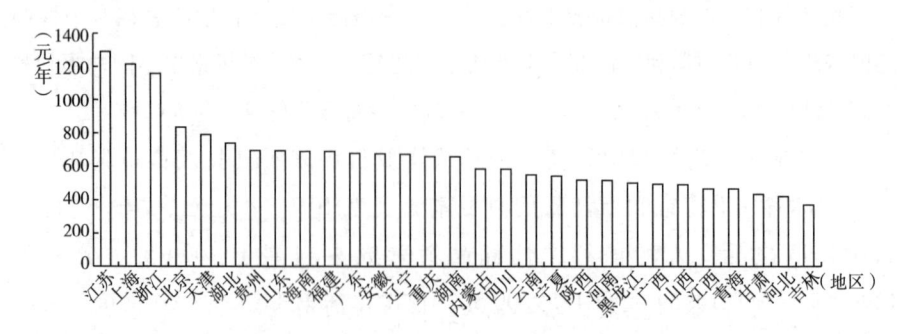

图 3-9　各地区人均福利中性商品消费成本排序

3.2.5 防尘防雾霾支出

1. 测算方法与数据描述

（1）测算方法

由于地理区位及经济发展阶段的不同，我国的空气污染程度相对于发达国家来说更为严重。随着国民环保意识的提高及对自身健康保护方面的重视，防尘防雾霾支出在我国家庭消费中占有一定的比例，而该项支出是为了应对空气污染及抵御身体健康损失所耗费的成本，应属于防御性消费支出，虽然在国外研究中没有进行扣除，但本报告结合中国实际及可得的微观数据支撑，将防尘防雾霾支出从家庭消费支出中予以减除。而具体计算公式及步骤如下。

1) 样本家庭防尘防雾霾成本

$$C_{jh} = 100\% \times C_{haze\_jh}$$

其中，C_{jh} 表示地区 j 第 h 个样本家庭防尘防雾霾支出成本，C_{haze_jh} 表示地区 j 第 h 个样本家庭防尘防雾霾产品支出。

2) 地区人均防尘防雾霾支出成本、地区总防尘防雾霾支出成本

地区人均防尘防雾霾支出成本：$\overline{C}_j = \dfrac{\sum_{h=1}^{m} C_{jh} \times \omega_{jh}}{\sum_{h=1}^{m} Pop_{jh} \times \omega_{jh}}$

地区总防尘防雾霾支出成本：$C_j = \overline{C}_j \times Pop_j$

其中 $\overline{C}_j$ 表示地区 j 的人均防尘防雾霾支出成本，ω_{jh} 为地区 j 第 h 个样本家庭的省内权重系数，Pop_{jh} 为地区 j 第 h 个样本家庭的人口数；$C_j = \overline{C}_j \times Pop_j$ 表示地区 j 的总防尘防雾霾支出成本，Pop_j 为地区 j 的总人口数。

3) 全国人均福利中性商品支出成本、全国总福利中性商品支出成本

全国人均福利中性商品支出成本：$\overline{C} = \dfrac{\sum_{j=1}^{k} C_j}{\sum_{j=1}^{k} Pop_j}$

全国总福利中性商品支出成本：$C = \overline{C} \times Pop$

其中 $\overline{C}$ 表示全国人均防尘防雾霾支出成本，k 取 1，2，3，…，29，分别代表调查样本中的 29 个省、自治区和直辖市；C 表示全国总防尘防雾霾支出成本，Pop 为全国总人口数。

（2）数据描述

表 3-14 给出了防尘防雾霾产品消费成本家庭样本占比和均值情况，全国家庭购买防尘防雾霾产品的比重为 16.43%，购买产品消费均值达到 35.92 元。从各地区购买行为占比排名来看（见表 3-14 和图 3-10），前三位的是北京市（44.37%）、天津市（37.49%）和陕西省（28.22%），重庆市（4.25%）、云南省（3.74%）和贵州省（1.52%）位于最后三位。从各地区支出均值及排名来看（见表 3-14 和图 3-11），北京市仍然高居第一位，年均家庭支出 296.76 元，远远高于其他地区，天津市（103.97 元）和河北省（76.92 元）位于第 2 位、第 3 位，贵州省（1.52 元）仍位于最后一位。

表 3-14　家庭防尘防雾霾消费成本样本占比和均值

地区	样本量（个）	有此项开支的家庭样本比重（%）	均值（元）	地区	样本量（个）	有此项开支的家庭样本比重（%）	均值（元）
北京	1395	44.37	296.76	河南	1146	20.68	33.56
天津	1067	37.49	103.97	湖北	1600	9.69	12.13
河北	1580	26.96	76.92	湖南	1585	6.75	10.81
山西	1472	15.22	17.32	广东	2947	10.38	25.20
内蒙古	498	8.43	25.59	广西	842	10.57	14.56
辽宁	2235	26.31	30.11	海南	840	7.50	15.55
吉林	1456	15.87	13.57	重庆	1388	4.25	4.20
黑龙江	1330	20.60	18.41	四川	1731	16.35	38.87
上海	1933	25.92	54.41	贵州	722	1.52	1.52
江苏	1820	16.92	16.61	云南	1015	3.74	5.39
浙江	2333	11.62	22.64	陕西	1251	28.22	64.89
安徽	1009	10.90	6.72	甘肃	824	10.92	12.03
福建	1777	4.90	9.46	青海	731	10.92	7.07
江西	809	6.18	12.03	宁夏	528	15.15	13.80
山东	2147	24.64	28.69	全国	40011	16.43	35.92

数据来源：2017 中国真实进步微观调查。
注：全国是除新疆、西藏、港澳台之外其他 29 个省、自治区、直辖市之和。

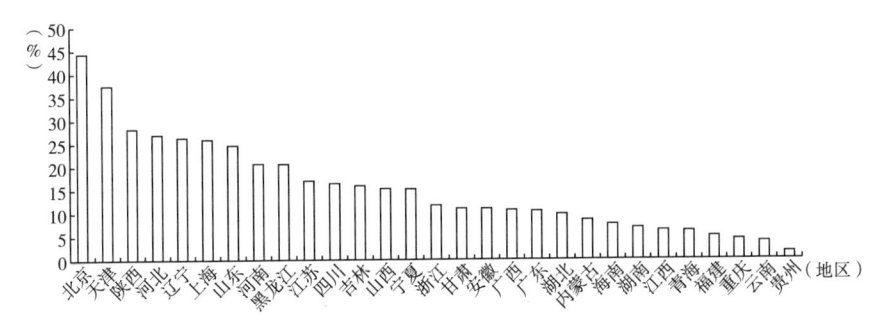

图 3-10 各地区样本家庭存在防尘防雾霾消费成本的占比排序

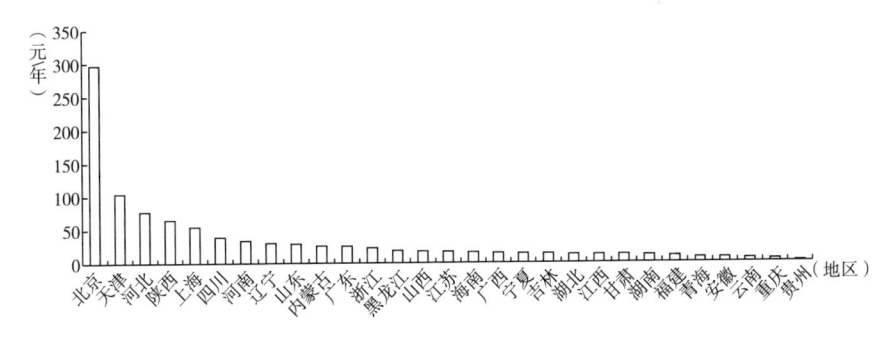

图 3-11 各地区样本家庭防尘防雾霾消费成本均值排序

2. 计算结果

表 3-15 和图 3-12 给出了全国及各地区总防尘防雾霾消费成本和人均防尘防雾霾消费成本及排序结果，全国年人均防尘防雾霾消费成本为 9.42 元，总防尘防雾霾消费成本为 129.87 亿元。

表 3-15 全国及各地区总防尘防雾霾消费成本和人均防尘防雾霾消费成本

地区	总防尘防雾霾成本（亿元）	人均防尘防雾霾成本（元）	地区	总防尘防雾霾成本（亿元）	人均防尘防雾霾成本（元）
北京	24.17	111.30	河南	11.96	12.58
天津	7.47	48.04	湖北	1.61	2.74
河北	12.17	16.34	湖南	2.44	3.59
山西	3.37	9.17	广东	5.71	5.23

续表

地区	总防尘防雾霾成本（亿元）	人均防尘防雾霾成本（元）	地区	总防尘防雾霾成本（亿元）	人均防尘防雾霾成本（元）
内蒙古	3.43	13.64	广西	1.09	2.27
辽宁	4.82	11.00	海南	0.96	10.52
吉林	1.21	4.42	重庆	0.56	1.84
黑龙江	1.62	4.25	四川	5.83	7.08
上海	5.28	21.85	贵州	0.15	0.43
江苏	7.52	9.42	云南	0.43	0.91
浙江	4.33	7.79	陕西	5.52	14.52
安徽	1.00	1.62	甘肃	0.77	2.94
福建	0.90	2.33	青海	0.14	2.42
江西	1.17	2.56	宁夏	0.34	5.13
山东	12.59	12.72	全国	129.87	9.42

数据来源：2017 中国真实进步微观调查，并根据其相关数据计算出人均防尘防雾霾消费成本占人均总消费支出的比例，与宏观数据中的居民人均总消费支出相乘得出。

注：全国是除港澳台之外 31 个省、自治区、直辖市之和。

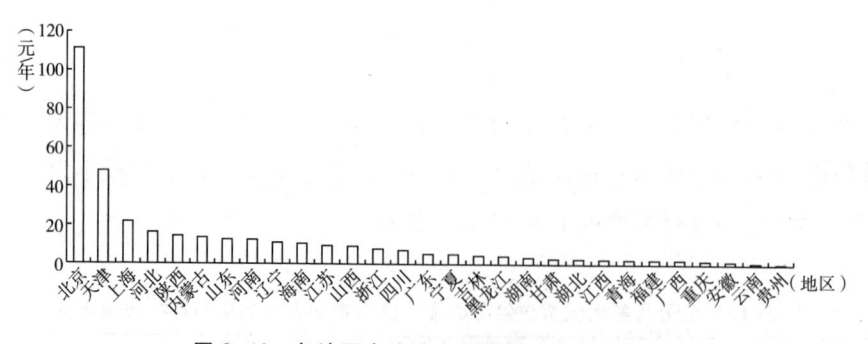

图 3-12 各地区人均防尘防雾霾消费成本排序

从人均防尘防雾霾消费成本来看，北京市、天津市和上海市的成本较高，分别为 111.30 元、48.04 元和 21.85 元，依次位于第 1、2、3 位，其总成本分别为 24.17 亿元、7.47 亿元和 5.28 亿元；河北省、陕西省、内蒙古自治区、山东省、河南省、辽宁省和海南省的人均防尘防雾霾消费成本依次位居第 4~10 位，分别为 16.34 元、14.52 元、13.64 元、12.72 元、

12.58元、11.00元和10.52元，其总防尘防雾霾消费成本分别为12.17亿元、5.52亿元、3.43亿元、12.59亿元、11.96亿元、4.82亿元和0.96亿元。

3.2.6 保险成本

1. 测算方法与数据描述

（1）测算方法

保险是分摊意外事故损失的一种财务安排，家庭在消费时通过保险支出以期获取保险服务来抵御未来潜在的风险。保险的防御性特征使这种消费性支出并不能完全转换为家庭福利效用，所以在 GPI 的研究中被一些学者归属于防御性消费支出。如：Clarke 和 Lawn（2008）在研究澳大利亚维多利亚州（Victotial）1986~2003 年的 GPI 时，在消费性支出调整中考虑了保险支出，认为保险支出并不能全部给家庭带来福利。Lawn（2008）在研究澳大利亚 GPI 时也把保险支出看成家庭的防御性消费支出，但未给出明确的扣除比例。关于具体的扣除比例，随后 Lawn（2013）在其著作中提到将 50% 保险支出看作防御性消费支出，从总消费支出中扣除。Delang（2016）在测算新加坡 1968~2014 年的 GPI 以及 Talberth 和 Weisdorf（2017）运用 GPI 2.0 框架测算美国以及马里兰州（Maryland）和巴尔的摩市（Baltimore）的 GPI 时也仿效了 Lawn（2013）的这种扣除 50% 比例的做法。

本报告采用文献中主流的做法：把家庭保险支出看作一种抵御风险的投资行为，并把其中 50% 支出部分看作保险成本，视为防御性消费支出部分，予以扣除。具体计算公式及步骤如下。

1）样本家庭保险成本

$$C_{jh} = 50\% \times C_{insurance\_jh}$$

其中，C_{jh} 表示地区 j 第 h 个样本家庭的保险成本，$C_{insurance\_jh}$ 表示地区 j 第 h 个样本家庭的保险支出，具体包含商业保险（商业人寿保险、商业健康保险及其他商业保险）和车保等。

2）地区人均保险成本、地区总保险成本

地区人均保险成本：$\overline{C}_j = \dfrac{\sum_{h=1}^{m} C_{jh} \times \omega_{jh}}{\sum_{h=1}^{m} Pop_{jh} \times \omega_{jh}}$

地区总保险成本：$C_j = \overline{C}_j \times Pop_j$

其中 $\overline{C}_j$ 表示地区 j 的人均保险成本，ω_{jh} 为地区 j 第 h 个样本家庭的省内权重系数，Pop_{jh} 为地区 j 第 h 个样本家庭的人口数；C_j 表示地区 j 的总保险成本，Pop_j 为地区 j 的总人口数。

3）全国人均保险成本、全国总保险成本

全国人均保险成本：$\overline{C} = \dfrac{\sum_{j=1}^{k} C_j}{\sum_{j=1}^{k} Pop_j}$

全国总保险成本：$C = \overline{C} \times Pop$

其中 $\overline{C}$ 表示全国人均保险成本，k 取 1，2，3，…，29，分别代表调查样本中的 29 个省、自治区和直辖市；C 表示全国总保险成本，Pop 为全国总人口数。

（2）数据描述

表 3-16 给出了家庭保险成本样本的占比和均值情况，全国家庭有保险支出消费行为的比重为 22.90%，保险成本均值达到 1173.07 元。从各地区购买行为占比排名来看（见表 3-16 和图 3-13），前三位的是北京市（33.19%）、山东省（31.86%）和浙江省（31.72%），贵州省（14.54%）、安徽省（14.37%）和海南省（12.98%）居最后三位。从各地区样本均值及排名来看（见表 3-16 和图 3-14），北京市、浙江省和广东省的年均家庭保险成本均值依次居第 1~3 位，分别为 2390.85 元、2066.78 元和 1853.69 元；吉林省、海南省和广西壮族自治区居最后三位，年均家庭支出分别为 647.70 元、622.76 元和 536.40 元。

表 3-16　家庭保险成本样本占比和均值

地区	样本量（个）	有此项开支的家庭样本比重（%）	均值（元）	地区	样本量（个）	有此项开支的家庭样本比重（%）	均值（元）
北京	1395	33.19	2390.85	河南	1146	18.50	754.94
天津	1067	25.21	1139.71	湖北	1600	17.56	971.98
河北	1580	28.04	1260.81	湖南	1585	19.75	1018.98
山西	1472	19.09	698.68	广东	2947	27.55	1853.69
内蒙古	498	22.49	838.68	广西	842	15.91	536.40

续表

地区	样本量（个）	有此项开支的家庭样本比重（%）	均值（元）	地区	样本量（个）	有此项开支的家庭样本比重（%）	均值（元）
辽宁	2235	22.68	1088.64	海南	840	12.98	622.76
吉林	1456	19.02	647.70	重庆	1388	17.36	793.48
黑龙江	1330	16.92	680.06	四川	1731	23.11	1167.18
上海	1933	22.40	1393.44	贵州	722	14.54	706.43
江苏	1820	24.29	1251.94	云南	1015	21.38	843.17
浙江	2333	31.72	2066.78	陕西	1251	21.74	941.80
安徽	1009	14.37	679.59	甘肃	824	16.87	671.06
福建	1777	24.03	1408.46	青海	731	29.69	1195.11
江西	809	16.19	716.53	宁夏	528	25.19	1124.38
山东	2147	31.86	1371.41	全国	40011	22.90	1173.07

资料来源：2017中国真实进步微观调查。

注：全国是除新疆、西藏、港澳台之外其他29个省、自治区、直辖市之和。

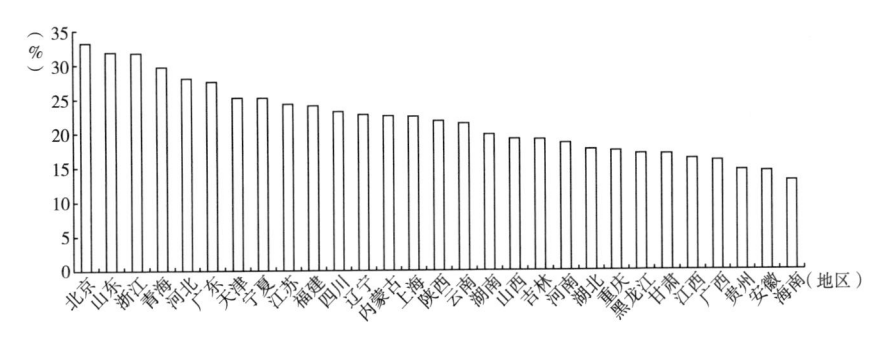

图 3-13　各地区样本家庭存在保险成本的占比排序

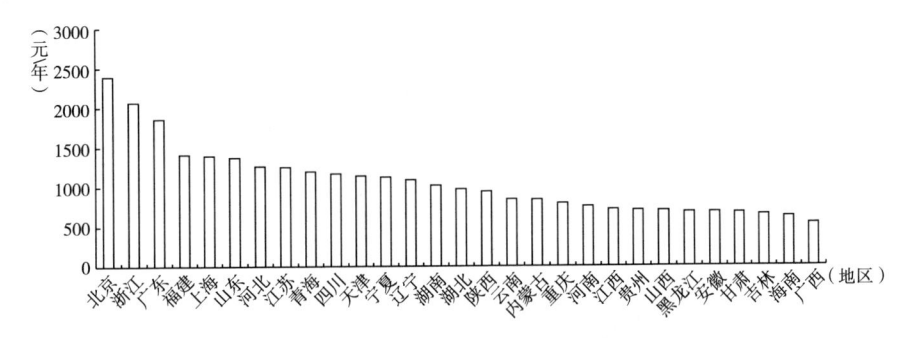

图 3-14　各地区样本家庭保险成本均值排序

2. 计算结果

表 3-17 和图 3-15 给出了全国及各地区总保险成本和人均保险成本及排序结果,全国年人均保险成本为 181.12 元,总保险成本为 2497.04 亿元。

从人均保险成本来看,北京市、浙江省、山东省和上海市的成本较高,分别为 483.14 元、398.47 元、330.62 元和 321.14 元,依次居第 1~4 位,其总成本分别为 104.94 亿元、221.73 亿元、327.21 亿元和 77.64 亿元;江苏省、天津市、广东省、福建省、辽宁省和宁夏回族自治区人均保险成本依次居 5~10 位,分别为 299.41 元、258.97 元、253.17 元、226.89 元、209.82 元和 178.24 元,其总保险成本分别为 239.15 亿元、40.26 亿元、276.56 亿元、87.50 亿元、91.90 亿元和 11.97 亿元。

表 3-17 全国及各地区总保险成本和人均保险成本

地区	总保险成本（亿元）	人均保险成本（元）	地区	总保险成本（亿元）	人均保险成本（元）
北京	104.94	483.14	河南	111.78	117.59
天津	40.26	258.97	湖北	77.21	131.56
河北	117.44	157.69	湖南	85.51	125.71
山西	42.13	114.71	广东	276.56	253.17
内蒙古	43.67	173.62	广西	29.34	60.91
辽宁	91.90	209.82	海南	10.26	112.28
吉林	27.87	101.60	重庆	45.16	148.92
黑龙江	36.89	96.95	四川	120.14	145.93
上海	77.64	321.14	贵州	37.21	105.05
江苏	239.15	299.41	云南	59.79	125.70
浙江	221.73	398.47	陕西	46.66	122.70
安徽	52.98	85.86	甘肃	20.39	78.28
福建	87.50	226.89	青海	7.10	120.27
江西	47.87	104.54	宁夏	11.97	178.24
山东	327.21	330.62	全国	2497.04	181.12

数据来源:2017 中国真实进步微观调查,并根据其相关数据计算出人均保险成本占人均总消费支出的比例,与宏观数据中的居民人均总消费支出相乘得出。

注:全国是除港澳台之外 31 个省、自治区、直辖市之和。

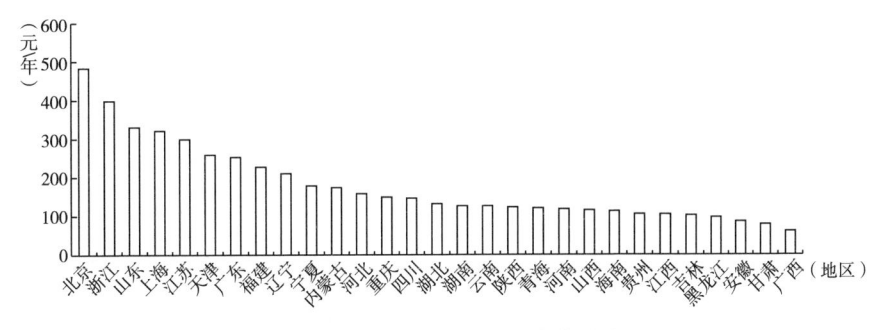

图 3-15 各地区人均保险成本排序

3.3 家庭投资成本

在 GPI 的核算中，人们把家庭投资（Household Investments）看作一种投资于未来的收益流（benefit streams），即当期投资不仅会带来当期的福利效用，而且会在未来若干年继续产生福利效用。在传统 GPI 的核算框架中，通常把家庭耐用品投资支出作为家庭投资的替代指标（Costanza et al., 2004；Berik & Gaddis, 2011；Delang & Yu, 2015 等）。随后在 GPI 2.0 框架中，进一步引入了家居维修保养及改善、高等和职业教育、储蓄投资和养老金、慈善性赠予等项（Talberth & Weisdorf, 2017）。根据 GPI 2.0 框架要求并结合数据可得性，本报告中的家庭投资成本项目具体包含耐用品支出成本、家居维修保养及改善成本、高等和职业教育支出成本等项。① 详细的各项成本核算方法及测算结果见下文。

3.3.1 耐用品支出

1. 测算方法与数据描述

（1）测算方法

在 GPI 1.0 的框架内，为避免重复计算，耐用品支出（Consumer Durables）

---

① Talberth 和 Weisdorf（2017）在测算 GPI 时是从家庭预算性总支出出发的，不可避免地会包含储蓄投资和养老金以及慈善性赠予等项目。而本报告是以消费性支出为基点来测算 GPI 的，所以在此并不包含这些项目。

被当作福利的成本选项,从个人消费支出中剔除。而在衡量耐用品支出方面,由于数据的局限,有学者利用国家层面的数据结合专项调查数据进行了处理,如 Costanza 等(2004)在计算 Vermont 州的 GPI 时,用本州的人均收入乘以来自国家数据中国家层面的持久消费支出占个人总收入的比例来核算耐用品投资成本,对 Maryland 州的 GPI 测算也是采用同样方法。同时,也有学者直接使用州层面的耐用品消费数据作为 GPI 的成本项并予以扣除,如 Bagstad 和 Shammin(2012)对 Ohio 州的 GPI 测算以及 Berik 和 Gaddis(2011)对美国 Utah 州的 GPI 测算。Delang 和 Yu(2015)在对新加坡和中国香港的 GPI 进行测算时也根据各自的耐用品消费数据进行了扣除。在 GPI 2.0 中,学者们认为耐用消费品仍然是家庭投资的重要支出内容,但当前在耐用消费品上的支出实际是一种投资形式,将会产生未来潜在的收益流,而这些收益流会在家庭资本服务中衡量,所以在此需要直接进行扣除。

本报告同样认为耐用品消费支出属于家庭投资支出,当期的投资支出会产生未来的收益流,虽然当期投入会产生部分的当期福利价值,但在我们的 GPI 架构中已经包含了耐用品的服务价值(被反映到家庭资本服务价值之中),为了避免重复计算,所以在消费支出中应予以全部扣除。具体核算基于微观调查数据,主要包含家庭常规耐用品消费、家庭一般家用交通工具消费和家用小汽车消费等指标。

具体计算公式及步骤如下。

1)样本家庭耐用品消费支出成本

$$C_{jh} = 100\% \times (C_{durable1\_jh} + C_{durable2\_jh} + C_{durable3\_jh})$$

其中,C_{jh} 表示地区 j 第 h 个样本家庭的耐用品消费支出成本,$C_{durable1\_jh}$ 表示地区 j 第 h 个样本家庭的常规耐用品消费支出,$C_{durable2\_jh}$ 表示地区 j 第 h 个样本家庭的一般家用交通工具消费支出,$C_{durable3\_jh}$ 表示地区 j 第 h 个样本家庭的家用小汽车消费支出。

2)地区人均耐用品消费支出成本、地区总耐用品消费支出成本

地区人均耐用品消费支出成本:$\overline{C}_j = \dfrac{\sum_{h=1}^{m} C_{jh} \times \omega_{jh}}{\sum_{h=1}^{m} Pop_{jh} \times \omega_{jh}}$

地区总耐用品消费支出成本:$C_j = \overline{C}_j \times Pop_j$

其中，$\overline{C}_j$ 表示地区 j 的人均耐用品消费支出成本，ω_{jh} 为地区 j 第 h 个样本家庭的省内权重系数，Pop_{jh} 为地区 j 第 h 个样本家庭的人口数；C_j 表示地区 j 的总耐用品消费支出成本，Pop_j 为地区 j 的总人口数。

3）全国人均耐用品消费支出成本、全国总耐用品消费支出成本

全国人均耐用品消费支出成本：$\overline{C} = \dfrac{\sum_{j=1}^{k} C_j}{\sum_{j=1}^{k} Pop_j}$

全国总耐用品消费支出成本：$C = \overline{C} \times Pop$

其中 $\overline{C}$ 表示全国人均耐用品消费支出成本，k 取 1，2，3，…，29，分别代表调查样本中的 29 个省、自治区和直辖市；C 表示全国总耐用品消费支出成本，Pop 为全国总人口数。

（2）数据描述

家庭耐用品消费支出主要包含三部分：常规耐用品消费①、一般家用交通工具消费和家用小汽车消费，其中小汽车消费支出的计算是首先通过小汽车购买年份界定出 2016 年的消费，然后通过实际支付的裸车价格和购买车时所缴纳的税费来综合获得小汽车消费总支出。有此项开支的家庭样本数占家庭总数的比例及其均值情况见表 3-18。

表 3-18　家庭耐用品消费行为样本占比及均值

地区	有此项支出的样本家庭占比（%）常规耐用品支出	一般家用交通工具支出	家用小汽车支出	均值（元）常规耐用品支出	一般家用交通工具支出	家用小汽车支出
北京	31.33	7.46	5.38	3405.05	136.99	13750.41
天津	26.05	8.34	4.59	1883.61	69.11	7454.37
河北	23.10	19.94	5.13	975.82	255.98	6450.52
山西	21.40	13.59	3.74	871.99	188.19	5673.16
内蒙古	21.08	17.07	3.61	981.85	229.83	7002.29
辽宁	24.83	8.68	4.16	1225.08	112.22	6315.32
吉林	23.15	11.74	3.71	850.05	159.48	5123.91

① 主要包括：手机、黑白/彩色电视机、洗衣机、冰箱、空调、电子计算机/电脑、组合音响、热水器、家具、卫星接收器、乐器、摄像机/照相机、防盗门/窗/网、空气净化器、净水器等。

续表

地区	有此项支出的样本家庭占比（%）			均值（元）		
	常规耐用品支出	一般家用交通工具支出	家用小汽车支出	常规耐用品支出	一般家用交通工具支出	家用小汽车支出
黑龙江	22.11	12.56	3.38	809.34	127.90	5130.84
上海	30.16	9.47	4.04	3173.65	175.91	11907.43
江苏	27.03	12.31	4.45	1958.70	257.75	8560.87
浙江	27.60	14.19	4.63	2251.70	220.12	13040.14
安徽	27.65	19.43	4.06	1394.77	307.91	4786.04
福建	25.89	10.58	4.22	1762.10	221.64	9901.99
江西	25.71	25.71	3.58	1262.32	262.29	6186.62
山东	24.27	16.07	4.98	1324.06	218.73	7045.52
河南	23.73	25.31	4.71	1186.92	289.88	5934.57
湖北	25.50	12.94	4.25	1428.27	173.30	6109.95
湖南	28.26	14.83	3.91	1575.96	250.51	6889.29
广东	30.44	13.71	4.68	2914.95	150.03	10422.21
广西	24.94	28.38	3.44	1049.80	387.89	4566.43
海南	29.76	41.07	3.93	1307.77	387.60	8025.69
重庆	25.94	8.65	4.03	1355.32	169.72	5403.82
四川	27.33	11.96	4.74	1553.72	207.86	7632.76
贵州	23.82	11.77	3.74	883.54	344.51	5722.79
云南	28.28	10.64	3.55	1245.60	195.09	3369.86
陕西	26.78	7.83	4.08	1571.46	170.63	6194.12
甘肃	27.43	10.19	3.28	1567.41	208.89	4877.93
青海	29.27	13.27	6.98	1992.07	244.31	9338.50
宁夏	30.68	16.48	4.73	1625.69	272.67	6464.02
全国	26.46	14.01	4.32	1680.60	206.79	7703.18

资料来源：2017中国真实进步微观调查。

首先，从有耐用品支出的家庭比重来看，2016年全国26.46%的家庭有常规耐用品消费支出，14.01%的家庭有一般家用交通工具消费支出，4.32%的家庭有家用小汽车消费支出。分地区来看，常规耐用品支出样本家庭比例最高的地区为北京市，达到31.33%，最低为内蒙古自治区的21.08%。一般家用交通工具支出比例最高的省份为海南省，达到41.07%，远远超过第二名的广西壮族自治区（28.38%），北京市排名为最后一位，仅为7.46%。家用小汽车支出比例最高的省份为青海省（6.98%），甘肃省最低，仅为3.28%。另外由于耐用品种类及价值不同，可以明显看出三种耐用品家庭购买比例的比较：常规耐用品支出家庭比例＞一般家庭交通工具支出家庭比例＞家用小汽车消费支出家庭比例。

其次，从样本家庭各种耐用品支出均值来看，全国年均家庭常规耐用品支出为1680.60元，年均家庭一般家用交通工具支出达到206.79元，年均家庭家用小汽车消费支出为7703.18元。分地区来看，常规耐用品消费支出方面，北京市、上海市和广东省位列前三位，分别为3405.05元、3173.65元和2914.95元，黑龙江省居末位，年均消费为809.34元。一般家用交通工具支出方面，广西壮族自治区达到387.89元，位居各省份首位，海南省紧随其后，天津市位于最后一位，仅为69.11元。家用小汽车消费方面，北京市、浙江省、上海市和广东省分列前四位，均突破万元门槛，分别达到13750.41元、13040.14元、11907.43元和10422.21元，均值最低的省份为云南省，仅为3369.86元。

2. 计算结果

（1）人均常规耐用品支出、人均一般家用交通工具支出和人均家用小汽车支出

利用微观数据加权计算出全国及各地区人均常规耐用品支出、人均一般家用交通工具支出和人均家用小汽车支出，结果显示（见表3-19）：全国人均常规耐用品支出为493.06元，人均一般家用交通工具支出为65.41元，人均家用小汽车支出为2382.35元。

表3-19 全国及各地区人均常规耐用品支出、人均一般家用交通工具支出和人均家用小汽车支出

地区	人均常规耐用品支出（元）	人均一般家用交通工具支出（元）	人均家用小汽车支出（元）	地区	人均常规耐用品支出（元）	人均一般家用交通工具支出（元）	人均家用小汽车支出（元）
北京	1319.20	49.07	5139.36	河南	326.88	78.16	1665.55
天津	821.74	27.22	3412.03	湖北	459.02	52.55	2452.18

续表

地区	人均常规耐用品支出（元）	人均一般家用交通工具支出（元）	人均家用小汽车支出（元）	地区	人均常规耐用品支出（元）	人均一般家用交通工具支出（元）	人均家用小汽车支出（元）
河北	259.42	71.59	2023.73	湖南	437.12	65.53	2021.41
山西	335.42	56.41	2053.26	广东	722.44	46.21	3109.88
内蒙古	418.75	62.35	4894.10	广西	241.42	88.19	1025.08
辽宁	492.05	35.98	2249.59	海南	357.29	95.08	2139.43
吉林	364.19	31.62	2280.68	重庆	545.12	49.79	2438.91
黑龙江	275.51	49.12	1969.82	四川	399.67	62.78	2254.75
上海	1181.85	84.41	4600.13	贵州	283.71	64.17	1745.86
江苏	697.10	78.68	2711.28	云南	423.34	52.35	1182.63
浙江	742.86	78.42	3675.94	陕西	512.64	46.58	2300.93
安徽	384.92	85.52	1498.19	甘肃	480.72	51.11	1769.21
福建	624.76	72.65	3211.09	青海	564.55	50.48	2131.65
江西	423.27	71.58	2015.27	宁夏	645.64	79.35	2392.76
山东	459.55	89.47	2353.65	全国	493.06	65.41	2382.35

资料来源：2017中国真实进步微观调查。

注：全国是除新疆、西藏、港澳台之外其他29个省、自治区、直辖市之和。

从各地区人均常规耐用品支出来看，北京市和上海市人均常规耐用品支出均超过1000元，分别为1319.20元和1181.85元，依次居第1、第2位；天津市、浙江省、广东省、江苏省、宁夏回族自治区、福建省、青海省和重庆市依次居第3～10位，分别为821.74元、742.86元、722.44元、697.10元、645.64元、624.76元、564.55元和545.12元。

从各地区人均一般家用交通工具支出来看，海南省、山东省、广西壮族自治区、安徽省和上海市人均一般家用交通工具支出均超过80元，分别为95.08元、89.47元、88.19元、85.52元和84.41元，依次居第1～5位；宁夏回族自治区、江苏省、浙江省、河南省和福建省依次居第6～10位，分别为79.35元、78.68元、78.42元、78.16元和72.65元。

从各地区人均家用小汽车支出来看，北京市、内蒙古自治区和上海市人均家用小汽车支出均超过4500元，分别为5139.36元、4894.10元和

4600.13元,依次位居第1~3位;浙江省、天津市、福建省、广东省、江苏省、湖北省和重庆市依次居第4~10位,分别为3675.94元、3412.03元、3211.09元、3109.88元、2711.28元、2452.18元和2438.91元。

(2)总耐用品消费成本和人均耐用品消费成本

按照耐用品消费成本计算公式,计算得出全国及各地区人均耐用品消费成本和总耐用品消费成本结果(见表3-20),全国总耐用品消费成本为39714.65亿元,人均耐用品消费成本为2880.66元。

从人均耐用品消费成本及排序来看(见表3-20、图3-16),北京市和上海市的人均消费成本较高,分别为6839.15元和6774.62元,依次居第1、第2位,其总耐用品消费成本分别为1485.46亿元和1637.76亿元;江苏省、浙江省、内蒙古自治区、天津市、广东省、山东省、福建省和重庆市人均耐用品消费成本依次居第3~10位,分别为4860.16元、4375.10元、4345.03元、4324.58元、4185.15元、3636.26元、3354.83元和3041.12元,其总耐用品消费成本分别为3882.05亿元、2434.52亿元、1092.99亿元、672.26亿元、4571.86亿元、3598.81亿元、1293.79亿元和922.22亿元。

表3-20 全国及各地区总耐用品消费成本和人均耐用品消费成本

地区	总耐用品消费成本(亿元)	人均耐用品消费成本(元)	地区	总耐用品消费成本(亿元)	人均耐用品消费成本(元)
北京	1485.46	6839.15	河南	2021.96	2127.04
天津	672.26	4324.58	湖北	1531.94	2610.45
河北	1415.36	1900.45	湖南	1584.24	2328.91
山西	745.57	2029.87	广东	4571.86	4185.15
内蒙古	1092.99	4345.03	广西	749.19	1555.31
辽宁	1231.92	2812.61	海南	232.61	2544.94
吉林	495.16	1805.16	重庆	922.22	3041.12
黑龙江	819.08	2152.36	四川	2035.71	2472.62
上海	1637.76	6774.62	贵州	589.49	1664.05
江苏	3882.05	4860.16	云南	623.49	1310.82
浙江	2434.52	4375.10	陕西	853.20	2243.50

续表

地区	总耐用品消费成本（亿元）	人均耐用品消费成本（元）	地区	总耐用品消费成本（亿元）	人均耐用品消费成本（元）
安徽	1290.02	2090.80	甘肃	433.48	1664.03
福建	1293.79	3354.83	青海	130.14	2203.87
江西	933.55	2038.76	宁夏	161.42	2403.84
山东	3598.81	3636.26	全国	39714.65	2880.66

数据来源：2017中国真实进步微观调查，并根据其相关数据计算出人均耐用品消费成本占人均总消费支出的比例，与宏观数据中的居民人均总消费支出相乘得出。

注：全国是除港澳台之外31个省、自治区、直辖市之和。

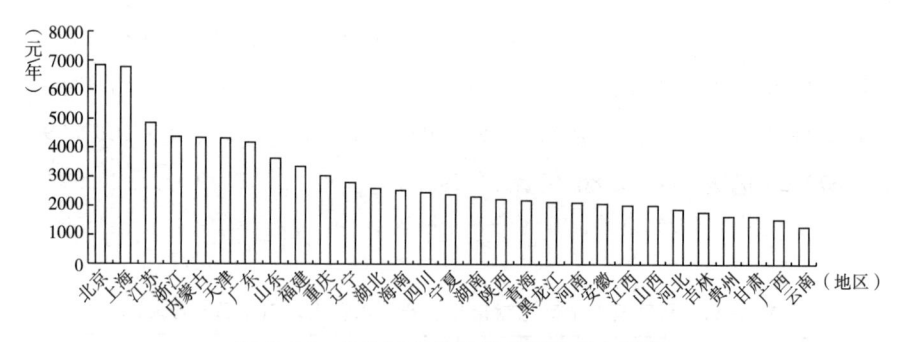

图3-16 各地区人均耐用品消费成本排序

3.3.2 家居维修保养及改善支出

1. 测算方法与数据描述

（1）测算方法

GPI 1.0框架并未涉及此项内容，但在GPI 2.0中，Talberth和Weisdorf（2017）认为家居维修保养及改善支出（Household Repairs and Maintenance & Home Improvement）与耐用消费品一样仍属于家庭投资的范畴，将会产生未来潜在的收益流，而这些收益流会在家庭资本服务中具体去衡量，为避免重复计算，在此需要直接扣除。本报告基于此算法，直接从家庭消费支出中全部扣除家居维修保养及改善支出。核算数据来源于微观调查，主要包含家庭住房装修、维修等支出。

而具体计算公式及步骤如下。

1）样本家庭家居维修保养及改善成本

$$C_{jh} = 100\% \times C_{decoration\_jh}$$

其中，C_{jh} 表示地区 j 第 h 个样本家庭的家居维修保养及改善成本，$C_{decoration\_jh}$ 表示地区 j 第 h 个样本家庭的住房装修、维修花费支出。

2）地区人均家居维修保养及改善成本、地区总家居维修保养及改善成本

地区人均家居维修保养及改善成本：$\overline{C}_j = \dfrac{\sum_{h=1}^{m} C_{jh} \times \omega_{jh}}{\sum_{h=1}^{m} Pop_{jh} \times \omega_{jh}}$

地区总家居维修保养及改善成本：$C_j = \overline{C}_j \times Pop_j$

其中 $\overline{C}_j$ 表示地区 j 的人均家居维修保养及改善成本，ω_{jh} 为地区 j 第 h 个样本家庭的省内权重系数，Pop_{jh} 为地区 j 第 h 个样本家庭的人口数。C_j 表示地区 j 的总家居维修保养及改善成本，Pop_j 为地区 j 的总人口数。

3）全国人均家居维修保养及改善成本、全国总家居维修保养及改善成本

全国人均家居维修保养及改善成本：$\overline{C} = \dfrac{\sum_{j=1}^{k} C_j}{\sum_{j=1}^{k} Pop_j}$

全国总家居维修保养及改善成本：$C = \overline{C} \times Pop$

其中，$\overline{C}$ 表示全国人均家居维修保养及改善成本，k 取 1，2，3，…，29，分别代表调查样本中的 29 个省、自治区和直辖市；C 表示全国总家居维修保养及改善成本，Pop 为全国总人口数。

（2）数据描述

表 3-21 给出了家居维修保养及改善成本样本占比和均值，图 3-17 和图 3-18 分别给出了各地区家居维修保养及改善成本样本占比和均值排序结果。从样本占比情况来看，2016 年全国 11.31% 的家庭有家居维修保养及改善支出。青海省、云南省和黑龙江省等 3 个偏远地区样本家庭占比位列前三位，比重分别为 16.01%、15.96%、15.11%。全国最低的是贵州，仅为 8.31%。从样本支出均值来看，全国年均家居维修保养及改善支出为 2362.63 元。分地区来看，北京市、福建省和江苏省继续发挥着东部地区在

经济发展水平上的优势，均值排在前三位，分别达到 5083.03 元、4235.63 元和 4229.66 元，四川省（1037.55 元）、吉林省（985.96 元）和黑龙江省（432.93 元）居末三位。

表 3-21 家居维修保养及改善成本样本占比和均值

地区	样本量（个）	有此项支出的样本家庭占比（%）	均值（元）	地区	样本量（个）	有此项支出的样本家庭占比（%）	均值（元）
北京	1395	12.26	5083.03	河南	1146	10.03	2126.66
天津	1067	8.53	2127.05	湖北	1600	11.13	2246.24
河北	1580	10.95	1480.52	湖南	1585	8.96	2327.55
山西	1472	11.35	1920.59	广东	2947	11.57	3006.73
内蒙古	498	9.84	1069.55	广西	842	12.23	1111.03
辽宁	2235	11.86	1417.34	海南	840	9.64	1139.72
吉林	1456	11.06	985.96	重庆	1388	9.22	2142.98
黑龙江	1330	15.11	432.93	四川	1731	14.56	1037.55
上海	1933	10.09	3103.18	贵州	722	8.31	2013.87
江苏	1820	11.48	4229.66	云南	1015	15.96	2790.44
浙江	2333	10.37	3774.20	陕西	1251	10.79	1949.64
安徽	1009	13.28	1374.38	甘肃	824	11.65	3082.86
福建	1777	11.42	4235.63	青海	731	16.01	1308.97
江西	809	11.00	3788.67	宁夏	528	10.23	2875.91
山东	2147	9.83	1316.77	全国	40011	11.31	2362.63

资料来源：2017 中国真实进步微观调查。

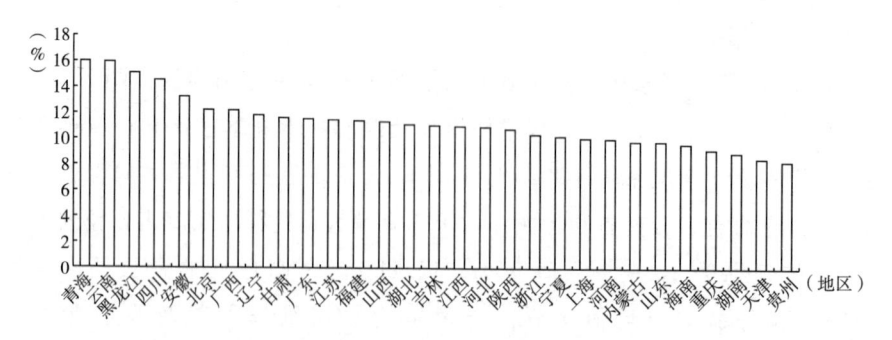

图 3-17 各地区样本家庭存在家居维修保养及改善成本的占比排序

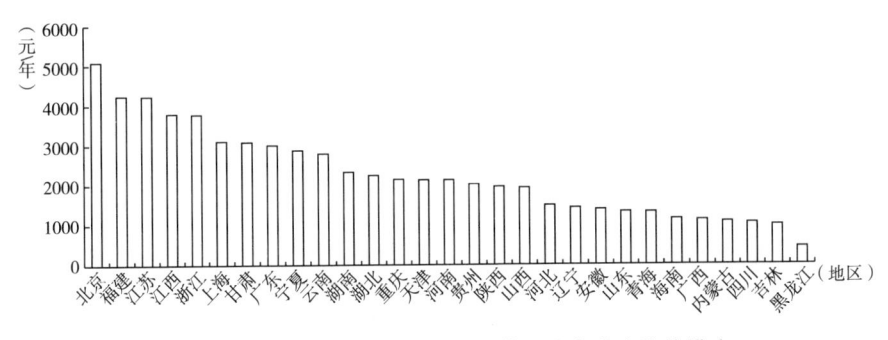

图 3-18 各地区样本家居维修保养及改善成本均值排序

2. 计算结果

按照家居维修保养及改善成本计算公式，计算得出全国及各地区总家居维修保养及改善成本和人均家居维修保养及改善成本的结果，结果显示（见表 3-22）：2016 年全国总家居维修保养及改善成本达到了 9749.37 亿元，人均家居维修保养及改善成本达到 707.16 元。

从人均家居维修保养及改善成本及排序来看（见表 3-22、图 3-19），北京市人均成本明显高于其他地区，超过 2000 元，达到 2205.72 元，其总家居维修保养及改善成本为 479.08 亿元；江苏省、上海市、福建省、浙江省、天津市、江西省、广东省、重庆市和宁夏回族自治区人均家居维修保养及改善成本分别为 1791.11 元、1606.20 元、1276.41 元、1073.03 元、969.64 元、917.03 元、864.59 元、859.33 元和 821.82 元，依次居第 2~10 位，其总家居维修保养及改善成本分别为 1430.65 亿元、388.30 亿元、492.25 亿元、597.09 亿元、150.73 亿元、419.91 亿元、944.48 亿元、260.59 亿元和 55.19 亿元。

表 3-22 全国及各地区总家居维修保养及改善成本和人均家居维修保养及改善成本

地区	总家居维修保养及改善成本（亿元）	人均家居维修保养及改善成本（元）	地区	总家居维修保养及改善成本（亿元）	人均家居维修保养及改善成本（元）
北京	479.08	2205.72	河南	581.66	611.89
天津	150.73	969.64	湖北	442.16	753.45
河北	260.16	349.32	湖南	443.81	652.42

续表

地区	总家居维修保养及改善成本（亿元）	人均家居维修保养及改善成本（元）	地区	总家居维修保养及改善成本（亿元）	人均家居维修保养及改善成本（元）
山西	219.99	598.94	广东	944.48	864.59
内蒙古	77.33	307.40	广西	133.13	276.37
辽宁	207.87	474.58	海南	32.50	355.60
吉林	76.45	278.70	重庆	260.59	859.33
黑龙江	59.03	155.13	四川	270.67	328.76
上海	388.30	1606.20	贵州	164.38	464.02
江苏	1430.65	1791.11	云南	313.63	659.37
浙江	597.09	1073.03	陕西	183.16	481.63
安徽	262.00	424.64	甘肃	162.81	625.00
福建	492.25	1276.41	青海	18.05	305.75
江西	419.91	917.03	宁夏	55.19	821.82
山东	581.22	587.27	全国	9749.37	707.16

数据来源：2017 中国真实进步微观调查，并根据其相关数据计算出人均家居维修保养及改善成本占人均总消费支出的比例，与宏观数据中的居民人均总消费支出相乘得出。

注：全国是除港澳台之外 31 个省、自治区、直辖市之和。

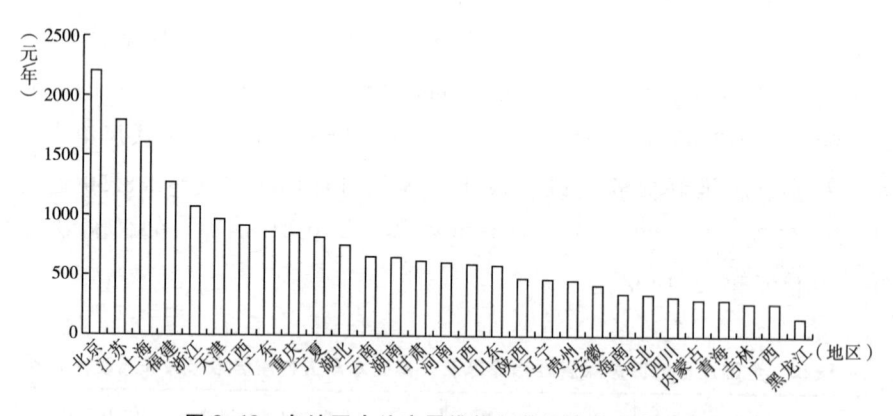

图 3-19 各地区人均家居维修保养及改善成本排序

3.3.3 高等和职业教育

1. 测算方法

Forgie 等（2008）在测算新西兰的 GPI 时，把教育支出的 10% 划归为防御性消费支出。Lawn（2008）在测算澳大利亚的 GPI 时，把教育支出的 25% 划归为防御性消费支出。Delang 和 Yu（2015）在对新加坡和中国香港的 GPI 进行测算时，也仿效了 Lawn（2008）的调整方法进行扣除。

本报告按照 Talberth 和 Weisdorf（2017）的思路，认为家庭教育支出属于家庭消费及投资性行为，其中假定初级及中等教育阶段的支出主要是以消费为导向的，而高等和职业教育方面的花费则属于人力资本投资的一种形式。具体的调整比例则采用国外主流的调整方法，把 25% 的高等和职业教育支出从消费性支出中扣除。具体计算公式及步骤如下。

1）样本家庭高等和职业教育投资成本

$$C_{jh} = 25\% \times N_{jh} \times \overline{T}_{per\_j}$$

其中，C_{jh} 表示地区 j 第 h 个样本家庭的高等和职业教育投资成本，N_{jh} 表示地区 j 第 h 个样本家庭中正在接受高等和职业教育的家庭成员总数，T_{per_j} 表示地区 j 的生均学费，具体从宏观数据《2017 中国教育经费统计年鉴》中获得 2016 年全国及各地区普通高等学校学费，结合《2017 中国统计年鉴》获得的普通高等院校在校学生数，计算出全国及各地区生均学费。[①]

2）地区人均高等和职业教育投资成本、地区总高等和职业教育投资成本

地区人均高等和职业教育投资成本：$\overline{C}_j = \dfrac{\sum_{h=1}^{m} C_{jh} \times \omega_{jh}}{\sum_{h=1}^{m} Pop_{jh} \times \omega_{jh}}$

地区总高等和职业教育投资成本：$C_j = \overline{C}_j \times Pop_j$

其中，$\overline{C}_j$ 表示地区 j 的人均高等和职业教育投资成本，ω_{jh} 为地区 j 第 h 个样本家庭的省内权重系数，Pop_{jh} 为地区 j 第 h 个样本家庭的人口数。C_j 表示地区 j 的总高等和职业教育投资成本，Pop_j 为地区 j 的总人口数。

3）全国人均高等和职业教育投资成本、全国总高等和职业教育投资成本

全国人均高等和职业教育投资成本：$\overline{C} = \dfrac{\sum_{j=1}^{k} C_j}{\sum_{j=1}^{k} Pop_j}$

[①] 经计算得出的结果与直接使用中国教育经费统计年鉴中的值差别不大，但从家庭消费的角度考虑，采用这种宏微观数据结合的方法更合适。

全国总高等和职业教育投资成本：$C = \overline{C} \times Pop$

其中，$\overline{C}$ 表示全国人均高等和职业教育投资成本，k 取 1，2，3，…，29，分别代表调查样本中的 29 个省、自治区和直辖市；C 表示全国总高等和职业教育投资成本，Pop 为全国总人口数。

2. 计算结果

（1）生均学费及人均高等和职业教育在读人数占比

综合利用宏微观数据，计算得出全国及各地区生均学费与高等和职业教育在读人数占比情况，结果显示（见表 3-23）：全国生均学费为 7933.81 元，高等和职业教育在读人数占比为 2.61%。

表 3-23　全国及各地区生均学费与高等和职业教育在读人数占比

地区	生均学费（元）	高等和职业教育在读人数占比（%）	地区	生均学费（元）	高等和职业教育在读人数占比（%）
北京	16627.05	2.31	河南	6240.40	2.62
天津	8642.63	2.48	湖北	8759.63	2.43
河北	6842.45	1.83	湖南	7041.80	1.86
山西	5990.68	2.88	广东	10507.40	2.79
内蒙古	5804.24	4.79	广西	7829.71	1.27
辽宁	8824.00	2.69	海南	8311.92	3.18
吉林	8044.44	2.81	重庆	9244.62	1.71
黑龙江	7580.92	2.52	四川	7616.41	1.64
上海	13183.44	2.18	贵州	5236.29	4.89
江苏	8718.09	2.48	云南	7359.38	2.33
浙江	11062.05	2.55	陕西	8110.12	3.10
安徽	4817.12	2.28	甘肃	5866.50	2.96
福建	8923.37	3.40	青海	4234.35	3.05
江西	5806.08	2.21	宁夏	6939.32	3.34
山东	6615.61	2.14	全国	7933.81	2.61

资料来源：《2017 中国教育经费统计年鉴》、《2017 中国统计年鉴》和 2017 中国真实进步微观调查。

从各地区生均学费来看，北京市、上海市、浙江省和广东省的生均学费均超过了 10000 元，分别为 16627.05 元、13183.44 元、11062.05 元、10507.40 元，依次居第 1~4 位；重庆市、福建省、辽宁省、湖北省、江苏省和天津市的生均学费依次居第 5~10 位，分别为 9244.62 元、8923.37 元、8824.00 元、8759.63 元、8718.09 元和 8642.63 元。

从各地区高等和职业教育在读人数占比来看，贵州省和内蒙古自治区的高等和职业教育在读人数占比较高，分别为 4.89% 和 4.79%，居前两位，福建省、宁夏回族自治区、海南省、陕西省、青海省、甘肃省、山西省和吉林省依次居第 3~10 位，高等和职业教育在读人数占比分别为 3.40%、3.34%、3.18%、3.10%、3.05%、2.96%、2.88% 和 2.81%。

(2) 总高等和职业教育投资成本及人均高等和职业教育投资成本

按照高等和职业教育投资成本计算公式，计算得出全国及各地区总高等和职业教育投资成本及人均高等和职业教育投资成本结果，结果显示（见表 3-24）：2016 年全国总高等和职业教育投资成本达到了 640.67 亿元，人均高等和职业教育投资成本为 46.47 元。

从人均高等和职业教育投资成本及排序来看（见表 3-24、图 3-20），北京市人均成本明显高于其他地区，为 95.60 元，其总高等和职业教育投资成本为 20.76 亿元；上海市、广东省和江苏省的人均高等和职业教育投资成本也超过了 70 元，依次居第 2~4 位，分别为 78.64 元、77.23 元和 73.45 元，其总高等和职业教育投资成本分别为 19.01 亿元、84.37 亿元和 58.67 亿元；浙江省、福建省、海南省、辽宁省、内蒙古自治区和贵州省的人均高等和职业教育投资成本分别为 65.20、65.15 元、63.10 元、58.65 元、54.88 元和 54.09 元，其总高等和职业教育投资成本分别为 36.28 亿元、25.13 亿元、5.77 亿元、25.69 亿元、13.81 亿元和 19.16 亿元。

表 3-24 全国及各地区总高等和职业教育投资成本与人均高等和职业教育投资成本

地区	总高等和职业教育投资成本（亿元）	人均高等和职业教育投资成本（元）	地区	总高等和职业教育投资成本（亿元）	人均高等和职业教育投资成本（元）
北京	20.76	95.60	河南	36.95	38.87
天津	8.25	53.09	湖北	26.60	45.33

续表

地区	总高等和职业教育投资成本（亿元）	人均高等和职业教育投资成本（元）	地区	总高等和职业教育投资成本（亿元）	人均高等和职业教育投资成本（元）
河北	18.37	24.67	湖南	20.18	29.66
山西	14.07	38.30	广东	84.37	77.23
内蒙古	13.81	54.88	广西	12.93	26.84
辽宁	25.69	58.65	海南	5.77	63.10
吉林	9.98	36.39	重庆	11.90	39.25
黑龙江	16.98	44.61	四川	21.75	26.42
上海	19.01	78.64	贵州	19.16	54.09
江苏	58.67	73.45	云南	15.58	32.75
浙江	36.28	65.20	陕西	17.92	47.12
安徽	19.13	31.01	甘肃	8.40	32.24
福建	25.13	65.15	青海	1.65	27.92
江西	12.92	28.22	宁夏	2.73	40.68
山东	43.46	43.91	全国	640.67	46.47

数据来源：《2017中国教育经费统计年鉴》《2017中国统计年鉴》和2017中国真实进步微观调查，并根据由2017中国真实进步微观调查计算出人均高等和职业教育投资成本占人均总消费支出的比例，与宏观数据中的居民人均总消费支出相乘得出。

注：全国是除港澳台之外31个省、自治区、直辖市之和。

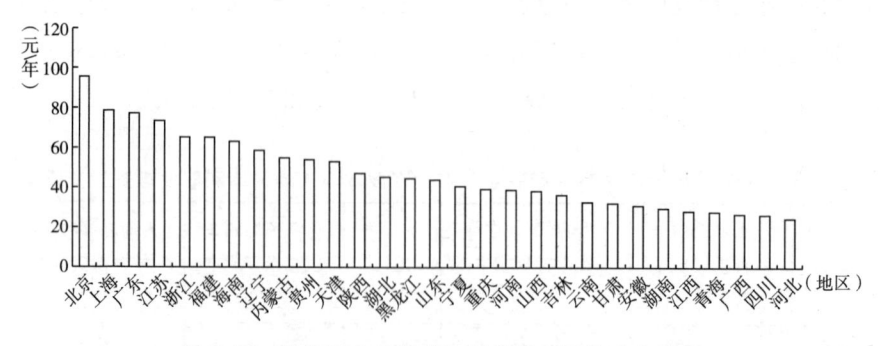

图3-20 各地区人均高等和职业教育投资成本排序

3.4 收入不平等的调整

1. 测算方法及数据描述

GPI 1.0 假设在收入完全均等的条件下,个人消费支出反映真实的福利,当收入不平等程度增加(如基尼系数达到 5%)时,消费支出就会以相当于基尼系数百分比变化的因素被予以平减(消费支出应除以 1.05),以获取真实福利。该方法虽然处理方式较为简便,所需要的消费支出和基尼系数两指标均可直接采用政府部门公布的数据,但该种方法只反映相对变化程度,不能反映收入不平等造成的绝对福利损失。

古典经济学提出收入边际效用递减,认为减少同样的收入,低收入群体福利下降的程度远高于高收入群体;增加同样的收入,高收入群体福利上升的程度远低于低收入群体。收入边际效用递减也反映增加相同数量的收入,给高收入群体带来的效用远低于在贫困线附近徘徊的群体。Layard 等(2008)讨论了效用与收入的对数假设($\rho=1$)和线性假设($\rho=0$),他们的最终估计($\rho=1.26$)表明:相比效用与收入的对数假设,实际中收入的边际效用下降得更快。基于以上讨论,Talbertha 和 Weisdorfb(2017)认为收入边际效益递减规律同样适用于消费,他们在 GPI 2.0 研究中使用基于收入边际效用递减(Declining Marginal Utility of Income,DMUI)的不平等调整方式,对消费支出进行了调整。

基于上述理论将家庭收入调整为效用加权家庭收入,使不同收入水平家庭的单位收入具有相同的效用,具体如下:

$$adj\_x_i = m \times \log\left(\frac{x_i}{m}\right) + m$$

其中,adj_x_i 表示调整后第 i 个家庭的家庭收入,x_i 表示第 i 个家庭的实际收入,m 表示样本家庭收入的中值。

本报告采取与 Talbertha 和 Weisdorf 同样的方式对消费支出进行不平等的调整。但为了体现各省、自治区、直辖市不平等的差异,基于各省、自治区、直辖市样本的收入中值,计算出各省、自治区、直辖市的不平等调整系数。具体公式如下:

$$\gamma = \frac{\sum adj\_x_i}{\sum x_i}$$

$$\gamma_j = \frac{\sum adj\_x_{ji}}{\sum x_{ji}}$$

其中，γ 表示总体不平等调整系数，γ_j 表示 j 省、自治区、直辖市不平等调整系数。

2. 收入不平等调整系数

按照上述收入不平等调整系数计算公式，计算结果如表 3-25 所示，贵州省收入不平等调整系数最小，说明贵州省收入不平等导致的消费效用损失比重最大（16%）；北京市、福建省、云南省、广东省、四川省、海南省、湖北省、内蒙古自治区和青海省消费损失依次居第 2~10 位，收入不平等调整系数分别为 0.85、0.85、0.85、0.86、0.86、0.87、0.87、0.87 和 0.87。

表 3-25 收入不平等调整系数及排序

地区	收入不平等调整系数	排序	地区	收入不平等调整系数	排序
贵州	0.84	1	浙江	0.88	16
北京	0.85	2	重庆	0.88	17
福建	0.85	3	河南	0.89	18
云南	0.85	4	湖南	0.89	19
广东	0.86	5	山东	0.89	20
四川	0.86	6	上海	0.89	21
海南	0.87	7	安徽	0.90	22
湖北	0.87	8	黑龙江	0.90	23
内蒙古	0.87	9	江苏	0.90	24
青海	0.87	10	江西	0.90	25
甘肃	0.88	11	陕西	0.90	26
河北	0.88	12	辽宁	0.92	27

续表

地区	收入不平等调整系数	排序	地区	收入不平等调整系数	排序
吉林	0.88	13	广西	0.94	28
宁夏	0.88	14	天津	0.94	29
山西	0.88	15	全国	0.88	

资料来源：2017年中国真实进步微观调查。

3.5 公共物品和服务

1. 测算方法

政府部门及公益机构提供的非防御性公共物品和服务，包括免费的文化艺术展览、食品、能源、金融服务、住房等，同样可以给人们带来正向效用，因而有必要将其作为福利指标之一纳入GPI的测算体系当中。

政府部门当年提供的非防御性公共物品和服务价值一般可直接从国家官方网站统计的"政府消费"中得到，而公益机构提供的数据较难获得，因此本报告在此主要核算的是政府部门提供的公共物品和服务的价值。

目前中国国家统计局在支出法国内生产总值（GDP）中统计了"政府消费"指标，表示各级政府用于物品与劳务的支出，包括雇佣政府公务人员、建设公共设施和提供国防等。由于其既包含防御性支出，也包含非防御性支出，因此在将"政府消费"作为公共物品和服务指标时，需要将其包含的防御性支出从中去除。

鉴于缺乏政府消费的具体项目分类，本报告使用国家及各省份2016年一般公共预算支出中的"外交支出、国防支出和公共安全支出"占总预算支出的比重作为政府消费中防御性消费所占的比重，将防御性政府消费予以扣除。由此，国家及各省份公共物品和服务价值的计算公式如下：

公共物品和服务价值＝政府消费－防御性政府消费

2. 计算结果

按照上述公共物品和服务价值计算方法，结果显示（见表3-26）：全国公共物品和服务价值为94400.23亿元，人均公共物品和服务价值为

6847.22 元。

各地区人均公共物品和服务价值及排序情况见表 3-26、图 3-21，北京和上海公共物品和服务价值分别为 4510.49 亿元和 3972.81 亿元，人均公共物品和服务价值均高于 15000 元，分别为 20766.52 元和 16433.55 元，居第 1、第 2 位；其次为天津、江苏、青海，其公共物品和服务价值分别为 2259.48 亿元、10139.64 亿元和 654.17 亿元，人均公共物品和服务价值均高于 10000 元，分别为 14535.12 元、12694.39 元和 11078.17 元，居第 3~5 位；浙江、内蒙古、宁夏、广东和海南的人均公共物品和服务价值依次居第 6~10 位，分别为 9377.92 元、9149.00 元、9122.74 元、8216.27 元和 8186.81 元，其公共物品和服务价值分别为 5218.34 亿元、2301.43 亿元、612.59 亿元、8975.46 亿元和 748.27 亿元。

表 3-26　全国及各地区公共物品和服务价值、人均公共物品和服务价值

地区	公共物品和服务价值（亿元）	人均公共物品和服务价值（元/年）	地区	公共物品和服务价值（亿元）	人均公共物品和服务价值（元/年）
北京	4510.49	20766.52	河南	5253.42	5526.42
天津	2259.48	14535.12	湖北	3660.77	6238.00
河北	3643.92	4892.81	湖南	3995.28	5873.25
山西	1801.65	4905.11	广东	8975.46	8216.27
内蒙古	2301.43	9149.00	广西	2443.05	5071.72
辽宁	2596.37	5927.79	海南	748.27	8186.81
吉林	1661.49	6057.20	重庆	1946.25	6417.99
黑龙江	2810.18	7384.53	四川	3828.61	4650.32
上海	3972.81	16433.55	贵州	1458.18	4116.25
江苏	10139.64	12694.39	云南	2519.32	5296.59
浙江	5218.34	9377.92	陕西	2333.43	6135.76
安徽	2465.35	3995.71	甘肃	1275.01	4894.45
福建	2446.60	6344.09	青海	654.17	11078.17
江西	1915.17	4182.50	宁夏	612.59	9122.74
山东	6155.88	6219.95	全国	94400.23	6847.22

注：全国是除港澳台之外 31 个省、自治区、直辖市之和。

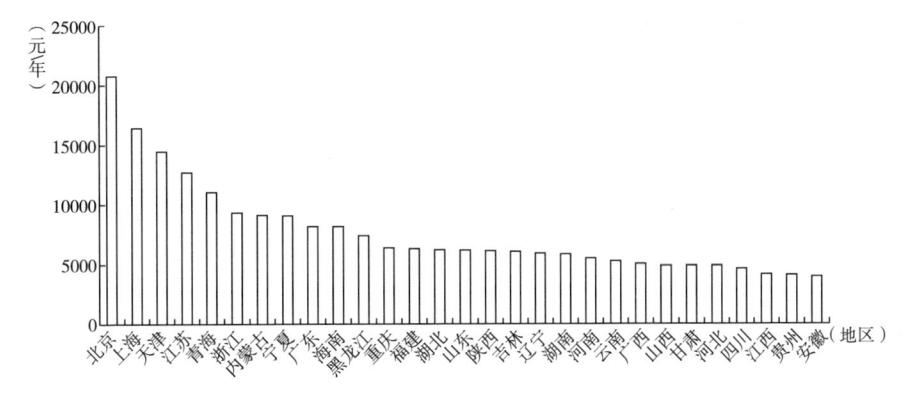

图 3-21　各地区人均公共物品和服务价值排序

参考文献

[1] Andrade, D. C., & Garcia, J. R. (2015). Estimating the Genuine Progress Indicator (GPI) for Brazil from 1970 to 2010, Ecological Economics, 118, pp. 49-56.

[2] Bagstad, K. J., & Shammin, M. R. (2012). Can the Genuine Progress Indicator better inform sustainable regional progress? A case study for Northeast Ohio. Ecological Indicators, 18 (none): 0-341.

[3] Berik, G., & Gaddis, E. (2011). The Utah Genuine Progress Indicator (GPI), 1990-2017: A Report to the people of Utah.

[4] Clarke, M., & Lawn, P. (2008). A policy analysis of Victoria's Genuine Progress Indictor. The Journal of Socio-Economics, 37 (2), 864-879.

[5] Costanza, R., Erickson, J., Fligger, K., Adams, A., Adams, C., Altschuler, B., ... & Kerr, T. (2004). Estimates of the Genuine Progress Indicator (GPI) for Vermont, Chittenden County and Burlington, from 1950 to 2000. Ecological Economics, 51 (1-2), 139-155.

[6] Delang, C. O., & Yu, Y. H. (2015). Measuring welfare beyond economics: the genuine progress of Hong Kong and Singapore. Routledge.

[7] Erickson, J. D., Zencey, E., Burke, M. J., Carlson, S., & Zimmerman, Z. (2013). Vermont Genuine Progress Indicator, 1960-2011: Findings and Recommendations. Gund Institute for Ecological Economics, Burlington, VT.

[8] Forgie, V., McDonald, G., Zhang, Y., Patterson, M., & Hardy, D. (2008). Calculating the New Zealand genuine progress indicator. Sustainable Welfare in the Asia-Pacific: Studies Using the Genuine Progress Indicator. Edward Elgar Publishing, Cheltenham, UK, 126-152.

[9] Granade, J., Creyts, J., Derkach, A., Farese, P., Nyquist, S., & Ostrowski, K. (2009). Unlocking Energy Efficiency in the U.S. Economy. McKinsey Global Energy and Materials, Washington, DC.

[10] Kubiszewski, I., Costanza, R., Gorko, N.E., Weisdorf, M.A., Carnes, A.W., & Collins, C.E., et al. (2015). Estimates of the Genuine Progress Indicator (GPI) for oregon from 1960 - 2010 and recommendations for a comprehensive shareholder's report. Ecological Economics, 119 (119), 1-7.

[11] Lawn, P. (2008). Genuine progress in Australia: time to rethink the growth objective. In: Lavn, P. and Clarke, M. (Eds). Sustainable Welfare in the Asia-Pacific: Studies using the Genuine Progress Indicator (PP. 91 - 125). Cheltenham: Edward Elgar Publishing Ltd.

[12] Lawn, P. (2013). Economic transition in Australia: time to move towards a steady-state economy. Globalisation, Economic Transition and the Environment: Forging a Path to Sustainable Development. Edward Elgar, UK, 129-173.

[13] Lawn, P.A. (2005). An assessment of the valuation methods used to calculate the Index of Sustainable Economic Welfare (ISEW), Genuine Progress Indicator (GPI), and Sustainable Net Benefit Index (SNBI). Environment, Development and Sustainability, 7 (2), 185-208.

[14] Lawn, P., & Clarke, M. (2006). Measuring genuine progress: an application of the Genuine Progress Indicator. Nova Science.

[15] Talberth, J., & Weisdorf, M. (2014). Economic Wellbeing in Baltimore Results from the Genuine Progress Indicator 2012 and 2013.

[16] Talberth, J., & Weisdorf, M. (2017). Genuine Progress Indicator 2.0: pilot accounts for the US, Maryland, and City of Baltimore 2012-2014. Ecological Economics, 142, 1-11.

[17] Wen, Z., Zhang, K., Du, B., Li, Y., & Li, W. (2007). Case study on the use of Genuine Progress Indicator to measure urban economic welfare in China. Ecological Economics, 63 (2-3), 463-475.

第4章 要素资本提供的服务价值

所有的经济活动均是通过各种资本存量和服务来提供和支持的,这些资本存量包含投入经济活动中的人力、资本和固有存在的资源等要素。在探讨国家财富时资本被划分为人力资本、社会资本、人造资本和自然资本四大类(World Bank,1995),相应地,GPI 2.0中要素资本服务价值账户在核算时也具体核算这四类资本要素的服务价值。如人力资本的积累不仅能够提高自身劳动生产率和工资水平,而且会给社会带来更多的外部收益(良好的公民素质和知识外溢等);社会资本中的家务劳动和志愿服务等经济活动虽然是无酬劳动,但其能够在满足自身效应提高的同时,产生庞大的溢出效应(关系和善意);人造资本中交通基础设施、电力燃气水、家庭资本和高铁等存量资本的服务也持续不断地便利着人们的生活;自然资本为人们提供了赖以生存的环境和生产发展的资源等。所以人们在日常生活中,不仅从市场上购买商品和服务来直接获取福利,而且会通过要素资本提供的服务价值来提高福利水平,这部分额外服务价值的提供有利于人们生活福利水平的可持续提高和国家真实发展水平的可持续进步。本章主要介绍GPI中的要素资本服务价值账户,来核算这部分福利价值,具体包括人力资本服务价值、社会资本服务价值、存量资本服务价值和自然资本服务价值四个部分。

4.1 人力资本服务价值

GPI 2.0首次系统地将地区人力资本服务价值(Services from Human Capital)纳入测算体系当中。一般认为,地区人力资本指存在于地区人口中能够创造个人、社会和经济福祉的知识、技能、能力和素质(OECD,2001),在具体描述时可细化为地区高等教育人口比例、制造业人口比例、绿色就业人口比例等（Talberth & Weisdorf，2017）。

迄今为止的研究发现，地区人力资本积累可以带来很多好处，包括劳动者们通过知识交流和模仿等可以提高劳动生产率和工资（Jocobs，1970）；社会整体由于存在更高的人力资本积累而可以有更多的科学技术创新，或更快速的经济发展和更少的不平等现象（Piketty，2014）；一些非经济福利会增加，比如犯罪率降低、公共行为更文明合理等（Hill et al.，2005）。然而，这其中有很大一部分已被包含在GPI账户中，例如：工资收入的提高已被反映在消费支出中；减少的不平等被反映在收入不平等指标中；犯罪率减少也被反映于犯罪成本中；等等。为避免重复计算，我们将纳入的人力资本服务价值定义为与GPI其他指标不重复计算的人力资本带来的额外收益。

将人力资本服务具体分类时，本报告与最新的GPI 2.0测算保持统一，并结合中国实际，将人力资本指标主要分为两类，高等教育劳动力比例和制造业劳动力比例，认为这两类人力资本在当前中国可以给人们带来较为显著的额外收益。因此，地区人力资本的服务价值主要分为高等教育服务价值和制造业服务价值。此时，高等教育的服务价值包括高等教育水平的人才更有可能为地区提供大量多样化高水平的免费文化活动和教育服务（教育和指导等），良好的公民活动和社会治理，以及，他们更有能力学习新知识、引领时尚健康的生活方式并传递给他人，从而提升整体生活质量等。制造业服务价值包含很多方面，比如在非市场工作时间里，邻里和朋友之间更有可能帮忙做复杂修理或者费用较高的工作（汽车维修、计算机故障等），以及制造业人群往往有较强的维护社会稳定和抵御外界冲击的能力等（Talberth & Weisdorf，2017）。

对于人力资本服务价值的测算，由于其覆盖范围广，很多难以量化计算，且需要将其和GPI已有指标区分开来，因此至今仍缺乏完善的测量方法。目前较为可行的方法是测算人力资本的外部收益，将其最小值保守估计为人力资本的服务价值（Talberth & Weisdorf，2017）。测算人力资本外部收益的方法主要有以下三种（以高等教育为例）。

一是基于经济增长的核算方法，查显友和丁守海（2006）将高等教育劳动者占总劳动力人口的比重引入社会总生产函数方程，得到高等教育在社会人均GDP中的总收益，再减去高等教育从工资函数中得出的私人收益，得到高等教育的外部收益。

二是支付意愿法，Blomquist 等（2014）利用地区偏好问卷，以是否拥有支付意愿（Willingness to Pay）为因变量，建立 Logit 回归模型估算高等教育的社会收益，再减去从明瑟收入方程估算的高等教育私人收益，得到高等教育的外部收益。然而，此方法并没有减去高等教育带来的私人非市场性收益，因此可能存在高估高等教育外部收益的问题。

三是收入函数法，将地区高等教育比例加入个人明瑟收入方程中，算出地区高等教育比例对劳动力的收入溢出系数（Moretti，2004），再分不同教育层级对比，选择其中的最小值作为高等教育外部收益的最低估计（Hill et al.，2005）。此方法也为大多数 GPI 测算在测算高等教育服务价值时采用，如马里兰统计局（2017）[①]、Kubiszewski 等（2015）。

以上方法都各有利弊，而由于第三种方法在数据收集和系数估计上都较具有可行性，且可以较清楚合理地反映高等教育带来的经济福利，因此本报告选择此方法来测算人力资本的服务价值。以下将详细阐述对高等教育人口比例和制造业人口比例这两种人力资本服务价值的测算。

4.1.1　高等教育的服务价值

1. 测算方法及数据描述

（1）测算方法

首先将地区高等教育劳动力比例作为解释变量之一加入个人明瑟收入方程中，测算高等教育对劳动力的收入溢出效应。高等教育劳动力比例在此处被定义为所在城市受教育程度为大专及以上的劳动力占总劳动力的比重。使用明瑟收入方程如下：

$$\log(w_{ic}) = \alpha + \beta \times e_i + \gamma \times S_c + \delta \times X_i + \rho \times Z_c + \varepsilon_{ic}$$

其中，w_{ic} 代表城市 c 中劳动力 i 的月工资收入，e_i 表示个人受教育年限，S_c 为城市高等教育劳动力比例，X_i 代表其他的个人变量，包括工作经验、工作经验平方、户籍以及所从事工作的职业类型、行业类型和单位性质，Z_c 代表其他的城市特征变量，包括第二、三产业从业人员比例，国有部门、私营部门

[①] 马里兰统计局 GPI 2.0 高等教育服务价值测算：https://dnr.maryland.gov/mdgpi/pages/shc.aspx.

从业人员比例，政府一般公共财政支出，医疗机构床位数和人口密度，ε_{ic}为随机误差项。β为个人教育的收益系数，γ为高等教育的外部收益系数，表示大专及以上劳动力比例每提高一个单位将导致劳动力个人工资提高的百分比。

同时，为解决方程中一些不可观测因素可能导致的内生性问题，本报告使用工具变量法（IV），即使用与城市高等教育劳动力比例相关但不影响当前个人工资水平的变量作为 IV 进行回归。结合以往文献的做法，本报告采用两个工具变量，一是九年义务教育政策的实施（Liu，2007；刘泽云，2016）。义务教育政策作为国家统一颁布的政策，自 1986 年正式实施，与当前收入无关，然而政策在各个地区推进程度不一，导致地区间受高等教育人数也存在差异，因此和当前的高等教育劳动力比例显著相关。Liu（2007）指出，义务教育政策的推进程度和地区的行政级别密切相关，行政级别越高，推进程度越快。结合此观点，本报告使用刘泽云（2016）的做法，根据城市的行政级别构造有序变量来代理义务教育政策的实施，具体为，北京、上海、天津三个直辖市为 2，重庆、省会城市和计划单列市①为 1，其他地市为 0。二是所在城市的 211 工程学校数量（李小瑛等，2010）。我国 211 工程学校自 1995 年开始设立，到 2008 年以后不再新增，且这些学校大多具有较长的历史，可认为与当前收入无关。而城市 211 学校的数量越多，一定程度上决定了当地个人获得高等教育的机会也越多，其在校生毕业以后在此地工作的可能性越多，同时也越会促进当地基础教育的发展（梁赟玲和李波，2017），因此和当前高等教育劳动力比例显著相关。计算时，若某城市存在 211 学校同等级别的分校区，如威海市存在山东大学的分校区，则也算其拥有一个 211 学校。最后，为应对可能存在的组内相关性问题，所有回归对于标准误都用地市层面聚类（clusters）进行了校正。

GPI 2.0（Talberth & Weisdorf，2017）采用 Moretti（2004）测算的大学毕业劳动力占总劳动力比例每增加 1 个百分点，每一教育层级的劳动力个人收入都将保守增加 0.4% 来计算高等教育外部收益。当推算到每净增加一个大学毕业生带来的总劳动力收入溢出时，算法公式如下：

$$\pi = \left(\sum_a \sum_i pop_{ae} \times inc_{ae} \times \gamma \right) / \left[\left(\sum_e pop_e \right) \times 1\% \right]$$

---

① 计划单列市为深圳、厦门、宁波、青岛和大连。

其中，π 为每净增加一个大学毕业生带来的总劳动力收入增加量，pop_{ae} 表示年龄段 a、教育层级 e 的劳动力总数，inc_{ae} 表示年龄段 a、教育层级 e 的劳动力平均收入，γ 表示大学毕业劳动力占总劳动力比例每增加 1 个百分点将导致劳动力个人收入保守增加的百分比，pop_e 表示教育层级 e 的劳动力总数。此时，分子表示每净增加 1% 大学毕业生比例将带来的地区总劳动力收入增加量，分母表示净增加 1% 大学毕业生比例所需要增加的大学毕业生人数，计算结果由此表示劳动力中每净增加一位大学毕业生，将带来的地区总劳动力收入增加量。

根据上述公式算出每净增加一位高等教育劳动力带来的地区总劳动力收入增加量 π 以后，地区高等教育服务价值则为地区所有新增高等教育劳动力带来的地区总劳动力收入增加量。而本报告认为现有和新增高等教育劳动力都能产生相同的服务价值，因此当年新增的即为二者之和。由此，高等教育服务价值通过下述计算得到。

1）地区高等教育服务价值、地区人均高等教育服务价值

地区高等教育服务价值：$V_j = \pi_j \times H_j$

地区人均高等教育服务价值：$\overline{V}_j = \dfrac{V_j}{Pop_j}$

其中，π_j 表示每净增加一位高等教育劳动力给地区 j 带来的总劳动力收入增加量，H_j 表示地区 j 高等教育劳动力总数，Pop_j 表示地区 j 总人口数。

2）全国高等教育服务价值、全国人均高等教育服务价值

全国高等教育服务价值：$V = \sum_{j}^{k} V_j$

全国人均高等教育服务价值：$\overline{V} = \dfrac{V}{Pop}$

其中，k 取 1，2，3，…，31，分别代表全国 31 个省、自治区和直辖市，Pop 表示全国总人口数。

（2）样本数据描述

本报告使用 2017 年中国真实进步微观调查数据，原始数据涉及全国除新疆、西藏和港澳台地区的 29 个省、自治区、直辖市的 127012 名个体。在具体回归时，保留样本中 16 岁到退休年龄 60 岁的群体进行计算，不考虑在校生。此外，由于务农、军人、雇主或者自营劳动者的收入受非人力资本因素的影响较大，在回归时仅考虑工作性质为受雇于他人或单位（签订正

规劳动合同）和临时性工作（未签订正规劳动合同，如打零工）的人群。

使用的个人月收入是被调查者在2016年的主要工作实际获得的税后货币工资加上税后奖金、税后补贴收入和实物收入，再除以实际工作月数得到。个人受教育年限根据个人学历推算得出，具体为未上学为0年，小学为6年，初中为9年，高中、中专或职高为12年，大专或高职为15年，大学本科为16年，硕士研究生为18年，博士研究生为22年。工作经验=个人年龄-受教育年限-6。城市层面使用的高等教育比例，第二、三产业从业人员比例，国有部门、私营部门从业人员比例数据均根据个体样本在市级层面加总而得，其他来自各省份的2017年统计年鉴和《中国城市统计年鉴2017》。

表4-1为各主要变量的描述性统计。

表4-1 主要变量的描述性统计

个体变量	均值	标准差	地区变量	均值	标准差
月收入（对数）	8.12	0.66	高等教育劳动力比例	0.3010	0.1190
受教育年限	11.6241	3.6787	第一产业劳动力比例	0.0248	0.0250
年龄	39.1221	10.8672	第二产业劳动力比例	0.3118	0.1016
工作经验	20.6561	11.7902	第三产业劳动力比例	0.6633	0.1035
男性	0.5777	0.4939	制造业劳动力比例	0.1773	0.0947
农业户口	0.4471	0.4972	国有部门劳动力比例	0.2412	0.0885
非农业户口	0.4330	0.4955	私营部门劳动力比例	0.7359	0.0954
统一居民户口	0.1199	0.3248	政府一般财政支出	1.7892	2.0365
管理者	0.0341	0.1814	医疗机构床位数	5.6656	4.1555
技术工作者	0.5063	0.5000	人口密度	1.1565	1.2735
农林牧渔类工人	0.0110	0.1043	义务教育政策（IV1）	0.8037	0.6680
一般工人	0.4486	0.4974	211学校数量（IV2）	3.4254	5.7469
样本数		22110	城市数		77

注：政府一般财政支出单位为千亿元，医疗机构床位数单位为万张，人口密度单位为千人/平方公里。

表4-2为高等教育劳动力比例对个人收入影响的估计结果。表中显示，在普通OLS回归中，加入个人所在城市的特征变量以后，高等教育对个人收入的溢出效应从0.826%变为1.242%，有显著提高。而在使用工具变量

以后,高等教育溢出效应增大近一倍。这都显示出地区高等教育对个人收入有稳定的溢出作用。个人教育收益系数也基本维持不变,约为6%。

表4-2 高等教育劳动力比例对收入影响的估计结果

变量名称	(1) OLS	(2) OLS	(3) IV1	(4) IV2	(5) IV1+IV2
高等教育比例	0.826*** (0.156)	1.242*** (0.212)	2.320*** (0.714)	2.347** (0.943)	2.329*** (0.503)
受教育年限	0.062*** (0.00261)	0.061*** (0.00275)	0.059*** (0.00287)	0.059*** (0.00329)	0.059*** (0.00286)
个人特征变量	是	是	是	是	是
工作特征变量	是	是	是	是	是
城市特征变量	否	是	是	是	是
第一阶段回归					
义务教育政策			0.068*** (0.00096)		0.069*** (0.00094)
211学校数量				0.005*** (0.00009)	0.005*** (0.00007)
弱识别检验			5345.873	2348.014	4719.702
内生性检验			49.243 (0.000)	23.049 (0.000)	85.192 (0.000)
样本量	22110	22110	22110	22110	22110
R平方	0.249	0.280	0.273	0.273	0.273

注:(1)括号中为标准误差,*、**、***分别表示10%、5%、1%水平的显著性。(2)括号中的标准误都是经过地市层面聚类(cluster)校正的稳健标准误。(3)个人特征变量包括户口、工作经验、工作经验平方;工作特征变量包括个人所从事工作的职业类型、行业类型和单位性质;城市特征变量包括第二、三产业从业人员比例(以第一产业为基准),国有部门、私营部门从业人员比例(以集体部门为基准),政府一般公共财政支出,医疗机构床位数和人口密度。

在表4-2的基础上,本报告按教育层级将样本分为初中及以下、高中和大专及以上三类人群,分别以表4-2中模型(2)~(5)来估测其高等教育外部收益,结果如表4-3所示。可以看出,高等教育对这三类人群仍有显著的收入溢出效应,大专及以上劳动者溢出效应相对最大,这与梁赟玲等(2016)和刘泽云(2016)的发现较为一致。

表 4-3 高等教育对不同教育层级劳动力收入影响的估计结果

	OLS	IV1	IV2	IV1+IV2
初中及以下	0.931*** (0.219)	1.917*** (0.548)	0.636 (0.782)	1.575*** (0.442)
高中	0.747*** (0.248)	2.286** (0.921)	1.974** (0.998)	2.169*** (0.631)
大专及以上	1.463*** (0.304)	2.803*** (1.026)	3.103** (1.327)	2.910*** (0.640)

注：(1) 括号中为标准误差，*，**，*** 分别表示 10%，5%，1% 水平的显著性；(2) 括号中的标准误是经过地市层面聚类（cluster）校正的稳健标准误。

由前文叙述可得，本报告选取不同教育层级外部收益系数的最小值来估计高等教育服务价值，因此从表 4-3 普通 OLS 回归结果中可得到 2016 年我国高等教育对劳动力个人收入溢出系数最低为 0.747%，表 4-3 中 IV 回归也显示这一结果为最低估计。在中国目前相关文献中，刘泽云（2016）测算 2005 年大专及以上教育外部性为 3.1%~3.6%，李小瑛等（2010）测算 2006 年为 1.09%，梁赟玲等（2016）测算 2000 年以后大专及以上教育的外部收益为 0.979%。本报告将大专及以上的外部收益估计为 0.747%，结果也较为保守，可认为是高等教育服务价值的合理估计。

在收入方面，为使各省份之间的对比更为合理，本报告使用《中国统计年鉴 2017》中各地区居民的平均工资收入数据进行计算。各地区高等教育劳动力人数由各省 2017 年统计年鉴中的"年末就业人数"结合《中国人口和就业统计年鉴 2017》中的"全国分地区就业人员受教育程度构成"计算而得。

2. 计算结果

按照上述高等教育服务价值计算方法，计算结果显示（见表 3-30）：全国高等教育服务价值共计 22566.86 亿元，人均高等教育服务价值为 1636.86 元。

各地区人均高等教育服务价值及排序情况见表 4-4、图 4-1，北京和上海高等教育服务价值分别为 1910.44 亿元和 1765.14 亿元，人均高等教育服务价值均高于 7000 元，分别为 8795.78 元和 7301.52 元，位居第 1、2 位；其次为天津、浙江、江苏、广东和福建，其高等教育服务价值分别为 657.97 亿元、1889.88 亿元、2181.69 亿元、2765.51 亿元和 858.05 亿元，人均高等教育服务价值均高于 2000 元，分别为 4232.66 元、3396.32 元、

2731.38元、2531.59元和2224.95元，居第3~7位；山东、辽宁和内蒙古人均高等教育服务价值依次居第8~10位，分别为1638.90元、1493.47元和1381.98元，其高等教育服务价值分别为1622.02亿元、654.14亿元和347.64亿元。

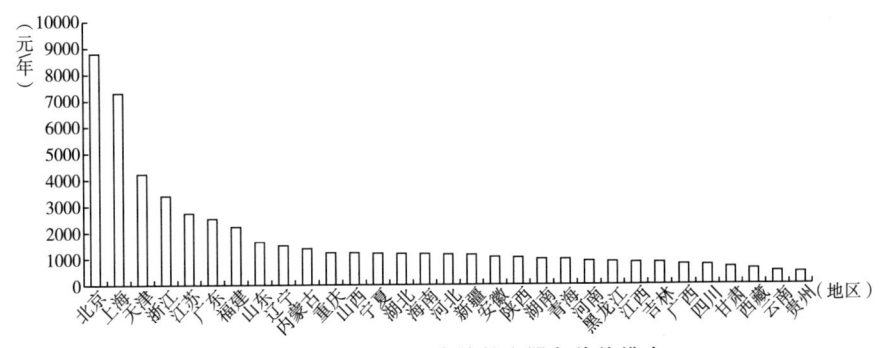

表4-4 全国及各地区高等教育服务价值、人均高等教育服务价值

地区	高等教育服务价值（亿元）	人均高等教育服务价值（元/年）	地区	高等教育服务价值（亿元）	人均高等教育服务价值（元/年）
北京	1910.44	8795.78	湖北	692.90	1180.72
天津	657.97	4232.66	湖南	664.00	976.12
河北	855.29	1148.43	广东	2765.51	2531.59
山西	446.37	1215.27	广西	363.83	755.31
内蒙古	347.64	1381.98	海南	107.33	1174.25
辽宁	654.14	1493.47	重庆	369.23	1217.57
吉林	226.32	825.07	四川	606.31	736.44
黑龙江	328.73	863.83	贵州	159.25	449.53
上海	1765.14	7301.52	云南	231.64	487.01
江苏	2181.69	2731.38	西藏	19.46	594.09
浙江	1889.88	3396.32	陕西	390.07	1025.69
安徽	644.66	1044.83	甘肃	169.30	649.91
福建	858.05	2224.95	青海	57.02	965.65
江西	383.26	837.00	宁夏	80.28	1195.53
山东	1622.02	1638.90	新疆	271.82	1142.57
河南	847.31	891.34	全国	22566.86	1636.86

图4-1 各地区人均高等教育服务价值排序

4.1.2 制造业服务价值

1. 测算方法及数据描述

（1）测算方法

制造业服务价值的测算方法和高等教育服务价值的测算一致，即首先将地区制造业劳动力比例作为解释变量之一加入个人明瑟收入方程，计算制造业劳动力比例对劳动力个人的收入溢出系数。使用明瑟收入方程如下：

$$\log(w_{ic}) = \alpha + \beta \times e_i + \theta \times M_c + \delta \times X_i + \rho \times Z_c + \varepsilon_{ic}$$

其中，w_{ic}代表城市c中劳动力i的月工资收入，e_i表示个人受教育年限，M_c为城市制造业劳动力比例，X_i代表其他的个人变量，包括工作经验、工作经验平方、户籍以及所从事工作的职业类型、行业类型和单位性质，Z_c代表其他的城市特征变量，包括高等教育比例，第二、三产业从业人员比例，国有部门、私营部门从业人员比例，政府一般公共财政支出，医疗机构床位数和人口密度，ε_{ic}为随机误差项。θ为制造业的外部收益系数，表示制造业劳动力比例每提高一个单位将导致个人工资提高的百分比。

其次，计算每净增加一位制造业劳动力带来的地区总劳动力收入增加量ω，计算公式如下：

$$\omega = (\sum_a \sum_e pop_{ae} \times inc_{ae} \times \theta) / ((\sum_e pop_e) \times 1\%)$$

其中，pop_{ae}表示年龄段a、教育层级e的劳动力总数，inc_{ae}表示年龄段a、教育层级e的劳动力平均收入，pop_e表示教育层级e的劳动力总数。

最后，计算全国及各地区制造业服务价值，步骤如下。

1）地区制造业服务价值、地区人均制造业服务价值

地区制造业服务价值：$V_j = \omega_j \times F_j$

地区人均制造业服务价值：$\overline{V}_j = \dfrac{V_j}{Pop_j}$

其中，ω_j表示每净增加一位制造业劳动力给地区j带来的总劳动力收入增加量，F_j表示地区j的制造业劳动力总数，Pop_j表示地区j的总人口数。

2) 全国制造业服务价值、全国人均制造业服务价值

全国制造业服务价值：$V = \sum_{j}^{k} V_j$

全国人均制造业服务价值：$\bar{V} = \dfrac{V}{Pop}$

其中，k 取 1，2，3，…，31，分别代表全国 31 个省、自治区和直辖市，Pop 表示全国总人口数。

(2) 样本数据描述

各主要回归变量的描述性统计仍可见表 4-1。表 4-5 为利用明瑟收入方程测算的制造业劳动力比例对收入影响的估计结果。表中显示，在普通 OLS 回归中，分别加入个人特征、工作特征和城市特征变量以后，城市制造业劳动力比例对个人收入的影响系数基本稳定，且比单独使用制造业劳动力比例回归系数增大约一倍，显示出制造业对个人收入的显著溢出作用。

表 4-5 制造业劳动力比例对收入影响的估计结果

变量名称	(1) OLS	(2) OLS	(3) OLS	(4) OLS
制造业比例	0.577** (0.280)	0.949*** (0.197)	0.893*** (0.199)	0.918*** (0.258)
受教育年限		0.0737*** (0.00353)	0.0658*** (0.00341)	0.0604*** (0.00276)
个人特征变量	否	是	是	是
工作特征变量	否	否	是	是
城市特征变量	否	否	否	是
样本量	23486	23483	22110	22110
R 平方	0.007	0.220	0.245	0.283

注：(1) 括号中为标准误差，*，**，*** 分别表示 10%，5%，1% 水平的显著性；(2) 括号中的标准误都是经过地市层面聚类（cluster）校正的稳健标准误；(3) 个人特征变量包括户口、工作经验、工作经验平方；工作特征变量包括个人所从事工作的职业类型、行业类型和单位性质；城市特征变量包括高等教育比例，第二、三产业从业人员比例（以第一产业为基准），国有部门、私营部门从业人员比例（以集体部门为基准），政府一般公共财政支出，医疗机构床位数和人口密度。

其次，在表 4-5 的基础上，本报告按工作行业类型将样本分为第一产业、第二产业和第三产业人群，分别以表 4-5 中模型（4）估测其制造业外

部收益系数,结果如表4-6所示。从表中可知,制造业对第一产业劳动力的收入溢出效应并不显著,对第二产业和第三产业较为显著。从系数大小来看,制造业对第二产业劳动力的收入溢出效应最小,为0.559%。由前文叙述可知,为做保守估计,本报告将制造业对收入的溢出系数估计为0.559%。

表4-6 分不同产业劳动者的回归结果

	第一产业	第二产业	第三产业
制造业比例	2.160 (1.471)	0.559* (0.282)	1.116*** (0.307)

注:(1)括号中为标准误差,*、**、***分别表示10%、5%、1%水平的显著性;(2)括号中的标准误是经过地市层面聚类(cluster)校正的稳健标准误。

在收入方面,本报告仍使用《中国统计年鉴2017》中各地区居民的平均工资收入数据进行计算。各地区制造业劳动力人数由《中国人口和就业统计年鉴2017》中的"分地区按行业分私营企业和个体就业人数""各地区分行业国有单位就业人数""各地区分行业城镇集体单位就业人数""各地区分行业其他单位就业人数"加总计算而得。

2. 计算结果

按照上述制造业服务价值的计算方法,计算结果显示(见表4-7):全国制造业服务价值共计9571.85亿元,人均制造业服务价值为694.28元。

各地区人均制造业服务价值及排序情况见表4-7、图4-2,浙江、上海和江苏制造业服务价值分别为1586.34亿元、576.03亿元和1640.99亿元,人均制造业服务价值均高于2000元,分别为2850.83元、2382.74元和2054.45元,位居第1~3位;其次为广东、北京、天津和福建,其制造业服务价值分别为1914.90亿元、260.60亿元、170.58亿元和405.49亿元,人均制造业服务价值均高于1000元,分别为1752.93元、1199.84元、1097.35元和1051.45元,居第4~7位;山东、辽宁和江西人均制造业服务价值依次居第8~10位,分别为692.16元、499.09元和421.03元,其制造业服务价值分别为685.03亿元、218.60亿元和192.79亿元。

表 4-7　全国及各地区制造业服务价值、人均制造业服务价值

地区	制造业服务价值（亿元）	人均制造业服务价值（元/年）	地区	制造业服务价值（亿元）	人均制造业服务价值（元/年）
北京	260.60	1199.84	湖北	224.22	382.08
天津	170.58	1097.35	湖南	109.78	161.38
河北	227.37	305.30	广东	1914.90	1752.93
山西	83.84	228.25	广西	67.94	141.05
内蒙古	62.75	249.45	海南	10.56	115.58
辽宁	218.60	499.09	重庆	120.62	397.75
吉林	76.86	280.20	四川	142.44	173.01
黑龙江	42.71	112.23	贵州	38.35	108.26
上海	576.03	2382.74	云南	61.34	128.96
江苏	1640.99	2054.45	西藏	2.52	76.86
浙江	1586.34	2850.83	陕西	82.92	218.03
安徽	188.37	305.30	甘肃	29.88	114.72
福建	405.49	1051.45	青海	10.16	172.02
江西	192.79	421.03	宁夏	14.89	221.82
山东	685.03	692.16	新疆	40.87	171.77
河南	282.10	296.76	全国	9571.85	694.28

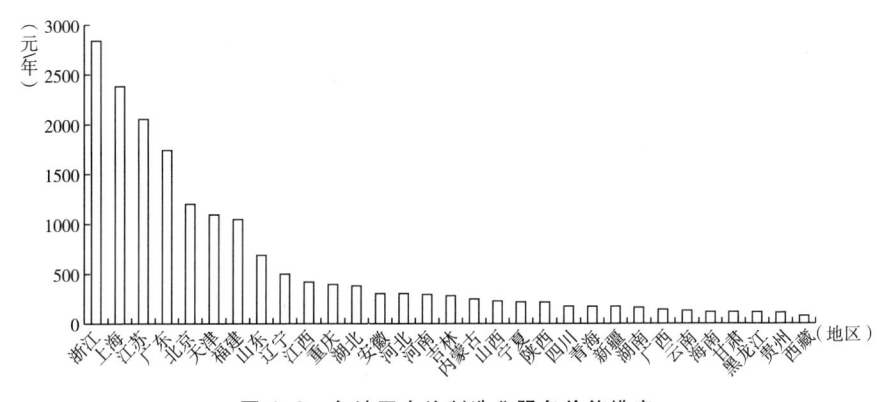

图 4-2　各地区人均制造业服务价值排序

4.2 社会资本服务价值

4.2.1 家务劳动

本报告计算的家务劳动价值包括照顾家人价值和做家务价值两个部分，其价值相当于市场购买此类服务的支出，具体测算方法：先计算家务劳动总小时数，再分别乘以对应的市场上相关服务的小时工资。

家务劳动总小时数由微观数据通过加权加总可直接获取，① 具体计算方法如下。

1）家务劳动参与率

$$vr_{j1} = \frac{n_{j1\_v}}{n_{j1}}$$

$$vr_{j2} = \frac{n_{j2\_v}}{n_{j2}}$$

$$vr_j = \frac{pop_{j1}}{pop_j} \times vr_{j1} + \frac{pop_{j2}}{pop_j} \times vr_{j2}$$

其中，vr_{j1} 为地区 j 样本中 15~64 岁年龄段群体家务劳动参与率，n_{j1_v} 表示地区 j 15~64 岁年龄段家务劳动的样本数，n_{j1} 为地区 j 15~64 岁年龄段的样本总数；vr_{j2} 为地区 j 样本中 65 岁及以上年龄段群体家务劳动参与率，n_{j2_v} 表示地区 j 中 65 岁及以上年龄段家务劳动的样本数，n_{j2} 为地区 j 65 岁及以上年龄段的样本总数；vr_j 为地区 j 的家务劳动参与率，pop_{j1} 表示地区 j 15~64 年龄段的人口数，pop_{j2} 为地区 j 65 岁及以上年龄段的人口数。

2）样本家务劳动时长

$$\overline{T}_{j\_sanmle1} = \frac{\sum T_{j\_sanmle1\_i}}{n_{j1}}$$

---

① ［H3370］去年，在非假期期间，您平均每天照顾家人几个小时？（单位：小时）［0…24］。
　　［H3371］去年，在非假期期间，您平均每天做家务几个小时？（单位：小时）［0…24］。

$$\overline{T}_{j\_sanmle2} = \frac{\sum T_{j\_sanmle2\_i}}{n_{j2}}$$

其中，$T_{j\_sanmle1\_i}$ 表示地区 j 15~64 岁年龄段样本中第 i 个样本提供的家务劳动时长，$\overline{T}_{j\_sanmle1\_i}$ 表示地区 j 15~64 岁年龄段样本平均家务劳动时长；$T_{j\_sanmle2\_i}$ 表示地区 j 65 岁及以上年龄段样本中第 i 个样本提供的家务劳动时长，$\overline{T}_{j\_sanmle2\_i}$ 表示地区 j 65 岁及以上年龄段样本平均家务劳动时长。

3) 地区家务劳动总时长、地区人均家务劳动时长

地区家务劳动总时长：$T_j = vr_{j1} \times pop_{j1} \times \overline{T}_{j\_sanmle1} + vr_{j2} \times pop_{j2} \times \overline{T}_{j\_sanmle2}$

地区人均家务劳动时长：$\overline{T}_j = \dfrac{T_j}{pop_j}$

4) 地区家务劳动总价值、地区人均家务劳动价值

地区家务劳动总价值：$V_j = T_j \times p_j$

地区人均家务劳动价值：$\overline{V}_j \dfrac{v_j}{pop_j}$

其中，p_j 表示地区 j 家务劳动小时工资率。

5) 全国（家务劳动总时长、人均家务劳动时长、家务劳动总价值、人均家务劳动价值）

全国人均家务劳动时长：$\overline{T} \dfrac{\sum_{j=1}^{k} T_j}{\sum_{j=1}^{k} Pop_j}$

全国家务劳动总时长：$T = \overline{T} \times Pop$

全国人均家务劳动价值：$\overline{V} = \dfrac{\sum_{j=1}^{k} V_j}{\sum_{j=1}^{k} Pop_j}$

全国家务劳动总价值：$V = \overline{V} \times Pop$

(2) 数据描述

家务劳动样本数是调查期内所有做过家务劳动的样本数。按照该标准，总样本中有 30292 个样本做过家务劳动，其中 15~64 岁年龄段样本数为 22230，65 岁及以上的样本数为 8062，分别占参与家务劳动总样本数的 73.39% 和 26.61%。各地区参与家务劳动样本年龄分布见表 4-8。

表 4-8　各地区家务劳动样本数及按年龄分布情况

地区	总数	15~64 岁 样本数	占比（%）	65 岁及以上 样本数	占比（%）
北京	1076	744	69.14	332	30.86
天津	817	527	64.50	290	35.50
河北	1186	879	74.11	307	25.89
山西	1111	778	70.03	333	29.97
内蒙古	380	267	70.26	113	29.74
辽宁	1741	1291	74.15	450	25.85
吉林	1114	883	79.26	231	20.74
黑龙江	1059	829	78.28	230	21.72
上海	1521	949	62.39	572	37.61
江苏	1398	919	65.74	479	34.26
浙江	1719	1225	71.26	494	28.74
安徽	724	487	67.27	237	32.73
福建	1224	957	78.19	267	21.81
江西	608	446	73.36	162	26.64
山东	1621	1190	73.41	431	26.59
河南	815	624	76.56	191	23.44
湖北	1173	852	72.63	321	27.37
湖南	1278	921	72.07	357	27.93
广东	2199	1791	81.45	408	18.55
广西	648	477	73.61	171	26.39
海南	625	544	87.04	81	12.96
重庆	1083	710	65.56	373	34.44
四川	1355	981	72.40	374	27.60
贵州	505	368	72.87	137	27.13
云南	790	607	76.84	183	23.16
陕西	933	688	73.74	245	26.26
甘肃	650	512	78.77	138	21.23
青海	551	482	87.48	69	12.52
宁夏	388	302	77.84	86	22.16
全国	30292	22230	73.39	8062	26.61

资料来源：2017 年中国真实进步微观调查。

样本家务劳动参与率是指 15 岁及以上群体中参与做家务或照顾家人的人群的比重，按照对家务劳动参与率的界定，总体样本中家务劳动参与率高达 75.70%。家务劳动时间是指被访问群体在调查期内做家务和照顾家人所花费的时间，按照此界定，调查期内提供过家务劳动的群体平均家务劳动时间为 4.16 个小时。具体见表 4-9。

表 4-9 样本家务劳动参与率、样本平均家务劳动时间及按年龄分布情况

地区	整体 参与率（%）	整体 平均时间（小时）	15~64 岁 参与率（%）	15~64 岁 平均时间（小时）	65 岁及以上 参与率（%）	65 岁及以上 平均时间（小时）
北京	77.09	4.09	77.02	3.98	77.57	4.35
天津	76.38	4.41	76.27	4.31	77.13	4.58
河北	75.06	4.45	75.06	4.45	75.06	4.45
山西	75.56	4.42	75.61	4.45	75.17	4.35
内蒙古	76.72	4.09	76.95	4.09	74.83	4.08
辽宁	77.78	4.20	77.63	4.12	78.67	4.44
吉林	76.92	4.11	77.46	4.11	73.10	4.10
黑龙江	79.60	4.20	79.56	4.15	79.86	4.36
上海	78.02	3.91	77.60	3.84	80.56	4.02
江苏	76.15	3.95	75.51	3.92	79.57	4.01
浙江	73.45	3.68	73.22	3.64	74.96	3.77
安徽	71.74	4.56	71.72	4.59	71.82	4.51
福建	69.04	4.29	69.15	4.24	68.29	4.45
江西	75.25	4.30	75.34	4.27	74.65	4.40
山东	75.43	4.13	75.32	4.05	76.15	4.35
河南	71.25	4.58	71.40	4.58	70.22	4.56
湖北	73.71	4.04	74.09	3.94	71.33	4.29
湖南	80.64	4.35	80.65	4.28	80.59	4.52
广东	74.89	4.05	75.13	3.97	72.6	4.42
广西	77.08	3.68	77.18	3.60	76.34	3.89
海南	74.73	3.83	75.56	3.90	67.5	3.38

续表

地区	整体 参与率（%）	整体 平均时间（小时）	15~64 岁 参与率（%）	15~64 岁 平均时间（小时）	65 岁及以上 参与率（%）	65 岁及以上 平均时间（小时）
重庆	78.53	4.27	78.98	4.29	76.28	4.22
四川	78.26	3.97	78.17	3.95	78.74	4.04
贵州	70.10	4.21	70.23	4.25	69.19	4.09
云南	77.56	4.21	77.32	4.22	79.57	4.18
陕西	74.27	4.54	73.98	4.49	76.32	4.68
甘肃	78.78	4.38	78.65	4.33	79.77	4.56
青海	75.43	4.52	75.55	4.44	74.19	5.06
宁夏	73.44	4.37	73.30	4.23	74.78	4.88
全国	75.70	4.16	75.67	4.12	75.89	4.28

资料来源：2017 年中国真实进步微观调查。

各地区家务劳动参与分布情况见表 4-9、图 4-3，湖南家务劳动参与率高达 80.64%，位居各地区之首；黑龙江、甘肃、重庆、四川、上海、辽宁、云南、北京和广西家务劳动参与率分别为 79.60%、78.78%、78.53%、78.26%、78.02%、77.78%、77.56%、77.09% 和 77.08%，分别居第 2~10 位。

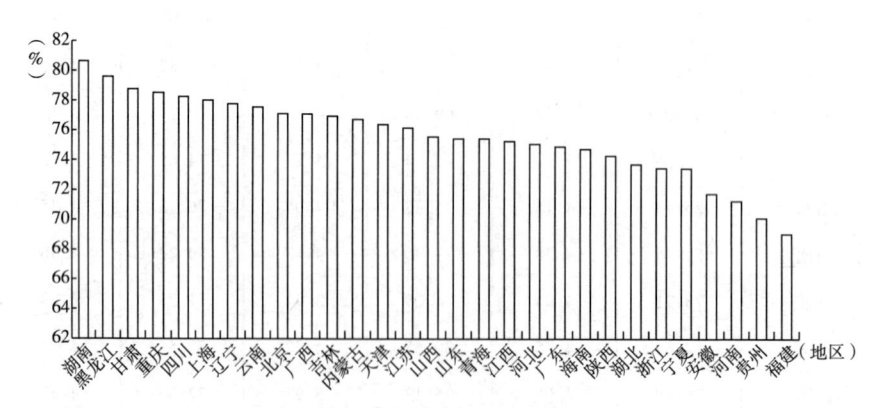

图 4-3 家务劳动参与率排序

各地区平均家务劳动时间分布情况见表4-9、图4-4，河南、安徽、陕西和青海平均家务劳动时间均高于4.50小时，分别为4.58小时、4.56小时、4.54小时和4.52小时，依次居第1~4位；河北、山西、天津、甘肃、宁夏和湖南平均家务劳动时间分别为4.45小时、4.42小时、4.41小时、4.38小时、4.37小时和4.35小时，依次居第5~10位。

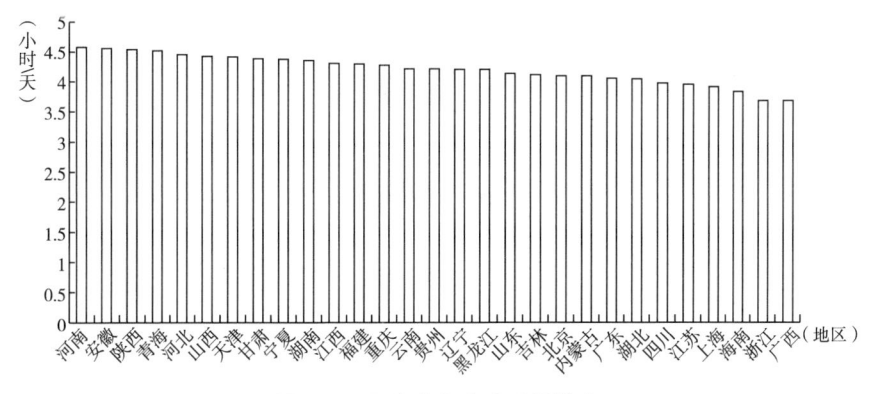

图4-4 平均家务劳动时间排序

2. 计算结果

1) 家务劳动总时间和人均家务劳动时间

家务劳动时间包括有工作群体和无工作群体成年人做家务、照顾家人的时间，考虑到无工作群体存在全职做家务、照顾家人的情况，本报告将真正有效时间限制为每天最高8小时。表3-36为家务劳动时间和人均家务劳动时间计算结果，全国家务劳动总时间共计6863.54亿小时，人均家务劳动时间为497.84小时/年。

各地区人均家务劳动时间及排序情况见表4-10、图4-5，黑龙江家务劳动总时间为227.23亿小时，人均家务劳动时间为597.10小时/年，位居全国首位；排在第2~10位的地区分别是湖南、天津、辽宁、甘肃、重庆、山西、北京、上海和吉林，其家务劳动总时间分别为392.01亿小时、88.19亿小时、247.88亿小时、146.99亿小时、169.71亿小时、197.96亿小时、116.27亿小时、129.06亿小时和146.24亿小时，人均家务劳动时间分别为576.28小时/年、567.35小时/年、565.93小时/年、564.26小时/年、559.63小时/年、538.95小时/年、535.33小时/年、533.86小时/年和533.14小时/年。

表 4-10 全国及各地区家务劳动总时间、人均家务劳动时间及排序

地区	家务劳动总时间（亿小时）	人均家务时间（小时/年）	地区	家务劳动总时间（亿小时）	人均家务时间（小时/年）
北京	116.27	535.33	河南	439.19	462.01
天津	88.19	567.35	湖北	269.66	459.51
河北	382.57	513.69	湖南	392.01	576.28
山西	197.96	538.95	广东	513.00	469.61
内蒙古	132.43	526.45	广西	205.57	426.76
辽宁	247.88	565.93	海南	39.62	433.52
吉林	146.24	533.14	重庆	169.71	559.63
黑龙江	227.23	597.10	四川	421.38	511.82
上海	129.06	533.86	贵州	143.74	405.75
江苏	394.46	493.85	云南	243.40	511.72
浙江	239.71	430.79	陕西	202.42	532.27
安徽	301.01	487.86	甘肃	146.99	564.26
福建	160.72	416.74	青海	30.40	514.80
江西	219.80	480.01	宁夏	31.53	469.60
山东	480.19	485.19	全国	6863.54	497.84

资料来源：2017 年中国真实进步微观调查。

注：全国是除港澳台之外 31 个省、自治区、直辖市之和。

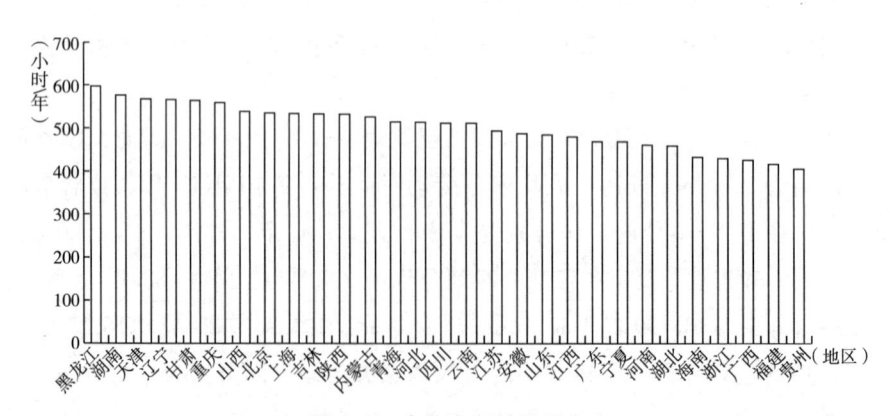

图 4-5 人均家务时间排序

2）家务劳动总价值和人均家务劳动价值

本报告将每小时家务劳动时间的价值按照"全国各地区小时最低工资标准"[①] 的小时工资赋值。基于上述计算公式测算的家务劳动价值结果如表 4-11 所示：全国家务劳动总价值为 86664.15 亿元，人均家务劳动价值为 6286.09 元。

各地区人均家务劳动价值及排序情况见表 4-11、图 4-6，北京、天津、上海家务劳动总价值分别为 2441.75 亿元、1719.79 亿元和 2452.15 亿元，人均家务劳动价值均超过 10000 元，分别为 11241.93 元、11063.33 元和 10143.34 元，依次位居前三位；居第 4~10 位的地区分别为甘肃、重庆、山西、河北、四川、山东和青海，人均家务劳动价值分别为 7843.21 元、7834.82 元、7814.78 元、7191.66 元、6756.02 元、6744.14 元和 6537.96 元，其家务劳动总价值分别为 2043.16 亿元、2375.91 亿元、2870.37 亿元、5355.99 亿元、5562.23 亿元、6674.68 亿元和 386.07 亿元。

表 4-11 全国及各地区家务劳动总价值、人均家务劳动价值

地区	家务劳动总价值（亿元）	人均家务劳动价值（元/年）	地区	家务劳动总价值（亿元）	人均家务劳动价值（元/年）
北京	2441.75	11241.93	河南	5270.24	5544.12
天津	1719.79	11063.33	湖北	3370.80	5743.88
河北	5355.99	7191.66	湖南	4194.56	6166.20
山西	2870.37	7814.78	广东	6156.02	5635.32
内蒙古	1443.47	5738.31	广西	1952.92	4054.22
辽宁	2354.84	5376.34	海南	447.75	4898.78
吉林	1681.76	6131.11	重庆	2375.91	7834.82
黑龙江	2272.26	5971.00	四川	5562.23	6756.02
上海	2452.15	10143.34	贵州	2156.05	6086.25
江苏	4733.55	5926.20	云南	2920.80	6140.64
浙江	2996.42	5384.88	陕西	2408.82	6334.01

---

① 数据来源于 2016 年 12 月中华人民共和国人力资源和社会保障部公布的各地区小时最低工资标准，有些地区最低工资分为不同档，本报告选择最低档：http://www.mohrss.gov.cn/ldgxs/LDGXqiyegongzi/LDGXzuidigongzibiaozhun/201612/t20161213_261787.html。

续表

地区	家务劳动总价值（亿元）	人均家务劳动价值（元/年）	地区	家务劳动总价值（亿元）	人均家务劳动价值（元/年）
安徽	3612.12	5854.32	甘肃	2043.16	7843.21
福建	1928.59	5000.88	青海	386.07	6537.96
江西	2593.60	5664.12	宁夏	378.40	5635.20
山东	6674.68	6744.14	全国	86664.15	6286.09

资料来源：2017年中国真实进步微观调查。

注：全国是除港澳台之外31个省、自治区、直辖市之和。

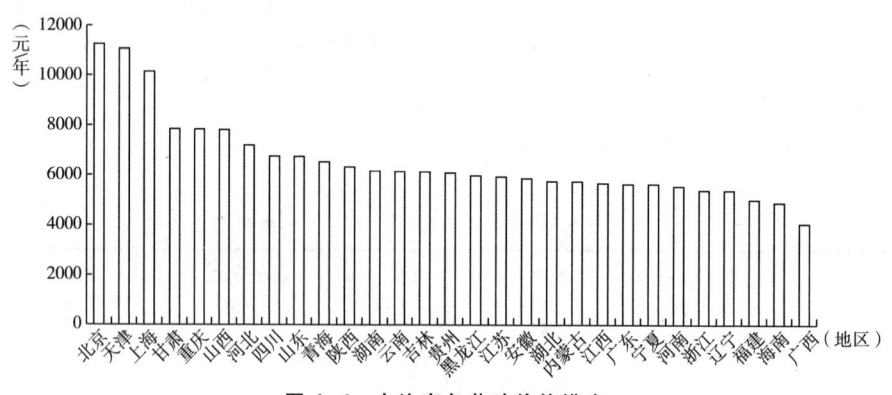

图4-6 人均家务劳动价值排序

4.2.2 志愿服务

1. 测算方法及数据描述

（1）测算方法

志愿服务是无偿的，要确定工时工资，只能参照其他的工资标准。目前，国际上测度志愿服务的经济价值主要从两个角度来计算：一种是产出法（output-related method），如社会效益法（the social benefits method）；另一种是投入法（input-related method），主要包括机会成本法（the opportunity cost method）、重置成本法（the replacement cost method）。

社会效益方法（the social benefits method）度量志愿服务的社会效益，将无偿的志愿服务所生产的产品及服务折算成货币价值。因此，该方法需要评估志愿服务的产品/服务的市场价格，或者服务接受者的支付意愿。但该方法不适用于本报告所掌握的调查数据。

机会成本法（the opportunity cost method）是将志愿者的本职工资作为志愿服务工时工资，计算将参与志愿服务的时间用来做本职工作能够获得的收入，即参与志愿服务放弃的机会成本。

$$志愿服务经济总价值 = \sum_{i=1}^{n} w_i h_i$$

其中，n 表示志愿者总量，w_i 表示第 i 个志愿者的本职工作的小时工资，h_i 表示第 i 个志愿者过去一年提供的志愿服务工作时长（小时）。

该种方法无法确定学生、退休人员、由于身体或心理疾病无法参加工作人群、失业者、不愿参加工作者等没有工作人员的小时工资。同时，根据志愿者身份来确定其服务价值也不太合理，比如清扫社区，无论志愿者是官员、学者、银行家，还是普通工人、失业者，其服务的成果都是非常相似的，因此利用机会成本法会高估某些志愿服务的经济价值。

重置成本法（the replacement cost method）是将市场上同类有偿劳动的小时工资作为志愿服务工时工资对志愿服务经济价值进行计算。参照小时工资标准不同，测算的结果差异也相对较大，通常取同类职业的平均工资，或者本地职工平均工资。该种方法需要我们对每种志愿服务进行严格归类，同时需要获得每种志愿服务的市场价格。此外，该方法难以体现专业和非专业志愿者在服务效率及质量上的差异。比如，专业司机帮助开车运送物资或人员，在经验、效率及安全性等方面，通常要好于一般志愿者，工资水平也理应更高一些。

$$志愿服务经济总价值 = \sum_{i=1}^{n} w_i h_i$$

其中，n 表示志愿者总量，w_i 表示第 i 个志愿者提供的志愿服务内容的市场小时价格（重置价格），h_i 表示第 i 个志愿者过去一年提供的志愿服务工作时长（小时）。

基于以上方法的分析，根据数据的可得性，同时考虑志愿服务经济价值测算的合理性，我们选择重置成本法对志愿服务经济价值进行测算。结合 2017 中国真实进步微观调查数据的特点本报告对样本进行了年龄结构调整。具体计算公式如下：

1) 志愿服务参与率

$$vr_{j1} = \frac{n_{j1\_v}}{n_{j1}}$$

$$vr_{j2} = \frac{n_{j2\_v}}{n_{j2}}$$

$$vr_j = \frac{pop_{j1}}{pop_j} \times vr_{j1} + \frac{pop_{j2}}{pop_j} \times vr_{j2}$$

其中，vr_{j1}为地区j样本中 15~64 岁年龄段群体志愿服务参与率，n_{j1_v}表示地区j 15~64 岁年龄段参与志愿服务的样本数，n_{j1}为地区j 15~64 岁年龄段样本总数；vr_{j2}为地区j样本中 65 岁及以上年龄段群体志愿服务参与率，n_{j2_v}表示地区j中 65 岁及以上年龄段参与志愿服务的样本数，n_{j2}为地区j 65 岁及以上年龄段样本总数；vr_j为地区j志愿服务参与率，pop_{j1}表示地区j 15~64 年龄段人口数，pop_{j2}为地区j 65 岁及以上年龄段人口数。

2) 样本志愿服务时长

$$\overline{T}_{j\_sanmle1\_1} = \frac{\sum T_{j\_sanmle1\_1\_i}}{n_{j1}}$$

$$\overline{T}_{j\_sanmle1\_2} = \frac{\sum T_{j\_sanmle1\_2\_i}}{n_{j1}}$$

$$\overline{T}_{j\_sanmle2\_1} = \frac{\sum T_{j\_sanmle2\_1\_i}}{n_{j2}}$$

$$\overline{T}_{j\_sanmle2\_2} = \frac{\sum T_{j\_sanmle2\_2\_i}}{n_{j2}}$$

其中，$T_{j\_sanmle1\_1\_i}$表示地区j 15~64 岁年龄段样本中第i个参与志愿服务样本提供的普通志愿服务时长，$\overline{T}_{j\_sanmle1\_1}$表示地区$j$ 15~64 岁年龄段参与志愿服务样本平均普通志愿服务时长；$T_{j\_sanmle1\_2\_i}$表示地区j 15~64 岁年龄段样本中第i个参与志愿服务样本提供的专业志愿服务时长，$\overline{T}_{j\_sanmle1\_2}$表示地区$j$ 15~64 岁年龄段参与志愿服务样本平均专业志愿服务时长；$T_{j\_sanmle2\_1\_i}$表示地区j 65 岁及以上年龄段样本中第i个参与志愿服务样本提供的普通志愿服务时长，$\overline{T}_{j\_sanmle2\_1}$表示地区$j$ 65 岁及以上年龄段参与志愿服务样本平均普通志愿服务时长；$T_{j\_sanmle2\_2\_i}$表示地区j 65 岁及以上年龄段样本中第i个参与志服务样本提供的专业志愿服务时长，$\overline{T}_{j\_sanmle2\_2}$ 表示地区 j 65 岁及以上年龄段参与志愿服务样本的平均专业志愿服务时长。

3）地区志愿服务总时长、地区人均志愿服务时长

地区普通志愿服务总时长：$T_{j1} = vr_{j1} \times pop_{j1} \times \overline{T}_{j\_sanmle1\_1} + vr_{j2} \times pop_{j2} \times \overline{T}_{j\_sanmle2\_1}$

地区专业志愿服务总时长：$T_{j2} = vr_{j1} \times pop_{j1} \times \overline{T}_{j\_sanmle1\_2} + vr_{j2} \times pop_{j2} \times \overline{T}_{j\_sanmle2\_2}$

地区志愿服务总时长：$T_j = T_{j1} + T_{j2}$

地区人均普通志愿服务时长：$\overline{T}_{j1} = \dfrac{T_{j1}}{pop_j}$

地区人均专业志愿服务时长：$\overline{T}_{j2} = \dfrac{T_{j2}}{pop_j}$

地区人均志愿服务时长：$\overline{T}_j = \dfrac{T_j}{pop_j}$

4）地区志愿服务总价值、地区人均志愿服务价值

地区普通志愿服务总价值：$V_{j1} = T_{j1} \times p_{j1}$

地区专业志愿服务总价值：$V_{j2} = T_{j2} \times p_{j2}$

地区志愿服务总价值：$V_j = V_{j1} + V_{j2}$

地区人均普通志愿服务价值：$\overline{V}_{j1} = \dfrac{V_{j1}}{pop_j}$

地区人均专业志愿服务价值：$\overline{V}_{j2} = \dfrac{V_{j2}}{pop_j}$

地区人均志愿服务价值：$\overline{V}_j = \dfrac{V_j}{pop_j}$

其中，p_{j1} 表示地区 j 普通志愿服务小时工资率，p_{j2} 表示地区 j 专业志愿服务小时工资率。

5）全国（志愿服务总时长、人均志愿服务时长、志愿服务总价值、人均志愿服务价值）

全国人均志愿服务时长：$\overline{T} = \dfrac{\sum_{j=1}^{k} T_j}{\sum_{j=1}^{k} Pop_j}$

全国志愿服务总时长：$T = \overline{T} \times Pop$

全国人均志愿服务价值：$\overline{V} = \dfrac{\sum_{j=1}^{k} V_j}{\sum_{j=1}^{k} Pop_j}$

全国志愿服务总价值：$V = \overline{V} \times Pop$

(2) 数据描述

参与志愿服务样本数是调查期内所有参加过有组织的志愿服务、无组织的志愿服务或直接向受助者提供志愿服务中的任何1项的样本总和。按照该标准，总样本中有4304个样本参与过志愿服务，其中15~64岁年龄段样本数为3421，65岁及以上的样本数为883，分别占参与志愿服务总样本数的79.48%和20.52%。各地区参与志愿服务样本的年龄分布见表4-12。

表4-12 各地区参与志愿样本数及按年龄分布情况

地区	总数	15~64岁 样本数	占比（%）	65岁及以上 样本数	占比（%）
北京	362	230	63.54	132	36.46
天津	128	86	67.19	42	32.81
河北	130	106	81.54	24	18.46
山西	92	76	82.61	16	17.39
内蒙古	31	27	87.10	4	12.90
辽宁	260	205	78.85	55	21.15
吉林	92	78	84.78	14	15.22
黑龙江	167	137	82.04	30	17.96
上海	522	348	66.67	174	33.33
江苏	195	147	75.38	48	24.62
浙江	336	254	75.60	82	24.40
安徽	92	73	79.35	19	20.65
福建	177	158	89.27	19	10.73
江西	52	46	88.46	6	11.54
山东	193	163	84.46	30	15.54
河南	110	99	90.00	11	10.00
湖北	127	102	80.31	25	19.69
湖南	145	120	82.76	25	17.24
广东	304	279	91.78	25	8.22
广西	89	71	79.78	18	20.22

续表

地区	总数	15~64 岁 样本数	占比（%）	65 岁及以上 样本数	占比（%）
海南	114	107	93.86	7	6.14
重庆	134	109	81.34	25	18.66
四川	119	97	81.51	22	18.49
贵州	57	52	91.23	5	8.77
云南	92	84	91.30	8	8.70
陕西	113	99	87.61	14	12.39
甘肃	76	72	94.74	4	5.26
青海	87	83	95.40	4	4.60
宁夏	41	37	90.24	4	9.76
全国	4437	3545	79.90	892	20.10

资料来源：2017 年中国真实进步微观调查。

样本志愿服务参与率是参与志愿服务的样本占总样本的比重。表 4-13 给出了样本志愿服务参与率及按年龄分布情况，全国样本志愿服务参与率为 11.64%，其中 15~64 岁年龄段志愿服务参与率为 12.19%，65 岁及以上志愿服务参与率为 7.79%。

表 4-13 样本志愿服务参与率及按年龄分布情况

单位：%

地区	整体	15~64 岁	65 岁及以上
北京	24.74	23.81	30.84
天津	12.28	12.45	11.17
河北	8.63	9.05	5.87
山西	7.00	7.39	3.61
内蒙古	7.23	7.78	2.65
辽宁	11.93	12.33	9.62
吉林	6.54	6.84	4.43
黑龙江	12.79	13.15	10.42
上海	27.89	28.45	24.51

续表

地区	整体	15~64岁	65岁及以上
江苏	11.44	12.08	7.97
浙江	14.82	15.18	12.44
安徽	10.06	10.75	5.76
福建	10.62	11.42	4.86
江西	7.16	7.77	2.77
山东	9.61	10.32	5.30
河南	10.40	11.33	4.04
湖北	8.42	8.87	5.56
湖南	9.80	10.51	5.64
广东	11.03	11.70	4.45
广西	11.06	11.49	8.04
海南	13.93	14.86	5.83
重庆	10.97	12.12	5.11
四川	7.22	7.73	4.63
贵州	9.01	9.92	2.53
云南	9.95	10.70	3.48
陕西	9.85	10.65	4.36
甘肃	10.01	11.06	2.31
青海	12.23	13.01	4.30
宁夏	8.45	8.98	3.48
全国	11.64	12.19	7.79

资料来源：2017年中国真实进步微观调查。

从各地区样本志愿服务参与率来看（见表4-13、图4-7），上海和北京志愿服务参与率远远高于其他地区，分别高达27.89%和24.74%，位列第1、2位；第3~10位分别为浙江（14.82%）、海南（13.93%）、黑龙江（12.79%）、天津（12.28%）、青海（12.23%）、辽宁（11.93%）、江苏（11.44%）和广西（11.06%）。志愿服务参与率最低的十个地区分别是吉林（6.54%）、山西（7.00%）、江西（7.16%）、四川（7.22%）、内蒙古

（7.23%）、湖北（8.42%）、宁夏（8.45%）、河北（8.63%）、贵州（9.01%）和山东（9.61%）。

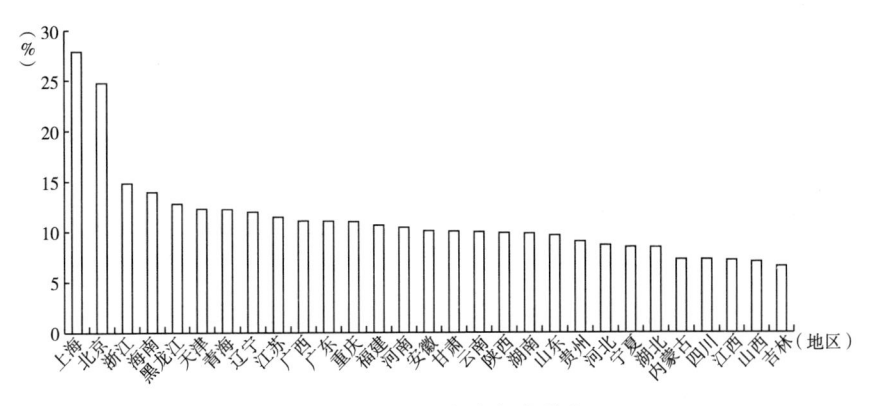

图 4-7 志愿服务参与率排序

按照年龄分布来看（见表 4-13、图 4-8、图 4-9），15~64 岁年龄段的志愿服务参与率排序与整体排序基本相同。北京和上海 65 岁及以上年龄段的志愿服务参与率仍然远远领先全国其他地区，分别为 30.84% 和 24.51%；浙江、天津、黑龙江、辽宁、广西、江苏、河北和海南依次居第 3~10 位，分别为 12.44%、11.17%、10.42%、9.62%、8.04%、7.97%、5.87% 和 5.83%。

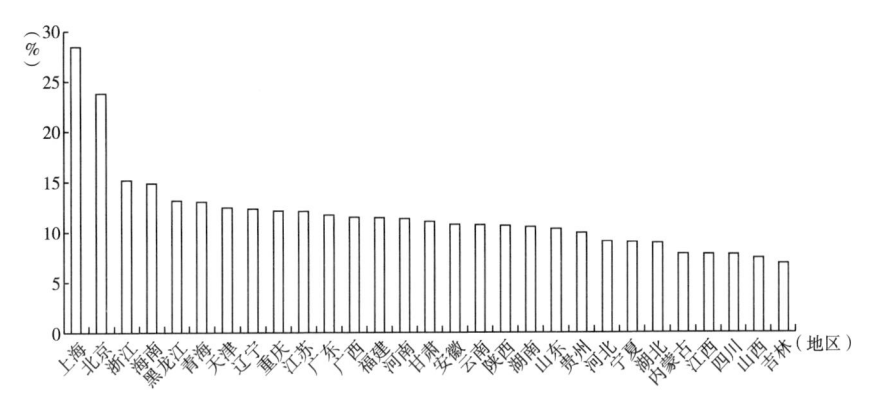

图 4-8 15~64 岁年龄段志愿服务参与率排序

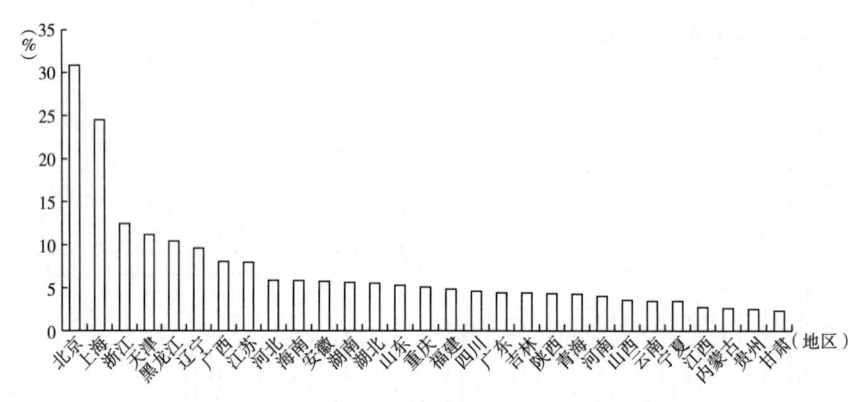

图 4-9 65 岁及以上年龄段志愿服务参与率排序

样本平均志愿服务时长是指提供志愿服务的群体平均提供志愿服务的时长。总体来看（见表4-14），参与志愿服务的样本平均志愿服务时长为68.59 小时/年，其中普通志愿服务时长为53.67 小时/年、专业志愿服务时长为14.92 小时/年，占比分别为78.25%和21.75%。

表 4-14 样本平均参与志愿服务时长及按专业、普通志愿服务分布情况

地区	样本平均时长（小时）	专业志愿服务 平均时长（小时）	比重（%）	普通志愿服务 平均时长（小时）	比重（%）
北京	109.93	19.32	17.57	90.61	82.42
天津	86.73	19.32	22.28	67.41	77.72
河北	49.70	6.87	13.81	42.83	86.18
山西	86.05	28.83	33.50	57.22	66.50
内蒙古	26.13	3.86	14.75	22.28	85.27
辽宁	52.43	6.10	11.63	46.34	88.38
吉林	95.44	15.90	16.66	79.54	83.34
黑龙江	49.37	6.97	14.13	42.40	85.88
上海	107.98	16.17	14.97	91.81	85.03
江苏	54.16	12.69	23.43	41.47	76.57
浙江	55.43	8.59	15.50	46.84	84.50

续表

地区	样本平均时长（小时）	专业志愿服务 平均时长（小时）	专业志愿服务 比重（%）	普通志愿服务 平均时长（小时）	普通志愿服务 比重（%）
安徽	59.82	7.18	12.01	52.64	88.00
福建	47.73	8.56	17.94	39.16	82.04
江西	41.96	6.00	14.30	35.96	85.70
山东	78.66	29.53	37.54	49.13	62.46
河南	65.14	25.78	39.58	39.35	60.41
湖北	68.75	19.70	28.65	49.05	71.35
湖南	78.42	31.58	40.27	46.84	59.73
广东	42.82	9.70	22.64	33.12	77.35
广西	44.77	10.88	24.30	33.88	75.68
海南	35.75	9.84	27.51	25.92	72.50
重庆	75.76	25.46	33.61	50.30	66.39
四川	43.59	10.41	23.88	33.19	76.14
贵州	27.95	6.27	22.43	21.68	77.57
云南	47.09	7.71	16.38	39.38	83.63
陕西	61.19	18.27	29.86	42.92	70.14
甘肃	42.89	7.46	17.39	35.43	82.61
青海	100.63	29.94	29.75	70.69	70.25
宁夏	53.27	23.06	43.29	30.22	56.73
全国	68.59	14.92	21.75	53.67	78.25

资料来源：2017年中国真实进步微观调查。

从各地区样本平均提供志愿服务时长的情况来看（见表4-14、图4-10），北京、上海和青海样本平均志愿服务时长超过100小时/年，分别为109.90小时/年、107.98小时/年、100.63小时/年，排在前三位；第4~10位地区依次为吉林（95.44小时/年）、天津（86.73小时/年）、山西（86.05小时/年）、山东（78.66小时/年）、湖南（78.42小时/年）、重庆（75.76小时/年）和湖北（68.75小时/年）。位列后10位的地区分别为内蒙古

(26.13 小时/年)、贵州（27.95 小时/年）、海南（35.75 小时/年）、江西（41.96 小时/年）、广东（42.82 小时/年）、甘肃（42.89 小时/年）、四川（43.59 小时/年）、广西（44.77 小时/年）、云南（47.09 小时/年）、福建（47.73 小时/年）。

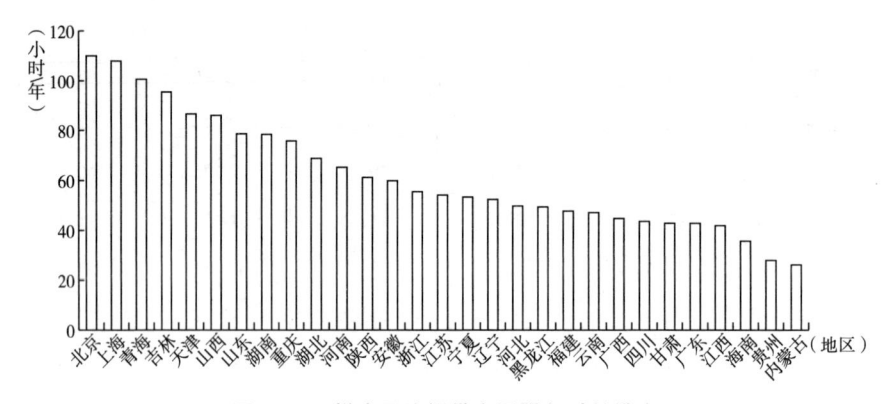

图 4-10　样本平均提供志愿服务时长排序

从各地区样本志愿服务专业性来看见表 4-14、图 4-11、图 4-12，样本专业志愿服务平均时长湖南最高，为 31.58 小时/年；青海、山东、山西、河南、重庆、宁夏、湖北、北京和天津样本专业志愿服务平均时长分别为 29.94 小时/年、29.53 小时/年、28.83 小时/年、25.78 小时/年、25.46 小时/年、23.06 小时/年、19.70 小时/年、19.32 小时/年和 19.32 小时/年；样本专业志愿服务平均时长最低的十个地区分别为内蒙古、江西、辽宁、贵州、河北、黑龙江、安徽、甘肃、云南和福建，分别为 3.86 小时/年、6.00 小时/年、6.10 小时/年、6.27 小时/年、6.87 小时/年、6.97 小时/年、7.18 小时/年、7.46 小时/年、7.71 小时/年和 8.56 小时/年。

上海和北京样本普通志愿服务平均时长均高于 90 小时/年，分别为 91.81 小时/年和 90.61 小时/年，位居第一、二位；吉林、青海、天津、山西、安徽、重庆、山东和湖北依次位居 3~10 位，分别为 79.54 小时/年、70.69 小时/年、67.41 小时/年、57.22 小时/年、52.64 小时/年、50.30 小时/年、49.13 小时/年和 49.05 小时/年；样本普通志愿服务平均时长最低十个地区分别为贵州、内蒙古、海南、宁夏、广东、四川、广西、甘肃、江西和福建，分别 21.68 小时/年、22.28 小时/年、25.92 小时/年、30.22

小时/年、33.12 小时/年、33.19 小时/年、33.88 小时/年、35.43 小时/年、35.96 小时/年和 39.16 小时/年。

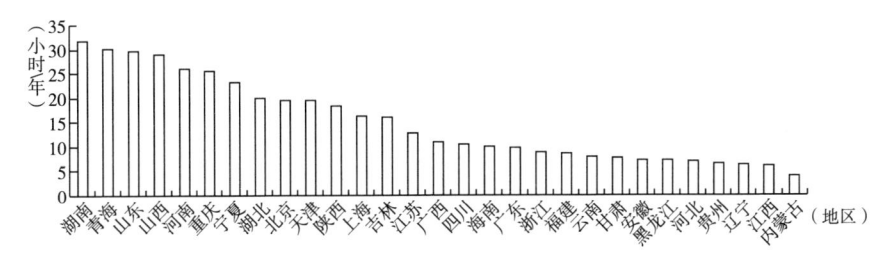

图 4-11 样本平均提供专业志愿服务时长排序

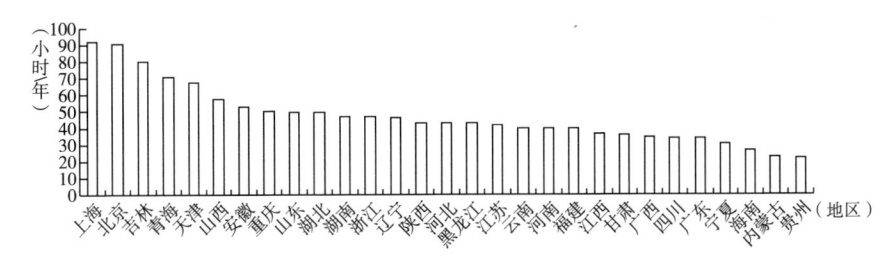

图 4-12 样本平均提供普通志愿服务时长排序

2. 计算结果

（1）志愿服务时长

在计算整体志愿服务时长时，本报告用年龄结构进行了调整，计算结果见表 4-15，全国志愿服务总时长达 62.74 亿小时，其中普通志愿服务时长为 47.59 亿小时，专业志愿服务时长为 15.13 亿小时；全国人均志愿服务时长为 4.55 小时/年，其中人均普通志愿服务时长 3.45 小时/年，人均专业志愿服务时长为 1.10 小时/年。

表 4-15 整体及按照专业性质分类志愿服务总时长、人均志愿服务时长分布情况

地区	志愿服务总时长（亿小时）			人均志愿服务时长（小时/年）		
	整体	普通志愿服务	专业志愿服务	整体	普通志愿服务	专业志愿服务
北京	4.38	3.41	0.97	20.16	15.69	4.46
天津	0.90	0.78	0.12	5.76	4.99	0.77

续表

地区	志愿服务总时长（亿小时）			人均志愿服务时长（小时/年）		
	整体	普通志愿服务	专业志愿服务	整体	普通志愿服务	专业志愿服务
河北	1.54	1.17	0.37	2.06	1.57	0.50
山西	0.85	0.68	0.17	2.31	1.85	0.46
内蒙古	0.40	0.34	0.07	1.59	1.35	0.28
辽宁	2.34	2.04	0.29	5.34	4.66	0.66
吉林	1.19	0.93	0.26	4.35	3.40	0.95
黑龙江	2.04	1.73	0.31	5.37	4.55	0.82
上海	5.21	4.29	0.93	21.57	17.73	3.84
江苏	4.01	3.16	0.86	5.03	3.95	1.08
浙江	3.57	3.04	0.54	6.42	5.46	0.97
安徽	2.63	2.22	0.41	4.26	3.60	0.66
福建	1.53	1.24	0.29	3.98	3.23	0.75
江西	0.98	0.83	0.16	2.13	1.81	0.35
山东	4.34	2.68	1.65	4.38	2.70	1.67
河南	5.26	3.19	2.06	5.53	3.36	2.17
湖北	2.32	1.40	0.93	3.96	2.38	1.58
湖南	2.54	2.00	0.54	3.74	2.95	0.79
广东	3.68	2.69	0.99	3.37	2.46	0.91
广西	1.87	1.36	0.52	3.89	2.83	1.07
海南	0.37	0.27	0.10	4.03	2.94	1.09
重庆	1.70	1.42	0.28	5.61	4.69	0.92
四川	2.12	1.60	0.52	2.58	1.95	0.63
贵州	0.69	0.53	0.15	1.94	1.49	0.42
云南	1.78	1.48	0.30	3.75	3.10	0.63
陕西	1.32	0.75	0.57	3.46	1.97	1.49
甘肃	0.94	0.77	0.17	3.60	2.95	0.65
青海	0.59	0.42	0.17	9.95	7.08	2.87
宁夏	0.26	0.14	0.11	3.85	2.07	1.63
全国	62.74	47.59	15.13	4.55	3.45	1.10

资料来源：2017年中国真实进步微观调查。

注：全国是除港澳台之外31个省、自治区、直辖市之和。

各地区人均志愿服务时长及排序情况见表 4-15、图 4-13，上海和北京志愿服务总时长分别为 5.21 亿小时和 4.38 亿小时，人均志愿服务时长分别高达 21.57 小时/年和 20.16 小时/年，远远领先全国其他地区；人均志愿服务时长排在第 3~10 位的地区分别为青海、浙江、天津、重庆、河南、黑龙江、辽宁和江苏，人均志愿服务时长分别为 9.95 小时/年、6.42 小时/年、5.76 小时/年、5.61 小时/年、5.53 小时/年、5.37 小时/年、5.34 小时/年和 5.03 小时/年，志愿服务总时长分别为 0.59 亿小时、3.57 亿小时、0.90 亿小时、1.70 亿小时、5.26 亿小时、2.04 亿小时、2.34 亿小时和 4.01 亿小时。

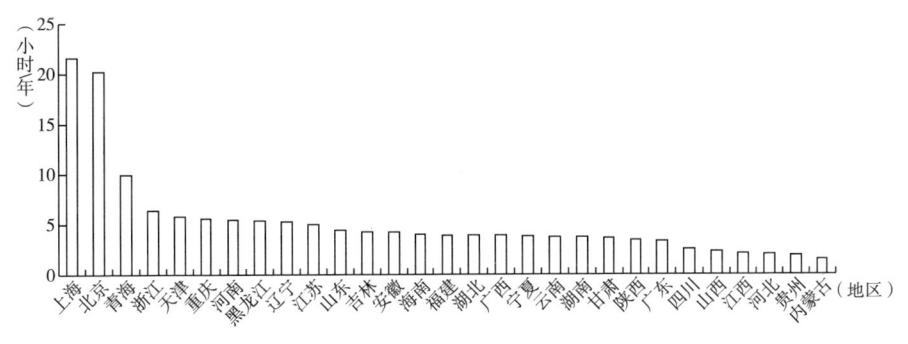

图 4-13 人均志愿服务时长排序

各地区人均普通志愿服务时长及排序情况见表 4-15、图 4-14，上海和北京普通志愿服务总时长分别为 4.29 亿小时和 3.41 亿小时，人均普通志愿服务时长分别高达 17.73 小时/年和 15.69 小时/年，居第 1、2 位；青海、浙江、天津、重庆、辽宁、黑龙江、江苏和安徽人均普通志愿服务时长排序依次居第 3~10 位，人均普通志愿服务时长分别为 7.08 小时/年、5.46 小时/年、4.99 小时/年、4.69 小时/年、4.66 小时/年、4.55 小时/年、3.95 小时/年和 3.60 小时/年，普通志愿服务总时长分别为 0.42 亿小时、3.04 亿小时、0.78 亿小时、1.42 亿小时、2.04 亿小时、1.73 亿小时、3.16 亿小时和 2.22 亿小时。

各地区人均专业志愿服务时长及排序情况见表 4-15、图 4-15，北京专业志愿服务总时长为 0.97 亿小时，人均专业志愿服务时长 4.46 小时/年，位居全国之首；其次是上海，人均专业志愿服务时长 3.84 小时/年，其专业志愿服务总时长为 0.93 亿小时；青海、河南、山东、宁夏、湖北、陕西、海南和江苏人均专业志愿服务时长分别为 2.87 小时/年、2.17 小时/年、1.67 小时/年、1.63 小时/年、1.58 小时/年、1.49 小时/年、1.09 小时/年和 1.08 小时/年，其专业志愿服务总时长分别为 0.17 亿小时、2.06 亿小时、1.65 亿小时、0.11 亿小时、0.93 亿小时、0.57 亿小时、0.10 亿小时和 0.86 亿小时。

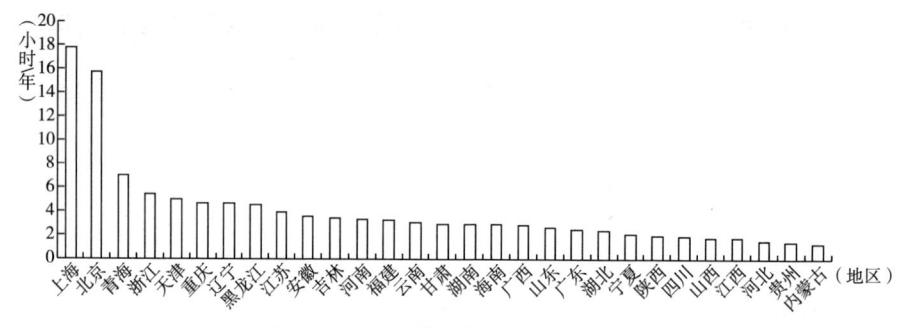

图 4-14 人均普通志愿服务时长排序

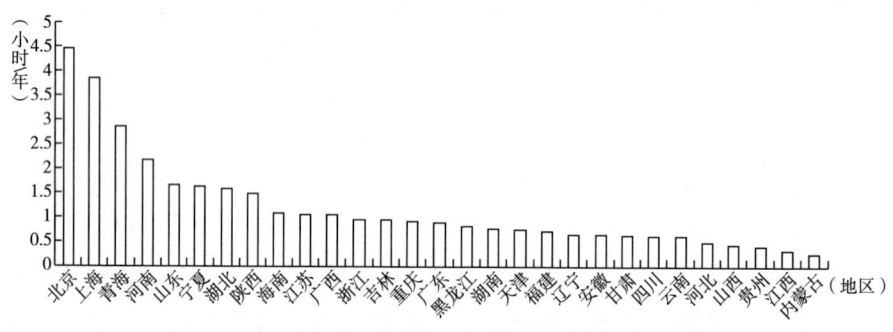

图 4-15 人均专业志愿服务时长排序

（2）志愿服务价值

按照上述志愿服务价值计算公式，本报告将各地区"居民服务和其他服务业城镇单位就业人员平均工资"和"城镇单位就业人员平均工资"按照年 251 工作日，8 小时/工作日计算出小时工资率，分别视为各地区普通志愿服务小时工资率和专业志愿服务小时工资率。按照专业性质分类的志愿服务总价值、人均志愿服务价值计算结果见表 4-16，全国志愿服务价值共计 1653.90 亿元，其中专业志愿服务价值 516.09 亿元，普通志愿服务价值为1137.84亿元；全国人均志愿服务价值为119.96元，其中人均普通志愿服务价值为82.53元，人均专业志愿服务价值为37.43元。

表4-16 整体及按照专业性质分类的志愿服务总价值、人均志愿服务价值分布情况

地区	志愿服务总价值（亿元）			人均志愿服务价值（元）		
	整体	专业志愿服务	普通志愿服务	整体	专业志愿服务	普通志愿服务
北京	146.23	57.85	88.41	673.26	266.36	407.04
天津	21.37	5.12	16.25	137.45	32.91	104.55
河北	30.84	10.21	20.63	41.41	13.71	27.70
山西	16.86	4.61	12.25	45.90	12.55	33.35
内蒙古	8.41	2.04	6.37	33.45	8.10	25.32
辽宁	47.95	8.22	39.73	109.48	18.78	90.70
吉林	22.47	7.27	15.21	81.92	26.49	55.43
黑龙江	55.93	7.98	47.94	146.96	20.98	125.98
上海	197.00	55.62	141.35	814.88	230.08	584.71
江苏	121.62	30.59	91.06	152.27	38.29	114.00
浙江	107.41	19.51	87.95	193.02	35.06	158.05
安徽	61.08	12.07	49.01	99.00	19.56	79.44
福建	38.63	8.85	29.79	100.18	22.95	77.26
江西	25.55	4.39	21.16	55.79	9.58	46.21
山东	110.94	51.50	59.42	112.09	52.04	60.04
河南	109.50	50.93	58.56	115.19	53.58	61.60
湖北	58.20	27.74	30.44	99.17	47.27	51.88
湖南	61.47	15.70	45.78	90.37	23.07	67.30
广东	102.00	35.88	66.11	93.37	32.85	60.51
广西	45.75	14.78	30.97	94.98	30.67	64.30
海南	8.24	3.04	5.19	90.19	33.26	56.82
重庆	41.68	9.08	32.59	137.43	29.95	107.48
四川	54.59	16.39	38.20	66.30	19.91	46.39
贵州	15.18	5.08	10.09	42.84	14.35	28.50
云南	37.53	9.14	28.38	78.89	19.22	59.67

续表

地区	志愿服务总价值（亿元）			人均志愿服务价值（元）		
	整体	专业志愿服务	普通志愿服务	整体	专业志愿服务	普通志愿服务
陕西	31.15	16.93	14.22	81.90	44.51	37.40
甘肃	19.63	4.75	14.88	75.36	18.24	57.13
青海	13.58	5.74	7.86	230.02	97.13	133.05
宁夏	6.69	3.72	2.96	99.56	55.41	44.15
全国	1653.90	516.09	1137.84	119.96	37.43	82.53

资料来源：2017年中国真实进步微观调查。

注：全国是除港澳台之外31个省、自治区、直辖市之和。

各地区人均志愿服务价值及排序情况（见表4-16、图4-16），上海和北京志愿服务总价值分别为197.00亿元和146.23亿元，人均志愿服务价值远高于全国其他地区，分别高达814.88元和673.26元；青海、浙江、江苏、黑龙江、天津、重庆、河南和山东的人均志愿服务价值依次居第3~10位，分别为230.02元、193.02元、152.27元、146.96元、137.45元、137.43元、115.19元和112.09元，其志愿服务总价值分别为13.58亿元、107.41亿元、121.62亿元、55.93亿元、21.37亿元、41.68亿元、109.50亿元和110.94亿元。

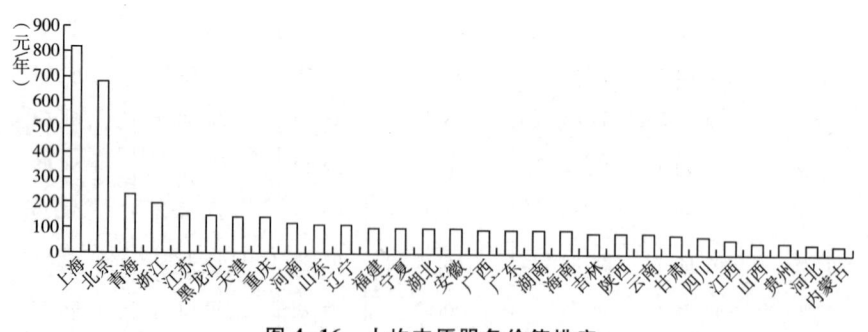

图4-16 人均志愿服务价值排序

各地区人均普通志愿服务价值及排序情况见表4-16、图4-17，上海和北京普通志愿服务总价值分别为141.35亿元和88.41亿元，人均普通志愿服务价值分别584.71元和407.04元，分别居第1位、第2位；浙江、青海、黑龙江、江苏、重庆、天津、辽宁和安徽人均普通志愿服务价值依次居第 3~10 位，分别为 158.05 元、133.05 元、125.98 元、114.00 元、107.48 元、104.55 元、90.70 元和 79.44 元，其普通志愿服务总价值分别为 87.95 亿元、7.86 亿元、47.94 亿元、91.06 亿元、32.59 亿元、16.25 亿元、39.73 亿元和 49.01 亿元。

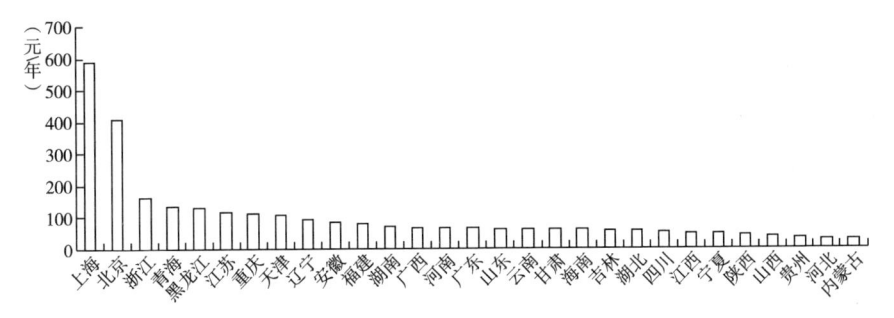

图 4-17 人均普通志愿服务价值排序

各地区人均专业志愿服务价值及排序情况见表 4-16、图 4-18，北京和上海专业志愿服务总价值分别为 57.85 亿元和 55.62 亿元，人均专业志愿服务价值均超过 200 元，远高于其他地区，分别为 266.36 元和 230.08 元，分别居第 1 位和第 2 位；青海、宁夏、河南、山东、湖北、陕西、江苏和浙江人均专业志愿服务价值依次居第 3~10 位，分别为 97.13 元、55.41 元、53.58 元、52.04 元、47.27 元、44.51 元、38.29 元和 35.06 元，其专业志愿服务总价值分别为 5.74 亿元、3.72 亿元、50.93 亿元、51.50 亿元、27.74 亿元、16.93 亿元、30.59 亿元和 19.51 亿元。

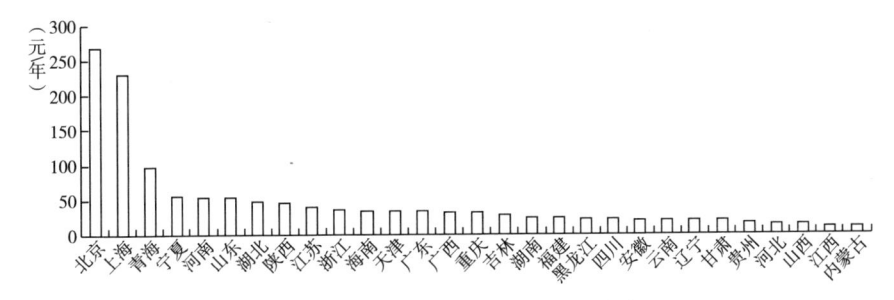

图 4-18 人均专业志愿服务价值排序

4.3 存量资本服务价值

存量资本通常指使用年限长，不易损耗的基础固定资产存量。一方面，其涉及社会运作的基本层面，为人民生活提供极大的便利；另一方面，其在当期的投入可在未来使用年限内不断提供服务价值，被视为一种投资形式。因此，在 GPI 核算中，这种资本累计产生的服务价值是可持续经济福利测算的重要加项。在具体计算存量资本服务价值时，大多数学者都只测算了家庭耐用消费品（Consumer Durables）与公路和街道（Highways and streets）的服务价值，如 Costanza 等（2004），Berik 和 Gaddis（2011），Zencey（2018），马里兰州（2017），Wen（2007）；Delang 和 Yu（2014）测算香港 GPI 时，还加入了机械、设备、计算机软件和其他建筑设施的存量服务价值。GPI 2.0（Talberth & Weisdorf, 2017）在家庭耐用消费品、公路和街道的基础上，将供水和处理污水基础设施、其他形式的交通基础设施（如公共交通和自行车道）以及家庭维修改善的服务价值也纳入其中。

本报告在测算中国 GPI 时，与 GPI 2.0 的测算范围基本保持一致，将存量资本服务价值分为交通基础设施服务价值、电力燃气水基础设施服务价值和家庭资本服务价值。其中，交通基础设施包括道路运输、铁路运输和高铁运输基础设施，在供水和处理污水基础设施服务价值的基础上加入了电力燃气基础设施服务价值，家庭资本服务价值包括了家庭耐用消费品和家庭维修改善服务价值。同时，认为基础设施作为机械设备运行的载体，其投资成本巨大，使用年限持久，因此相比于机械设备更能反映国家基础设施对社会的服务价值，核算中只包含基础设施而没有包含基础设施运载的机械设备的服务价值。

服务价值的计算形式通常是当年固定资产的折旧价值加上固定资产投资的机会成本。以下将分别介绍上述各类存量资本服务价值的测算方法。

4.3.1 交通基础设施服务价值

1. 测算方法

交通基础设施，包括公路和街道等，在给社会带来必要便利的同时，还会对社会产生额外的正向效用。一方面，交通基础设施是居民和车辆出行最依赖的基本设施，可使日常出行和货物运输更加轻松便利；另一方面，其使人们更有可能进行远距离的休闲旅游和探索发现；此外，其还为医疗等紧急服务搭建供给网络，使紧急服务得到及时供应。

Costanza 等（2004）在测算公路和街道的服务价值时，将其总耗费支出的 7.5%作为交通基础设施带来的服务价值，认为每年交通基础设施的服务价值等于其原始耗费支出的 10%（约 2.5 的折旧加上 7.5%的平均利率，即机会成本），而这 10%的价值中有 25%为通勤成本（防御性支出）。Berik 和 Gaddis（2011），马里兰州（2017）和 GPI 2.0（Talberth & Weisdorf, 2017）则将净现存量价值的 7.5%作为交通基础设施的服务价值。Delang 和 Yu（2014）假设固定资本可提供 10 年的服务，使用原始耗费支出的 10%作为服务价值。这些方法都各有其合理性，关键在于折旧方式的选取。

本报告通过三种方法的比较来测算中国交通基础设施服务价值，最终决定将净现存量价值的 7.5%作为交通基础设施服务价值。首先，机会成本法。机会成本为放弃使用当前资源，使其转向其他用途所能获得的最大收益，即当前存量价值乘以资本的平均回报率。约尔达等（2018）测算了过去 150 年 16 个国家的风险资产投资回报率平均为 6%~8%，且波动比安全资产更小，因此，平均回报率在此范围比较合理。其次，年限平均法，基于文献中所得，假设固定资本服务年限为 10 年，其每年折旧率为 10%。其中，这 10%的服务价值中有 25%已计入通勤成本，75%为除了通勤目的以外带来的额外福利，即服务价值。最后，按照单倍余额递减法核算的交通基础设施存量，其每年的折旧额为存量的 2.5%，但考虑到本报告测算的我国基础交通设施存量投资来源于全社会固定资产投资，其机会成本应为全社会资本的投资回报率，因此，2.5%存在一定的低估。最终，我们采用固定资产投资的 7.5%这一中间值比例作为我们的服务价值，既与部分文献一致，也不存在估计偏差。

目前我国的相关统计中并没有统计当前交通基础设施净存量价值的数据，因此本报告需要使用历史有关交通基础设施固定资产投资的数据经永续盘存法计算得到。具体地，本报告采用柯善咨和向娟（2012）的做法，认为：永续盘存法中的投资为当年新增固定资产，可直接或间接构成生产能力。而其他相关数据包括全社会固定资产投资和固定资本形成总额，虽然其产生投资支出，但投资项目的完成时间不一定在当期，因而难以判断是否形成生产能力。因此使用新增固定资产数据作为交通基础设施固定资产存量计算的流量来源。

新增固定资产数据可由全社会固定资产投资计算得到：根据基本建设项目和更新改造项目的平均建设周期为 4.1 年和 2.4 年，算得全社会固定资产投资平均建设周期为 3 年，则第 t 年新增固定资产 B_t：

$$B_t = (p_t I_t + p_{t-1} I_{t-1} + p_{t-2} I_{t-2})/3 \tag{2}$$

其中，I_t 为第 t 年交通基础设施全社会固定资产投资，p_t 为第 t 年以 2016 年为基期调整后的固定资产价格指数。依据永续盘存法，第 t 年的交通基础设施资本存量 K_t 为：

$$K_t = K_{t-1}(1-\delta) + B_t$$

其中，δ 为固定资产折旧率。此外，还需要计算交通基础设施初始资本存量 K_0。

对于初始资本存量 K_0，本报告借鉴 Reinsdorf 和 Cover（2005）的方法，将初始年份定为 1994 年，则资本存量初期值 $K_0 = K_{1994}$ 由以下公式计算得到：

$$K_{1994} = \frac{B_{1995}}{\delta + \theta}$$

$$\theta = \left(\frac{B_{1999}}{B_{1995}}\right)^{\frac{1}{4}} - 1$$

其中，θ 为新增固定资产平均增长率。本报告选取 1995~1999 年新增固定资产几何平均增长率为 θ 的估计值，认为 1994 年以前的新增固定资产增长率与 1994 年相近年份的增长率最为接近。

交通基础设施全社会固定资产投资数据来自国家统计局分地区"按行业分全社会固定资产投资"指标下的"交通运输、仓储和邮政业全社会固定资产投资"，此指标是根据建设项目建成投产后的主要产品种类或主要用途及社会经济活动种类划分，可认为包括了社会所有关于交通运输和仓储邮政业的固定资产投资。其下属指标包括铁路运输业，道路运输业，[①] 水

---

① 道路运输业具体包括城市公共交通运输、公路旅客运输、道路货物运输和道路运输辅助活动。城市公共交通包括公共电汽车客运、城市轨道交通、出租车客运和其他城市公共交通运输。

上、航空和管道运输业，装卸搬运和运输代理业，仓储和邮政业。根据需要，本报告采用了其中的铁路运输业和道路运输业固定资产投资。铁路运输业还包含一部分高铁运输，与下文将测算的高铁服务价值有所重合，因此在后文存量价值计算时需予以扣除。由于数据可得性有限，最终得到交通运输、仓储和邮政业全社会固定资产投资1993~2016年的数据。

全社会固定资产投资按构成分为建筑安装工程、设备工具器具购置和其他费用，而本报告认为只有建筑安装工程才应被作为基础设施纳入GPI测算体系当中。因此，本报告使用国家统计局"交通运输、仓储和邮政业固定资产投资（不含农户）建筑安装工程"、"交通运输、仓储和邮政业固定资产投资（不含农户）设备工具器具购置"和"交通运输、仓储和邮政业固定资产投资（不含农户）其他费用"的比值将交通运输、仓储和邮政业全社会固定资产投资近似拆分，得到铁路和道路运输业建筑安装工程在各年的全社会固定资产投资。再根据上述公式计算出建筑安装工程在当年新增的固定资产。最终，从数据中可得2003~2016年的比值，对于1993~2002年的比值，本报告则根据2003~2016年的比值平均拟合而成。

结合以往文献，本报告对建筑安装工程新增固定资产选用折旧年限为40年，并参考美国经济分析局（Bureau of Economic Analysis，BEA）[①]的统计，通过单倍余额递减法（折旧率为1除以平均使用年限）算得建筑安装工程的折旧率为0.025。此外，各地区建筑安装工程固定资产投资价格指数（1993~2016年）从国家统计局网站获得。

在计算出当前交通基础设施净存量价值以后，将其7.5%作为交通基础设施的服务价值。全国及各地区交通基础设施服务价值的计算公式如下。

1）地区交通基础设施服务价值、地区人均交通基础设施服务价值

地区交通基础设施服务价值：$V_j = 7.5\% \times K_j - V_{r\_j}$

地区人均交通基础设施服务价值：$\bar{V}_j = \dfrac{V_j}{Pop_j}$

其中，K_j表示地区j交通基础设施净现存量价值，V_{r_j}表示地区j高铁设施服务价值，Pop_j表示地区j总人口数。

2）全国交通基础设施服务价值、全国人均交通基础设施服务价值

---

① https://epp.bea.gov/national/pdf/BEA_depreciation_rates.pdf.

全国交通基础设施服务价值：$V = \sum_{j}^{k} V_j$

全国人均交通基础设施服务价值：$\overline{V} = \dfrac{V}{Pop}$

其中，k 取 1，2，3，…，31，分别代表全国 31 个省、自治区和直辖市，Pop 表示全国总人口数。

2. 计算结果

按照上述交通基础设施价值计算方法，计算结果显示（见表 4-17）：全国交通基础设施服务价值共计 13613.14 亿元，人均交通基础设施服务价值为 987.41 元。

各地区人均交通基础设施服务价值及排序情况见表 4-17、图 4-19，西藏和内蒙古交通基础设施服务价值分别为 91.87 亿元和 537.92 亿元，人均交通基础设施服务价值均高于 2000 元，分别为 2805.24 元和 2138.41 元，居第 1、2 位；其次为青海、上海、天津和北京，其交通基础设施服务价值分别为 115.22 亿元、431.47 亿元、271.39 亿元和 355.39 亿元，人均交通基础设施服务价值均高于 1500 元，分别为 1951.23 元、1784.79 元、1745.82 元和 1636.22 元，居第 3~6 位；福建、重庆、辽宁和海南人均交通基础设施服务价值依次居第 7~10 位，分别为 1484.19 元、1269.4 元、1266.84 元和 1223.3 元，其交通基础设施服务价值分别为 572.38 亿元、384.95 亿元、554.88 亿元和 111.81 亿元。

表 4-17　全国及各地区交通基础设施服务价值、人均交通基础设施服务价值

地区	交通基础设施服务价值（亿元）	人均交通基础设施服务价值（元）	地区	交通基础设施服务价值（亿元）	人均交通基础设施服务价值（元）
北京	355.39	1636.22	湖北	600.72	1023.64
天津	271.39	1745.82	湖南	558.07	820.4
河北	686.84	922.25	广东	1033.09	945.7
山西	383.76	1044.81	广西	392.06	813.91
内蒙古	537.92	2138.41	海南	111.81	1223.3
辽宁	554.88	1266.84	重庆	384.95	1269.4
吉林	273.97	998.78	四川	843.96	1025.1
黑龙江	339.5	892.14	贵州	343.85	970.64

续表

地区	交通基础设施服务价值（亿元）	人均交通基础设施服务价值（元）	地区	交通基础设施服务价值（亿元）	人均交通基础设施服务价值（元）
上海	431.47	1784.79	云南	535.18	1125.15
江苏	701.05	877.68	西藏	91.87	2805.24
浙江	617.95	1110.53	陕西	428.57	1126.91
安徽	330.21	535.19	甘肃	190.79	732.38
福建	572.38	1484.19	青海	115.22	1951.23
江西	260.8	569.55	宁夏	74.65	1111.62
山东	742.63	750.36	新疆	283.19	1190.38
河南	565.04	594.41	全国	13613.14	987.41

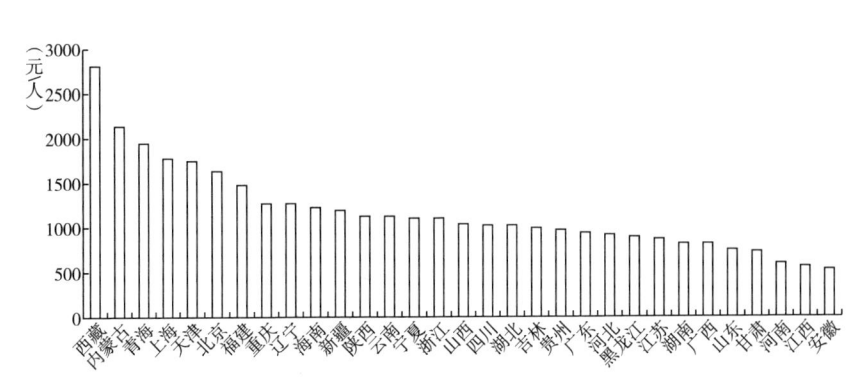

图 4-19 各地区人均交通基础设施服务价值排序

4.3.2 电力燃气水基础设施服务价值

1. 测算方法

电力、燃气及水的生产和供应业主要分为三类。一是电力和热力的生产与供应，包括利用火力、水力、核力或其他能源转换成电力的生产活动和利用电网对用户进行的电能输送和分配活动等，热力的生产和供应包括自产和外购蒸汽和热水及其供应、销售，供热设施的维护和管理等；二是燃气的生产与供应，包括利用煤炭、油、燃气等能源生产燃气和通过主干管道系统对外购可燃气体的输送和分配，以及使用过程中的维修和管理等；三是水的生产与供应，包括自来水的生产并向居民、家庭、企业和其他用户供应的活动，对污水的收集、处理及净化后的再利用活动和对其他如海水、雨水、微咸水等类似水的处理、利用和分配。本报告将电力、燃气及水的生产和供应业包含的建筑安装工程作为电力燃气水基础设施，由于这些设施都是居民生活和企业运行所依赖的基础设施，其越发达便利，越能给居民和企业带来轻松畅快的生活，因此将其带来的服务价值纳入 GPI 测算体系当中。

电力燃气水基础设施服务价值的测算方法和交通基础设施服务价值的测算相同，首先使用其全社会固定资产投资，经固定资产价格指数调整，算出每年电力燃气水建筑安装工程的新增固定资产价值；其次根据单倍余额递减法，将建筑安装工程以 40 年进行折旧，得到折旧率为 0.025；最后使用 Reinsdorf 和 Cover（2005）的方法，算出初始年份 1994 年的初始资本存量，再结合永续盘存法算得累计到 2016 年的建筑安装工程固定资产价值，即为到 2016 年为止，当前的电力燃气水基础设施净存量价值。

电力燃气水基础设施全社会固定资产投资 1993~2016 年的数据来源于国家统计局分地区"按行业分全社会固定资产投资"指标下的"电力、燃气及水的生产和供应业全社会固定资产投资"。将全社会固定资产投资近似拆分使用国家统计局"电力燃气水的生产供应业固定资产投资（不含农户）建筑安装工程"、"电力燃气水的生产供应业固定资产投资（不含农户）设备工具器具购置"和"电力燃气水的生产供应业固定资产投资（不含农户）其他费用"的比值。从数据中最终可得 2003~2016 年的比值，对于 1993~2002 年的比值，则根据 2003~2016 年的比值平均拟合而成。各地区建筑安装工程固定资产投资价格指数（1993~2016 年）从国家统计局网站获得。

最后，将当前电力燃气水基础设施净存量价值的 7.5% 作为其带来的服务价值。计算公式如下。

1）地区电力燃气水基础设施服务价值、地区人均电力燃气水基础设施服务价值

地区电力燃气水基础设施服务价值：$V_j = 7.5\% \times W_j$

地区人均电力燃气水基础设施服务价值：$\overline{V}_j = \dfrac{V_j}{Pop_j}$

其中，W_j 表示地区 j 电力燃气水基础设施净现存量价值，Pop 表示地区 j 总人口数。

2）全国电力燃气水基础设施服务价值、全国人均电力燃气水基础设施服务价值

全国电力燃气水基础设施服务价值：$V = \sum_{j}^{k} V_j$

全国人均电力燃气水基础设施服务价值：$\bar{V} = \dfrac{V}{Pop}$

其中，k 取 1，2，3，…，31，分别代表全国 31 个省、自治区和直辖市，Pop 表示全国总人口数。

2. 计算结果

按照上述电力燃气水基础设施服务价值计算方法，计算结果显示（见表 4-18）：全国电力燃气水基础设施服务价值共计 7568.54 亿元，人均电力燃气水基础设施服务价值为 548.98 元。

各地区人均电力燃气水基础设施服务价值及排序情况（见表 4-18、图 4-20），内蒙古电力燃气水基础设施服务价值为 520.98 亿元，人均电力燃气水基础设施服务价值高于 2000 元，为 2071.09 元，居第 1 位；其次为宁夏、青海、西藏和新疆，其电力燃气水基础设施服务价值分别为 109.36 亿元、88.51 亿元、40.91 亿元和 296.57 亿元，人均电力燃气水基础设施服务价值均高于 1000 元，分别为 1628.60 元、1498.90 元、1249.25 元和 1246.60 元，居第 2~5 位；甘肃、山西、云南、天津和福建人均电力燃气水基础设施服务价值依次居第 6~10 位，分别为 831.89 元、819.18 元、733.35 元、684.61 元和 681.00 元，其电力燃气水基础设施服务价值分别为 216.71 亿元、300.89 亿元、348.82 亿元、106.42 亿元和 262.63 亿元。

表 4-18　全国及各地区电力燃气水基础设施价值、人均电力燃气水基础设施价值

地区	电力燃气水基础设施服务价值（亿元）	人均电力燃气水基础设施服务价值（元）	地区	电力燃气水基础设施服务价值（亿元）	人均电力燃气水基础设施服务价值（元）
北京	94.61	435.59	湖北	278.81	475.09
天津	106.42	684.61	湖南	255.68	375.86
河北	340.87	457.69	广东	530.43	485.56
山西	300.89	819.18	广西	219.92	456.56
内蒙古	520.98	2071.09	海南	41.74	456.69

续表

地区	电力燃气水基础设施服务价值（亿元）	人均电力燃气水基础设施服务价值（元）	地区	电力燃气水基础设施服务价值（亿元）	人均电力燃气水基础设施服务价值（元）
辽宁	270.69	618.02	重庆	147.54	486.54
吉林	160.16	583.89	四川	465.95	565.96
黑龙江	165.79	435.66	贵州	167.22	472.03
上海	120.90	500.11	云南	348.82	733.35
江苏	424.45	531.40	西藏	40.91	1249.25
浙江	355.10	638.16	陕西	212.04	557.57
安徽	190.92	309.44	甘肃	216.71	831.89
福建	262.63	681.00	青海	88.51	1498.90
江西	139.62	304.92	宁夏	109.36	1628.60
山东	385.36	389.37	新疆	296.57	1246.60
河南	308.93	324.98	全国	7568.54	548.98

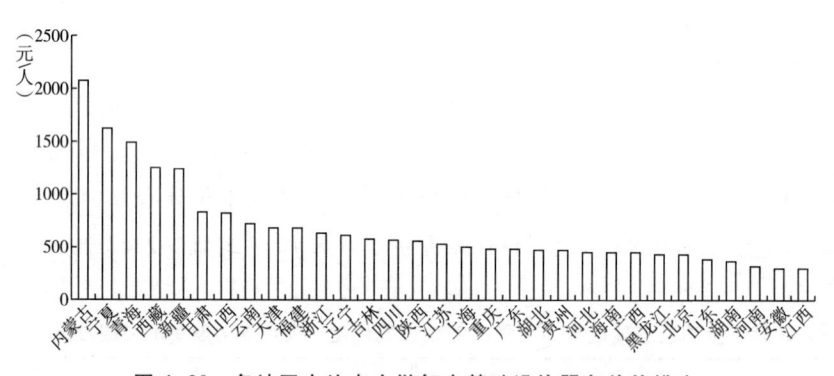

图 4-20　各地区人均电力燃气水基础设施服务价值排序

4.3.3　家庭资本服务价值

1. 测算方法

家庭资本服务价值表示家庭耐用消费品（如冰箱、电视机等）、家庭家居维修保养及改善等提供的服务价值。购置耐用消费品、家居维修保养及改善，一方面会拉动GDP提升，另一方面由于耐用品和家居设施使用年限长，其越多表示家庭越富裕，人民的生活越丰富多彩和便捷，因此也需要将它们带来的服务价值纳入 GPI 测算体系当中。由于耐用消费品、家居维修保养及改善可以提供多年的服务价值，GPI 将其原始购买价值视为福利的成本选项，从家庭消费支出中全部扣除，再将其一部分比例纳为 GPI 加项，作为家庭资本带来的服务价值。家庭资本则为当年新增的家庭资本加上之前年份经折旧后留下的资本存量。

服务价值的测算方法仍为折旧价值加上机会成本。马里兰州（2017）将耐用消费品的原始购买价值乘以 20% 作为其服务价值，假设耐用消费品平均使用年限为 8 年，按照平均年限法每年折旧为 12.5%，再加上 7.5% 的平均利率。Delang 和 Yu（2014）假设耐用消费品使用十年，每年折旧为 10%，并以此为其带来的服务价值。GPI 2.0（Talberth & Weisdorf, 2017）则是采用上年末存量价值加上本年新增价值，乘以 20% 作为其带来的服务价值，同样假设约 12.5% 的折旧加上 7.5% 的平均利率。

本报告在测算家庭资本服务价值时，综合马里兰州和 GPI 2.0 的算法，对测算方式稍做变动，认为服务价值应为 12.5% 乘以原始购买价值（为折旧价值），加上年家庭资本存量乘以 7.5%（为机会成本）。假设家庭资本使用年限为八年，按照平均年限法折旧，每年折旧额为原始购买价值的 12.5%。同时，机会成本反映当前资源若转作它用可获得的最大收益，因此应为当前存量价值乘以平均利率 7.5% 得到。

具体核算时，由于之前年份的家居维修保养及改善支出数据难以获取，本报告假设其在当年的支出带来的服务价值直接在当年消耗完，之后年份虽有存量但不产生服务价值。此种计算对家庭资本服务价值有所低估，希望在未来的研究中有所改进。而对于 2016 年新增的家居维修保养及改善支出，通过 2017 年中国真实进步微观调查数据可直接统计获得。结果如前文"家居维修保养及改善支出"指标所示。

家庭耐用品存量价值为 2016 年新增耐用品支出加上过去七年累积的耐用品存量价值。通过 2017 年中国真实进步微观调查数据可直接获得 2016 年新增的家庭耐用品支出，计算方法如前文中的"耐用品支出"指标所示。而对于过去七年累积的耐用品存量价值，由于从现有数据中无法得知每一年新增的耐用品投资，本报告使用《中国统计年鉴 2016》中居民每百户 2015 年末主要耐用消费品拥有量数据，假设每一种耐用品数量均来自过去七年，其平均价值为过去七年每一年购买的耐用品现存价值的平均值。以平均价值乘以 2015 年年末存量，即得到该种耐用品在 2015 年年末的存量价值，即 2016 年年初的存量价值。所有耐用品存量价值加总即得到 2016 年初居民家庭常用耐用品总存量价值，计算公式如下。

$$\bar{S}_{it\_begin} = \frac{1}{7} \times \sum_{n=1}^{7} \frac{8-n}{8} P_{it-n}$$

$$S_{t\_begin} = \sum_{i} Q_{it\_begin} \times \bar{S}_{it\_begin}$$

其中，$\bar{S}_{it\_begin}$ 表示第 t 年第 i 种耐用品年初存量的平均价值，P_{it-n} 表示第 $t-n$ 年第 i 种耐用品经价格指数调整后的当年实际购买价格，Q_{it_begin} 表示第 t 年第 i 种耐用品年初存量。此时 t 为 2016 年。依照统计年鉴分类，i 分别表示家用汽车、摩托车、电动助力车、洗衣机、电冰箱、微波炉、彩色电视机、空调、热水器、排油烟机、移动电话、计算机和照相机。

每一种耐用品在当年购买的实际价格可从 2016 年中国真实进步微观调查数据中获取，价格指数来自国家统计局统计的耐用消费品类居民消费价格指数。

通过实际购买价格，本报告继续算出居民每百户 2016 年初主要耐用消费品拥有量原始购买耗费支出，加上 2016 年新增的家庭资本支出，得到过去八年家庭资本的总原始耗费支出。

最后，将算得的家庭资本总存量价值乘以 7.5%，家庭资本总原始耗费支出乘以 12.5%，两者相加得到家庭资本服务价值的估计值。计算公式如下。

1）地区家庭资本服务价值、地区人均家庭资本服务价值

地区家庭资本总存量价值：$S_j = S_{begin\_j} + C_{durable\_j} + C_{decoration\_j}$

地区家庭资本总原始耗费支出：$C_j = C_{begin\_j} + C_{durable\_j} + C_{decoration\_j}$

地区家庭资本服务价值：$V_j = 7.5\% \times S_j + 12.5\% \times C_j$

地区人均家庭资本服务价值：$\bar{V}_j = \dfrac{V_j}{Pop_j}$

其中，S_{begin_j} 表示地区 j 年初耐用品存量价值，$C_{durable\_j}$ 表示地区 j 当年新增耐用品支出，$C_{decoration\_j}$ 表示地区 j 当年家居维修保养及改善支出，C_{begin_j} 表

示地区 j 年初耐用品原始耗费支出，Pop_j 表示地区 j 总人口数。

2）全国家庭资本服务价值、全国人均家庭资本服务价值

全国人均家庭资本服务价值：

$$\overline{V}=\frac{20\%\times\sum_{j=1}^{k}(C_{durable\_j}+C_{decoration\_j})}{\sum_{j=1}^{k}Pop_j}+\frac{7.5\%\times\sum_{j=1}^{m}S_{begin\_j}+12.5\%\times\sum_{j=1}^{m}C_{begin\_j}}{Pop}$$

全国家庭资本服务价值：$V=\overline{V}\times Pop$

其中，k 取 1，2，3，…，29，分别代表调查样本中的 29 个省、自治区和直辖市，m 取 1，2，3，…，31，分别代表全国 31 个省、自治区和直辖市，Pop 表示全国总人口数。

2. 计算结果

按照上述家庭资本服务价值计算方法，计算结果显示（见表 4-19）：全国家庭资本服务价值共计 35610.98 亿元，人均家庭资本服务价值为 2583.00 元。

各地区人均家庭资本服务价值及排序情况见表 4-19、图 4-21，北京、上海和浙江家庭资本服务价值分别为 1133.25 亿元、1109.68 亿元和 2326.49 亿元，人均家庭资本服务价值均高于 4000 元，分别为 5217.55 元、4590.20 元和 4180.95 元，居第 1~3 位；其次为江苏、天津、山东和内蒙古，其家庭资本服务价值分别为 3071.02 亿元、548.68 亿元、3407.53 亿元和 759.05 亿元，人均家庭资本服务价值均高于 3000 元，分别为 3844.78 元、3529.61 元、3443.00 元和 3017.48 元，居第 4~7 位；福建、广东和河北居第 8~10 位，分别为 2958.78 元、2935.21 元和 2541.62 元，其家庭资本服务价值分别为 1141.05 亿元、3206.42 亿元和 1892.87 亿元。

表 4-19　全国及各地区家庭资本服务价值、人均家庭资本服务价值

地区	家庭资本服务价值（亿元）	人均家庭资本服务价值（元）	地区	家庭资本服务价值（亿元）	人均家庭资本服务价值（元）
北京	1133.25	5217.55	河南	2006.28	2110.55
天津	548.68	3529.61	湖北	1288.43	2195.49
河北	1892.87	2541.62	湖南	1432.76	2106.23
山西	776.20	2113.26	广东	3206.42	2935.21

续表

地区	家庭资本服务价值（亿元）	人均家庭资本服务价值（元）	地区	家庭资本服务价值（亿元）	人均家庭资本服务价值（元）
内蒙古	759.05	3017.48	广西	916.92	1903.51
辽宁	1028.68	2348.59	海南	172.46	1886.84
吉林	560.19	2042.27	重庆	751.26	2477.35
黑龙江	659.23	1732.32	四川	1684.28	2045.77
上海	1109.68	4590.20	贵州	574.36	1621.34
江苏	3071.02	3844.78	云南	892.80	1877.01
浙江	2326.49	4180.95	陕西	762.02	2003.72
安徽	1261.05	2043.85	甘肃	422.54	1622.05
福建	1141.05	2958.78	青海	118.88	2013.19
江西	939.21	2051.13	宁夏	161.31	2402.30
山东	3407.53	3443.00	全国	35610.98	2583.00

注：全国是除港澳台之外31个省、自治区、直辖市之和。

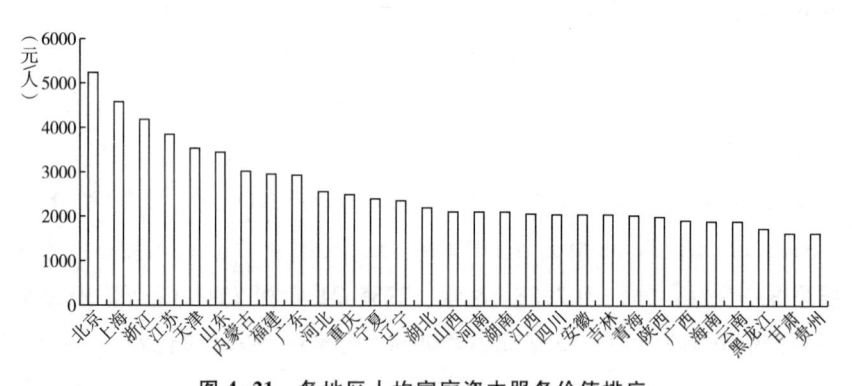

图4-21 各地区人均家庭资本服务价值排序

4.3.4 高铁服务价值

1. 测算方法

近年来，中国高速铁路的发展取得了巨大的成就。一方面，从2008年第一条时速350公里的京津城际通车运营以来，中国高铁发展迅速且技术世界领先。到2016年底，我国高铁运营里程已超过2.2万公里，约占全球高铁运营里程的65%。然而其建设成本大约只为其他国家的2/3，票价也只为其他国家的1/5到1/4（欧杰等，2014），可称为其"物美价廉"。另一方面，中国高铁也由于其快速便捷、环境舒适等优点而受到民众的广大欢迎。如表4-20所示，2008~2016年，我国高铁营业里程占铁路营业总里程的比重在逐渐上升，但其客运量和旅客周转量[①]比重的增长速度却近乎是其3倍；从2016单年来看，客运量和旅客周转量占铁路总的比重也远远超过其占铁路营业总里程比重。高铁越来越成为人们出行不可缺少的交通工具。因此本报告将其带来的服务价值作为中国特色指标之一纳入GPI的测算体系当中，以反映其对我国居民福利提升的重要性。

表4-20 我国高速铁路基本情况

年份	营业里程（公里）	占铁路营业里程比重（%）	客运量（万人）	占铁路客运量比重（%）	旅客周转量（亿人公里）	占铁路客运周转量比重（%）
2008	672	0.8	734	0.5	15.6	0.2
2009	2699	3.2	4651	3.1	162.2	2.1
2010	5133	5.6	13323	8.0	463.2	5.3
2011	6601	7.1	28552	15.8	1058.4	11
2012	9356	9.6	38815	20.5	1446.1	14.7
2013	11028	10.7	52962	25.1	2141.1	20.2
2014	16456	14.7	70378	30.5	2825.0	25.1
2015	19838	16.4	96139	37.9	3863.4	32.3
2016	22980	18.5	122128	43.4	4641.0	36.9

资料来源：《中国统计年鉴2017》。

当前国内外已有很多文献对高铁给经济带来的影响进行研究。比如蒋茂荣等（2017）使用投入产出模型对我国高铁投资对经济和就业的短期效应进行评估，结果发现2012年中国高铁建设投资每增加亿元将拉动社会总产出增加3.72亿元，带动社会就业1084人。Chen等（2016）使用可计算一般均衡（CGE）模型对2002~2013年大量增长的政府铁路公共设施投资

[①] 旅客周转量是反映一定时期内旅客运输工作总量的指标。计算公式是运送旅客人数与运送距离的乘积，以人公里（或人海里）为计算单位。

给居民福利带来的影响进行测量，结果发现近 10 年来，铁路公共设施投资分别从土地使用效应、产出效应和需求效应三个方面使居民收入总增长约 2.22 万亿元。然而，已有文献都是对铁路经济价值的研究，对其服务价值的测算仍然缺乏。

综上所述，本报告在计算全国高铁服务价值时，考虑到高速铁路同普通铁路一样属于公共交通基础设施，仍将其净现存量价值的 7.5% 作为其服务价值。而在计算各省份的高铁服务价值时，由于高速铁路长度不能完全反映其给人民带来的服务价值（如北京市内高速铁路较短但每天发出车次很多，服务于更多的人次，而青海地区高速铁路长但车次较少，服务人次也相对较少），因此本报告通过计算各省份可获得的高铁服务资源，即高铁站经停的高铁车次数，作为权重来分配全国高铁服务的总价值，以得到各省高铁的服务价值。计算公式如下。

1) 全国高铁服务价值、全国人均高铁服务价值

全国高铁服务价值：$V = 7.5\% \times R$

全国人均高铁服务价值：$\bar{V} = \dfrac{V}{Pop}$

其中，R 表示全国高铁设施净现存量价值，Pop 表示全国总人口数。

2) 地区高铁服务价值、地区人均高铁服务价值

地区高铁服务价值：$V_j = \omega_j \times V$

地区人均高铁服务价值：$\bar{V}_j = \dfrac{V_j}{Pop_j}$

其中，ω_j 表示地区 j 高铁服务资源占全国高铁服务资源比重，Pop_j 表示地区 j 总人口数。

由于仍缺乏高速铁路净现存量价值的数据，本报告试图继续使用永续盘存法，使用当年新增固定资产数据来计算其当前存量价值。然而由于线路较多，且高速铁路折旧速度慢，为简化计算，本报告对每年新增线路不加区分，希望在未来的研究中可以有所改进。具体地，本报告使用截止到 2016 年底我国高速铁路营业里程数 22980 公里，按照其平均出厂价格 1.08 亿元每公里（欧杰等，2014）（以建筑安装工程固定资产价格指数折算为 2016 年价格），再扣除价格中机车车辆和其他成本所占的比例，相乘计算得到其在 2016 年具备的总存量价值。

各省份高铁服务价值按照其可获得的高铁服务资源进行分配。一个省份的高铁车站越多，经停列车车次越多，意味着该省份可获得的高铁服务资源越多。通过整理中国铁路客户服务中心（12306）的数据，本报告得到了截至2018年2月6日，共28个省份（除宁夏回族自治区、新疆维吾尔自治区和西藏自治区）、719个高铁站的始发以及经停列车数量。限于数据可得，本报告将由此计算的各省占全国的比重作为2016年全国分配到各省的高铁服务资源比重。

2. 计算结果

按照上述高铁服务价值计算方法，结果显示（见表4-21）：全国高铁服务价值为1351.38亿元，人均高铁服务价值为98.02元。

各地区人均高铁服务价值及排序情况见表4-21、图4-22，海南、浙江和福建高铁服务价值分别为23.59亿元、130.11亿元和83.44亿元，人均高铁服务价值均高于200元，分别为258.08元、233.83元和216.35元，居第1~3位；其次为上海、广东、江苏、湖北、广西、辽宁和天津，其高铁服务价值分别为38.80亿元、170.95亿元、118.77亿元、80.61亿元、65.86亿元、59.81亿元和19.79亿元，人均高铁服务价值均高于100元，分别为160.50元、156.49元、148.69元、137.36元、136.73元、136.56元和127.33元，居第4~10位。

表4-21 全国及各地区高铁服务价值、人均高铁服务价值

地区	高铁服务价值（亿元）	人均高铁服务价值（元）	地区	高铁服务价值（亿元）	人均高铁服务价值（元）
北京	11.96	55.04	河南	53.94	56.75
天津	19.79	127.33	湖北	80.61	137.36
河北	50.08	67.24	湖南	65.32	96.03
山西	24.48	66.66	广东	170.95	156.49
内蒙古	4.01	15.94	广西	65.86	136.73
辽宁	59.81	136.56	海南	23.59	258.08
吉林	23.84	86.91	重庆	18.00	59.37
黑龙江	15.53	40.82	四川	44.21	53.69
上海	38.80	160.50	贵州	22.41	63.25

续表

地区	高铁服务价值（亿元）	人均高铁服务价值（元）	地区	高铁服务价值（亿元）	人均高铁服务价值（元）
江苏	118.77	148.69	云南	11.10	23.33
浙江	130.11	233.83	陕西	26.56	69.84
安徽	54.98	89.11	甘肃	12.13	46.58
福建	83.44	216.35	青海	4.87	82.44
江西	57.06	124.60	宁夏	0.00	0.00
山东	59.17	59.78	全国	1351.38	98.02

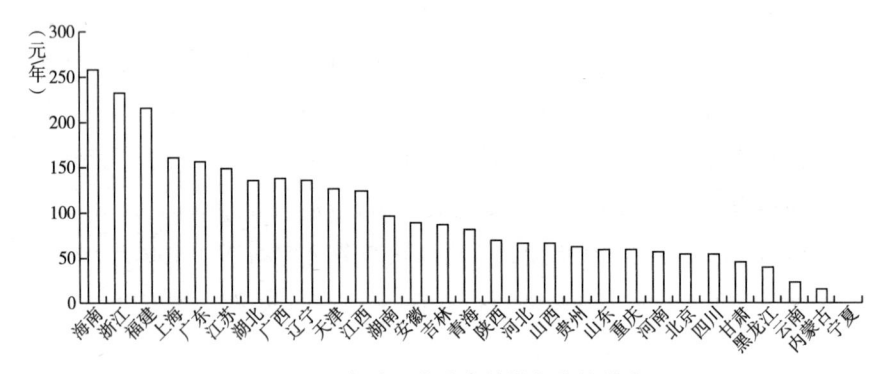

图 4-22　各地区人均高铁服务价值排序

4.4　自然资本服务价值

生态系统服务是指通过生态系统的结构、过程和功能直接或间接得到的生命支持产品和服务，其价值评估是生态环境保护、生态功能区划、环境经济核算和生态补偿决策的重要依据和基础。生态系统服务一般包括供给服务（Provisioning services）、调节服务（Regulating services）、支持服务（Supporting services）和文化服务（Cultural services）四种类型（Millennium Ecosystem Assessment，2005）。在 GPI 2.0 中，自然资本服务价值仅为保护性区域（protected areas）的生态服务价值，计算所有陆域和水域的生态服务价值被认为是不合理的，譬如商业性的农业和林业用地等提供的服务已经被反映到消费者食物、木材和纸等项支出中，而且这些土地大多数都面临着生产力下降、生物多样性缺乏以及污染严重等问题（Talberth & Weisdorf，2017）。

1. 测算方法

本报告仍遵循 GPI 2.0 中保护性区域生态服务价值的界定，结合我国数据的可得性，选择以自然保护区的生态服务价值来计算。

自然保护区的生态服务价值的计算，是用自然保护区面积乘以单位面积生态服务价值。对单位面积生态服务价值的计算我们参考谢高地等（2015）中的做法，并做出以下几点修改：（1）把生态系统服务中的供给服务剔除，因为供给服务（食物生产、原料生产和水资源供给）已经被表现在 GPI 的消费模块中，不需重复计算。（2）进一步区分文化服务、调节服务和支持服务的辐射范围：各地自然保护区提供的文化服务（美学景观）仅服务于所在地居民；各地自然保护区提供的调节服务（气体调节、气候调节、净化环境、水文调节）和支持服务（土壤保持、维持养分循环、生物多样性）则服务于全国居民。（3）鉴于全国自然保护区的特殊性及各地区自然地理结构的复杂性，把全国自然保护区分为两类：自然保护区 1（西藏自治区、青海省、内蒙古自治区、甘肃省、宁夏回族自治区、新疆维吾尔自治区）和自然保护区 2（其他省份）。

其中全国及各地区的自然保护区面积数据来源于《2017 中国统计年鉴》，推算出的单位面积自然保护区的生态服务价值见表 4-22。

表 4-22 以农田服务价值为基准进行当量因子测算的比值及单位面积价值

生态类型	文化服务			调节和支持服务		
	单位面积价值当量	以农田服务价值为基准进行当量因子测算的比值	2016 年单位面积价值（元/公顷）	单位面积价值当量	以农田服务价值为基准进行当量因子测算的比值	2016 年单位面积价值（元/公顷）
农田	0.08	1	75.71	3.83	1	3866.19
林地	0.69	9.20	696.52	13.69	3.57	13819.37
草地	0.25	3.33	252.36	4.50	1.17	4542.53
湿地	4.73	63.07	4774.70	43.69	11.41	44102.88
荒漠	0.01	0.13	10.09	0.19	0.05	191.80

续表

生态类型	文化服务 单位面积价值当量	文化服务 以农田服务价值为基准进行当量因子测算的比值	文化服务 2016年单位面积价值（元/公顷）	调节和支持服务 单位面积价值当量	调节和支持服务 以农田服务价值为基准进行当量因子测算的比值	调节和支持服务 2016年单位面积价值（元/公顷）
水域	0.09	1.20	90.85	8.02	2.09	8095.79
自然保护区1	—	—	131.23	—	—	2367.16
自然保护区2	—	—	348.26	—	—	6909.69

注：自然保护区1的单位面积服务价值采用草地和荒漠价值的均值计算；自然保护区2的单位面积服务价值采用林地的50%价值的计算。

2. 计算结果

根据上述方法核算结果显示（见表4-23）：2016年全国自然资本服务总价值为5828.18亿元，人均自然资本服务价值为422.74元。

从各地区年人均自然资本服务价值及排序来看（见表4-23、图4-23），西藏自治区的人均自然资本服务价值最高，为3711.15元，自然资本服务总价值为121.54亿元；青海省、新疆维吾尔自治区、内蒙古自治区、海南省、甘肃省、黑龙江省、四川省、吉林省和宁夏回族自治区的人均自然资本服务价值依次居第2~10位，分别为1361.05元、610.93元、524.95元、496.17元、482.30元、463.70元、428.20元、422.35元和414.59元，其自然资本服务总价值分别为80.37亿元、145.34亿元、132.05亿元、45.35亿元、125.64亿元、176.46亿元、352.54亿元、115.85亿元和27.84亿元。

表4-23 2016年全国及各地区自然资本服务价值

地区	自然资本服务总价值（亿元）	人均自然资本服务价值（元）	地区	自然资本服务总价值（亿元）	人均自然资本服务价值（元）
北京	85.59	394.06	湖北	234.21	399.10
天津	61.50	395.63	湖南	271.81	399.57
河北	295.08	396.21	广东	437.29	400.30
山西	148.07	403.13	广西	194.21	403.18
内蒙古	132.05	524.95	海南	45.35	496.17
辽宁	180.80	412.79	重庆	122.28	403.23
吉林	115.85	422.35	四川	352.54	428.20

续表

地区	自然资本服务总价值（亿元）	人均自然资本服务价值（元）	地区	自然资本服务总价值（亿元）	人均自然资本服务价值（元）
黑龙江	176.46	463.70	贵州	142.37	401.89
上海	95.27	394.08	云南	196.93	414.02
江苏	315.20	394.62	陕西	153.30	403.10
浙江	219.71	394.84	甘肃	125.64	482.30
安徽	244.49	396.26	青海	80.37	1361.05
福建	153.30	397.51	宁夏	27.84	414.59
江西	184.15	402.16	新疆	145.34	610.93
山东	393.54	397.64	西藏	121.54	3711.15
河南	376.09	395.63	全国	5828.18	422.74

资料来源：《2017中国统计年鉴》。

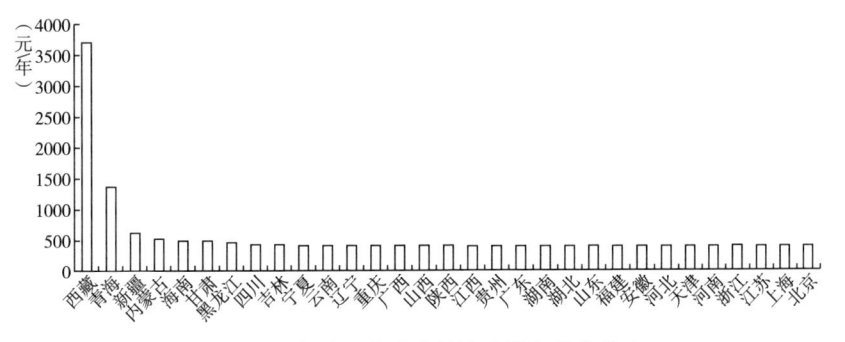

图4-23 各地区人均自然资本服务价值排序

参考文献

[1] Berik, G., & Gaddis, E. (2011). The Utah Genuine Progress Indicator (GPI), 1990-2017: A Report to the people of Utah.

[2] Blomquist, G.C., Coomes, P.A., Jepsen, C., Koford, B.C., & Troske, K.R. (2014). Estimating the social value of higher education: willingness to pay for community and technical colleges. Journal of Benefit-Cost Analysis, 5(1), 3-41.

[3] Chen, Z., Xue, J., Rose, A.Z., & Haynes, K.E. (2016). The impact of high-speed rail investment on economic and environmental change in China: A dynamic CGE analysis. Transportation Research Part A: Policy and Practice, 92, 232-245.

[4] Costanza, R., Erickson, J., Fligger, K., Adams, A., Adams, C., Altschuler, B., ...& Kerr, T. (2004). Estimates of the Genuine Progress Indicator (GPI) for Vermont, Chittenden County and Burlington, from 1950 to 2000. Ecological Economics, 51 (1-2), 139-155.

[5] Delang, C.O., & Yu, Y.H. (2014). Beyond economic growth: the genuine progress of Hong Kong from 1968 to 2010. International Journal of Sustainable Development, 17 (4), 387-402.

[6] Hill, K., Hoffman, D., & Rex, T.R. (2005). The value of higher education: Individual and societal benefits. Arizona State University, Tempe, AZ, USA.

[7] Jacobs. J. (1970). The Economy of Cities. New York: Vintage Books.

[8] Kubiszewski, I., Costanza, R., Gorko, N.E., Weisdorf, M.A., Carnes, A.W., & Collins, C.E., et al. (2015). Estimates of the Genuine Progress Indicator (GPI) for oregon from 1960 - 2010 and recommendations for a comprehensive shareholder's report. Ecological Economics, 119 (119), 1-7.

[9] Liu, Z. (2007). The external returns to education: Evidence from Chinese cities. Journal of Urban Economics, 61 (3), 542-564.

[10] MA (Millennium Ecosystem Assessment). (2015). Ecosystems and Human Well-being. Washington, DC: Island Press.

[11] Moretti, E. (2004). Estimating the social return to higher education: evidence from longitudinal and repeated cross-sectional data. Journal of Econometrics, 121 (1-2), 175-212.

[12] OECD. (2001). The Well-being of Nations: The Role of Human and Social Capital, OECD, Paris.

[13] Piketty, T. (2014). Capital in the Twenty-first Century. Belknap Press of Harvard University Press, Cambridge, MA.

[14] Reinsdorf, M., & Cover, M. (2005). Measurement of capital stocks, consumption of fixed capital, and capital services. Report on a presentation to the Central American Ad Hoc Group onNational Accounts, Santo Domingo, Dominican Republic.

[15] Talberth, J., & Weisdorf, M. (2017). Genuine Progress Indicator 2.0: pilot accounts for the US, Maryland, and City of Baltimore 2012-2014. Ecological Economics, 142, 1-11.

[16] Wen, Z., Zhang, K., Du, B., Li, Y., & Li, W. (2007). Case study on the use of Genuine Progress Indicator to measure urban economic welfare in China. Ecological Economics, 63 (2-3), 463-475.

[17] World Bank. (1995). Monitoring environmental progress: a report on work in progress (English). Washington, D.C.: The World Bank.

[18] Zencey, E. (2018). The 2018 Vermont Genuine Progress Indicator Report.

[19] 奥斯卡·约尔达, 凯瑟琳·诺尔, 德米特里·库夫希诺夫, 莫里茨·舒拉,

艾伦·泰勒.（2018）.过去150年的国际主要资本回报率.中国经济报告（9），106~108.

［20］查显友，丁守海.（2006）.对我国高等教育外部性的实证分析.经济理论与经济管理（1），41~45.

［21］蒋茂荣，范英，夏炎，陈全润，姚晔.（2017）.中国高铁建设投资对国民经济和环境的短期效应综合评估.中国人口·资源与环境（2），75~83.

［22］柯善咨，& 向娟.（2012）.1996—2009年中国城市固定资本存量估算.统计研究（7），19-24.

［23］李小瑛，陈广汉，张应武.（2010）.中国城镇地区高等教育外部回报率估算.世界经济文汇（1），76~91.

［24］梁赟玲，李波.（2017）.教育外部性的收入效应：基于中国数据的实证研究.教育与经济（4），49~57.

［25］刘泽云.（2016）.教育投资具有外部收益吗？——来自中国的经验证据.教育经济评论（2），99~114+125.

［26］欧杰，宋迪，周楠燕.（2014）.中国高速铁路：建设成本分析.中国交通运输系列专题之九（7），1~8.

［27］谢高地，张彩霞，张雷明，陈文辉，李士美.（2015）.基于单位面积价值当量因子的生态系统服务价值化方法改进.自然资源学报（8），1243~1254.

第5章　环境与社会成本

在过去的几十年中，随着经济高速增长和人口数量的急剧增加，我们对环境、能源的依赖也日益增加，同时，人们的经济和社会活动，会带来巨大的运行成本。在本章，我们将对资源消耗成本、环境破坏成本（污染成本）和经济活动的社会成本进行核算。

自然资源消耗成本的测度重点放在石油、天然气等其他不可再生资源上。这些资源一度似乎是无限的，但当我们接近或超过它们的峰值点时，我们发现必须寻找可替代的再生能源（例如太阳能、风能、地热能和生物质能），以满足我们不断增长的能源需求。虽然能源转型是一个长期且复杂的问题，但是可再生能源的使用会带来很多好处：就业和基础设施继续增加，减少了化石燃料的污染，使环境受益。而许多不同类型的环境污染对社会都有负面影响，因此，我们计算水污染、空气污染、固体废物处置、噪声污染和温室气体的成本。水污染影响人类健康，损害野生动植物，降低水质安全性，并降低水体附近房屋的价值。空气污染更加直接影响人类健康，空气质量差增加人类心脏病、哮喘和其他疾病的发病率。如果处理不当，固体废物会影响人类健康，降低房屋价值，占用土地，这些土地可以用于收益更高的生产目的。噪声污染也会对人体健康造成负面影响，增加高血压和心脏病发作的频率，并降低人们的专注力，使学习更加困难。温室气体会增加当前和未来气候变化的影响，从而产生经济影响。除此之外，经济和社会运行过程中存在非常多的成本损失，其中有些是不可避免的，但能通过政府行为上的改变而减少，如犯罪成本、家庭变更成本、通勤成本、交通事故成本、休闲时间损失成本等。

5.1 不可再生能源消耗的替代成本

1. 测算方法

关于不可再生能源的消耗，GPI 1.0 中大多指不可再生资源的消耗，包括化石燃料（即不可再生能源，如煤、石油、天然气等）和矿产资源（如铜、铁、锌等），而 GPI 2.0 中指与能源有关的不可再生资源（煤、石油、天然气等）的消耗，此处根据 GPI 2.0 的界定将不可再生能源的范围限定于化石燃料方面，重点考察煤、石油、天然气的消耗。

不可再生能源的形成要经过长时间的积累，在短期内不可再生，人类对不可再生能源的无节制消耗相当于过早地使用了子孙后代的资源，并且将生产活动过程中产生的成本传递给后代。当人类通过消耗资源来创造经济收益时，此处的收益不应该仅仅计算创造的经济价值，还应该将不可再生能源存量的减少视为成本计算在内（Martinet，2012）。

估算不可再生能源成本常用两种方法：资源租金法（生产驱动法）（Daly & Cobb，1989）和替代成本法（消费驱动法）（Hamilton & Cleveland，1999；Lawn，2005）。资源租金法根据一个地区当年所生产的不可再生资源的产量乘以生产价格来计算（Neumayer，2000）。替代成本法则以该地区当年所消费的不可再生资源总量的替代成本来计算，具有明确、客观和可衡量的优点。运用替代成本法测算不可再生能源消耗的替代成本的思路是用等效的可再生能源替代不可再生能源的成本，如用生物燃料取代运输中使用的化石燃料以及用太阳能和风能取代化石燃料产生的电力的成本等（Erickson et al.，2013；Talberth & Weisdorf，2017）。

本报告使用替代成本法对不可再生能源消耗的替代成本进行计算，即用可再生能源提供所消耗的不可再生能源产生同等电力的成本。具体计算公式为：

$$C = (C_{coal} \times \beta_1 + C_{petroleum} \times \beta_2 + C_{natural\_gas} \times \beta_3) \times e \times c$$

其中 C 表示不可再生能源消耗成本；C_{coal}、$C_{petroleum}$ 和 $C_{natural\_gas}$ 分别表示不可再生能源中煤炭、石油和天然气的消费量，β_1、β_2 和 β_3 分别为对应的各能源消费量进行标准煤转换的系数，其中原煤折标准煤系数为 0.7143 千克标准煤/千克，石油折标准煤系数为 1.4286 千克标准煤/千克，天然气折标准煤系数为 1.1~1.33 千克标准煤/立方米，此处取均值为 1.215；① e 表示 1 吨标准煤产生的电能，即 8130 千瓦时，② 而 c 表示每千瓦时水电的成本，每千瓦时水力发电的运行成本价区间估计为 4~9 分/千瓦时，③ 在此取中间值 6.5 分/千瓦时。

2. 计算结果

按照前面的计算公式，计算得出 2016 年全国及各地区不可再生能源消耗成本及人均不可再生能源消耗成本。结果显示（见表 5-1）：全国不可再生能源消耗成本为 21780.32 亿元，人均不可再生能源消耗成本为 1579.81 元。

从各地区人均不可再生能源消耗成本及排序来看（见表 5-1、图 5-1），内蒙古自治区和宁夏回族自治区人均不可再生能源消耗成本均超过 5000 元，分别为 5887.22 元和 5333.58 元，明显高于其他地区，位居前两位，其不可再生能源消耗总成本分别为 1480.93 亿元和 358.15 亿元；山西省和新疆维吾尔自治区人均不可再生能源消耗成本依次位居第 3~4 位，分别为 3946.96 元、3871.54 元，不可再生能源消耗总成本分别为 1449.72 亿元、921.04 亿元；辽宁省、陕西省、天津市、青海省、上海市、山东省的人均不可再生能源消耗成本依次位居第 5~10 位，分别为 2300.00 元、2289.30 元、2198.46 元、2141.41 元、2066.68 元和 1958.07 元，其不可再生能源消耗总成本分别为 1007.40 亿元、870.62 亿元、341.75 亿元、126.45 亿元、499.62 亿元和 1937.90 亿元。

表 5-1　2016 年全国及各地区不可再生能源消耗成本

地区	不可再生能源消耗总成本（亿元）	人均不可再生能源消耗成本（元）	地区	不可再生能源消耗总成本（亿元）	人均不可再生能源消耗成本（元）
北京	255.38	1175.78	河南	1099.27	1156.40
天津	341.75	2198.46	湖北	658.71	1122.45
河北	1241.16	1666.55	湖南	589.37	866.40

---

① 各系数出自《2017 中国能源统计年鉴》。
② 1 吨标准煤＝8130 度电，1 度＝1KWH，https：//www.wesiedu.com/zuoye/8295961152.html。
③ 《中国水力发电电能上网价格及成本综合分析》，https：//wenku.baidu.com/view/5a68d1ffaef8941ea76e0571.html。

续表

地区	不可再生能源消耗总成本（亿元）	人均不可再生能源消耗成本（元）	地区	不可再生能源消耗总成本（亿元）	人均不可再生能源消耗成本（元）
山西	1449.72	3946.96	广东	1165.39	1066.82
内蒙古	1480.93	5887.22	广西	352.40	731.58
辽宁	1007.40	2300.00	海南	98.70	1079.87
吉林	442.79	1614.25	重庆	336.77	1110.54
黑龙江	698.73	1836.11	四川	688.23	835.94
上海	499.62	2066.68	贵州	597.28	1686.04
江苏	1409.57	1764.72	云南	375.22	788.86
浙江	802.49	1442.16	陕西	870.62	2289.30
安徽	728.50	1180.71	甘肃	324.39	1245.26
福建	445.48	1155.14	青海	126.45	2141.41
江西	379.55	828.89	宁夏	358.15	5333.58
山东	1937.90	1958.07	新疆	921.04	3871.54
全国	21780.32	1579.81			

资料来源：《2017中国能源统计年鉴》（西藏自治区数据缺失）。

注：全国是除港澳台之外31个省、自治区、直辖市之和。

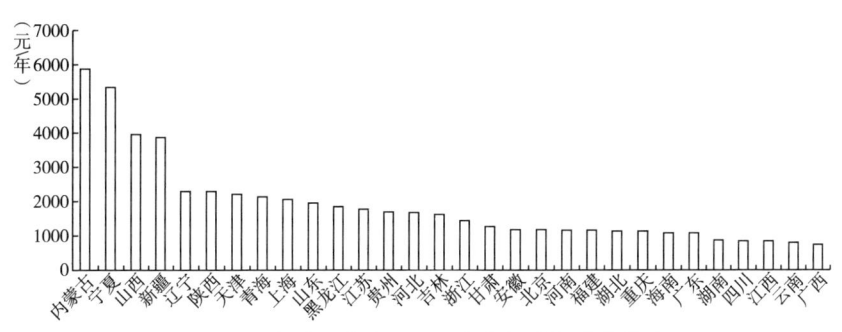

图 5-1 各地区人均不可再生能源消耗成本排序

5.2 污染成本

5.2.1 温室气体排放

1. 测算方法

在以往的 GPI 1.0 计算中（该指标被称为"气候变化 climate change"或"长期环境破坏成本 cost of long-term environmental damage"），澳大利亚

使用二氧化碳排放量，并用其对人类和环境的未来影响的方法对该指标进行测算（Hamilton & Cleveland，1999），美国佛蒙特州直接使用能源消费量（转换成当量的标准桶石油）乘以每桶石油税额（Costanza et al.，2004）来测算，美国俄勒冈州使用能源消耗量乘以二氧化碳排放的边际社会成本进行测算（Kubiszewski et al.，2015），日本的测算方法是用二氧化碳排放量乘以每吨二氧化碳排放成本（Hayashi，2015），巴西则是使用化石燃料能源消费量并估计其为将来生活提供支持服务的损失价值（Andrade & Garcia，2015）。基于 GPI 2.0 框架，在对美国马里兰州和巴尔的摩市的温室气体排放指标进行测算时，直接使用二氧化碳排放量乘以二氧化碳排放的边际社会成本进行计算（Talberth & Weisdorf，2017），其中二氧化碳排放量来自美国环保局统计数据，二氧化碳排放成本使用每吨碳排放产生的社会成本——93 美元（Tol，2013），并用贴现率换算为当年价值。

本报告在计算温室气体排放成本时，使用二氧化碳排放量乘以二氧化碳排放边际社会成本来计算。其中二氧化碳排放数据来源于中国温室气体排放数据库（CEADs 数据库），由于目前数据库只更新到 2015 年，本报告根据其公布的 1997~2015 年数据，按照时间序列趋势推算出 2016 年数据进行计算。二氧化碳排放的边际社会成本的确定则是参照钱国强等（2017）测算的碳排放交易价格：2017 年碳价为 38 元/吨，[①] 假设 2016~2017 年的价格指数与 2015~2016 年的价格指数相等[②]，都为 102，碳价折算到 2016 年为 37.25 元/吨。

2. 计算结果

通过计算，结果显示（见表 5-2）：2016 年全国温室气体排放总成本为 4643.40 亿元，人均温室气体排放成本为 336.80 元。

从各地区人均温室气体排放成本及排序来看（见表 5-2、图 5-2），山西省、新疆维吾尔自治区、内蒙古自治区、宁夏回族自治区和陕西省的人均温室气体排放成本明显高于其他省份，依次居第 1~5 位，分别为 1508.06 元、1444.89 元、1352.30 元、1083.99 元和 800.63 元，其温室气体排放总成本分别为 553.91 亿元、343.74 亿元、340.17 亿元、72.79 亿元和 304.48

[①] 《2017 年中国碳价调查》，http://www.huanjing100.com/p-1601.html?from=app。

[②] 因为目前最新的《中国统计年鉴》为 2017 年，报告 2016 年的经济情况，所以只有 2015 年到 2016 年的居民消费价格指数。

亿元；山东省、辽宁省、贵州省、黑龙江省和河北省的人均温室气体排放成本依次居第6~10位，分别为419.47元、413.58元、363.73元、337.12元和310.45元，其温室气体排放总成本分别为415.15亿元、181.15亿元、128.85亿元、128.29亿元和231.21亿元。

表5-2 2016年全国及各地区温室气体排放成本

地区	温室气体排放总成本（亿元）	人均温室气体排放成本（元）	地区	温室气体排放总成本（亿元）	人均温室气体排放成本（元）
北京	30.84	141.99	河南	190.16	200.04
天津	23.32	150.02	湖北	93.80	159.84
河北	231.21	310.45	湖南	91.56	134.60
山西	553.91	1508.06	广东	184.13	168.56
内蒙古	340.17	1352.30	广西	60.72	126.05
辽宁	181.15	413.58	海南	28.20	308.53
吉林	77.55	282.72	重庆	56.84	187.44
黑龙江	128.29	337.12	四川	122.78	149.13
上海	54.05	223.58	贵州	128.85	363.73
江苏	240.30	300.85	云南	63.70	133.92
浙江	139.87	251.36	陕西	304.48	800.63
安徽	145.42	235.69	甘肃	64.55	247.79
福建	92.49	239.83	青海	16.35	276.88
江西	65.75	143.59	宁夏	72.79	1083.99
山东	415.15	419.47	新疆	343.74	1444.89
全国	4643.40	336.80			

资料来源：CEADs数据库（西藏自治区数据缺失）。

注：全国是除港澳台之外31个省、自治区、直辖市之和。

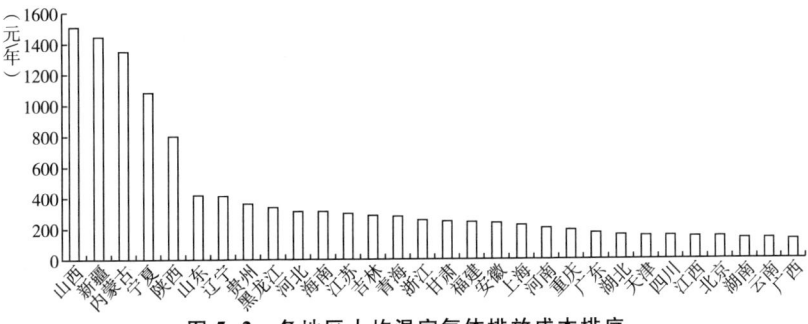

图5-2 各地区人均温室气体排放成本排序

5.2.2 空气污染

1. 测算方法

空气污染（air pollution）不仅会对人类身体健康造成危害，同时会破坏农业生产，损坏建筑物和环境，引发一系列成本损失。随着中国大部分城市PM2.5值屡次爆表，空气质量每况愈下，成为社会舆论和媒体关注的焦点。空气污染的来源具有不固定性，但可以肯定的是工业生产是空气污染的一个重要来源，且空气污染的流动性强，对人类健康和动植物生长具有广泛的危害，因此在GPI的测算中应扣除空气污染成本。

空气污染作为自然资本损失，其成本测算是基于对室外空气污染成本的估计（Hutton，2011）。关于空气污染成本的衡量，一种比较直观的测算方法是根据空气污染物的排放量来估算污染成本。例如，在测算澳大利亚的GPI时基于SOx和NOx排放数据加权算出空气污染总成本，并把其中的80%作为测算GPI的空气污染成本（Clarke & Lawn，2008）；通过获得五种占比最大的污染物（大颗粒物〔PM10〕、细颗粒物质〔PM2.5〕、氮氧化物〔NOx〕、硫氧化物〔SOx〕和挥发性有机化合物〔VOCs〕）排放数据以及国家层面相应的人均每吨污染物排放造成的损失成本（健康损害以及能见度降低等），来估计美国犹他州的空气污染成本（Berik & Gaddis，2014）；对日本GPI的研究中均用按行业估算的NOx和SOx排放量，乘以边际清除成本来计算空气污染成本，但是由于私人车辆使用和家庭生活中NOx和SOx的排放量难以统计，仅考虑工业生产部门NOx和SOx排放造成的空气污染。这种测算方法比较直观易懂，但关于空气污染物排放量的统计可能不够全面准确，而且这些污染物对健康损害、经济损失等的边际成本衡量标准不同会导致存在一定误差（Makino，2008；Hayashi，2015）。

另外还有几种间接测算方法，例如，有学者使用世界银行2007年的数据估计中国空气污染成本约占GDP的3.8%，并假设其中的50%已经反映在如空气污染造成的工作损失和昂贵的污染防范或治疗支出等其他GPI项目中，所以最终空气污染成本只取其50%（Wen et al.，2007）；美国佛蒙特州及马里兰州GPI测算中均用臭氧超标来代表空气污染，并把一年中臭氧超标超过8小时的天数定义为该年的空气污染天数，然后根据该州空气污染天数比例以及1970年估计的国家污染成本和相应污染天数比例，换算出州当年的空气污染成本（Erickson et al.，2013）。

由于缺乏日常生活对空气污染影响的相关数据，本报告在测算空气污染成本时，仿效部分学者的做法，将工业废气治理费用保守替代为整体空气污染的成本，① 结合数据可得性具体的计算公式为：

$$C = \frac{(C_{accumulate} + C_{operation})}{Q_{disposal}} \times Q_{discharge}$$

其中 C 表示空气污染成本；$C_{accumulate}$ 表示 2009~2016 年工业废气治理投资折旧后累积成本，在计算中将每年的工业废气治理完成投资统一归为废气治理设备购入、维修等，按设备 8 年使用年限进行折旧处理，并在折旧时把各年投资额按居民消费价格指数（2016 年为基期）转换成当年值；$C_{operation}$ 表示 2016 年工业废气治理设施的运行费用；$Q_{disposal}$ 表示 2016 年的工业废气处理量；$Q_{discharge}$ 表示 2016 年的工业废气排放量。

以上数据均出自《2010~2017 中国环境统计年鉴》。在实际计算过程中，由于缺乏各地区 2016 年工业废气处理量数据，假设北京地区的设备能够处理当年北京的废气排放总量，② 并据此计算出北京地区单位废气处理费用，作为其他各地区的统一计算标准；另 2017 年环境统计年鉴中未公布 2016 年工业废气治理设施运行费用、2016 年工业废气排放量和 2016 年工业废气处理量，故用 2015 年数据进行替代。

2. 计算结果

按照以上公式计算，结果显示（见表 5-3）：2016 年全国空气污染成本为 6303.79 亿元，人均空气污染成本为 457.24 元。

从各地区年人均空气污染成本及排序来看（见表 5-3、图 5-3），内蒙古自治区和宁夏回族自治区的人均空气污染成本依次位居第 1~2 位，均超过了 1000 元，分别为 1311.35 元和 1200.15 元，其空气污染总成本分别为 329.87 亿元和 80.59 亿元；河北省、山西省、青海省、新疆维吾尔自治区、辽宁省、江苏省、山东省和天津市的人均空气污染成本依次位居第 3~10 位，分别为 970.59 元、844.65 元、842.17 元、776.80 元、714.52 元、

---

① 数据的缺乏使这种保守估计将不可避免地会低估实际空气污染成本。
② 《2016 中国环境统计年鉴》中数据显示工业废气治理设施处理能力大于工业废气排放量，也证明了这一假设的合理性。

666.70元、528.08元和494.50元，对应的其空气污染总成本分别为722.85亿元、310.24亿元、49.73亿元、184.80亿元、312.96亿元、532.53亿元、522.64亿元和76.87亿元。

表5-3　2016年全国及各地区空气污染成本

地区	空气污染总成本（亿元）	人均空气污染成本（元）	地区	空气污染总成本（亿元）	人均空气污染成本（元）
北京	33.82	155.71	湖北	217.52	370.66
天津	76.87	494.50	湖南	140.95	207.20
河北	722.85	970.59	广东	281.03	257.26
山西	310.24	844.65	广西	154.31	320.34
内蒙古	329.87	1311.35	海南	21.52	235.45
辽宁	312.96	714.52	重庆	91.34	301.20
吉林	96.82	352.97	四川	152.15	184.81
黑龙江	99.76	262.15	贵州	168.25	474.95
上海	117.78	487.20	云南	143.05	300.75
江苏	532.53	666.70	陕西	159.19	418.59
浙江	246.94	443.78	甘肃	122.30	469.48
安徽	283.31	459.17	青海	49.73	842.17
福建	158.28	410.42	宁夏	80.59	1200.15
江西	156.91	342.67	新疆	184.80	776.80
山东	522.64	528.08	西藏	1.68	51.30
河南	333.83	351.18	全国	6303.79	457.24

资料来源：《2010~2017中国环境统计年鉴》。

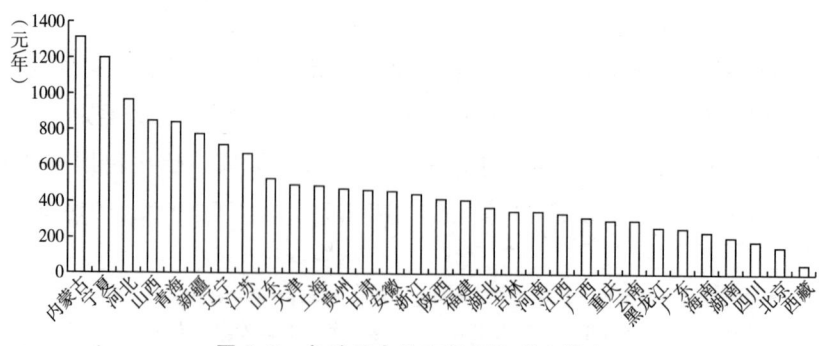

图5-3　各地区人均空气污染成本排序

5.2.3 水污染

1. 测算方法

工业生产、农业生产以及家庭污染物排放均会对地表水和地下水造成污染,对人体健康、渔业水产业、相关旅游休闲业造成危害或损失,并且产生很大的污染治理成本,对 GPI 来说是负影响,因此经济发展的真实衡量应该剔除水资源污染成本。

水污染指标的计算方法有很多种,一种主流的计算方法是用一个地区污染水域百分比乘以总体水域未被污染时的总价值。例如,美国佛蒙特州用未被污染的水的人均服务价值乘以该州人口总数得到佛蒙特州水资源没有被污染时的总价值,然后再与被污染水体占总水体百分比相乘来获得该州水污染成本(Erickson et al., 2013);美国俄勒冈和马里兰州的 GPI 测算同样是使用该方法来计算水污染成本,只是净水服务价值的衡量标准略有不同(Kubiszewski et al., 2015)。美国使用该种计算方法的一种可能性是各州对污染水域监测比较完善,使污染水体百分比较容易获得。

水污染指标的另一种测算方法是用治理被污染水质所花费的成本进行衡量。例如,对澳大利亚 GPI 测算的文章中运用提高水质的控制费用作为水污染成本(Hamilton & Cleveland, 1999);日本在测算 GPI 时,估计工业部门和农业部门(畜牧业)使水域中产生的生化需氧量(BOD)和化学需氧量(COD)的数量并取其较大值做以保守估计,乘以边际清除成本来获得水污染成本(Hayashi, 2015),但是该文章由于数据限制,省略了城市生活污水而使水污染估算成本偏低;在研究中国 GPI 的文章中,同样因为数据限制,使用水污染治理支出费用替代水污染成本(王茂园, 2013;李宣, 2014)。使用这种方法的国家可能是因为前期污染水域监测并不完善而转向后期水污染治理费用,在数据缺失的情况下也具有可取性。

本报告基于治理被污染水质成本法,根据水污染相关数据的可得性,按照以下公式进行计算:

$$C = \frac{(C_{accumulate} + C_{operation})}{Q_{disposal}} \times Q_{discharge}$$

其中 C 表示水污染治理成本;$C_{accumulate}$ 表示 2009~2016 年工业废水治理

投资折旧后累积额度，计算中将每年的工业废水治理投资统一归为废水治理设备购入、维修等，按设备8年使用年限进行折旧处理，并在折旧时把各年投资额按居民消费价格指数（2016年为基期）转换成当年值；$C_{operation}$表示2016年废水治理设施运行费用；$Q_{disposal}$表示2016年工业废水处理量；$Q_{discharge}$表示2016年废水排放量。

以上计算方法中所需数据，如2009~2016年工业废水治理投资完成情况、2016年工业废水治理设施运行费用和2016年工业废水处理量等均可在《2010~2017中国环境统计年鉴》中获得，由于在实际计算过程中，2017年环境统计年鉴中未公布2016年工业废水治理设施运行费用和2016年废水处理量，故用2015年数据进行替代。2016年废水排放量来自《2017中国统计年鉴》，其中废水排放总量包括工业废水、城镇生活污水和集中式污染治理设施排放的污水。在计算单位废水治理成本（工业废水治理投资折旧后累积额度与工业废水治理设施运行费用之和除以工业废水治理设施运行费用）时，各地区统一采用全国平均成本来计算，经计算的单位治理成本为4.63元/吨。

2. 计算结果

按照以上公式计算，结果显示（见表5-4）：2016年全国水污染成本为3292.66亿元，人均水污染成本为238.83元。

从各地区年人均水污染成本及排序来看（见表5-4、图5-4），上海市的人均水污染成本最高，为422.83元，水污染总成本为102.22亿元；广东省、浙江省、江苏省、北京市、重庆市、福建省、天津市、辽宁省和山东省的人均水污染成本依次位居第2~10位，分别为397.70元、358.52元、357.46元、354.79元、308.52元、284.58元、272.63元、241.26元和237.49元，对应的水污染总成本分别为434.45亿元、199.50亿元、285.52亿元、77.06亿元、93.56亿元、109.75亿元、42.38亿元、105.67亿元和235.04亿元。

表5-4 2016年全国及各地区水污染成本

地区	水污染总成本（亿元）	人均水污染成本（元）	地区	水污染总成本（亿元）	人均水污染成本（元）
北京	77.06	354.79	湖北	127.24	216.82
天津	42.38	272.63	湖南	138.34	203.37
河北	133.72	179.55	广东	434.45	397.70

续表

地区	水污染总成本（亿元）	人均水污染成本（元）	地区	水污染总成本（亿元）	人均水污染成本（元）
山西	64.50	175.61	广西	89.45	185.70
内蒙古	48.48	192.73	海南	20.42	223.41
辽宁	105.67	241.26	重庆	93.56	308.52
吉林	44.95	163.87	四川	163.37	198.43
黑龙江	64.05	168.31	贵州	46.64	131.66
上海	102.22	422.83	云南	83.85	176.29
江苏	285.52	357.46	陕西	77.13	202.81
浙江	199.50	358.52	甘肃	30.71	117.89
安徽	111.44	180.62	青海	12.63	213.89
福建	109.75	284.58	宁夏	15.72	234.10
江西	102.37	223.56	新疆	43.48	182.78
山东	235.04	237.49	西藏	2.84	86.85
河南	186.17	195.84	全国	3292.66	238.83

资料来源：《2017 中国统计年鉴》和《2010-2017 中国环境统计年鉴》。

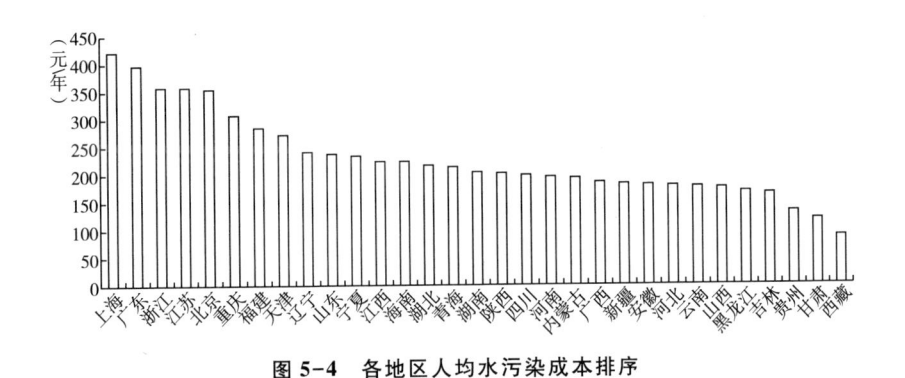

图 5-4 各地区人均水污染成本排序

5.2.4 固体废弃物污染

1. 测算方法

随着经济的发展以及人民生态环保意识的提高，人们越来越认识到固体废弃物污染对环境及人身健康的重要影响，GPI 2.0 中也引入了固体废弃物污染成本指标。通常来说，固体废弃物主要包括城市生活垃圾、工业固体废物和城市危险废物。在对美国马里兰州和巴尔的摩市 GPI 中的固体废弃物污染成本指标进行测算时，使用固体废弃物产生量乘以固体废物排放的外部成本方法得到固体废弃物污染总成本（Talberth & Weisdorf, 2017），此外也有学者直接把处理固体废物的公共财政成本看作外部成本（Kinnaman, 2009）。

本报告在计算固体废弃物污染成本时，采用的是治理固体废弃物成本法，与前文核算空气污染成本和水污染成本相同。根据工业废弃物相关数据的可得性，[①]按照以下方法进行计算：

$$C = \frac{C_{accumulate}}{Q_{disposal}} \times Q_{discharge}$$

其中 C 表示固体废弃物治理成本；$C_{accumulate}$ 表示 2009~2016 年工业固体废弃物治理投资折旧后累积额度，计算中将每年的工业固体废弃物治理投资按设备 8 年使用年限进行折旧处理，并在折旧时把各年投资额按居民消费价格指数（2016 年为基期）转换成当年值；$Q_{disposal}$ 表示 2016 年工业固体废弃物处理量；$Q_{discharge}$ 表示 2016 年工业废弃物产生量。

计算中 2009~2016 年工业固体废物治理投资完成情况出自《2010~2017 中国环境统计年鉴》，工业固体废弃物处理量和工业废弃物产生量情况来自《2017 中国统计年鉴》。在实际计算过程中，由于存在部分地区个别年份（很少）治理固体废弃物完成投资为空值的情况，统一采用该地区 2009~2016 年均值进行填补；在计算单位固体废弃物治理成本（2009~2016 年工业固体废物治理投资折旧后累积额度/2016 年工业固体废弃物处理量）时，各地区采用全国统一成本来计算，经计算的单位治理成本为 20.44 元/吨。

2. 计算结果

按照以上公式计算，结果显示（见表 5-5）：2016 年全国固体废弃物污染成本为 643.04 亿元，人均固体废弃物污染成本为 46.64 元。

[①] 由于生活中固体废弃物相关数据的缺乏，该计算方法将工业固体废弃物治理费用作为整体固体废弃物污染成本，另外在计算单位固体废弃物处理成本时缺乏工业固体废弃物治理设施运行费用，这种保守计算不可避免地会低估实际固体废弃物的污染成本。

从各地区人均固体废弃物污染成本及排序来看（见表5-5、图5-5），青海省的人均固体废弃物污染成本最高，为523.79元，固体废弃物污染总成本为30.93亿元；内蒙古自治区、山西省、宁夏回族自治区、辽宁省、河北省、新疆维吾尔自治区、云南省、江西省和山东省的人均固体废弃物污染成本依次位居第2~10位，分别为203.14元、160.74元、111.69元、106.87元、91.49元、76.17元、57.35元、56.82元和48.95元，对应的固体废弃物污染总成本分别为51.10亿元、59.04亿元、7.50亿元、46.81亿元、68.14亿元、18.12亿元、27.28亿元、26.02亿元和48.45亿元。

表5-5 2016年全国及各地区固体废弃物污染成本

地区	固体废弃物污染总成本（亿元）	人均固体废弃物污染成本（元）	地区	固体废弃物污染总成本（亿元）	人均固体废弃物污染成本（元）
北京	1.32	6.08	湖北	16.96	28.90
天津	3.08	19.81	湖南	11.50	16.91
河北	68.14	91.49	广东	11.89	10.88
山西	59.04	160.74	广西	14.57	30.25
内蒙古	51.10	203.14	海南	0.70	7.66
辽宁	46.81	106.87	重庆	4.90	16.16
吉林	8.60	31.35	四川	24.56	29.83
黑龙江	14.30	37.58	贵州	15.93	44.97
上海	3.57	14.77	云南	27.28	57.35
江苏	24.53	30.71	陕西	17.81	46.83
浙江	9.19	16.52	甘肃	10.65	40.88
安徽	26.15	42.38	青海	30.93	523.79
福建	9.27	24.04	宁夏	7.50	111.69
江西	26.02	56.82	新疆	18.12	76.17
山东	48.45	48.95	西藏	0.87	26.56
河南	29.29	30.81	全国	643.04	46.64

资料来源：《2017中国统计年鉴》和《2010~2017中国环境统计年鉴》。

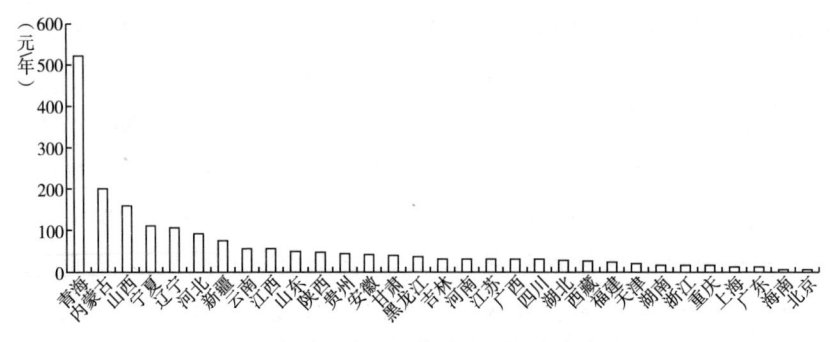

图 5-5　各地区人均固体废弃物污染成本排序

5.2.5　噪声污染

1. 测算方法

随着工业生产、交通运输、城市建设的发展以及人口密度的增加、家庭设施的增多，环境噪声日益严重，当噪声对人及周围环境造成不良影响时就形成了噪声污染。噪声污染源主要包括四类：工业生产噪声、建筑施工噪声、交通运输噪声和社会生活噪声。

国内外对噪声污染成本的核算方法主要有防护费用法、损害费用法和意愿调查评估法（Harford，2016）。在 GPI 的核算中，一般使用交通运输噪声来对噪声污染做一个保守估计，如 Talberth 和 Weisdorf（2017）在核算噪声污染成本时仅仅将其限定为交通运输噪声带来的成本：基于损害费用方法，利用交通运输距离和单位公里边际损害成本来核算带来的噪声污染成本。

鉴于数据可得性，本报告主要核算城市道路交通噪声污染成本。在具体核算方法的选择上，主要参考佟琼等（2014）的思路：把噪声污染成本看作人们为减少甚至消除噪声所花费的一系列成本，即降噪达标法（防护费用法）。具体的计算公式为：

$$C = L \times (DB - DB^*) \times c$$

其中 C 表示为噪声成本；L 表示实有道路长度；DB 表示为道路交通噪声监测分贝数；DB^* 表示为标准分贝数；c 为单位公里降噪单位分贝成本。

计算中各地区城市年末实有道路长度以及道路交通噪声监测分贝数均

来自《2017中国统计年鉴》，而道路交通标准分贝数和单位公里降噪单位分贝成本则是仿效佟琼等（2014）的做法，把62.5分贝看作标准分贝数，把每公里路程降噪一分贝所需费用3990元（使用CPI价格指数调整到2016年的当年价格）看作单位公里降噪单位分贝成本。

2. 计算结果

根据上述公式计算得到（见表5-6）：2016年全国噪声污染成本为89.66亿元，人均噪声污染成本为6.50元。

从各地区人均噪声污染成本及排序来看（见表5-6、图5-6），黑龙江省的人均噪声污染成本最高，为14.58元，噪声污染总成本为5.55亿元；江苏省、天津市、吉林省、北京市、内蒙古自治区、辽宁省、西藏自治区、广东省和浙江省的人均噪声污染成本依次位居第2~10位，分别为12.14元、10.94元、10.86元、10.08元、9.86元、9.86元、9.39元、9.25元和8.21元，对应的噪声污染总成本分别为9.70亿元、1.70亿元、2.98亿元、2.19亿元、2.48亿元、4.32亿元、0.31亿元、10.10亿元和4.57亿元。

表5-6 2016年全国及各地区噪声污染成本

地区	噪声污染总成本（亿元）	人均噪声污染成本（元）	地区	噪声污染总成本（亿元）	人均噪声污染成本（元）
北京	2.19	10.08	湖北	3.42	5.83
天津	1.70	10.94	湖南	3.48	5.12
河北	2.07	2.78	广东	10.10	9.25
山西	0.24	0.65	广西	1.88	3.90
内蒙古	2.48	9.86	海南	0.64	7.00
辽宁	4.32	9.86	重庆	1.59	5.24
吉林	2.98	10.86	四川	4.97	6.04
黑龙江	5.55	14.58	贵州	1.14	3.22
上海	1.47	6.08	云南	1.17	2.46
江苏	9.70	12.14	陕西	2.35	6.18
浙江	4.57	8.21	甘肃	1.15	4.41
安徽	2.99	4.85	青海	0.29	4.91
福建	2.35	6.09	宁夏	0.44	6.55

续表

地区	噪声污染总成本（亿元）	人均噪声污染成本（元）	地区	噪声污染总成本（亿元）	人均噪声污染成本（元）
江西	1.83	4.00	新疆	1.24	5.23
山东	7.30	7.38	西藏	0.31	9.39
河南	3.72	3.91	全国	89.66	6.50

资料来源：《2017 中国统计年鉴》。

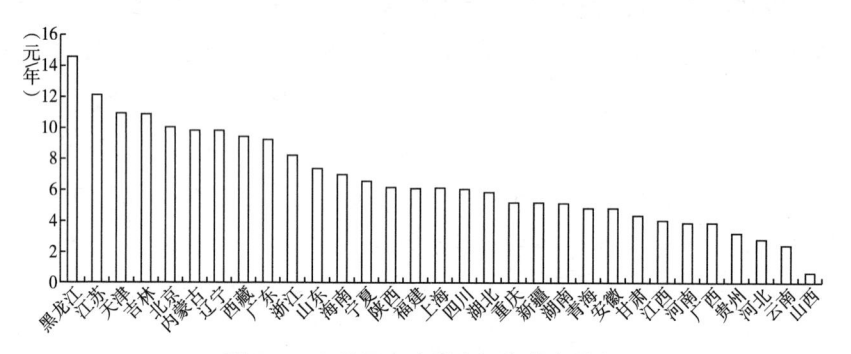

图 5-6 各地区人均噪声污染成本排序

5.3 经济活动的社会成本

5.3.1 犯罪成本

1. 测算方法及数据描述

（1）测算方法

GPI 核算中对犯罪成本（costs of crime）的界定目前尚未形成统一的认识，由于每个国家的统计数据存在差异，基于核算数据的可得性，不同国家的学者在研究本国或本地区 GPI 时，给出的犯罪成本核算范围各不相同。如 Hamilton（1999）[①] 将犯罪成本界定为由犯罪带来的财产损失、医疗费用、痛苦、不安全感，以及由于面临犯罪行为风险而丧失从事各种活动的机会，还有专门用于保护个人和财产免遭犯罪的大量资源，如锁、警报器

---

① "The Genuine Progress Indicator: A New Index of Changes in Well-being in Australia".

和警卫等。Lawn 和 Clarke（2006）① 认为犯罪的成本反映了犯罪活动对人际关系、社会制度和公民的自尊造成的消极影响，它的计算涉及杀人、殴打、抢劫、闯入、汽车盗窃和其他盗窃费用的总和。McDonald 等（2009）② 在测算奥克兰城市的 GPI 时，犯罪成本包括抢劫、入室盗窃和盗窃造成的财产损失；纵火、故意破坏财产等产生的费用；以及保险费、报警器等费用。但他们认为暴力犯罪和性犯罪而引起的医疗费用被视为个人和公共消费的防御方面，已计入公共消费和私人防御性支出，不应再被纳入犯罪成本核算中；犯罪引起的受害者在心理痛苦、高度焦虑和不安全感方面的创伤，以及遭受到的时间损失，因很难被量化，也没有被纳入总成本的核算。2012 年，《佛蒙特州 GPI（1960-2011）技术报告》在测算犯罪成本时，将犯罪分为七类暴力罪行（谋杀、强奸、抢劫、严重攻击、闯入、盗窃和汽车盗窃），计算出每种罪行的平均成本和每种罪行的发生总数。

基于以上文献的梳理，在 GPI 核算体系中的犯罪成本只是犯罪造成的与 GPI 其他指标不重复的部分，包括财产的损失、对社会环境的影响、给人们心理造成的消极影响（包括心理痛苦、高度焦虑和不安全感等方面）等。现有关于 GPI 中犯罪成本核算，均利用国家或地区宏观数据，很少利用家庭微观数据，本报告通过微观调查数据计算家庭遭遇犯罪造成的犯罪成本，能更准确地反映犯罪给家庭带来的福利损失。

本报告在核算犯罪成本时，将犯罪成本视为以下两个部分：一部分是由犯罪行为造成的直接经济损失，该部分数据通过微观调查获取；③ 另一部分是心理损失，该部分我们使用心理咨询费用来衡量。④ 由于数据的可得性，还有一些犯罪行为对居民福利造成的损失并没有被纳入核算体系中，如由犯罪行为引起的社会安全感下降、社会信任水平降低等。犯罪成本具

---

① "Measuring Genuine Progress: An Application of The Genuine Progress Indicator".
② "A Genuine Progress Indicator for the Auckland Region-Valuation Methodology".
③ [H3350] 过去一年，您家所有家庭成员遭遇过哪些犯罪或违法行为？1. 扒窃；2. 抢劫；3. 入室抢盗；4. 性骚扰；5. 性暴力；6. 拐卖；7. 诈骗；8. 交通肇事；9. 人身伤害；777. 其他；7778. 没有遇到犯罪或违法现象。[H3351] 您家在过去一年中由于【H3350 所选选项】受到的损失一共有多少元？包括财产损失、医疗费、诉讼费、误工损失等（单位：元）。
④ [H3352] 您的家庭成员是否有人因为遭遇过【H3350 所选选项】犯罪或者其他违法行为而受到心理创伤？1. 是；2. 否。[H3353] 是否做过心理咨询？1. 是；2. 否。[H3354] 做心理咨询花了多少钱？[0…999999999]

体计算公式如下。

1）样本家庭遭遇犯罪成本

$$C_{crime\_jh} = C_{crime1\_jh} + C_{crime2\_jh}$$

其中，C_{crime_jh} 表示地区 j 第 h 个样本家庭遭遇犯罪的成本，C_{crime1_jh} 表示地区 j 第 h 个样本家庭由犯罪行为造成的财产损失、医疗损失、诉讼费、误工费等；C_{crime2_jh} 表示地区 j 第 h 个样本家庭由犯罪行为对心理造成的损失。

2）地区/全国（人均家庭遭遇犯罪成本、家庭遭遇犯罪成本）

地区人均家庭遭遇犯罪成本：$\overline{C}_{crime\_j} = \dfrac{\sum_{h=1}^{m} \omega_{jh} \times C_{crime\_jh}}{\sum_{h=1}^{m} \omega_{jh} \times numb_{jh}}$

地区家庭遭遇犯罪成本：$C_{crime\_j} = Pop_j \times \overline{C}_{crime\_jh}$

全国人均家庭遭遇犯罪成本：$\overline{C}_{crime\_j} = \dfrac{\sum_{j=1}^{k} C_{crime\_j}}{\sum_{j=1}^{k} Pop_j}$

全国家庭遭遇犯罪成本：$C_{crime} = Pop \times \overline{C}_{crime}$

其中，$numb_{jh}$ 表示地区 j 第 h 个样本家庭人口数量。Pop 表示全国总人口数，Pop_j 表示地区 j 总人口数。

（2）样本数据

表 5-7 中，家庭遭遇犯罪样本数表示在调查期内样本家庭遭遇过 1 项及以上犯罪行为的家庭数。由此，我们计算出全国及各个省、自治区、直辖市家庭遭遇犯罪率，全国 40011 个家庭样本中，有 1843 个家庭在调查期内遭遇过至少 1 项犯罪，家庭遭遇犯罪比率为 4.61%，加权调整后为 4.90%。样本家庭遭遇犯罪平均成本，即 1843 个在调查期遭遇过至少 1 项犯罪的家庭，平均引发的成本为 7931.61 元/户。

表 5-7 全国及各地区家庭遭遇犯罪样本数、样本家庭遭遇犯罪的比率（调整前、后）、样本家庭遭遇犯罪平均成本

地区名称	总样本	家庭遭遇犯罪样本数	样本家庭遭遇犯罪比率（%）（调整前）	样本家庭遭遇犯罪比率（%）（调整后）	样本家庭遭遇犯罪平均成本（元/户）
北京	1395	45	3.23	2.86	10988.22
天津	1067	37	3.47	4.07	17122.70

续表

地区名称	总样本	家庭遭遇犯罪样本数	样本家庭遭遇犯罪比率（%）（调整前）	样本家庭遭遇犯罪比率（%）（调整后）	样本家庭遭遇犯罪平均成本（元/户）
河北	1580	81	5.13	5.46	6385.90
山西	1472	46	3.13	4.06	6495.00
内蒙古	498	22	4.42	4.65	3408.18
辽宁	2235	80	3.58	3.33	6294.69
吉林	1456	51	3.50	3.45	9719.65
黑龙江	1330	41	3.08	3.22	6353.22
上海	1933	113	5.85	6.61	8100.50
江苏	1820	72	3.96	4.61	9246.07
浙江	2333	120	5.14	5.86	9488.37
安徽	1009	54	5.35	4.68	7005.74
福建	1777	65	3.66	4.49	13630.92
江西	809	34	4.20	5.21	5772.06
山东	2147	51	2.38	2.65	4829.61
河南	1146	50	4.36	5.84	10429.96
湖北	1600	66	4.13	3.97	9987.49
湖南	1585	101	6.37	6.06	4559.05
广东	2947	220	7.47	7.90	7773.02
广西	842	48	5.70	6.06	3424.13
海南	840	71	8.45	10.60	5084.58
重庆	1388	59	4.25	4.08	1656.02
四川	1731	105	6.07	5.42	6325.12
贵州	722	33	4.57	4.71	7948.46
云南	1015	42	4.14	4.28	8189.88
陕西	1251	45	3.60	3.44	4864.44
甘肃	824	32	3.88	4.36	13821.25
青海	731	37	5.06	4.82	18670.54
宁夏	528	22	4.17	4.65	6997.73
全国	40011	1843	4.61	4.90	7931.61

资料来源：2017年中国真实进步微观调查。

从各地区样本家庭遭遇犯罪的比率（调整后）来看（见表 5-7、图 5-7），样本家庭遭遇犯罪比率最高的前十个省份分别为海南、广东、上海、广西、湖南、浙江、河南、河北、四川和江西，分别为 10.60%、7.90%、6.61%、6.06%、6.06%、5.86%、5.84%、5.46%、5.42% 和 5.21%；样本家庭遭遇犯罪比率最低十个地区分别为山东、北京、黑龙江、辽宁、陕西、吉林、湖北、山西、天津和重庆，分别为 2.65%、2.86%、3.22%、3.33%、3.44%、3.45%、3.97%、4.06%、4.07% 和 4.08%。

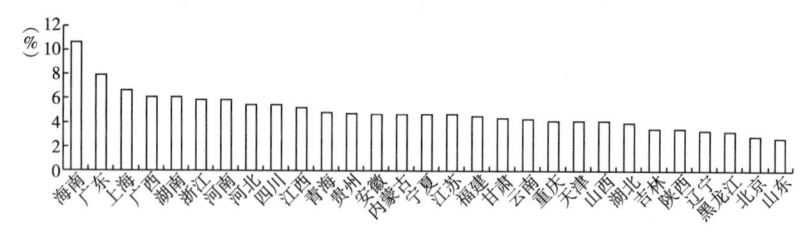

图 5-7　样本家庭遭遇犯罪比率（调整后）排序

从各地区样本家庭遭遇犯罪的平均成本来看（见表 5-7、图 5-8），样本家庭遭遇犯罪平均成本排在前十位的省份分别是青海、天津、甘肃、福建、北京、河南、湖北、吉林、浙江、江苏，分别为 18670.54 元/户、17122.70 元/户、13821.25 元/户、13630.92 元/户、10988.22 元/户、10429.96 元/户、9987.49 元/户、9719.65 元/户、9488.37 元/户、9246.07 元/户。

样本家庭遭遇犯罪平均成本最低的十个地区分别为重庆、内蒙古、广西、湖南、山东、陕西、海南、江西、辽宁、四川，分别为 1656.02 元/户、3408.18 元/户、3424.13 元/户、4559.05 元/户、4829.61 元/户、4864.44 元/户、5084.58 元/户、5772.06 元/户、6294.69 元/户、6325.12 元/户。

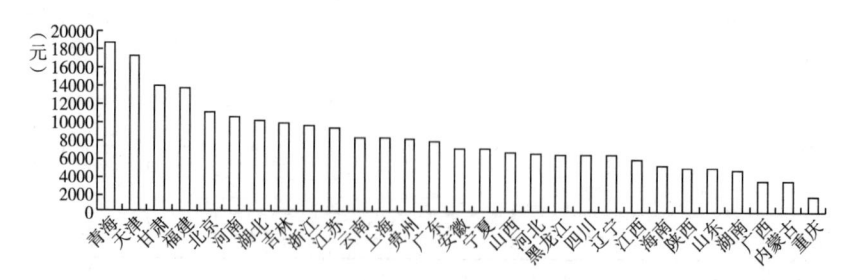

图 5-8　家庭遭遇犯罪平均成本排序

2. 计算结果

按照上述犯罪成本计算公式，结果显示（见表5-8）：全国家庭遭遇犯罪成本1516.67亿元，人均家庭遭遇犯罪成本为110.00元。

各地区人均家庭遭遇犯罪成本及排序情况见表5-8、图5-9，天津、上海、福建、浙江和海南家庭遭遇犯罪成本为39.41亿元、53.32亿元、79.90亿元、111.72亿元和18.29亿元，人均家庭遭遇犯罪成本均高达200元以上，依次位居前五位，分别为253.50元、220.54元、207.17元、200.77元和200.08元；湖北、青海、甘肃、江苏和河南家庭遭遇犯罪成本分别为106.21亿元、10.01亿元、39.75亿元、117.38亿元和139.04亿元，人均家庭遭遇犯罪成本分别为180.99元、169.51元、152.58元、146.96元和146.27元，人均家庭遭遇犯罪成本排序依次居第6~10位。

表5-8 全国及各地区犯罪成本、人均家庭遭遇犯罪成本

地区	家庭遭遇犯罪成本（亿元）	人均家庭遭遇犯罪成本（元）	地区	家庭遭遇犯罪成本（亿元）	人均家庭遭遇犯罪成本（元）
北京	15.93	73.32	河南	139.04	146.27
天津	39.41	253.5	湖北	106.21	180.99
河北	78.01	104.75	湖南	48.05	70.63
山西	28.95	78.82	广东	148.47	135.91
内蒙古	11.34	45.09	广西	34.03	70.65
辽宁	39.35	89.84	海南	18.29	200.08
吉林	29.72	108.35	重庆	15.15	49.96
黑龙江	20.01	52.57	四川	72.82	88.45
上海	53.32	220.54	贵州	22.32	63.01
江苏	117.38	146.96	云南	51.15	107.54
浙江	111.72	200.77	陕西	16.00	42.08
安徽	67.50	109.4	甘肃	39.75	152.58
福建	79.90	207.17	青海	10.01	169.51
江西	33.80	73.82	宁夏	7.23	107.66
山东	28.23	28.52	全国	1516.67	110.00

资料来源：2017年中国真实进步微观调查。

注：全国是除港澳台之外31个省、自治区、直辖市之和。

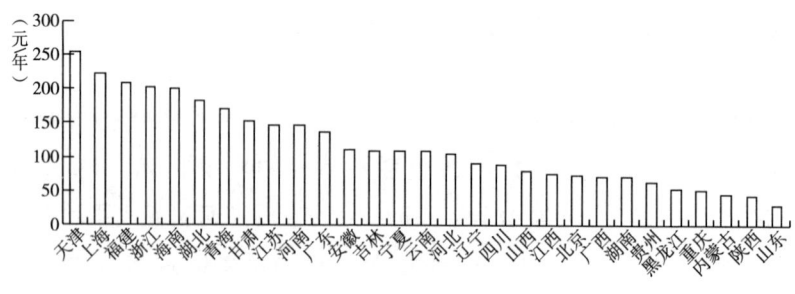

图 5-9　人均家庭遭遇犯罪成本排序

5.3.2　家庭变更成本

1. 测算方法及数据描述

（1）测算方法

GPI 测算体系将家庭变更，即夫妻离异，作为一项有成本的经济活动。尽管有文献指出，夫妻离异可以带来一些好处，比如，在有严重家庭纷争的家庭，相比于继续生活在一起，离异更能使孩子获得幸福感（Amato et al.，1995）。然而 GPI 测算的是当年的离异情况，能反映当前社会整体家庭的幸福感，同时从长远来看，离异对于孩子的影响仍是弊大于利，比如父母离异与其孩子萎靡不振有显著关系（Cui et al.，2008），曾祖父母的离异会导致子孙两代更少的教育水平、更多的婚姻不稳定和与父母关系薄弱等问题（Amato & Cheadle，2005）。由此在 GPI 测算中将家庭变更产生的一系列支出作为福利减少项予以扣除。

夫妻离异产生的支出包括工本费、协议离婚公证费、案件诉讼费、评估费、律师费、抚养费以及时间成本和精神压力成本等潜在成本（李东，2015）。Anielski 和 Rowe（1999）在测算美国 GPI 时，将离异成本分为两部分：成人的直接花费和给受影响儿童带来的间接成本，成人直接花费包括法律费用、咨询和建立独立住所花费等，受影响儿童成本约为儿童受到的终身损害，包括身心损失和在学校工作中遇到的困阻等。分别将成人平均花费乘以离异对数，将平均受影响儿童成本乘以受影响儿童数量，两者相加即得到年度家庭变更成本。Andrade 和 Garcia（2015），Delang（2014）亦使用离异对数乘以离异平均花费的费用得到当年家庭变更成本。

在 GPI 2.0 中，Talberth 和 Weisdorf（2017）将离异后给予另一方的赡养费和儿童抚养费作为家庭变更成本，计入防御性家庭预算支出。其认为这种做法并非在道德上对离异加以评判，而是在某一方面单亲家庭确实存在更多的经济支出和心理压力，因此这些费用只是对离异带来的负向效用进行了不完全补偿，并没有带来福利的提升。由于和法律服务成本同属于家庭防御性支出，为避免重复计算，此处家庭变更成本不包含离异产生的法律服务费用。

与 Talberth 和 Weisdorf（2017）稍有不同，本报告在测算中国 GPI 时，是以家庭实际消费支出为测算起点的，而不是预算性支出，而家庭实际消费支出并不包含向离异家庭支付的赡养费和抚养费，因此本报告没有将家庭变更成本作为防御性消费支出予以扣除，而是将其作为一项普通的经济活动造成的社会成本进行扣除。在实际测算时，本报告和 GPI 2.0 基本保持一致，即核算家庭离异产生的赡养费用和儿童抚养费，且为避免重复计算，不核算离异产生的法律服务费用。事实上，本报告应核算 2016 年累积的离异家庭当年共支付的赡养费用和儿童抚养费，然而，此数据较难获取，因此本报告使用 GPI 1.0 的类似做法，使用 2016 年当年离异家庭对数乘以离异平均产生的赡养费和儿童抚养费来计算当年的家庭变更成本。具体核算方法如下所示。

对于离异需给予另一方的赡养费，我国《离婚法》规定，"夫妻书面约定婚姻关系存续期间所得的财产归各自所有，一方因抚育子女、照料老人、协助另一方工作等付出较多义务的，离婚时有权向另一方请求补偿，另一方应当予以补偿"。原则上没有硬性要求支付，因而难以有统一的标准进行核算。

对于需支付的儿童抚养费，我国《婚姻法》第三十七条规定：离婚后，一方抚养的子女，另一方应负担必要的生活费和教育费的一部分或全部，负担费用的多少和期限的长短，由双方协议；协议不成时，由人民法院判决。《最高人民法院关于人民法院审理离婚案件处理子女抚养问题的若干具体意见》第 7 条规定：子女抚养费的数额，可根据子女的实际需要、父母双方的负担能力和当地的实际生活水平确定。有固定收入的，抚养费一般可按其月总收入的百分之二十至三十的比例给付。负担两个以上子女抚养费的，比例可适当提高，但一般不得超过月总收入的百分之五十。由此可知，父母离异需给未成年子女支付的抚养费用为硬性规定，且支付标准较为统一。

因此，为合理且较为保守地估计，本报告将硬性规定的父母离异需要支付给未成年子女的抚养费用作为家庭变更成本，以当前年龄到成年 18 岁为基准，此种做法期望在未来研究中能够得到改善。由此，全国及各地区家庭变更成本计算公式如下。

1) 地区家庭变更成本、地区人均家庭变更成本

地区家庭变更成本：$C_j = N_j \times P_j$

地区人均家庭变更成本：$\overline{C}_j = \dfrac{C_j}{Pop_j}$

其中，N_j 表示地区 j 离异家庭未成年孩子数量，P_j 表示地区 j 离异需要支付给每个未成年孩子的抚养费用，Pop_j 表示地区 j 总人口数。

2) 全国家庭变更成本、全国人均家庭变更成本

全国人均家庭变更成本：$\overline{C} = \dfrac{\sum_{j=1}^{k} C_j}{\sum_{j=1}^{k} Pop_j}$

全国家庭变更成本：$C = \overline{C} \times Pop$

其中，k 取 1，2，3，…，29，分别代表着调查样本中的 29 个省、自治区和直辖市，Pop 表示全国总人口数。

当年离异家庭未成年孩子的数量及年龄同样难以统计，为简化计算方法，本报告使用 2016 年在婚家庭（正常家庭）的孩子数量和其年龄代表 2016 年当年若离婚受到影响的孩子数量及其年龄。各地区平均每个正常家庭未成年孩子的数量可根据 2017 中国真实进步微观调查数据计算得到，再乘以国家统计局统计的 2016 年各地区离异登记对数，得到各地区离异家庭未成年孩子数量。

其次，从 2017 年中国真实进步微观调查数据可计算得到各地区平均每个正常家庭孩子的年龄，以到成年 18 岁为止，父/母每年需要将其年总收入的 25% 作为当年抚养费用，需支付的总抚养费用即为各地区离异需支付给每个未成年孩子的抚养费用。父/母年总收入的数据来自《2017 中国统计年鉴》中"分地区居民人均可支配收入"指标。

（2）数据描述

从表 5-9 中可知，2016 年全国离异家庭共计为 415.81 万对，每年抚养

费用为居民平均可支配收入的 25%，为 5955.25 元，离异家庭孩子的平均年龄为 10.38 岁。

表 5-9　全国及各地区离异家庭对数、年抚养费用、孩子平均年龄

地区	离异家庭对数（万对）	每年抚养费用（元）	孩子平均年龄（岁）
北京	10.58	13132.60	10.14
天津	6.52	8518.63	9.75
河北	22.02	4931.35	10.65
山西	7.65	4762.23	11.62
内蒙古	9.84	6031.65	8.57
辽宁	16.01	6509.93	10.26
吉林	12.92	4991.75	10.90
黑龙江	18.72	4959.63	10.97
上海	8.26	13576.33	9.51
江苏	26.13	8017.53	10.46
浙江	14.71	9632.25	10.39
安徽	21.72	4999.53	10.60
福建	9.63	6901.98	9.22
江西	10.21	5027.40	11.36
山东	25.45	6171.33	9.68
河南	27.75	4610.78	10.63
湖北	18.31	5446.65	10.26
湖南	19.35	5278.70	11.10
广东	21.19	7573.95	9.90
广西	11.28	4576.28	11.00
海南	1.66	5163.35	10.94
重庆	13.90	5508.53	9.70
四川	29.62	4702.08	10.04
贵州	12.10	3780.28	11.71
云南	11.93	4179.98	11.28
陕西	10.14	4718.43	10.03

续表

地区	离异家庭对数（万对）	每年抚养费用（元）	孩子平均年龄（岁）
甘肃	5.03	3667.58	10.09
青海	1.52	4325.45	10.82
宁夏	1.95	4708.08	10.56
全国	415.81	5955.25	10.38

资料来源：2017年中国真实进步微观调查和《中国统计年鉴2017》。
注：全国是除港澳台之外31个省、自治区、直辖市之和。

2. 计算结果

按照上述家庭变更成本计算方法，结果显示（见表5-10）：全国家庭变更成本为767.46亿元，人均家庭变更成本为55.67元。

根据各地区人均家庭变更成本及排序情况（见表5-10、图5-10），北京和内蒙古家庭变更成本分别为27.06亿元和27.21亿元，人均家庭变更成本均高于100元，分别为124.57元和108.15元，居第1、2位；其次为上海、重庆、浙江、福建和广东，其家庭变更成本分别为21.24亿元、26.45亿元、42.50亿元、28.21亿元和78.27亿元，人均家庭变更成本均高于70元，分别为87.88元、87.22元、76.37元、73.15元和71.65元，居第3~7位；青海、天津和四川人均家庭变更成本依次居第8~10位，分别为63.66元、62.71元和61.12元，其家庭变更成本分别为3.76亿元、9.75亿元和50.32亿元。

表5-10 全国及各地区家庭变更成本、人均家庭变更成本

地区	家庭变更成本（亿元）	人均家庭变更成本（元）	地区	家庭变更成本（亿元）	人均家庭变更成本（元）
北京	27.06	124.57	河南	51.63	54.31
天津	9.75	62.71	湖北	23.36	39.81
河北	33.47	44.94	湖南	30.34	44.60
山西	9.11	24.81	广东	78.27	71.65
内蒙古	27.21	108.15	广西	25.21	52.33
辽宁	26.19	59.79	海南	4.51	49.36
吉林	16.24	59.22	重庆	26.45	87.22

续表

地区	家庭变更成本（亿元）	人均家庭变更成本（元）	地区	家庭变更成本（亿元）	人均家庭变更成本（元）
黑龙江	18.72	49.18	四川	50.32	61.12
上海	21.24	87.88	贵州	17.83	50.34
江苏	39.20	49.08	云南	16.56	34.81
浙江	42.50	76.37	陕西	14.72	38.70
安徽	25.98	42.11	甘肃	7.96	30.54
福建	28.21	73.15	青海	3.76	63.66
江西	15.05	32.87	宁夏	3.52	52.49
山东	56.19	56.77	全国	767.46	55.67

注：全国是除港澳台之外 31 个省、自治区、直辖市之和。

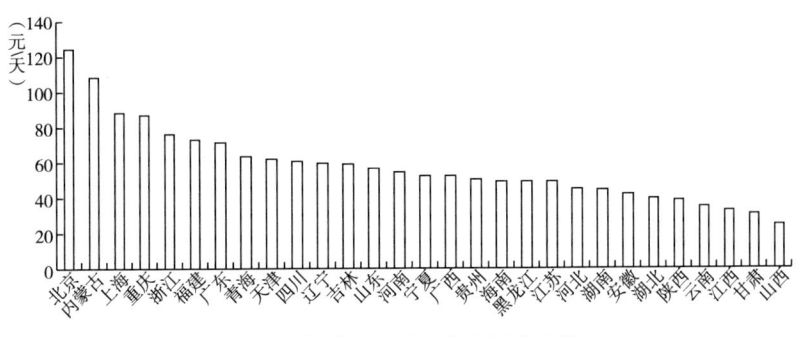

图 5-10 各地区人均家庭变更成本排序

5.3.3 通勤成本

1. 测算方法及数据描述

（1）测算方法

2012 年，《佛蒙特州 GPI（1960-2011）技术报告》对通勤成本（costs of commuting）做了明确的区分，将其分为三个部分：第一部分，乘坐公共交通产生的费用；第二部分，自驾交通工具产生的费用；第三部分，通勤带来的时间损失。通勤成本计算公式如下：

$$C_{commuting} = C_{commuting1} + T_{commuting} \times P_{commuting}$$

其中，$C_{commuting}$表示总通勤成本；$C_{commuting1}$表示社会通勤的总货币支出，包括第一、二部分；$T_{commuting}$表示社会总通勤时间；$P_{commuting}$表示单位通勤时间的价值，《佛蒙特州 GPI（1960-2011）技术报告》中将 $P_{commuting}$ 视为非农就业的小时工资，但并非所有的通勤时间都被认为是浪费，如一些上班族在通勤过程中找到了有效的事情可做，或者在通勤时间中找到了其他好处，最终在此报告中，通勤浪费的时间仅为其中的 35%。

本报告采用微观调查数据，没有区分乘坐公共交通和自驾交通工具产生的费用，而是将两者合并为通勤产生的货币支出。因此，本报告将通勤成本界定为两个部分：一是由通勤产生的货币支出，该部分成本由微观数据直接加权加总获得地区或全国的货币支出；① 另一个是由通勤造成的时间损失，同样借鉴《佛蒙特州 GPI（1960-2011）技术报告》中对通勤时间的一个偏好假设"如果可以选择，大多数人宁愿花更少的通勤时间"以及计算方法，首先我们需要确定社会总通勤时间，该数据由微观数据加权加总获得，② 然后确定单位通勤时间的损失价格。具体计算如下。

1) 地区/全国（通勤总货币支出、人均通勤货币支出）

$$C_{commuting1\_jhi} = C_{commuting1\_day\_jhi} \times M_{jhi} \times D_{jhi}$$

$C_{commuting1\_day\_jhi}$ 表示地区 j 第 h 个样本家庭第 i 个家庭成员一天的通勤货币支出，$C_{commuting1\_jhi}$ 表示地区 j 第 h 个样本家庭第 i 个家庭成员一年的通勤货币支出，M_{jhi} 表示地区 j 第 h 个样本家庭第 i 个有工作的家庭成员过去一年工作月份，D_{jhi} 表示地区 j 第 h 个样本家庭第 i 个有工作的家庭成员过去一年每个月工作天数。

$$C_{commuting1\_jh} = \sum_{i=1}^{n} C_{commuting1\_jhi}$$

---

① [A3118]【CAPI 加载家庭成员姓名】上班采用的交通工具是？（多选）1. 路面公共交通；2. 轨道交通；3. 公务车；4. 私家车；5. 打车；6. 电动车或摩托车；7. 自行车；8. 步行7777. 其他 [A3119]。【CAPI 加载家庭成员姓名】每天上下班花费多少钱？1.5 元以下；2.5 至 10 元；3.10 至 20 元；4.20 至 30 元；5.30 至 50 元；6.50 至 100 元；7.100 元以上；8. 不花钱。

② [A3116]【CAPI 加载家庭成员姓名】单程上班大概花多少时间？1.15 分钟以下；2.15 至 30 分钟；3.30 至 45 分钟；4.45 至 60 分钟；5.60 至 75 分钟；6.75 至 90 分钟；7.90 至 105 分钟；8.105 至 120 分钟；9.120 分钟以上。

$C_{commuting1\_jh}$表示地区j第h个样本家庭通勤货币支出。

地区人均通勤货币支出：$\overline{C}_{commuting1\_j} = \dfrac{\sum_{h=1}^{m} \omega_{jh} \times C_{commuting1\_jh}}{\sum_{h=1}^{m} \omega_{jh} \times numb_{jh}}$

地区通勤总货币支出：$C_{commuting1\_j} = Pop_j \times \overline{C}_{commuting1\_j}$

全国人均通勤货币支出：$\overline{C}_{commuting1} = \dfrac{\sum_{j=1}^{k} C_{commuting1\_j}}{\sum_{j=1}^{k} Pop_j}$

全国通勤总货币支出：$C_{commuting1} = Pop \times \overline{C}_{commuting1}$

2）地区/全国（通勤总时间、人均通勤时间）

$$T_{commuting1\_jhi} = T_{commuting1\_day\_jhi} \times M_{jhi} \times D_{jhi}$$

$T_{commuting1\_day\_jhi}$表示地区j第h个样本家庭第i个家庭成员一天的通勤时间，$T_{commuting1\_jhi}$表示地区j第h个样本家庭第i个家庭成员一年的通勤时间。

$$T_{commuting1\_jh} = \sum_{i=1}^{n} T_{commuting1\_jhi}$$

$T_{commuting1\_jh}$表示地区j第h个样本家庭的通勤时间。

地区人均通勤时间：$\overline{T}_{commuting1\_j} = \dfrac{\sum_{h=1}^{m} \omega_{jh} \times T_{commuting1\_jh}}{\sum_{h=1}^{m} \omega_{jh} \times numb_{jh}}$

地区通勤总时间：$T_{commuting1\_j} = Pop_j \times \overline{T}_{commuting1\_j}$

全国人均通勤时间：$\overline{T}_{commuting1} = \dfrac{\sum_{j=1}^{k} T_{commuting1\_j}}{\sum_{j=1}^{k} Pop_j}$

全国通勤总时间：$T_{commuting1} = Pop \times \overline{T}_{commuting1}$

地区通勤总时间由样本家庭通勤时间加权加总，$T_{commuting1\_j}$表示地区j的社会通勤总时间，ω_{jh}表示地区j第h个样本家庭的权重。全国通勤总时间（$T_{commuting1}$）由k个地区通勤时间加总获得。

3）地区/全国（通勤总时间成本、人均通勤时间成本）

地区通勤总时间成本：$C_{commuting2\_j} = 0.35 \times T_{commuting1\_j} \times P_j$

地区人均通勤时间成本：$\overline{C}_{commuting2\_j} = 0.35 \times \overline{T}_{commuting1\_j} \times P_j$

全国人均通勤时间成本：$\overline{C}_{commuting2} = \dfrac{\sum_{j=1}^{k} C_{commuting2\_j}}{\sum_{j=1}^{k} Pop_j}$

全国通勤总时间成本：$C_{commuting2} = Pop \times \overline{T}_{commuting2}$

地区通勤总时间成本由样本家庭通勤时间成本加权加总，$C_{commuting2\_j}$ 表示地区 j 的社会通勤总时间成本，其中，0.35 表示所有通勤时间中有 35% 是被浪费的；P_j 表示地区 j 平均小时工资率。全国通勤总时间成本（$C_{commuting2}$）由 k 个地区通勤时间成本加总获得。

4) 地区/全国（通勤总成本、人均通勤成本）

地区通勤总成本：$C_{commuting\_j} = C_{commuting1\_j} + C_{commuting2\_j}$

地区人均通勤成本：$\overline{C}_{commuting\_j} = \dfrac{C_{commuting1\_j}}{Pop_j}$

全国通勤总成本：$C_{commuting} = C_{commuting1} + C_{commuting2}$

全国人均通勤成本：$\overline{C}_{commuting} = \dfrac{C_{commuting}}{Pop}$

(2) 数据描述

首先对问卷数据进行可测算处理，由于问卷收集的通勤时间和往返通勤花费均为区间选择值，因此，需要将其转换成可计算的数据值，转换规则为：每个闭区间按照中间值赋值，开区间按照右开区间取左端点值，如 100 元以上，取 100 元。由于通勤时间包括往返的通勤时间，需要将可测算真实值乘以 2。

按照上述方式处理后（见表 5-11），全国有 36314 个工作的样本，平均每天通勤货币支出 4.56 元，同时平均花费时间 46.8 分钟（0.78 个小时）。

表 5-11 通勤样本数、样本通勤平均货币支出、样本通勤平均时间

地区	通勤样本数	样本通勤平均货币支出（元/天）	样本通勤平均时间（小时/天）
北京	1288	8.21	1.20
天津	893	6.16	1.06
河北	1522	4.37	0.78
山西	1245	4.19	0.69
内蒙古	317	6.59	0.81
辽宁	1878	4.45	0.86
吉林	975	3.82	0.71
黑龙江	967	2.80	0.80

续表

地区	通勤样本数	样本通勤平均货币支出（元/天）	样本通勤平均时间（小时/天）
上海	1586	7.54	1.15
江苏	1824	3.10	0.73
浙江	2197	4.65	0.68
安徽	933	2.81	0.71
福建	1767	4.20	0.65
江西	710	2.83	0.63
山东	1907	4.30	0.75
河南	1158	2.90	0.71
湖北	1423	3.55	0.73
湖南	1423	3.82	0.72
广东	3489	6.05	0.75
广西	774	3.32	0.68
海南	908	2.69	0.59
重庆	1159	4.42	0.77
四川	1428	5.33	0.81
贵州	584	4.32	0.73
云南	755	4.37	0.76
陕西	1295	4.83	0.84
甘肃	726	3.12	0.65
青海	702	4.51	0.89
宁夏	481	4.67	0.76
全国	36314	4.56	0.78

资料来源：2017年中国真实进步微观调查。

从各地区样本通勤平均货币支出情况来看（见表5-11、图5-11），北京最高，平均每天8.21元；其次是上海平均每天7.54元；位居第3~10位的分别为内蒙古、天津、广东、四川、陕西、宁夏、浙江和青海，样本通勤平均货币支出分别为6.59元/天、6.16元/天、6.05元/天、5.33元/天、4.83元/天、4.67元/天、4.65元/天和4.51元/天。

样本通勤平均货币支出最少的地区分别是海南、黑龙江、安徽、江西、河南、江苏、甘肃、广西、湖北、吉林和湖南，样本通勤平均货币支出分别为 2.69 元/天、2.80 元/天、2.81 元/天、2.83 元/天、2.90 元/天、3.10 元/天、3.12 元/天、3.32 元/天、3.55 元/天、3.82 元/天和 3.82 元/天。

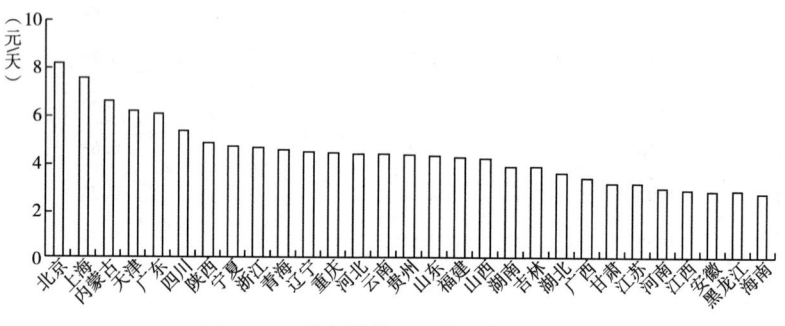

图 5-11　样本通勤平均货币支出排序

从各地区样本通勤平均时间情况来看（见表 5-11、图 5-12），北京仍然位居首位，平均每天 1.20 小时；上海和天津平均每天通勤时间也超过了 1 小时，分别为 1.15 小时/天和 1.06 小时/天，位居第 2、3 位；位居第 4~10 位的分别为青海、辽宁、陕西、内蒙古、四川、黑龙江和河北，样本通勤平均时间分别为 0.89 小时/天、0.86 小时/天、0.84 小时/天、0.81 小时/天、0.81 小时/天、0.80 小时/天和 0.78 小时/天。

样本通勤平均时间最短的地区分别为海南、江西、甘肃、福建、广西、浙江、山西、安徽、河南和吉林，样本通勤平均时间分别为 0.59 小时/天、0.63 小时/天、0.65 小时/天、0.65 小时/天、0.68 小时/天、0.68 小时/天、0.69 小时/天、0.71 小时/天、0.71 小时/天和 0.71 小时/天。

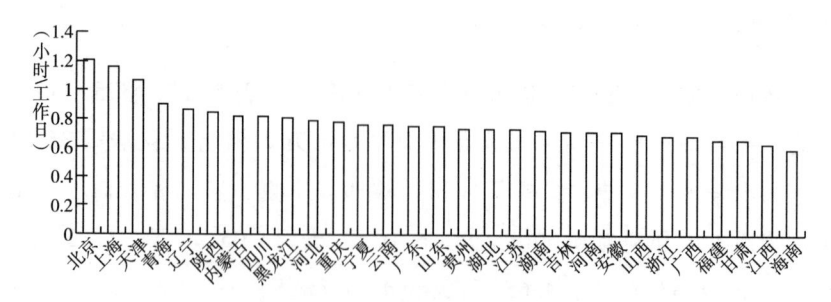

图 5-12　样本通勤平均时间排序

2. 计算结果

（1）通勤货币总支出

按照上述计算方式，通勤货币总支出测算结果见表5-12：全国通勤货币总支出为3670.63亿元，人均通勤货币支出为266.25元。

各地区人均通勤货币支出及排序情况见表5-12、图5-13，北京通勤货币总支出为141.63亿元，人均通勤货币支出高达652.08元，高出全国水平2倍以上，居全国首位；上海、天津、内蒙古、宁夏、陕西、浙江、广东、山东和重庆人均通勤货币支出依次居第2~10位，人均通勤货币支出分别为557.76元、490.98元、458.08元、391.81元、348.71元、348.01元、342.05元、324.27元和307.59元，其通勤货币总支出分别为134.84亿元、76.32亿元、115.23亿元、26.31亿元、132.61亿元、193.65亿元、373.66亿元、320.93亿元和93.28亿元。

表5-12 全国及各地区通勤货币总支出、人均通勤货币支出

地区	通勤货币总支出（亿元）	人均通勤货币支出（元）	地区	通勤货币总支出（亿元）	人均通勤货币支出（元）
北京	141.63	652.08	河南	171.24	180.14
天津	76.32	490.98	湖北	123.45	210.36
河北	201.13	270.06	湖南	124.27	182.68
山西	98.14	267.18	广东	373.66	342.05
内蒙古	115.23	458.08	广西	74.17	153.97
辽宁	129.62	295.93	海南	15.81	173.02
吉林	67.61	246.49	重庆	93.28	307.59
黑龙江	56.46	148.36	四川	200.56	243.61
上海	134.84	557.76	贵州	64.08	180.88
江苏	205.54	257.33	云南	99.31	208.79
浙江	193.65	348.01	陕西	132.61	348.71
安徽	85.99	139.37	甘肃	52.58	201.86
福建	111.89	290.14	青海	13.10	221.78
江西	86.36	188.60	宁夏	26.31	391.81
山东	320.93	324.27	全国	3670.63	266.25

资料来源：2017年中国真实进步微观调查。

注：全国是除港澳台之外31个省、自治区、直辖市之和。

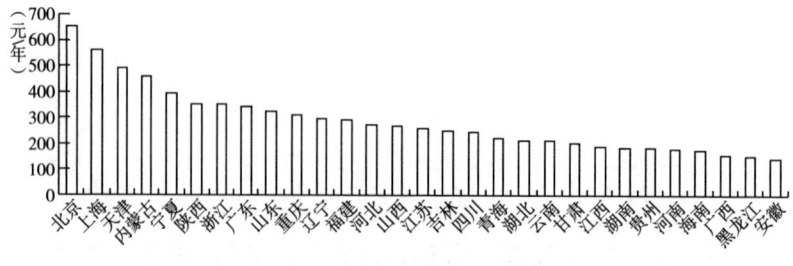

图 5-13 人均通勤货币支出排序

（2）通勤时间成本

按照上述通勤时间计算方法计算的结果显示（见表 5-13）：全国通勤总时间共计 216.17 亿小时/年，人均通勤时间 15.68 小时/年。

各地区人均通勤时间及排序情况见表 5-13、图 5-14，北京通勤总时间为 7.45 亿小时，人均通勤时间长达 34.29 小时/年，远高于全国平均水平，居全国首位；其次是上海和天津，人均通勤时间均高于 20 小时/年，分别为 29.33 小时/年和 27.67 小时/年，居第 2、3 位，其通勤总时间分别为 7.09 亿小时和 4.30 亿小时；江苏、辽宁、陕西、宁夏、内蒙古、重庆和青海人均通勤时间依次居第 4~10 位，分别为 19.79 小时/年、19.66 小时/年、18.64 小时/年、17.91 小时/年、17.26 小时/年、17.20 小时/年和 16.66 小时/年，其通勤总时间分别为 15.81 亿小时、8.61 亿小时、7.09 亿小时、1.20 亿小时、4.34 亿小时、5.22 亿小时和 0.98 亿小时。

表 5-13　全国及各地区通勤总时间、人均通勤时间

地区	通勤总时间（亿小时/年）	人均通勤时间（小时/年）	地区	通勤总时间（亿小时/年）	人均通勤时间（小时/年）
北京	7.45	34.29	河南	13.57	14.28
天津	4.30	27.67	湖北	8.84	15.07
河北	12.31	16.53	湖南	9.35	13.74
山西	5.58	15.20	广东	17.21	15.75
内蒙古	4.34	17.26	广西	4.39	9.12
辽宁	8.61	19.66	海南	1.06	11.61

续表

地区	通勤总时间（亿小时/年）	人均通勤时间（小时/年）	地区	通勤总时间（亿小时/年）	人均通勤时间（小时/年）
吉林	4.18	15.25	重庆	5.22	17.20
黑龙江	4.73	12.42	四川	10.38	12.61
上海	7.09	29.33	贵州	3.73	10.53
江苏	15.81	19.79	云南	6.16	12.95
浙江	9.04	16.24	陕西	7.09	18.64
安徽	7.69	12.46	甘肃	3.19	12.26
福建	5.71	14.81	青海	0.98	16.66
江西	5.93	12.95	宁夏	1.20	17.91
山东	16.26	16.43	全国	216.17	15.68

资料来源：2017年中国真实进步微观调查。

注：全国是除港澳台之外31个省、自治区、直辖市之和。

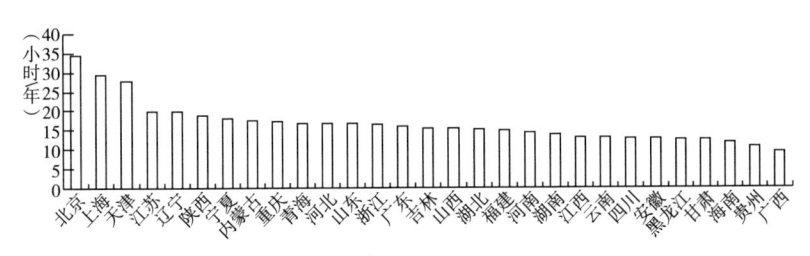

图 5-14 人均通勤时间排序

按照通勤时间价值计算方法（见表 5-14），全国通勤时间成本为 7110.66 亿元，人均通勤时间成本为 515.76 元。

各地区人均通勤时间成本及排序情况见表 5-14、图 5-15，北京、上海和天津的通勤总时间成本分别为 444.76 亿元、423.56 亿元和 184.84 亿元，人均通勤时间成本均高于 1000 元，分别为 2047.68 元、1752.04 元和 1189.06 元，依次位于第 1、2、3 位；江苏、浙江、宁夏、广东、重庆、陕西和青海人均通勤时间成本依次排在第 4~10 位，分别为 705.30 元、593.03 元、584.91 元、567.42 元、561.30 元、553.66 元和 552.41 元，其通勤总时间成本分别为 563.36 亿元、329.99 亿元、39.28 亿元、619.85 亿元、170.21 亿元、210.56 亿元和 32.62 亿元。

表 5-14　全国及各地区通勤总时间成本、人均通勤时间成本及排序

地区	通勤总时间成本（亿元）	人均通勤时间成本（元）	地区	通勤总时间成本（亿元）	人均通勤时间成本（元）
北京	444.76	2047.68	河南	334.62	352.01
天津	184.84	1189.06	湖北	263.55	449.10
河北	339.24	455.51	湖南	271.10	398.53
山西	149.31	406.50	广东	619.85	567.42
内蒙古	132.03	524.87	广西	126.64	262.91
辽宁	240.22	548.44	海南	32.59	356.53
吉林	116.88	426.09	重庆	170.21	561.30
黑龙江	123.40	324.28	四川	330.60	401.56
上海	423.56	1752.04	贵州	123.11	347.51
江苏	563.36	705.30	云南	185.38	389.75
浙江	329.99	593.03	陕西	210.56	553.66
安徽	226.30	366.77	甘肃	91.57	351.51
福建	176.32	457.19	青海	32.62	552.41
江西	165.79	362.07	宁夏	39.28	584.91
山东	506.35	511.62	全国	7110.66	515.76

资料来源：2017 年中国真实进步微观调查。

注：全国是除港澳台之外 31 个省、自治区、直辖市之和。

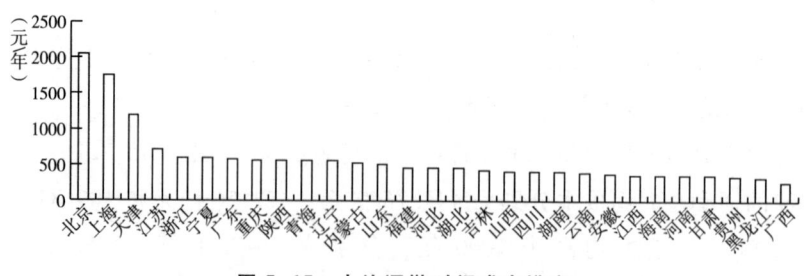

图 5-15　人均通勤时间成本排序

（3）通勤总成本

通勤总成本为通勤货币总支出与通勤总时间成本之和，计算结果为（见表 5-15）：全国通勤成本共计 10781.28 亿元，人均通勤成本为 782.01 元。

各地区人均通勤时间成本及排序情况见表 5-15、图 5-16，北京和上海通勤总成本分别为 586.39 亿元和 558.39 亿元，人均通勤成本均高于 2000 元，分别为 2699.76 元和 2309.8 元，居第 1、2 位；其次为天津，其通勤总成本为 261.16 亿元，人均通勤成本也超过 1500 元，居第 3 位；内蒙古、宁夏、江苏、浙江、广东、陕西和重庆人均通勤成本依次居第 4~10 位，分别为 982.95 元、976.72 元、962.63 元、941.04 元、909.47 元、902.37 元和 868.89 元，其通勤总成本分别为 247.26 亿元、65.59 亿元、768.90 亿元、523.64 亿元、993.51 亿元、343.17 亿元和 263.49 亿元。

表 5-15　全国及各地区通勤总成本、人均通勤成本

地区	通勤总成本（亿元）	人均通勤成本（元）	地区	通勤总成本（亿元）	人均通勤成本（元）
北京	586.39	2699.76	河南	505.86	532.15
天津	261.16	1680.04	湖北	387.00	659.46
河北	540.37	725.57	湖南	395.37	581.21
山西	247.44	673.68	广东	993.51	909.47
内蒙古	247.26	982.95	广西	200.81	416.88
辽宁	369.83	844.37	海南	48.40	529.55
吉林	184.49	672.58	重庆	263.49	868.89
黑龙江	179.86	472.64	四川	531.17	645.17
上海	558.39	2309.80	贵州	187.18	528.39
江苏	768.90	962.63	云南	284.70	598.54
浙江	523.64	941.04	陕西	343.17	902.37
安徽	312.29	506.14	甘肃	144.15	553.37
福建	288.21	747.33	青海	45.72	774.19
江西	252.15	550.67	宁夏	65.59	976.72
山东	827.28	835.89	全国	10781.28	782.01

资料来源：2017 年中国真实进步微观调查。

注：全国是除港澳台之外 31 个省、自治区、直辖市之和。

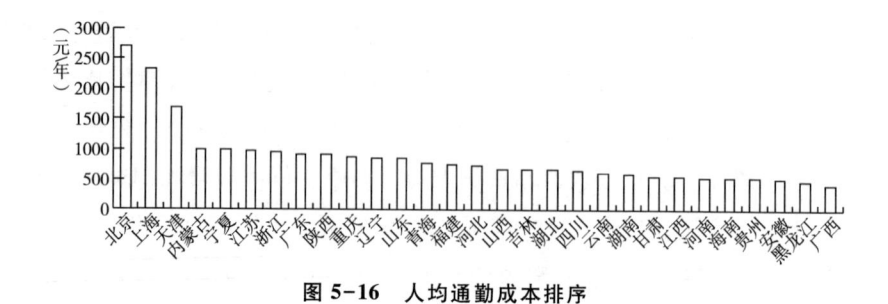

图 5-16 人均通勤成本排序

5.3.4 交通事故成本

1. 测算方法

在 GPI 测算体系中，交通事故成本的计算方法已经基本统一，即直接计算交通事故带来的所有可量化的经济损失，包括直接经济损失（财产损失、医疗丧葬等费用）和间接经济损失（误工损失、护理费用、被扶养人生活费和精神损害抚慰金等）。Costanza 等（2004）使用车祸导致的死亡人数乘以因车祸每死亡一个人造成的平均所有损失来计算；Kubiszewski 等（2015）首先估计每起交通事故平均造成的医疗费用、财产损失以及用工资衡量的间接损失等，再乘以发生交通事故的总数量，得出交通事故的总成本。

本报告在测算中国 GPI 时，将交通事故成本分为交通事故导致的人身伤亡损失和直接财产损失。人身伤亡损失包括因交通事故死亡或者受伤带来的医疗丧葬等直接费用和工资损失、精神损害等间接费用，直接财产损失指交通事故直接造成财产损毁的实际价值，包括车辆、财物、道路、设施和牲畜等的损毁。由直接财产损失引起和牵连的其他损失，即间接财产损失则没有算在内。

交通事故直接财产损失数据可直接从中国统计年鉴中获取，如表 5-16 所示。而对于人身伤亡损失的计算，本报告从中国统计年鉴中可以得到 2016 年交通事故导致的死亡人数和受伤人数，因此还需要计算出每死亡一个人和受伤一个人带来的平均成本。为使成本标准量化，我们假设受伤人口中有一部分的残疾比例，然后使用交通事故死亡和残疾的标准赔偿金来代理其发生成本。一方面，赔偿金可保守估计为交通事故死亡和残疾带来的所有直接和间接费用；另一方面，赔偿金的性质是财产损害赔偿，表示对死者或残疾者家庭整体预期收入的赔偿，也可反映伤亡对社会整体造成的损失。伤亡产生的医疗支出已反映在家庭消费中的医疗保健成本当中，为避免重复计算没有将其算在内。受伤中的一般伤害造成的工资损失和精神损害等费用相对较少，在此认为可忽略不计。

表 5-16　2016 年各地区交通事故发生情况

地区	发生数（起）	死亡人数（人）	受伤人数（人）	直接财产损失（万元）
全国	212846	63093	226430	120759.9
北京	3163	1359	2784	2819.4
天津	5912	821	6398	4488.8
河北	4919	2500	4433	5008.3
山西	5088	2131	5278	3975.6
内蒙古	3172	972	3297	1402.6
辽宁	4878	1954	4491	1849.6
吉林	5564	1843	6068	5326.4
黑龙江	3614	1140	3906	4217.0
上海	795	760	235	370.8
江苏	13299	4601	12009	6390.0
浙江	14791	4187	14369	5983.0
安徽	12933	2651	14852	6323.0
福建	8867	1888	9665	2410.0
江西	4932	2102	5207	5425.6
山东	13163	3614	12573	6276.9
河南	5825	1950	5383	4376.1
湖北	16908	4511	16775	8832.1
湖南	7359	1572	9094	6383.0
广东	24773	5501	26825	7380.5
广西	3842	2246	3592	1854.0
海南	2045	636	2748	1515.0

续表

地区	发生数（起）	死亡人数（人）	受伤人数（人）	直接财产损失（万元）
重庆	4724	953	6233	2147.9
四川	7527	2352	8395	5760.5
贵州	12579	2274	18108	9475.1
云南	5375	3002	5519	2905.9
西藏	308	146	349	290.5
陕西	5914	1575	5777	3810.7
甘肃	2899	1357	3177	1065.4
青海	1023	529	1124	750.7
宁夏	1606	372	1778	754.9
新疆	5049	1594	5988	1190.5

资料来源：《中国统计年鉴2017》。

根据《最高人民法院关于审理人身损害赔偿案件适用法律若干问题的解释》第29条的规定，死亡赔偿金的计算标准是，根据受理交通事故案件法院所在地上一年度城镇居民人均可支配收入（死亡受害人的户口在城镇），或者农村居民人均纯收入（交通事故死亡受害人的户口在农村），计算20年；如果死亡受害人年龄在60周岁以上，每增加一岁就减少一年；死亡受害人的年龄在75周岁以上的，统一按照5年计算。残疾赔偿金则用死亡赔偿金乘以具体的伤残赔偿指数来计算。

2011年，在我国发生的交通事故中，60岁以上死亡人数占总数的18.32%（王博宇和李杰伟，2015）。以此为基础简化计算，本报告假设：死亡人数和受伤人数中分别有80%为60周岁以下，20%为60周岁以上；60周岁以下按标准赔偿其当地上一年平均收入的20倍，而60周岁以上统一赔偿其当地上一年平均收入的5倍（我国60岁已为退休年龄）。对于受伤人口中的残疾比例，本报告认为从全国整体情况来看，交通事故导致死亡和残疾的可能性大致相同，因此假设各省交通事故导致残疾占受伤人数的比例与全国死伤比相同，由此算出各省受伤人口中导致残疾的人口数量。残疾中假设平均受伤等级为5级，其赔付标准为死亡赔付的50%。由此估算出平均每个人死亡和残疾的成本，以及交通事故的致残人数。交通事故成本计算公式如下。

1) 地区交通事故成本、地区人均交通事故成本

地区交通事故成本：$C_j = C_{death\_j} + C_{disability\_j} + C_{proprertyloss\_j}$

地区人均交通事故成本：$\overline{C}_j = \dfrac{C_j}{Pop_j}$

其中，C_{death_j} 表示地区 j 因交通事故死亡的总成本，$C_{disability\_j}$ 表示地区 j 因交通事故残疾的总成本，$C_{proprertyloss\_j}$ 表示地区 j 交通事故导致的直接财产损失，Pop_j 表示地区 j 总人口数。

2) 全国交通事故成本、全国人均交通事故成本

全国交通事故成本：$C = \sum_{j=1}^{k} C_j$

全国人均交通事故成本：$\overline{C}_j = \dfrac{C}{Pop}$

其中，k 取 1，2，3，…，31，分别代表全国 31 个省、自治区和直辖市，Pop 表示全国总人口数。

2. 计算结果

按照上述交通事故成本计算方法，计算结果显示（见表 5-17）：全国交通事故成本共计 403.91 亿元，人均交通事故成本为 29.30 元。

各地区人均交通事故成本及排序情况见表 5-17、图 5-17，浙江和北京交通事故成本分别为 41.14 亿元和 15.88 亿元，人均交通事故成本均高于 70 元，分别为 73.92 元和 73.12 元，居第 1、2 位；其次为天津、湖北、广东、江苏和海南，其交通事故成本分别为 10.37 亿元、26.25 亿元、48.32 亿元、34.84 亿元和 3.73 亿元，人均交通事故成本均高于 40 元，分别为 66.70 元、44.72 元、44.23 元、43.62 元和 40.80 元，居第 3~7 位；福建、贵州和青海居第 8~10 位，分别为 39.99 元、37.48 元和 35.42 元，其交通事故成本分别为 15.42 亿元、13.28 亿元和 2.09 亿元。

表 5-17 全国及各地区交通事故成本、人均交通事故成本

地区	交通事故成本（亿元）	人均交通事故成本（元）	地区	交通事故成本（亿元）	人均交通事故成本（元）
北京	15.88	73.12	湖北	26.25	44.72
天津	10.37	66.70	湖南	10.83	15.92
河北	10.96	14.71	广东	48.32	44.23

续表

地区	交通事故成本（亿元）	人均交通事故成本（元）	地区	交通事故成本（亿元）	人均交通事故成本（元）
山西	9.68	26.35	广西	8.73	18.13
内蒙古	6.01	23.90	海南	3.73	40.80
辽宁	11.60	26.49	重庆	7.04	23.21
吉林	9.66	35.21	四川	11.84	14.38
黑龙江	6.10	16.03	贵州	13.28	37.48
上海	7.36	30.43	云南	11.01	23.15
江苏	34.84	43.62	西藏	0.48	14.67
浙江	41.14	73.92	陕西	8.02	21.08
安徽	16.68	27.03	甘肃	4.59	17.64
福建	15.42	39.99	青海	2.09	35.42
江西	10.21	22.29	宁夏	2.06	30.67
山东	23.14	23.39	新疆	7.70	32.35
河南	8.90	9.37	全国	403.91	29.30

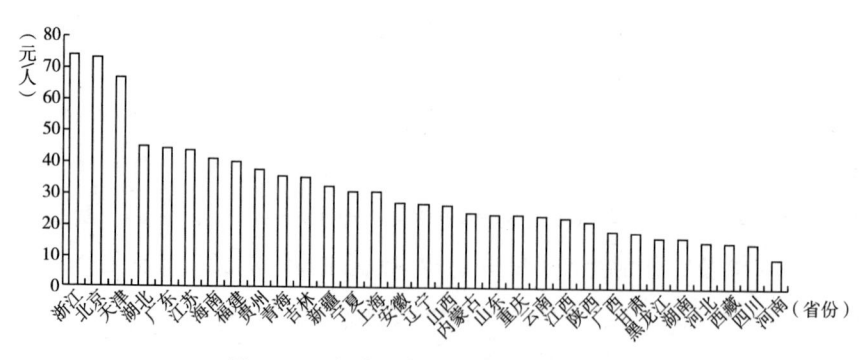

图 5-17 各地区人均交通事故成本排序

5.3.5 休闲时间损失成本

1. 测算方法及数据描述

（1）测算方法

休闲时间损失成本（Cost of Lost Leisure Time）的计算关键在于损失休

闲小时数的确定。但不同社会群体的休闲时间差异较大，如全职家庭成员、退休成员、未成年或在校生等非劳动力，及非充分就业人员与充分就业人员，休闲时间有很大不同。《佛蒙特州 GPI（1960-2011）技术报告》将延长工作时间带来的休闲时间减少，视为休闲时间的损失，同时指出未就业或未充分就业的工人不会为了延长工作时间而牺牲闲暇时间，因此，其休闲时间计算将总就业人数中的"约束"（未就业或就业不足）就业人数排除，以构建一个"无约束"就业人数集，并假设佛蒙特州工人的每周平均工作时间与全国平均水平相同，计算出损失的闲暇时间小时数。

本报告构建的"无约束"就业人数集排除了城镇非常住人口、过去一年没有工作的人、年龄超过或低于法定劳动力年龄范围的人。由于本报告所采用的 2017 中国真实进步微观调查数据区分了就业者的规定工作时间和加班工作时间，所以可以不需要进一步去识别就业不充分的群体，而加班时间视为休闲时间损失。具体计算如下。

1）样本周休闲时间损失

$$T_{leisure\_week\_jhi} = T_{work\_overtime\_jhi}$$

$T_{leisure\_week\_jhi}$ 表示地区 j 第 h 个家庭第 i 个充分工作受访者周休闲时间损失，$T_{work\_overtime\_ji}$ 表示地区 j 第 h 个家庭第 i 个充分工作受访者周加班工作时间。

$$T_{leisure\_year\_jh} = \sum_{i=1}^{n} T_{leisure\_week\_ji} \times M_{jhi} \times W_{jhi}$$

其中，$T_{leisure\_year\_jh}$ 表示地区 j 第 h 个家庭一年休闲时间损失小时数，M_{jhi} 表示地区 j 第 h 个家庭第 i 个充分工作受访者过去一年工作月份，W_{jhi} 表示地区 j 第 h 个家庭第 i 个充分工作受访者过去一年每个月工作周数。

2）地区/全国（休闲时间损失、人均休闲时间损失）

地区人均休闲时间损失：$\overline{T}_{leisure\_j} = \dfrac{\sum_{h=1}^{m} \omega_{jh} \times T_{leisure\_year\_jh}}{\sum_{h=1}^{m} \omega_{jh} \times numb_{jh}}$

地区休闲时间损失：$T_{leisure\_j} = \overline{T}_{leisure\_j} \times Pop_j$

全国人均休闲时间损失：$\overline{T}_{leisure} = \dfrac{\sum_{j=1}^{k} T_{leisure\_j}}{\sum_{j=1}^{k} Pop_j}$

全国休闲时间损失：$T_{leisure} = \overline{T}_{leisure} \times Pop$

其中，ω_{jh} 表示地区 j 第 h 个样本家庭的权重，全国休闲时间损失（$T_{leisure}$）由 k 个地区休闲时间损失加总获得。Pop_j 表示地区 j 总人口数，Pop 表示全国总人口数。

3）地区/全国（休闲时间损失成本、人均休闲时间损失成本）

休闲时间总数乘以每小时休闲的价值，即为本年度休闲时间的总值。本报告依据现有文献的做法，赋予损失 1 小时的休闲时间成本为地区平均小时工资，休闲时间损失成本计算公式为：

地区休闲时间损失总成本：$C_{leisure\_j} = P_j \cdot T_{leisure\_j}$

地区人均休闲时间损失成本：$\overline{C}_{leisure\_j} = P_j \cdot \overline{T}_{leisure\_j}$

全国人均休闲时间损失成本：$\overline{C}_{leisure} = \dfrac{\sum_{j=1}^{k} C_{leisure\_j}}{\sum_{j=1}^{k} Pop_j}$

全国休闲时间损失成本：$C_{leisure} = \overline{C}_{leisure} \times Pop$

其中，P_j 表示地区 j 的平均小时工资。

（2）数据描述

1）样本加班率

样本加班率为加班样本数占有工作样本数的比重，按照此方法，本报告计算了全国及各地区的样本加班率（见表 5-18）：全国 36767 个有工作样本中加班样本 22106 个，样本加班率达 60.12%。

表 5-18　各地区有工作样本数、加班样本数和样本加班率

地区	有工作样本数	加班样本数	样本加班率（%）
北京	1307	505	38.64
天津	914	454	49.67
河北	1564	1061	67.84
山西	1301	850	65.33
内蒙古	331	206	62.24
辽宁	1929	1151	59.67
吉林	965	626	64.87
黑龙江	992	625	63.00
上海	1669	504	30.20

续表

地区	有工作样本数	加班样本数	样本加班率（%）
江苏	1912	1276	66.74
浙江	2306	1445	62.66
安徽	911	610	66.96
福建	1797	1010	56.20
江西	686	457	66.62
山东	1968	1335	67.84
河南	1131	728	64.37
湖北	1453	930	64.01
湖南	1478	948	64.14
广东	3443	1995	57.94
广西	747	431	57.70
海南	839	523	62.34
重庆	1179	725	61.49
四川	1424	833	58.50
贵州	513	322	62.77
云南	734	402	54.77
陕西	1274	822	64.52
甘肃	747	500	66.93
青海	756	474	62.70
宁夏	497	358	72.03
全国	36767	22106	60.12

资料来源：2017年中国真实进步微观调查。

各地区样本加班率及排序情况见表5-18、图5-18，宁夏位列第1，加班率高达72.03%；河北、山东、安徽、甘肃、江苏、江西、山西、吉林和陕西加班率依次居第2~10位，分别为67.84%、67.84%、66.96%、66.93%、66.74%、66.62%、65.33%、64.87%和64.52%；上海和北京加班率最低，均低于40%，分别为30.20%和38.64%。

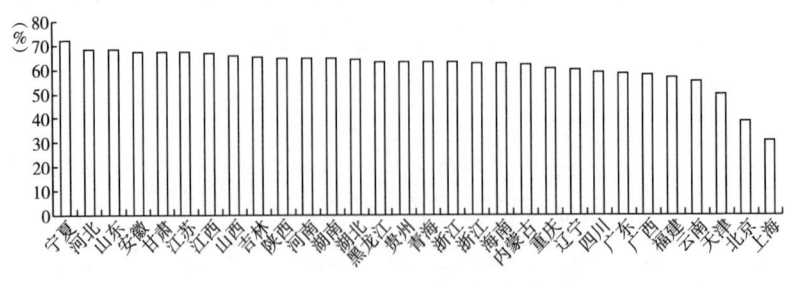

图 5-18 加班率排序

2) 工作时间

表 5-19 给出了各地区有工作样本平均年工作月数、平均月工作天数、平均工作日工作小时数、平均工作日加班小时数、年平均工作小时数等指标情况，有工作样本年平均工作小时 2107.29 个小时，年平均工作月数为 10.25 个月，月平均工作天数为 24.24 天，工作日平均工作小时数 7.42 个小时，工作日平均加班小时数为 1.06 小时。

表 5-19　各地区有工作样本平均年工作月数、平均月工作天数、平均工作日工作小时数、平均工作日加班小时数、年平均工作小时数

地区	平均年工作月数	平均月工作天数	平均工作日工作小时数	平均工作日加班小时数	年平均工作小数
北京	11.04	22.74	7.78	1.63	2360.44
天津	10.97	23.36	7.60	1.26	2269.00
河北	9.68	24.51	7.40	0.79	1943.65
山西	9.50	24.62	7.31	0.86	1909.81
内蒙古	9.75	24.88	7.30	0.93	1995.99
辽宁	10.22	24.14	7.43	0.90	2054.78
吉林	9.36	24.69	7.24	0.81	1859.76
黑龙江	9.68	24.87	7.25	0.75	1926.12
上海	11.31	22.09	8.04	1.22	2312.77
江苏	10.70	24.82	7.27	0.90	2167.72
浙江	10.53	24.45	7.36	0.91	2130.91

续表

地区	平均年工作月数	平均月工作天数	平均工作日工作小时数	平均工作日加班小时数	年平均工作小数
安徽	9.84	24.81	7.32	1.33	2113.86
福建	10.67	24.24	7.31	1.26	2215.31
江西	10.26	25.05	7.33	1.46	2258.84
山东	10.61	24.89	7.34	0.79	2146.94
河南	9.34	24.69	7.42	1.13	1971.69
湖北	10.05	24.42	7.33	1.04	2053.58
湖南	9.84	24.34	7.31	1.00	1991.09
广东	10.95	24.10	7.37	1.27	2279.82
广西	10.62	24.52	7.32	1.26	2235.40
海南	10.15	24.43	7.32	1.49	2186.03
重庆	10.32	23.87	7.46	1.02	2089.20
四川	10.17	23.96	7.46	1.24	2119.37
贵州	9.56	23.62	7.65	1.45	2054.56
云南	9.76	23.66	7.37	1.34	2009.63
陕西	9.99	24.41	7.43	1.13	2088.53
甘肃	9.72	25.04	7.34	0.94	2016.19
青海	9.04	24.10	7.71	0.86	1866.11
宁夏	8.96	25.01	7.35	0.85	1838.20
全国	10.25	24.24	7.42	1.06	2107.29

资料来源：2017年中国真实进步微观调查。

各地区有工作样本年平均工作小时分布情况见表5-19、图5-19，北京、上海的年平均工作小时数分别为2360.44小时和2312.77小时，均超过2300小时，分别位居第1、2位，其中上海在平均年工作月数、平均工作日工作小时数方面均高于北京；广东、天津、江西、广西、福建、海南、江苏和山东年平均工作小时数依次居第3~10位，分别为2279.82小时、2269.00小时、2258.84小时、2235.40小时、2215.31小时、2186.03小时、2167.72小时和2146.94小时。

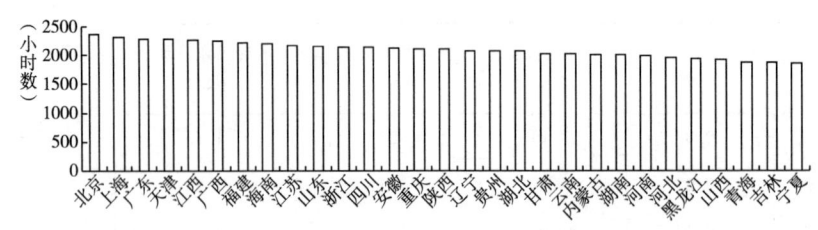

图 5-19 有工作样本年平均工作小时排序

各地区平均年工作月数分布情况见表 5-19、图 5-20，上海和北京均超过 11 个月，分别为 11.31 和 11.04 个月，分别排在第 1、2 位；天津、广东、江苏、福建、广西、山东、浙江和重庆依次排在第 3~10 位，分别为 10.97 个月、10.95 个月、10.70 个月、10.67 个月、10.62 个月、10.61 个月、10.53 个月和 10.32 个月。

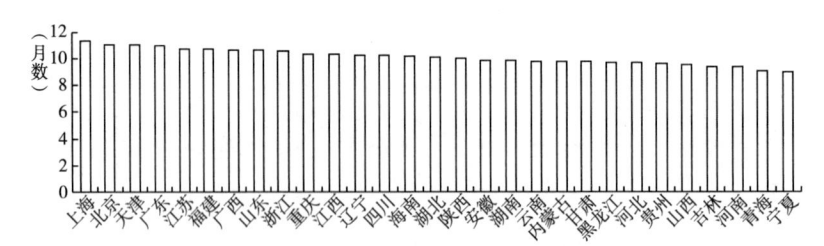

图 5-20 有工作样本平均年工作月数排序

各地区平均月工作天数分布情况见表 5-19、图 5-21，江西、甘肃和宁夏均超过 25 天，分别为 25.05、25.04 和 25.01 天，排在前三位；山东、内蒙古、黑龙江、江苏、安徽、吉林和河南依次居第 4~10 位，分别为 24.89 天、24.88 天、24.87 天、24.82 天、24.81 天、24.69 天和 24.69 天；上海和北京均不超过 23 天，分别为 22.09 天和 22.74 天，排在最后两位。

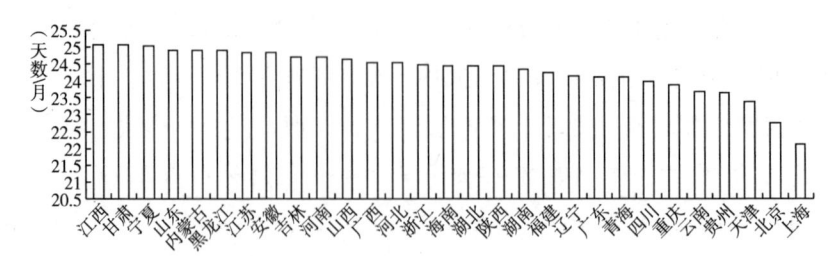

图 5-21 有工作样本平均月工作天数排序

各地区平均工作日工作小时数分布情况见表 5-19、图 5-22，上海是唯一一个平均工作日工作小时超过 8 小时的地区，居第 1 位；紧接其后的是北京，平均工作日工作小时数为 7.78 个小时；位于第 3~10 位的依次为青海、贵州、天津、四川、重庆、辽宁、陕西和河南，平均工作日工作小时数分别为 7.71 个小时、7.65 个小时、7.60 个小时、7.46 个小时、7.46 个小时、7.43 个小时、7.43 个小时和 7.42 个小时。

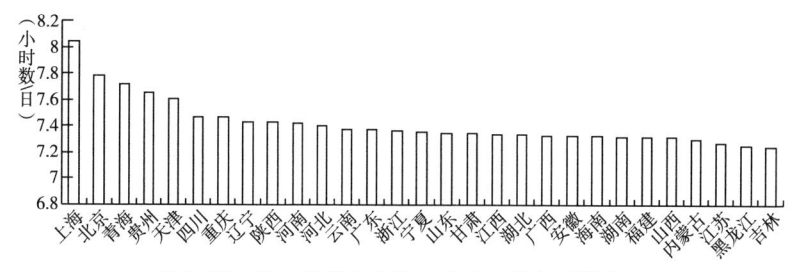

图 5-22　有工作样本平均工作日工作小时数排序

各地区平均工作日加班小时数分布情况见表 5-19、图 5-23，北京平均工作日加班小时数达 1.63 个小时，位居第 1；海南、江西、贵州、云南、安徽、广东、广西、天津和福建依次位于第 2~10 位，分别为 1.49 个小时、1.46 个小时、1.45 个小时、1.34 个小时、1.33 个小时、1.27 个小时、1.26 个小时、1.26 个小时和 1.26 个小时。

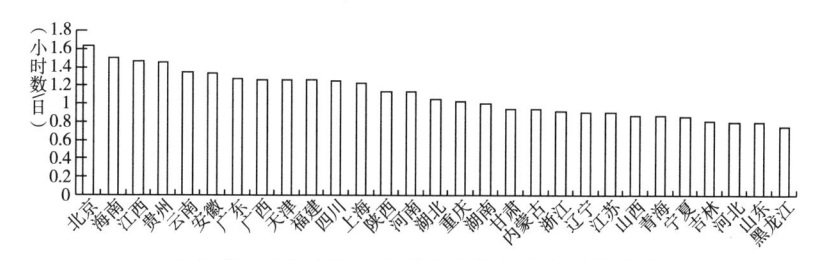

图 5-23　有工作样本平均工作日加班小时数排序

2. 计算结果

（1）休闲时间损失

按照上述休闲时间损失计算公式，计算结果为（见表 5-20）：全国休闲时间损失共计 718.43 亿小时，人均休闲时间损失为 52.11 小时/年。

各地区人均休闲时间损失及排序情况见表5-20、图5-24，陕西休闲时间损失为27.81亿小时，人均休闲时间损失超过70小时/年，达73.13小时/年，居第1位；广东、江西、贵州、福建、海南、北京、江苏、安徽和河南人均休闲时间损失分别为65.57小时/年、64.23小时/年、63.78小时/年、63.17小时/年、62.56小时/年、60.97小时/年、60.95小时/年、56.76小时/年和53.69小时/年，依次居第2~10位，其休闲时间损失分别为71.63亿小时、29.41亿小时、22.59亿小时、24.36亿小时、5.72亿小时、13.24亿小时、48.68亿小时、35.02亿小时、51.04亿小时。

表5-20 全国及各地区休闲损失时间、人均休闲损失时间

地区	休闲时间损失（亿小时）	人均休闲时间损失（小时/年）	地区	休闲时间损失（亿小时）	人均休闲时间损失（小时/年）
北京	13.24	60.97	河南	51.04	53.69
天津	8.26	53.11	湖北	28.79	49.06
河北	34.39	46.18	湖南	35.05	51.52
山西	13.51	36.78	广东	71.63	65.57
内蒙古	11.09	44.07	广西	20.82	43.23
辽宁	19.63	44.82	海南	5.72	62.56
吉林	10.37	37.82	重庆	14.16	46.69
黑龙江	11.85	31.13	四川	40.52	49.22
上海	8.47	35.03	贵州	22.59	63.78
江苏	48.68	60.95	云南	22.24	46.76
浙江	28.06	50.42	陕西	27.81	73.13
安徽	35.02	56.76	甘肃	11.32	43.47
福建	24.36	63.17	青海	2.72	46.04
江西	29.41	64.23	宁夏	3.28	48.82
山东	48.56	49.07	全国	718.43	52.11

资料来源：2017年中国真实进步微观调查。

注：全国是除港澳台之外31个省、自治区、直辖市之和。

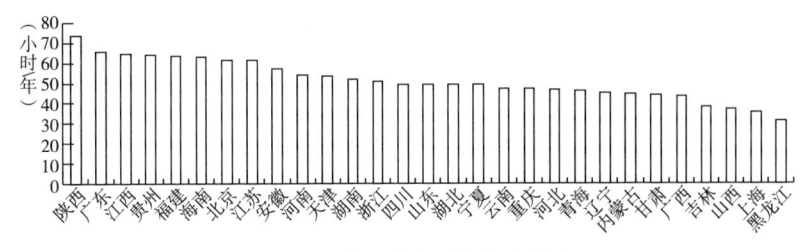

图 5-24 人均休闲时间损失排序

(2) 休闲时间损失成本

按照上述休闲时间损失成本计算公式，参照《劳动法》规定"安排劳动者延长工作时间的，支付不低于工资百分之一百五十的工资报酬"，本报告赋予每小时损失的休闲时间产生的成本是小时工资的 1.5 倍。计算得（见表 5-21）：全国休闲时间损失成本共计 34243.08 亿元，人均休闲时间损失成本为 2483.79 元。

各地区人均休闲时间损失成本及排序见表 5-21、图 5-25，北京休闲时间损失成本达 1186.34 亿元，人均休闲时间损失成本远高于全国其他地区，高达 5461.95 元，位居首位；依次位居第 2~10 位的分别为广东、天津、江苏、陕西、贵州、上海、福建、海南和浙江，其休闲时间损失成本分别为 3870.11 亿元、532.29 亿元、2603.11 亿元、1239.03 亿元、1118.60 亿元、758.64 亿元、1127.72 亿元、263.40 亿元和 1536.90 亿元，人均休闲时间损失成本分别为 3542.76 元、3424.19 元、3258.98 元、3258.02 元、3157.67 元、3138.11 元、2924.21 元、2881.85 元和 2761.97 元。

表 5-21 全国及各地区休闲时间损失成本、人均休闲时间损失成本

地区	休闲时间损失成本（亿元）	人均休闲时间损失成本（元）	地区	休闲时间损失成本（亿元）	人均休闲时间损失成本（元）
北京	1186.34	5461.95	河南	1887.37	1985.45
天津	532.29	3424.19	湖北	1286.84	2192.79
河北	1421.64	1908.88	湖南	1524.80	2241.53
山西	542.03	1475.71	广东	3870.11	3542.76
内蒙古	505.66	2010.17	广西	900.44	1869.29

续表

地区	休闲时间损失成本（亿元）	人均休闲时间损失成本（元）	地区	休闲时间损失成本（亿元）	人均休闲时间损失成本（元）
辽宁	821.39	1875.33	海南	263.40	2881.85
吉林	434.73	1584.86	重庆	693.24	2286.03
黑龙江	463.97	1219.2	四川	1935.24	2350.59
上海	758.64	3138.11	贵州	1118.60	3157.67
江苏	2603.11	3258.98	云南	1004.35	2111.54
浙江	1536.90	2761.97	陕西	1239.03	3258.02
安徽	1546.11	2505.85	甘肃	486.98	1869.4
福建	1127.72	2924.21	青海	135.22	2289.96
江西	1233.42	2693.65	宁夏	160.59	2391.46
山东	2268.61	2292.22	全国	34243.08	2483.79

资料来源：2017 年中国真实进步微观调查。

注：全国是除港澳台之外 31 个省、自治区、直辖市之和。

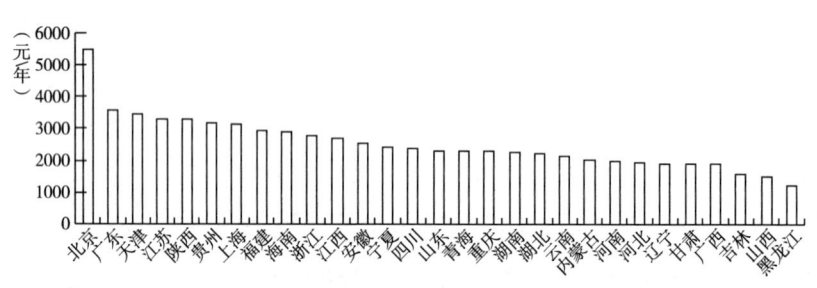

图 5-25　人均休闲时间损失成本排序

参考文献

［1］Amato, P. R., Rezac, S. J, & Booth, A.（1995）. Helping between Parents and Young Adult Offspring: The Role of Parental Marital Quality, Divorce, and Remarriage. Journal of Marriage and Family, 57, 363-374.

［2］Amato, P. R., & Cheadle, J.（2005）. The long reach of divorce: Divorce and child well-being across three generations. Journal of Marriage and Family, 67, 191-206.

［3］Andrade, D. C., & Garcia, J. R.（2015）. Estimating the Genuine Progress Indicator（GPI）for Brazil from 1970 to 2010. Ecological Economics, 118, 49-56.

［4］Anielski, M., & Rowe, J.（1999）. The Genuine Progress Indicator—1998

Update.

[5] Berik, G., & Gaddis, E. (2014). The Utah Genuine Progress Indicator (GPI), 1990 to 2007 A Report to the People of Utah, in Michalos, A. C. Encyclopedia of Quality of Life and Well-Being Research, Dordrecht: Springer Netherlands, 6877-6881.

[6] Clarke, M., & Lawn, P. (2008). A policy analysis of Victoria's Genuine Progress Indictor. The Journal of Socio-Economics, 37 (2), 864-879.

[7] Costanza, R., Erickson, J., Fligger, K., Adams, A., Adams, C., Altschuler, B., ...& Kerr, T. (2004). Estimates of the Genuine Progress Indicator (GPI) for Vermont, Chittenden County and Burlington, from 1950 to 2000. Ecological Economics, 51 (1-2), 139-155.

[8] Cui, M., Fincham, F. D., & Pasley, B. K. (2008). Young adult romantic relationships: The role of parents'marital problems and relationship efficacy. Personality and Social Psychology Bulletin, 34 (9), 1226-1235.

[9] Daly, H. E., & Cobb, J. B. (1989). For the common good: redirecting the economy towards community, the environment and a sustainable future., Boston Massachusetts Beacon Press, 2 (4), 346-347.

[10] Delang, C. O., & Yu, Y. H. (2014). Beyond economic growth: the genuine progress of Hong Kong from 1968 to 2010. International Journal of Sustainable Development, 17 (4), 387-402.

[11] Erickson, J. D., Zencey, E., Burke, M. J., Carlson, S., & Zimmerman, Z. (2013). Vermont Genuine Progress Indicator, 1960 - 2011: Findings and Recommendations. Gund Institute for Ecological Economics, Burlington, VT.

[12] Hamilton, C., & C. J. Cleveland. (1999). The Genuine Progress Indicator methodological developments and results from Australia. Ecological Economics, 30 (1), 13-28.

[13] Hamilton, C. (1999). The Genuine Progress Indicator methodological developments and results from Australia. Ecological Economics, 30 (1): 13-28.

[14] Harford, J. D. (2016). Congestion, pollution and benefit-to-cost rations of US public transit systems. Transportation Research Part D: Transport and Environment, 11 (1), 45-58.

[15] Hayashi, T. (2015). Measuring rural-urban disparity with the Genuine Progress Indicator: A case study in Japan. Ecological Economics, 120260-271.

[16] Hutton, B. (2011). Air Pollution: Global Damage Costs from 1900 to 2050. Assessment Paper, Copenhagen Consensus on Human Challenges.

[17] Kinnaman, T. C. (2009). The economics of municipal solid waste management. Waste Management, 29 (10), 2615-2617.

[18] Kubiszewski, I., Costanza, R., Gorko, N. E., Weisdorf, M. A., Carnes, A. W., Collins, C. E., ...& Schoepfer, J. D. (2015). Estimates of the Genuine Progress Indicator

(GPI) for Oregon from 1960 – 2010 and recommendations for a comprehensive shareholder's report. Ecological Economics, 119, 1–7.

[19] Lawn, P., & Clarke, M. (2006). Measuring genuine progress: an application of the Genuine Progress Indicator. Nova Science.

[20] Lawn, P. A. (2005). An assessment of the valuation methods used to calculate the Index of Sustainable Economic Welfare (ISEW), genuine progress indicator (GPI), and sustainable net benefit index (SNBI). Environment, Development and Sustainability, 7 (2), 185–208.

[21] Makino, M. (2008). Genuine Progress Indicator (GPI) for Japan: Revised Estimation 1970–2003. Working Paper, 2161–47.

[22] Martinet, V. (2012). Economic Theory and Sustainable Development: What Can We Preserve for Future Generations? Routledge.

[23] McDonald, G., Forgie, V., Zhang, J., Andrew, R., & Smith, N. (2009). A Genuine Progress Indicator for the Auckland region-Valuation Methodology Prepared by the New Zealand Centre for Ecological Economics and Market Economics for the Auckland Regional Council. Auckland Regional Council. Technical Report 2009/10.

[24] Neumayer, E. (2000). On the methodology of ISEW, GPI and related measures: some constructive suggestions and some doubt on the 'threshold' hypothesis. Ecological Economics, 34 (3), 347–361.

[25] Talberth, J., & Weisdorf, M. (2017). Genuine Progress Indicator 2.0: pilot accounts for the US, Maryland, and City of Baltimore 2012–2014. Ecological Economics, 142, 1–11.

[26] Tol, R. S. J. (2013). The marginal damage costs of carbon dioxide emissions: an assessment of the uncertainties. Energy Policy, 33 (16), 2064–2074.

[27] Wen, Z., Zhang, K., Du, B., Li, Y., & Li, W. (2007). Case study on the use of Genuine Progress Indicator to measure urban economic welfare in China. Ecological Economics, 63 (2-3), 463–475.

[28] Erickson, J. D., Zencey, E., Burke, M. J., Carlson, S., & Zimmerman, Z. (2013). Vermont Genuine Progress Indicator, 1960–2011: Findings and Recommendations. Gund Institute for Ecological Economics, Burlington, VT.

[29] 李东. (2015). 离婚成本知多少? 婚姻与家庭: 社会纪实 (上) (7), 39.

[30] 李宣. (2014). 国外真实发展指标 (GPI) 研究及其在我国的应用. 西南交通大学硕士学位论文.

[31] 佟琼, 王稼琼, 王静. (2014). 北京市道路交通外部成本衡量及内部化研究. 管理世界 (3), 1~9.

[32] 王茂园. (2013). GDP 与 GPI 比较: GPI 应用探讨. 西南交通大学硕士学位论文.

第6章 真实进步指标测算结果及比较分析

6.1 测算结果与分析

6.1.1 全国 GPI、人均 GPI

按照 GPI 2.0 测算指标体系及第 3、4、5 章各指标的计算结果，以 2016 年家庭消费支出 29.27 万亿元（人均 21227.85 元）为起点，先增加包括政府提供的商品和服务、社会资本服务、存量资本服务、人力资本服务、自然资本服务等带来的价值 27.88 万亿元（人均 20224.57 元），再扣除包括家庭投资成本、防御性消费支出、收入不平等、自然资本消耗、污染、经济活动等造成的福利损失成本 18.97 万亿元（人均 13757.45 元）。最终计算得出：全国 GPI 为 38.18 万亿元，为当年 GDP 的 51.59%，其中，人均 GPI 为 27694.97 元（见表 6-1）。

表 6-1 全国 GPI 测算结果

指标		总量（亿元）	人均（元）
以市场为基础的商品和服务	家庭消费支出	292661.00	21227.85
	防御性消费支出	29537.20	2142.45
	医疗保健成本	10488.19	760.75
	法律服务成本	410.84	29.80
	食品和能源浪费成本	6819.98	494.68
	福利中性商品成本	9191.28	666.68
	防尘防雾霾成本	129.87	9.42

续表

指标		总量（亿元）	人均（元）
以市场为基础的商品和服务	保险成本	2497.04	181.12
	家庭投资成本	50104.69	3634.29
	耐用品支出成本	39714.65	2880.66
	家居维修保养及改善成本	9749.37	707.16
	高等教育支出成本	640.67	46.47
	收入不平等系数	0.88	0.88
	收入不平等成本	25562.29	1854.13
	政府提供的商品和服务	94400.23	6847.22
	小计	281857.05	20444.20
要素资本提供的服务价值	人力资本的服务价值	32138.71	2331.14
	高等教育的服务价值	22566.86	1636.86
	制造业的服务价值	9571.85	694.28
	社会资本服务价值	88318.05	6406.06
	家务劳动价值	86664.15	6286.09
	志愿服务价值	1653.90	119.96
	存量资本服务价值	58144.04	4217.41
	交通设施服务价值	13613.14	987.41
	电力燃气水基础设施服务价值	7568.54	548.98
	家庭资本服务价值	35610.98	2583.00
	高铁服务价值	1351.38	98.02
	自然资本服务价值	5828.18	422.74
	小计	184428.98	13377.35
环境和社会成本	自然资本消耗成本	21780.32	1579.81
	不可再生能源消耗的替代成本	21780.32	1579.81
	污染成本	14972.55	1086.01
	温室气体排放	4643.40	336.80
	空气污染	6303.79	457.24
	水污染	3292.66	238.83
	固体废弃物污染	643.04	46.64

续表

指标		总量（亿元）	人均（元）
环境和社会成本	噪声污染	89.66	6.50
	经济活动的社会成本	47712.41	3460.76
	犯罪成本	1516.67	110.00
	家庭变更成本	767.46	55.67
	通勤成本	10781.28	782.01
	交通事故成本	403.91	29.30
	休闲时间损失成本	34243.0826	2483.79
	小计	84465.28	6126.58
GPI		381820.75	27694.97
GDP		740060.80	53680.00
GPI/GDP		51.59%	51.59%

GPI 加项中（见图 6-1），政府提供的商品和服务贡献最大，占总加项的 33.86%；其次为社会资本服务价值，贡献达 31.67%；存量资本服务价值、人力资本服务价值、自然资本服务价值贡献分别为 20.85%、11.53% 和 2.09%。

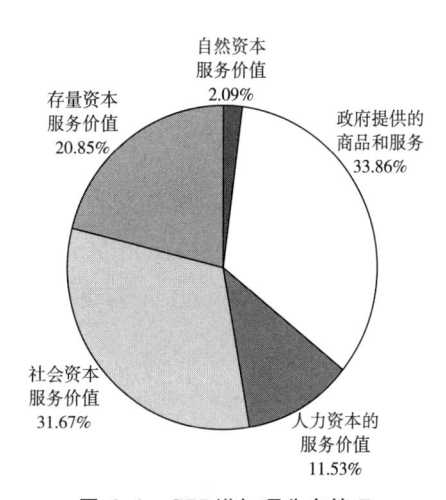

图 6-1 GPI 增加项分布情况

GPI 扣除项中（见图 6-2），家庭投资成本占总扣除额的 26.42%，扣除份额最大；其次是经济活动的社会成本，扣除占比为 25.16%；防御性消费支出、收入不平等成本、自然资本消耗成本和污染成本扣除占比分别为 15.57%、13.48%、11.48% 和 7.89%。

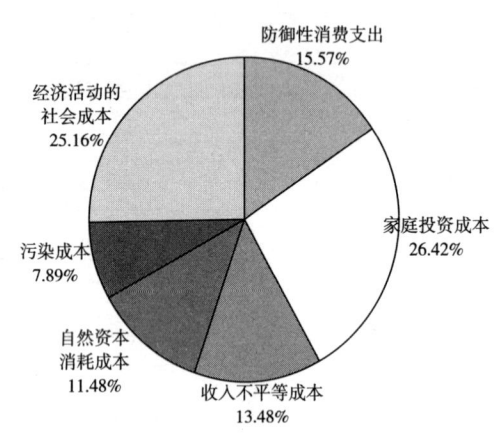

图 6-2　GPI 扣除项分布情况

6.1.2　东、中、西及东北区域 GPI、人均 GPI 测算结果与分析

分区域具体情况见表 6-2，东、中、西及东北区域家庭消费支出分别为 152097.18 亿元、60947.49 亿元、61104.85 亿元和 20789.18 亿元，人均家庭消费支出由高到低：东部（28841.79）＞东北（19022.90 元）＞中部（16652.77 元）＞西部（16341.91 元）。

其中，加项（见表 6-2），东、中、西及东北区域分别为 134957.51 亿元、59768.17 亿元、64690.88 亿元和 19636.00 亿元，人均值由高到低：东部（25591.64 元）＞东北（17967.70 元）＞西部（17300.96 元）＞中部（16330.55 元）。

扣除项（见表 6-2），东、中、西及东北区域分别为 91041.44 亿元、41183.20 亿元、43750.36 亿元和 12668.29 亿元，人均值由高到低：东部（17263.95 元）＞西部（11700.62 元）＞东北（11591.98 元）＞中部（11252.55 元）。

表 6-2 东、中、西及东北区域加项、扣除项总值与人均值

单位：亿元，元

指标	东部 总值	东部 人均	中部 总值	中部 人均	西部 总值	西部 人均	东北 总值	东北 人均
家庭消费支出	152097.18	28841.79	60947.49	16652.77	61104.85	16341.91	20789.18	19022.90
加项	134957.51	25591.64	59768.17	16330.55	64690.88	17300.96	19636.00	17967.70
扣除项	91041.44	17263.95	41183.20	11252.55	43750.36	11700.62	12668.29	11591.98

东、中、西及东北区域 GPI 分别为 196013.26 亿元、79532.46 亿元、82045.36 亿元和 27756.88 亿元，人均 GPI 分别为 37169.48 元、21730.77 元、21942.25 元和 25398.62 元（见表 6-3 及图 6-3），各区域之间人均 GPI 呈现分布趋势：东部>东北>西部>中部。

从人均 GPI 与人均 GDP 的比值来看（见图 6-3），东北（52.96%）>西部（52.32%）>中部（49.51%）>东部（47.79%），反映出经济增长并不能完全转化为社会福利，在东北地区 GDP 中有 52.96%是居民真实享受到的经济福利，而在东部地区这一比重仅为 47.79%。

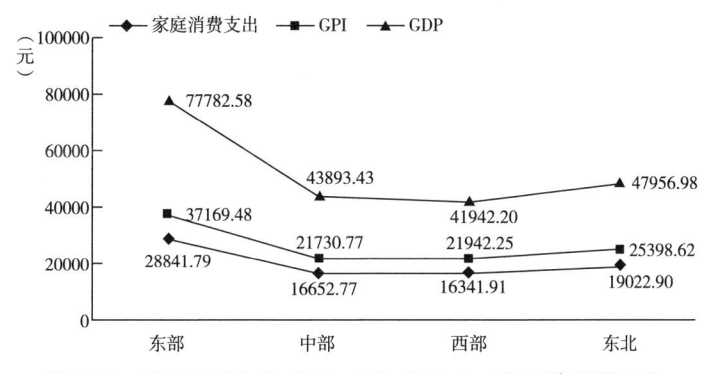

图 6-3 不同区域人均 GPI、人均 GDP 和人均家庭消费支出

东、中、西及东北区域各加项分布情况（见表 6-3、图 6-4），政府提供的商品和服务占总加项的比重，东、中、西及东北区域分别为 35.62%、31.94%、32.39%、36.00%，人均分别为 9115.56 元、5216.44 元、5604.20 元、6467.53 元，东部地区远高于其他地区，更是中部地区的近 2 倍；社会资本服务价值占总加项的比重，东、中、西及东北区域分别为

表 6-3 东、中、西及东北地区 GPI 测算结果

单位：亿元，元

指标		东部 总值	东部 人均	中部 总值	中部 人均	西部 总值	西部 人均	东北 总值	东北 人均
以市场为基础的商品和服务	家庭消费支出	152097.18	28841.79	60947.49	16652.77	61104.85	16341.91	20789.18	19022.90
	防御性消费支出	14474.42	2744.75	6485.31	1771.99	6392.24	1709.54	2296.75	2101.62
	医疗保健成本	4803.14	910.81	2394.75	654.32	2309.77	617.72	968.62	886.32
	法律服务成本	244.34	46.33	80.58	22.02	74.77	20.00	25.01	22.89
	食品和能源浪费成本	3497.58	663.24	1383.92	378.13	1422.88	380.54	551.45	504.60
	福利中性商品成本	4345.57	824.04	2187.03	597.57	2109.21	564.09	587.36	537.46
	防尘防雾霾成本	81.10	15.38	21.55	5.89	19.75	5.28	7.65	7.00
	保险成本	1502.69	284.95	417.48	114.07	455.87	121.92	156.66	143.35
	家庭投资成本	26901.01	5101.17	10606.66	2898.07	10120.60	2706.66	2942.16	2692.19
	耐用品支出成本	21224.48	4024.74	8107.28	2215.16	8211.62	2196.12	2546.16	2329.83
	家居维修保养及改善成本	5356.46	1015.73	2369.53	647.43	1772.86	474.13	343.35	314.18
	高等教育支出成本	320.07	60.69	129.85	35.48	136.11	36.40	52.65	48.18
	收入不平等系数	8.81	1.67	5.33	1.46	9.49	2.54	2.70	2.47
	收入不平等成本	13245.25	2511.66	4905.79	1340.42	5476.45	1464.62	1454.83	1331.23
	政府提供的商品和服务	48070.89	9115.56	19091.64	5216.44	20954.95	5604.20	7068.04	6467.53
	小计	145547.40	27599.77	58041.37	15858.73	60070.51	16065.28	21163.47	19365.39

续表

指标		东部 总值	东部 人均	中部 总值	中部 人均	西部 总值	西部 人均	东北 总值	东北 人均
要素资本提供的服务	人力资本的服务价值	22091.21	4189.10	4759.60	1300.47	3684.16	985.29	1547.36	1415.89
	高等教育的服务价值	14613.32	2771.09	3678.50	1005.08	3001.28	802.66	1209.19	1106.46
	制造业的服务价值	7477.89	1418.01	1081.10	295.39	682.87	182.63	338.17	309.44
	社会资本服务价值	35790.96	6786.95	22244.34	6077.85	23691.65	6336.11	6435.22	5888.48
	家务劳动价值	34906.69	6619.26	21911.68	5986.96	23395.06	6256.79	6308.86	5772.85
	志愿服务价值	884.28	167.68	332.66	90.89	296.58	79.32	126.35	115.61
	存量资本服务价值	26902.62	5101.47	12213.77	3337.19	14707.77	3933.45	4112.27	3762.89
	交通设施服务价值	5524.00	1047.50	2698.60	737.34	4161.50	1112.95	1168.35	1069.09
	电力燃气水基础设施服务价值	2662.51	504.88	1474.85	402.98	2701.09	722.38	596.64	545.95
	家庭资本服务价值	18009.45	3415.08	7703.93	2104.96	7618.94	2037.61	2248.10	2057.10
	高铁服务价值	706.66	134.00	336.39	91.91	226.24	60.51	99.18	90.75
	自然资本服务价值	2101.83	398.56	1458.82	398.60	1652.35	441.90	473.11	432.91
	小计	86886.62	16476.08	40676.53	11114.11	43735.93	11696.76	12567.96	11500.17

续表

指标			东部 总值	东部 人均	中部 总值	中部 人均	西部 总值	西部 人均	东北 总值	东北 人均
环境和社会成本		自然资本消耗成本	8197.44	1554.46	4905.12	1340.23	5960.70	1594.13	2148.92	1966.34
		不可再生能源消耗的替代成本	8197.44	1554.46	4905.12	1340.23	5960.70	1594.13	2148.92	1966.34
	污染成本		6016.11	1140.82	3498.06	955.78	3857.64	1031.69	1193.76	1092.34
		温室气体排放	1439.56	272.98	1140.60	311.65	1331.83	356.19	386.99	354.11
		空气污染	2714.26	514.70	1442.76	394.21	1569.32	419.70	509.54	466.25
		水污染	1640.06	311.00	730.06	199.48	715.60	191.38	214.67	196.43
		固体废弃物污染	180.14	34.16	168.96	46.17	222.00	59.37	69.71	63.79
		噪声污染	42.09	7.98	15.68	4.28	18.89	5.05	12.85	11.76
	经济活动的社会成本		22207.21	4211.10	10782.26	2946.05	11942.74	3193.97	2631.87	2408.26
		犯罪成本	690.64	130.96	423.56	115.73	302.67	80.95	89.08	81.51
		家庭变更成本	340.40	64.55	155.47	42.48	209.35	55.99	61.15	55.95
		通勤成本	5396.25	1023.28	2100.12	573.82	2502.25	669.20	734.19	671.81
		交通事故成本	211.16	40.04	82.55	22.56	80.77	21.60	27.36	25.04
		休闲时间损失成本	15568.75	2952.26	8020.57	2191.47	8847.69	2366.23	1720.09	1573.95
小计			36420.76	6906.37	19185.44	5242.07	21761.08	5819.79	5974.55	5466.94
GPI			196013.26	37169.48	79532.46	21730.77	82045.36	21942.25	27756.88	25398.62
GDP			410186.44	77782.58	160645.57	43893.43	156828.17	41942.20	52409.79	47956.98
GPI/GDP			47.79%	47.79%	49.51%	49.51%	52.32%	52.32%	52.96%	52.96%

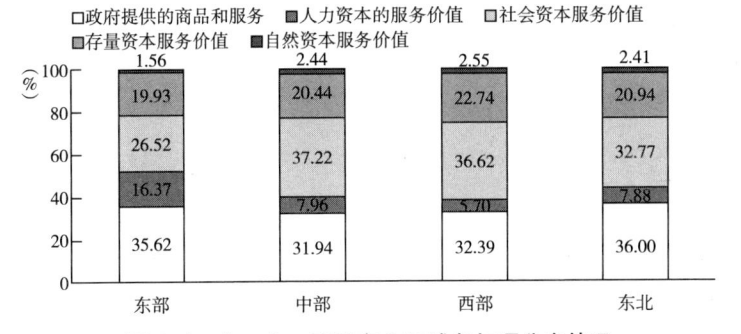

图 6-4 东、中、西及东北区域各加项分布情况

26.52%、37.22%、36.62%、32.77%，人均分别为6786.95元、6077.85元、6336.11元、5888.48元，东部区域最高，东北最低，区域间差异不大；存量资本服务价值占总加项的比重，东、中、西及东北区域分别为19.93%、20.44%、22.74%、20.94%，人均分别为5101.47元、3337.19元、3933.45元、3762.89元，东部地区最高，中部地区最低；人力资本的服务价值占总加项的比重，东、中、西及东北区域分别为16.37%、7.96%、5.70%、7.88%，人均分别为4189.10元、1300.47元、985.29元、1415.89元，东部地区最高，远远高于其他区域，其中西部地区最低，不足东部地区的1/4；自然资源服务价值占总加项的比重，在东、中、西及东北区域均不到3%，人均不足450元。

从以上分析可以看出，相比东部地区，中、西及东北地区，在诸多加项中存在较大的改善空间，其中区域人力资本的服务价值存在巨大的差异，反映出中、西及东北地区仍有很大的提升空间。政府提供的商品和服务、社会资本服务价值所带来的社会福利巨大，超过总加项的60%，其中社会资本服务价值更是被GDP核算体系所忽视。

东、中、西及东北区域各扣除项分布情况见表6-3、图6-5，家庭投资成本占总扣除项的比重，东、中、西及东北区域分别为29.55%、25.75%、23.13%、23.22%，人均分别为5101.17元、2898.07元、2706.66元、2692.19元；经济活动的社会成本占总扣除项的比重，东、中、西及东北区域分别为24.39%、26.18%、27.30%、20.78%，人均分别为4211.10元、2946.05元、3193.97元、2408.26元，东部地区经济活动造成的社会成本最高，东北地区相对成本最低；防御性消费支出占总扣除项的比重，东、中、西及东北区域分别为 15.90%、15.75%、14.61%、18.13%，人均分别为 2744.75 元、1771.99 元、1709.54 元、2101.62 元，区域之间差异较小；收入不平等成本占总扣除项的比重，东、中、西及东北区域分别为 14.55%、11.91%、12.52%、11.48%，人均分别为 2511.66 元、1340.42 元、1464.62 元、1331.23 元，东部地区成本最高，中部地区成本最低；污染成本占总扣除项的比重，东、中、西及东北区域分别为 6.61%、8.49%、8.82%、9.42%，人均分别为 1140.82 元、955.78 元、1031.69 元、1092.34 元，差异较小；自然资本消耗成本占总扣除项的比重，东、中、西及东北区域分别为 9.00%、11.91%、13.62%、16.96%，人均分别为 1554.46 元、1340.23 元、1594.13 元、1966.34 元，东北地区最高，中部最低。

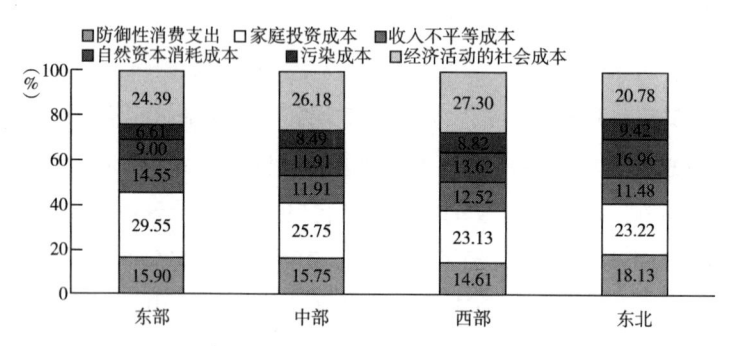

图 6-5 东、中、西及东北区域各扣除项分布情况

各区域包括经济活动的社会成本、防御性消费支出、收入不平等成本、污染成本、自然资本消耗成本造成的社会福利损失占总扣除项的比重高达 70% 以上，人均量 8000 元以上，这些损失并没有在 GDP 核算中反映出来。

6.1.3 各地区 GPI、人均 GPI 测算结果与分析

表 6-4 给出了各地区 GPI 测算结果，超过万亿元的地区有 16 个，分别为广东、江苏、山东、浙江、河南、四川、上海、湖南、河北、北京、湖北、辽宁、安徽、福建、云南、广西，GPI 分别为 37776.58 亿元、35694.75 亿元、30550.27 亿元、22634.83 亿元、20457.67 亿元、18005.04

亿元、16541.58 亿元、16281.67 亿元、15772.53 亿元、15309.83 亿元、14637.16 亿元、12236.2 亿元、11935.1 亿元、10984.09 亿元、10089.26 亿元、10086.64 亿元，主要分布在东部和中部。

表 6-4　各地区 GDP 与 GPI 排序的变化

地区	GDP 总量	GDP 排序	GPI 总量	GPI 排序	排序变化
广东	80854.91	1	37776.58	1	—
江苏	77388.28	2	35694.75	2	—
山东	68024.49	3	30550.27	3	—
浙江	47251.36	4	22634.83	4	—
河南	40471.79	5	20457.67	5	—
四川	32934.54	6	18005.04	6	—
上海	28178.65	11	16541.58	7	↑4
湖南	31551.37	9	16281.67	8	↑1
河北	32070.45	8	15772.53	9	↓1
北京	25669.13	12	15309.83	10	↑2
湖北	32665.38	7	14637.16	11	↓4
辽宁	22246.9	14	12236.2	12	↑2
安徽	24407.62	13	11935.1	13	—
福建	28810.58	10	10984.09	14	↓4
云南	14788.42	22	10089.26	15	↑7
广西	18317.64	17	10086.64	16	↑1
黑龙江	15386.09	21	9591.55	17	↑4
江西	18499	16	9157.77	18	↓2
重庆	17740.59	20	8703.87	19	↑1
天津	17885.39	19	8463.56	20	↓1
陕西	19399.59	15	7926.96	21	↓6
山西	13050.41	24	7063.09	22	↑2
内蒙古	18128.1	18	6421.43	23	↓5
贵州	11776.73	25	5975.73	24	↑1

续表

地区	GDP 总量	GDP 排序	GPI 总量	GPI 排序	排序变化
吉林	14776.8	23	5929.13	25	↓2
甘肃	7200.37	26	5425.87	26	-
海南	4053.2	27	2285.24	27	-
青海	2572.49	29	1733.75	28	↑1
宁夏	3168.59	28	1479.22	29	↓1

对比各地区 GDP、GPI 的排序，GPI 排序与 GDP 排序在最高几个地区基本一致（见表6-4），广东、江苏、山东、浙江、河南、四川 6 个地区排序均依次位居第 1~6 位；与 GDP 排序相比，在 GPI 排序中，位次下降的地区包括河北（↓1）、湖北（↓4）、福建（↓4）、江西（↓2）、天津（↓1）、陕西（↓6）、内蒙古（↓5）、吉林（↓2）和宁夏（↓1），其中陕西相对位次降幅最大；在 GPI 排序中，位次上升的地区包括上海（↑4）、湖南（↑1）、北京（↑2）、辽宁（↑2）、云南（↑7）、广西（↑1）、黑龙江（↑4）、重庆（↑1）、山西（↑2）、贵州（↑1）和青海（↑1），其中云南相对位次上升幅度最大。

表 6-5 给出了各地区人均 GPI，可分为 6 级。

6 万元及以上：有北京市和上海市，人均 GPI 分别为 70487.21 元和 68424.34 元；

5 万~6 万（含 5 万，不含 6 万）元：仅有天津市，人均 GPI 为 54445.58 元，位居第 3 位；

4 万~5 万（含 4 万，不含 5 万）元：江苏和浙江，人均 GPI 分别为 44688.25 元和 40677.26 元，处于第 4 位和第 5 位；

3 万~4 万（含 3 万，不含 4 万）元：广东和山东，人均 GPI 分别为 34581.25 元和 30868.22 元，处于第 6~7 位；

2 万~3 万（含 2 万，不含 3 万）元：青海、重庆、福建、辽宁、内蒙古、黑龙江、海南、湖北、湖南、宁夏、四川、吉林、河南、云南、河北、广西、陕西和甘肃 18 个地区，人均 GPI 分别为 29360.47 元、28701.98 元、28482.01 元、27936.56 元、25527.39 元、25204.49 元、25002.73 元、

24941.93 元、23934.83 元、22028.57 元、21869.35 元、21615.5 元、21520.79 元、21211.51 元、21178.31 元、20939.69 元、20843.93 元、20828.64 元，依次居第 8~25 位；

2 万元以下：江西、安徽、山西、贵州 4 个地区，人均 GPI 分别为 19999.50 元、19343.78 元、19229.70 元、16868.63 元，处于最低水平。

按人均 GDP 排序与按人均 GPI 排序（见表 6-5），处于前五位的省/直辖市/自治区保持不变，依次为北京、上海、天津、江苏和浙江；与人均 GDP 排序相比，在人均 GPI 排序中，位次上升的地区包括广东（↑1）、山东（↑2）、青海（↑10）、重庆（↑1）、辽宁（↑3）、黑龙江（↑8）、海南（↑3）、四川（↑5）、云南（↑7）、广西（↑2）、甘肃（↑4），其中变化最为突出的是青海省，在人均 GDP 排序中处于第 18 位，但在 GPI 排序中上升为第 8 位；在人均 GPI 排序中，位次下降的地区包括福建（↓4）、内蒙古（↓4）、湖北（↓4）、宁夏（↓2）、吉林（↓7）、河北（↓3）、陕西（↓11）、江西（↓4）、安徽（↓3）、山西（↓2）、贵州（↓2），其中位次下降幅度最大的是陕西，在人均 GDP 排序中处于第 13 位，但在人均 GPI 排序中下降至第 24 位。

表 6-5　各地区人均 GDP 与人均 GPI 排序的变化

地区	GDP 人均值（元）	排序	GPI 人均值（元）	排序	排序变化
北京	118198	1	70487.21	1	—
上海	116562	2	68424.34	2	—
天津	115053	3	54445.58	3	—
江苏	96887	4	44688.25	4	—
浙江	84916	5	40677.26	5	—
广东	74016	7	34581.25	6	↑1
山东	68733	9	30868.22	7	↑2
青海	43531	18	29360.47	8	↑10
重庆	58502	10	28701.98	9	↑1
福建	74707	6	28482.01	10	↓4

续表

地区	GDP 人均值（元）	排序	GPI 人均值（元）	排序	排序变化
辽宁	50791	14	27936.56	11	↑3
内蒙古	72064	8	25527.39	12	↓4
黑龙江	40432	21	25204.49	13	↑8
海南	44347	17	25002.73	14	↑3
湖北	55665	11	24941.93	15	↓4
湖南	46382	16	23934.83	16	-
宁夏	47194	15	22028.57	17	↓2
四川	40003	23	21869.35	18	↑5
吉林	53868	12	21615.5	19	↓7
河南	42575	20	21520.79	20	-
云南	31093	28	21211.51	21	↑7
河北	43062	19	21178.31	22	↓3
广西	38027	25	20939.69	23	↑2
陕西	51015	13	20843.93	24	↓11
甘肃	27643	29	20828.64	25	↑4
江西	40400	22	19999.50	26	↓4
安徽	39561	24	19343.78	27	↓3
山西	35532	26	19229.70	28	↓2
贵州	33246	27	16868.63	29	↓2

从各地区人均 GPI/人均 GDP 分布来看（见图 6-6），人均 GPI/人均 GDP 超过 60% 的省份中，甘肃省最高，达到 75.35%，居首位；云南、青海、黑龙江分别为 68.22%、67.45%、62.34%。

人均 GPI/人均 GDP 在 50%~60% 之间的省份有北京、上海、海南、广西、辽宁、四川、山西、湖南、贵州、河南，分别为 59.63%、58.70%、56.38%、55.07%、55.00%、54.67%、54.12%、51.60%、50.74%、50.55%。

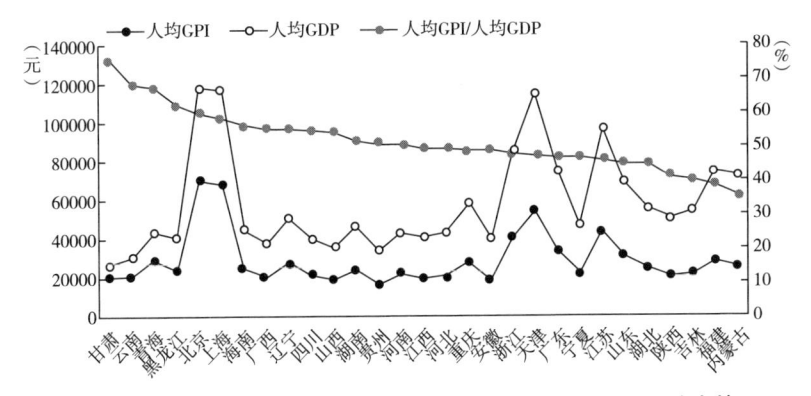

图 6-6 各地区人均 GPI、人均 GDP、人均 GPI/人均 GDP 分布情况

人均 GPI/人均 GDP 在 40%~49.99%之间的省份有江西、河北、重庆、安徽、浙江、天津、广东、宁夏、江苏、山东、湖北、陕西、吉林，分别为 49.50%、49.18%、49.06%、48.90%、47.90%、47.32%、46.72%、46.68%、46.12%、44.91%、44.81%、40.86%、40.13%。

人均 GPI/人均 GDP 在 40%以下的有福建、内蒙古，分别为 38.12% 和 35.42%。

6.2 三大账户比较

根据前面的 GPI 指标体系设置，可以把 GPI 分成三大账户：以市场为基础的商品和服务账户、要素资本提供的服务账户以及环境和社会成本账户。本节主要根据前文各指标计算结果，汇总到各账户下，从全国、区域和地区三个层面分别进行比较分析。

6.2.1 全国 GPI 各账户比较

1. 各账户间的比较

经计算（GPI=以市场为基础的商品和服务+要素资本提供的服务-环境和社会成本），得到全国 GPI 各账户下的人均和总值计算结果（见表 6-6），结果显示：从总值来看，全国 GPI 总值（381820.75 亿元）中以市场为基础的商品和服务账户为 281857.05 亿元，要素资本提供的服务账户为

184428.98 亿元，环境和社会成本账户为 84465.28 亿元。从人均值来看，全国人均 GPI（27694.97 元）中以市场为基础的商品和服务账户为 20444.20 元，要素资本提供的服务账户为 13377.35 元，环境和社会成本账户为 6126.58 元。

表 6-6 按账户分的全国 GPI

	以市场为基础的商品和服务（+）	要素资本提供的服务（+）	环境和社会成本（−）
总值（亿元）	281857.05	184428.98	−84465.28
人均（元）	20444.20	13377.35	−6126.58
各账户在 GPI 中占比（%）	73.82	48.30	−22.12

从账户贡献占比来看，人均以市场为基础的商品和服务账户在 GPI 中占 73.82%（正向），要素资本提供的服务账户在 GPI 中占 48.30%（正向），环境和社会成本账户在 GPI 中占 22.12%（负向），表现出以市场为基础的商品和服务账户占比＞要素资本提供的服务账户占比＞环境和社会成本账户的明显特征。

2. 各账户内的比较

在全国 GPI 中三大账户占比差异较大，而究竟是哪些项目在账户中起着重要作用呢，下面从各自账户下的指标占比来分析，表 6-7 给出了具体结果。

表 6-7 全国 GPI 各账户中各指标占比

（%）

以市场为基础的商品和服务（+）	占比	要素资本提供的服务（+）	占比	环境和社会成本（−）	占比
家庭消费支出	103.83	人力资本的服务价值	17.43	自然资本消耗成本	25.79
防御性消费支出	−10.48	高等教育的服务价值	12.24	不可再生能源消耗的替代成本	25.79
医疗保健成本	−3.72	制造业的服务价值	5.19	污染成本	17.73
法律服务成本	−0.15	社会资本服务价值	47.89	温室气体排放	5.50
食品和能源浪费成本	−2.42	家务劳动价值	46.99	空气污染	7.46

续表

以市场为基础的商品和服务（+）	占比	要素资本提供的服务（+）	占比	环境和社会成本（-）	占比
福利中性商品成本	-3.26	志愿服务价值	0.90	水污染	3.90
防尘防雾霾成本	-0.05	存量资本服务价值	31.53	固体废弃物污染	0.76
保险成本	-0.89	交通设施服务价值	7.38	噪声污染	0.11
家庭投资成本	-17.78	电力燃气水基础设施服务价值	4.10	经济活动的社会成本	56.49
耐用品支出成本	-14.09	家庭资本服务价值	19.31	犯罪成本	1.80
家居维修保养及改善成本	-3.46	高铁服务价值	0.73	家庭变更成本	0.91
高等教育支出成本	-0.23	自然资本服务价值	3.16	通勤成本	12.76
收入不平等系数				交通事故成本	0.48
收入不平等成本	-9.07			休闲时间损失成本	40.54
政府提供的商品和服务	33.49				

注：表中"-"表示该指标为扣除项指标占该账户的比。

首先来看以市场为基础的商品和服务账户，该账户由以消费支出为基础的账户构成，这部分消费福利的来源由家庭消费和政府消费支出提供，可以看出在扣除防御性消费支出和家庭投资成本项目以及经不平等系数调整前的家庭消费支出在以市场为基础的商品和服务中占比为103.83%，调整后的占比下降到66.51%，此时对应的政府提供的商品和服务项目占比为33.49%。这表明单纯以消费来反映福利的方式存在很大的高估问题，需要进行诸多调整。而调整家庭消费支出的诸减项项目中，防御性消费支出在以市场为基础的商品和服务账户中占比为10.48%、家庭投资成本占比为17.78%，收入不平等成本占比为9.07%。

然后来看要素资本提供的服务账户，该账户具体包含人力资本的服务价值、社会资本服务价值、存量资本服务价值和自然资本服务价值4个项目，以服务价值的形式为居民提供福利，均为加项项目，在该账户中的占比分别为17.43%、47.89%、31.53%、3.16%。从具体各子指标来看，占比从高到低依次为：家务劳动价值（46.99%）、家庭资本服务价值

（19.31%）、高等教育的服务价值（12.24%）、交通设施服务价值（7.38%）、制造业的服务价值（5.19%）、电力燃气水基础设施服务价值（4.10%）、自然资本服务价值（3.16%）、志愿服务价值（0.90%）、高铁服务价值（0.73%）。其中，家务劳动价值和家庭资本服务价值的比重较高也在一定程度上反映了我国重视家庭的特征。

最后来看环境和社会成本账户，该账户包含3个项目、11个指标。3个项目中经济活动的社会成本占该账户的比重最高，为56.49%，自然资本消耗成本占比其次，为25.79%，最低的占比项目是污染成本，为17.73%。该账户涉及的11个指标中，所占比重从高到低依次为：休闲时间损失成本（40.54%）、不可再生能源消耗的替代成本（25.79%）、通勤成本（12.76%）、空气污染成本（7.46%）、温室气体排放成本（5.50%）、水污染成本（3.90%）、犯罪成本（1.80%）、家庭变更成本（0.91%）、固体废弃物污染成本（0.76%）、交通事故成本（0.48%）、噪声污染成本（0.11%）。

6.2.2 区域 GPI 各账户比较

根据国家统计标准，把全国分为东部地区（北京市、天津市、河北省、上海市、江苏省、浙江省、福建省、山东省、广东省和海南省）、中部地区（山西省、安徽省、江西省、河南省、湖北省和湖南省）、西部地区[①]（内蒙古自治区、广西壮族自治区、重庆市、四川省、贵州省、云南省、西藏自治区、陕西省、甘肃省、青海省、宁夏回族自治区和新疆维吾尔自治区）和东北地区（辽宁省、吉林省和黑龙江省），下面按照这一分类标准对各区域各账户进行比较。

1. 各账户间的比较

分区域的 GPI 三大账户具体情况见表 6-8，从总值来看，东部、中部、西部及东北部区域的 GPI 中以市场为基础的商品和服务账户总值分别为 145547.40 亿元、58041.37 亿元、55532.87 亿元和 21163.47 亿元；要素资本提供的服务账户总值分别为 86886.62 亿元、40676.53 亿元、40432.18 亿元和 12567.96 亿元；环境和社会成本账户总值分别为 36420.76 亿元、

---

① 本节核算西部地区时未包含西藏自治区和新疆维吾尔自治区。

19185.44亿元、20117.28亿元和5974.55亿元。从区域比较来看，三大账户均表现出相同的特征：从总值高低来看，东部区域最高，远远高于其他地区，中部与西部地区二者相近，东北部区域最低。这种特征主要是由于区域间自身福利程度差异和区域内省份数量不同综合作用的结果。

从人均值及区域排序来看（见表6-8和图6-7），在三大账户中东部区域人均值均远远高于其他区域，其他区域差异不大。如东部地区以市场为基础的商品和服务账户人均值达到32138.54元，依次居第2~4位的区域为东北部、西部和中部区域，分别达到19365.39元、16065.28元和15858.73元；东部区域的要素资本提供的服务账户人均值达到19185.56元，依次居第2~4位的区域为西部、东北部和中部区域，分别达到11696.76元、11500.17元和11114.11元；东部区域的环境和社会成本账户人均值为8042.12元，依次居第2~4位的区域为西部、东北部和中部区域，分别为5819.79元、5466.94元和5242.07元。此外，虽然三大账户东部区域均高于其他区域，但从以市场为基础的商品和服务账户到要素资本提供的服务账户再到环境和社会成本账户，东部与其他区域的差距在缩小，如三大账户中均为最高的东部区域和均为最低的中部区域相比较，以市场为基础的商品和服务账户前者较后者多1.03倍，要素资本提供的服务账户前者较后者多0.73倍，环境和社会成本账户则前者较后者多0.53倍。

表6-8 按账户分的各区域GPI

项目	区域	以市场为基础的商品和服务（+）	要素资本提供的服务（+）	环境和社会成本（-）
总值（亿元）	东部	145547.40	86886.62	-36420.76
	中部	58041.37	40676.53	-19185.44
	西部	55532.87	40432.18	-20117.28
	东北	21163.47	12567.96	-5974.55
人均（元）	东部	32138.54	19185.56	-8042.12
	中部	15858.73	11114.11	-5242.07
	西部	16065.28	11696.76	-5819.79
	东北	19365.39	11500.17	-5466.94

续表

项目	区域	GPI账户		
		以市场为基础的商品和服务（+）	要素资本提供的服务（+）	环境和社会成本（-）
各账户在GPI中占比（%）	东部	74.25	44.33	-18.58
	中部	72.98	51.14	-24.12
	西部	73.22	53.31	-26.52
	东北	76.25	45.28	-21.52

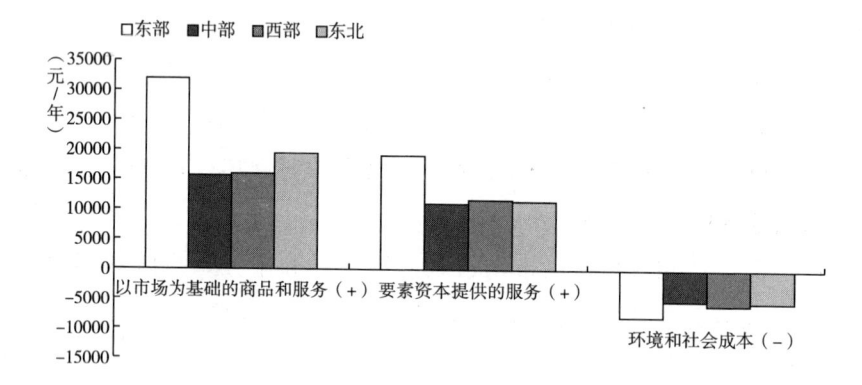

图 6-7 人均 GPI 各账户区域排序

从各账户在 GPI 中所占比重来看，东部、中部、西部及东北部四大区域的三大账户间占比均表现出相同的特征，即以市场为基础的商品和服务账户占比＞要素资本提供的服务账户占比＞环境和社会成本账户占比。其中以市场为基础的商品和服务账户占比均保持在 70% 以上：东北部占比最高，为 76.25%，东部、西部和中部依次随后，差距不大，分别为 74.25%、73.22% 和 72.98%；要素资本提供的服务账户占比保持在 40%～55% 之间：西部最高，为 53.31%，依次随后的为中部、东北部和东部，分别为 51.14%、45.28% 和 44.33%；环境和社会成本账户占比均超过了 18%：西部占比最高，为 26.52%，中部次之，占比为 24.12%，东北部再次，为 21.52%，东部最低，为 18.58%。

2. 各账户内的比较

表 6-9 给出了东部、中部、西部及东北部区域中各项目指标在三大账户中的占比情况。首先来看以市场为基础的商品和服务账户。该账户由调整后的家庭消费（家庭消费支出-防御性消费支出-家庭投资成本-收入不平等成本）和政府提供的商品和服务项目构成。各区域政府提供的商品和服务项目在该账户中的占比差异不大，从高到低依次为西部、东北部、东部和中部，分别为 34.88%、33.40%、33.03% 和 32.89%，相对应的调整后的家庭消费占比分别为 65.12%、66.60%、66.97% 和 67.11%。调整家庭消费的几个项目中，所占账户比重高低比较为：家庭投资成本>防御性消费支出>收入不平等系数（收入不平等成本）。其中在家庭投资成本项目中耐用品支出成本指标贡献最大，在防御性消费支出项目中医疗保健成本所占比重相对项目内其他指标更高。

表 6-9 各区域 GPI 账户中各指标占比

GPI 账户	项目指标	占各账户比重（%）			
		东部	中部	西部	东北部
以市场为基础的商品和服务（+）	家庭消费支出	104.50	105.01	101.72	98.23
	防御性消费支出	-9.94	-11.17	-10.64	-10.85
	医疗保健成本	-3.30	-4.13	-3.85	-4.58
	法律服务成本	-0.17	-0.14	-0.12	-0.12
	食品和能源浪费成本	-2.40	-2.38	-2.37	-2.61
	福利中性商品成本	-2.99	-3.77	-3.51	-2.78
	防尘防雾霾成本	-0.06	-0.04	-0.03	-0.04
	保险成本	-1.03	-0.72	-0.76	-0.74
	家庭投资成本	-18.48	-18.27	-16.85	-13.90
	耐用品支出成本	-14.58	-13.97	-13.67	-12.03
	家居维修保养及改善成本	-3.68	-4.08	-2.95	-1.62
	高等教育支出成本	-0.22	-0.22	-0.23	-0.25
	收入不平等系数	——	——	——	——
	收入不平等成本	-9.10	-8.45	-9.12	-6.87
	政府提供的商品和服务	33.03	32.89	34.88	33.40

续表

GPI 账户	项目指标	占各账户比重（%）			
		东部	中部	西部	东北部
要素资本提供的服务（+）	人力资本的服务价值	25.43	11.70	8.42	12.31
	高等教育的服务价值	16.82	9.04	6.86	9.62
	制造业的服务价值	8.61	2.66	1.56	2.69
	社会资本服务价值	41.19	54.69	54.17	51.20
	家务劳动价值	40.17	53.87	53.49	50.20
	志愿服务价值	1.02	0.82	0.68	1.01
	存量资本服务价值	30.96	30.03	33.63	32.72
	交通设施服务价值	6.36	6.63	9.52	9.30
	电力燃气水基础设施服务价值	3.06	3.63	6.18	4.75
	家庭资本服务价值	20.73	18.94	17.42	17.89
	高铁服务价值	0.81	0.83	0.52	0.79
	自然资本服务价值	2.42	3.59	3.78	3.76
环境和社会成本（-）	自然资本消耗成本	22.51	25.57	27.39	35.97
	不可再生能源消耗的替代成本	22.51	25.57	27.39	35.97
	污染成本	16.52	18.23	17.73	19.98
	温室气体排放	3.95	5.95	6.12	6.48
	空气污染	7.45	7.52	7.21	8.53
	水污染	4.50	3.81	3.29	3.59
	固体废弃物污染	0.49	0.88	1.02	1.17
	噪声污染	0.12	0.08	0.09	0.22
	经济活动的社会成本	60.97	56.20	54.88	44.05
	犯罪成本	1.90	2.21	1.39	1.49
	家庭变更成本	0.93	0.81	0.96	1.02
	通勤成本	14.82	10.95	11.50	12.29
	交通事故成本	0.58	0.43	0.37	0.46
	休闲时间损失成本	42.75	41.81	40.66	28.79

注：表中"-"表示该指标为扣除项指标占该账户的比。

然后来看要素资本提供的服务账户。纵向来看：该账户包含的 4 个项目中，东部、中部、西部及东北部等四个区域均表现出相同特征，对 GPI 的贡献由高到低的项目为：社会资本服务价值、存量资本服务价值、人力资本服务价值和自然资本服务价值；各区域所涉及的9个指标占账户的比重前三位的指标：东部为家务劳动价值（40.17%）、家庭资本服务价值（20.73%）和高等教育的服务价值（16.82%）；中部为家务劳动价值（53.87%）、家庭资本服务价值（18.94%）和高等教育的服务价值（9.04%）；西部为家务劳动价值（53.49%）、家庭资本服务价值（17.42%）和交通设施服务价值（9.52%）；东北部为家务劳动价值（50.20%）、家庭资本服务价值（17.89%）和高等教育的服务价值（9.62%）。横向区域对比来看，社会资本服务价值、存量资本服务价值和自然资本服务价值项目的占比，东部区域相较于其他区域较低，如其中贡献最大的家务劳动价值，该指标占要素资本提供的服务账户的比重显示：中部（53.87%）＞西部（53.49%）＞东北部（50.20%）＞东部（40.17%）；人力资本服务价值项目的占比则表现出截然相反的特征，东部区域占比远远高于其他区域，如其中的高等教育的服务价值指标比重显示：东部（16.82%）＞东北部（9.62%）＞中部（9.04%）＞西部（6.86%），制造业的服务价值比重显示：东部（8.61%）＞东北部（2.69%）＞中部（2.66%）＞西部（1.56%）。

最后来看环境和社会成本账户。纵向来看，东部、中部、西部及东北部等四个区域该账户3个项目中均表现出：经济活动的社会成本占该账户的比重最高，自然资本消耗成本次之，污染成本占比最低的特征；在各区域所涉及的11个指标中，休闲时间损失成本、不可再生能源消耗的替代成本、通勤成本和空气污染成本是占比最高的4个指标，东部、中部、西部及东北部占比之和分别为：87.52%、85.84%、86.76%和85.58%。横向比较来看，3个项目中东北部的自然资本消耗成本占比（35.97%）明显高于东部（22.51%）、中部（25.57%）和西部（27.39%）；污染成本项目仍然是东北部19.98%的占比比东部（16.52%）、中部（18.23%）和西部（17.73%）略高；经济活动的社会成本项目则是东部占比（60.97%）最高，远高于中部（56.20%）、西部（54.88%）和东北部（44.05%）。从指标占比排序比较来看，中部和西部11个指标占比排名完全一致，反映了两区域相似的结构特征，东北部与其他区域的明显差异在于不可再生能源消耗的替代成本占比（35.97%）更高，超过了在其他区域中位居首位的休闲时间损失成本，而东部区域由于经济发展水平相对较高及从业劳动者较丰富等原因休闲时间损失成本和通勤成本占比（42.75%和14.82%）比其他区域更高。

6.2.3 地区 GPI 各账户比较

1. 各账户间的比较

（1）三大账户总值和人均

分地区的 GPI 三大账户总值及人均具体情况见表 6-10。首先来看各地区 GPI 分账户总值，以市场为基础的商品和服务总值超过万亿元的省份有 11 个，分别是广东省、江苏省、山东省、浙江省、河南省、四川省、上海市、湖南省、北京市、湖北省和河北省，对应的值分别为 28685.63 亿元、28451.99 亿元、22839.31 亿元、16063.89 亿元、15073.48 亿元、12005.98 亿元、11932.80 亿元、11652.80 亿元、11102.21 亿元、10755.59 亿元和 10520.90 亿元，海南省、宁夏回族自治区和青海省分列最后三位，分别达到 1824.92 亿元、1399.97 亿元和 1292.25 亿元。要素资本提供的服务总值明显低于以市场为基础的商品和服务总值，超过万亿元的省份仅有 4 个，分别为广东省、山东省、江苏省和浙江省，对应的总值分别为 16316.61 亿元、14080.89 亿元、13308.35 亿元和 10229.40 亿元，不超过千亿元的省份有 3 个，分别为海南省、青海省和宁夏回族自治区，总值分别达到 968.83 亿元、874.68 亿元和 853.42 亿元，居全国最后三位。而环境和社会总成本没有超过万亿元的省份，5000 亿元以上的省份有 3 个，分别为广东省、山东省和江苏省，总成本分别为 7225.66 亿元、6369.93 亿元和 6065.59 亿元，总成本少于 1000 亿元的省份仅有宁夏回族自治区、海南省和青海省 3 个地区，分别为 774.17 亿元、508.51 亿元和 433.18 亿元。

表 6-10 按账户分的各地区 GPI

地区	以市场为基础的商品和服务（+） 总值（亿元）	以市场为基础的商品和服务（+） 人均（元）	要素资本提供的服务（+） 总值（亿元）	要素资本提供的服务（+） 人均（元）	环境和社会成本（-） 总值（亿元）	环境和社会成本（-） 人均（元）
北京	11102.21	51115.09	6439.82	29649.27	-2232.20	-10277.15
天津	6228.15	40065.29	3577.49	23013.79	-1342.08	-8633.50
河北	10520.90	14126.76	9735.23	13071.81	-4483.60	-6020.26

续表

地区	以市场为基础的商品和服务（+）		要素资本提供的服务（+）		环境和社会成本（-）	
	总值（亿元）	人均（元）	总值（亿元）	人均（元）	总值（亿元）	人均（元）
山西	5287.11	14394.50	5050.84	13751.24	-3274.86	-8916.04
内蒙古	5655.65	22483.19	3816.29	15171.06	-3050.51	-12126.86
辽宁	9792.49	22357.29	5370.39	12261.18	-2926.68	-6681.91
吉林	4136.23	15079.24	3141.43	11452.50	-1348.53	-4916.24
黑龙江	7234.75	19011.30	4056.14	10658.66	-1699.34	-4465.47
上海	11932.80	49360.08	6786.44	28072.16	-2177.66	-9007.90
江苏	28451.99	35620.63	13308.35	16661.47	-6065.59	-7593.85
浙江	16063.89	28868.52	10229.40	18383.36	-3658.46	-6574.62
安徽	8613.59	13960.43	6587.88	10677.30	-3266.37	-5293.95
福建	7897.60	20478.67	5443.56	14115.29	-2357.07	-6111.95
江西	6658.80	14542.03	4776.04	10430.30	-2277.07	-4972.83
山东	22839.31	23077.01	14080.89	14227.44	-6369.93	-6436.23
河南	15073.48	15856.79	9819.43	10329.73	-4435.24	-4665.73
湖北	10755.59	18327.67	6828.89	11636.53	-2947.32	-5022.27
湖南	11652.80	17130.16	7613.45	11192.16	-2984.58	-4387.49
广东	28685.63	26259.27	16316.61	14936.47	-7225.66	-6614.49
广西	7709.78	16005.34	4219.41	8759.45	-1842.55	-3825.10
海南	1824.92	19966.41	968.83	10599.88	-508.51	-5563.56
重庆	5962.77	19662.93	4331.47	14283.46	-1590.37	-5244.41
四川	12005.98	14582.75	9756.51	11850.49	-3757.45	-4563.89
贵州	4674.00	13194.06	3619.04	10216.03	-2317.31	-6541.46
云南	6915.17	14538.36	5236.13	11008.36	-2062.04	-4335.21
陕西	6484.03	17049.75	4495.45	11820.77	-3052.52	-8026.59

续表

地区	以市场为基础的商品和服务（+）		要素资本提供的服务（+）		环境和社会成本（-）	
	总值（亿元）	人均（元）	总值（亿元）	人均（元）	总值（亿元）	人均（元）
甘肃	3433.27	13179.48	3229.78	12398.40	-1237.18	-4749.24
青海	1292.25	21883.80	874.68	14812.46	-433.18	-7335.79
宁夏	1399.97	20848.41	853.42	12709.22	-774.17	-11529.06
全国	281857.05	20444.20	184428.98	13377.35	-84465.28	-6126.58

首先来看各地区 GPI 分账户人均值情况。从人均以市场为基础的商品和服务账户及各地区排序来看（见表 6-10、图 6-8），北京市、上海市和天津市以市场为基础的商品和服务的人均值均超过了 40000 元，明显高于其他地区，位居前三位，分别为 51115.09 元、49360.08 元和 40065.29 元；紧随其后的江苏省迈入 30000 元行列，达到 35620.63 元；有 8 个省迈入 20000 元行列，浙江省、广东省、山东省、内蒙古自治区、辽宁省、青海省、宁夏回族自治区和福建省依次居第 5~12 位，分别为 28868.52 元、26259.27 元、23077.01 元、22483.19 元、22357.29 元、21883.80 元、20848.41 元和 20478.67 元。最低的省份为甘肃省，人均值达到 13179.48 元。

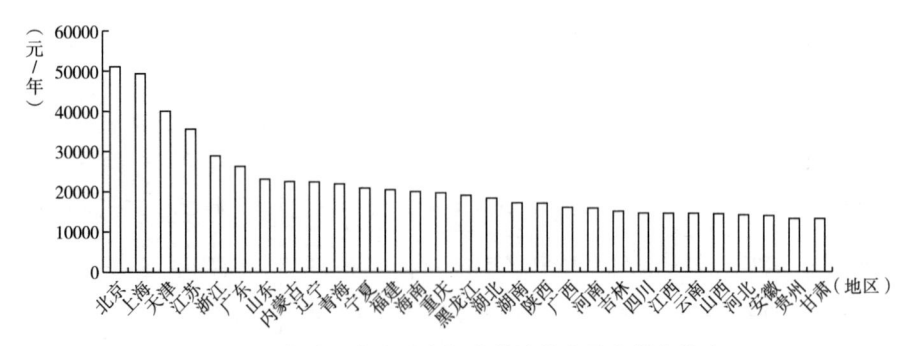

图 6-8 各地区人均以市场为基础的商品和服务排序

从人均要素资本提供的服务账户及各地区排序来看（见表 6-10、图 6-9），人均值均超过 20000 元的省份有北京市、上海市和天津市，分别达到 29649.27 元、28072.16 元和 23013.79 元，明显高于其他地区；浙江省、江苏省、内蒙古自治区、广东省、青海省、重庆市和山东省依次居第 4~10 位，分别为 18383.36 元、16661.47 元、15171.06 元、14936.47 元、14812.46 元、14283.46 元和 14227.44 元；人均值低于 10000 元的省份仅有 1 个：广西壮族自治区（8759.45 元）。

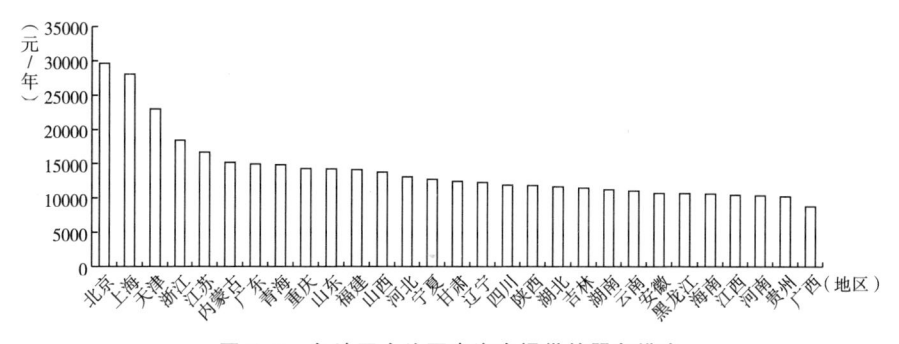

图 6-9 各地区人均要素资本提供的服务排序

从人均环境和社会成本账户及各地区排序来看（见表 6-10、图 6-10），人均成本高于 10000 元的省份有 3 个，分别为内蒙古自治区、宁夏回族自治区和北京市，其人均成本分别为 12126.86 元、11529.06 元和 10277.15 元，依次位居前三位；上海市、山西省、天津市、陕西省、江苏省、青海省和辽宁省依次居第 4~10 位，分别为 9007.90 元、8916.04 元、8633.50 元、8026.59 元、7593.85 元、7335.79 元和 6681.91 元；人均环境和社会成本最低的地区为广西壮族自治区，为 3825.10 元。

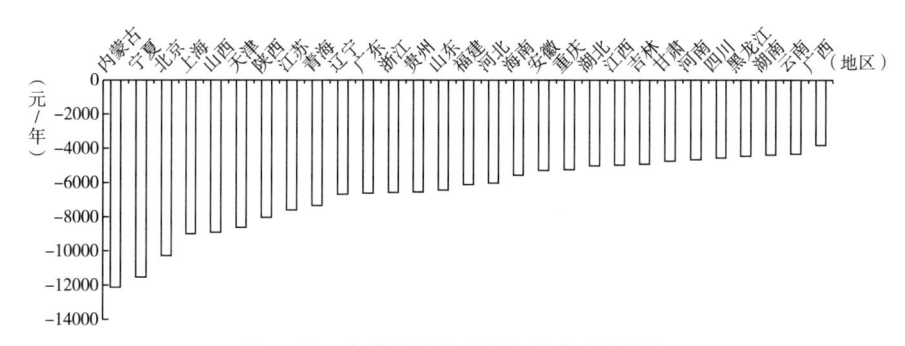

图 6-10 各地区人均环境和社会成本排序

（2）三大账户占比

表 6-11 具体给出了各地区各账户在 GPI 中的占比结果。整体来看，各

地区均表现出以市场为基础的商品和服务账户占比>要素资本提供的服务账户占比>环境和社会成本账户的明显特征。

表 6-11 按账户分的各地区人均占比

地区	以市场为基础的商品和服务（+）	要素资本提供的服务（+）	环境和社会成本（-）
北京	72.52	42.06	-14.58
天津	73.59	42.27	-15.86
河北	66.70	61.72	-28.43
山西	74.86	71.51	-46.37
内蒙古	88.07	59.43	-47.51
辽宁	80.03	43.89	-23.92
吉林	69.76	52.98	-22.74
黑龙江	75.43	42.29	-17.72
上海	72.14	41.03	-13.16
江苏	79.71	37.28	-16.99
浙江	70.97	45.19	-16.16
安徽	72.17	55.20	-27.37
福建	71.90	49.56	-21.46
江西	72.71	52.15	-24.86
山东	74.76	46.09	-20.85
河南	73.68	48.00	-21.68
湖北	73.48	46.65	-20.14
湖南	71.57	46.76	-18.33
广东	75.93	43.19	-19.13
广西	76.44	41.83	-18.27
海南	79.86	42.39	-22.25
重庆	68.51	49.76	-18.27
四川	66.68	54.19	-20.87

续表

地区	以市场为基础的商品和服务（+）	要素资本提供的服务（+）	环境和社会成本（-）
贵州	78.22	60.56	-38.78
云南	68.54	51.90	-20.44
陕西	81.80	56.71	-38.51
甘肃	63.28	59.53	-22.80
青海	74.53	50.45	-24.99
宁夏	94.64	57.69	-52.34

表头：各账户在 GPI 中占比（%）

从各地区以市场为基础的商品和服务账户占 GPI 比重的结果及排序来看（见表 6-11、图 6-11），宁夏回族自治区的占比最高，达到 94.64%；内蒙古自治区、陕西省和辽宁省所占比重也超过了 80%，分别达到 88.07%、81.80% 和 80.03%，依次位居第 2~4 位；海南省、江苏省、贵州省、广西壮族自治区、广东省和黑龙江省的占比依次位居第 5~10 位，分别达到 79.86%、79.71%、78.22%、76.44%、75.93% 和 75.43%；最低的甘肃省也达到了 63.28%，可见以市场为基础的商品和服务账户在 GPI 核算中占据着主导地位。

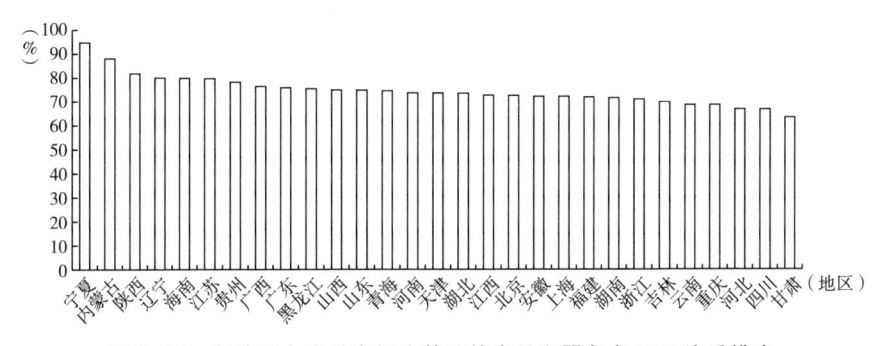

图 6-11 各地区人均以市场为基础的商品和服务占 GPI 比重排序

从各地区人均要素资本提供的服务占 GPI 比重的结果及排序来看（见表 6-11、图 6-12），山西省的占比达到最高，为 71.51%；河北省、贵州省、甘肃省、内蒙古自治区、宁夏回族自治区、陕西省、安徽省、四川省和吉林省的占比依次居第2~10位，分别达到61.72%、60.56%、59.53%、59.43%、57.69%、56.71%、55.20%、54.19%和52.98%；最低的为江苏省，达到37.28%，可见要素资本提供的服务在各地区GPI中也发挥着重要作用。

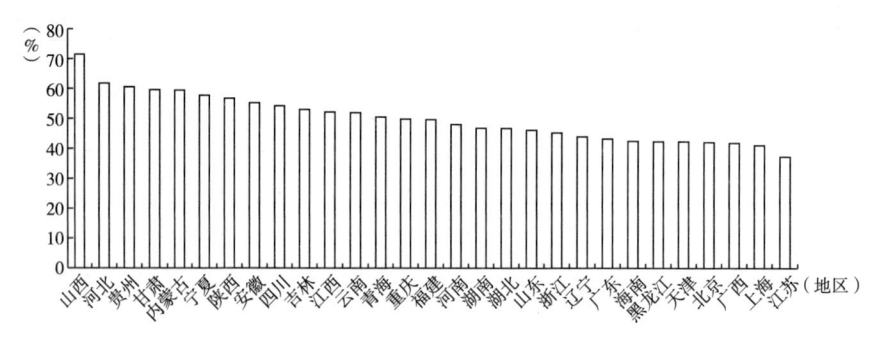

图6-12 各地区人均要素资本提供的服务占GPI比重排序

从各地区人均环境和社会成本占GPI比重结果及排序来看（见表6-11、图6-13），宁夏回族自治区的占比最高，为52.34%；内蒙古自治区和山西省紧随其后，分别为47.51%、46.37%，居第2位和第3位；贵州省、陕西省、河北省、安徽省、青海省、江西省和辽宁省的占比依次居第4~10位，分别为38.78%、38.51%、28.43%、27.37%、24.99%、24.86%和23.92%；最低的是上海市，比重仅占到了13.16%，可见环境和社会成本仍是影响GPI高低的因素中不可忽视的力量，但地区间差异较大。

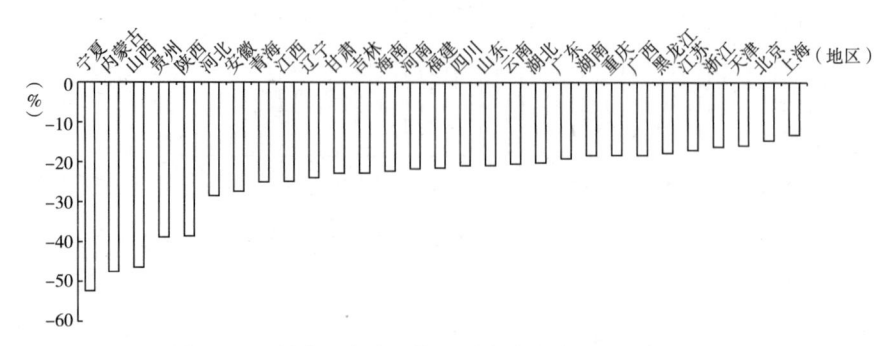

图6-13 各地区人均环境和社会成本占GPI比重排序

2. 各账户内的比较

表 6-12 给出了各地区在三大账户中的项目指标的占比情况。首先来看以市场为基础的商品和服务账户（见表 6-12 和图 6-14）。各地区 5 个项目的占比排序很明显：家庭消费支出>政府提供的商品和服务>家庭投资成本>防御性消费支出>收入不平等成本。

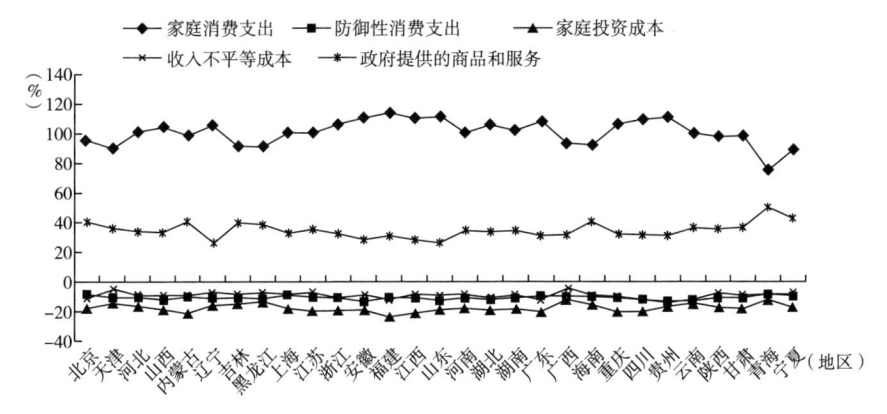

图 6-14 各地区以市场为基础的商品和服务账户中各项目指标占比

其中家庭消费支出占有绝对的主导地位，各地区在以市场为基础的商品和服务账户占比均保持在 80% 以上，超过 100% 的有 17 个省份，从高到低分别为福建省（114.04%）、山东省（112.06%）、贵州省（111.15%）、安徽省（110.77%）、江西省（110.30%）、四川省（109.81%）、广东省（108.51%）、重庆市（106.96%）、浙江省（106.49%）、辽宁省（105.87%）、湖北省（105.80%）、山西省（104.66%）、湖南省（102.10%）、河北省（101.42%）、河南省（101.18%）、江苏省（100.71%）和上海市（100.52%），最低的为青海省（76.61%）。

各地区政府提供的商品和服务项目占比差异较大，最高的为青海省（50.62%），最低的为辽宁省（26.51%），超过 40% 的省份由高到低依次为青海省（50.62%）、宁夏回族自治区（43.76%）、海南省（41.00%）、内蒙古自治区（40.69%）、北京市（40.63%）和吉林省（40.17%），不足 30% 的有江西省（28.76%）、安徽省（28.62%）、山东省（26.95%）

和辽宁省（26.51%）。作为调整家庭消费最主要项目的家庭投资成本，占比位居前三位的分别为福建省（22.93%）、内蒙古自治区（20.94%）和江西省（20.52%），居最后三位的分别为黑龙江省（12.37%）、广西壮族自治区（11.61%）和青海省（11.60%）。防御性消费支出中，安徽省、贵州省和山东省的该项目占比位列前三位，分别为13.22%、12.70%和11.49%，占比位列最后三位的地区为：上海市（8.43%）、青海省（8.25%）和北京市（7.94%）。收入不平等成本项目中，占比高于10%的地区有6个，分别为贵州省（13.11%）、福建省（12.18%）、云南省（11.22%）、广东省（11.19%）、四川省（11.09%）和北京市（10.48%），占比低于5%的地区有2个，分别为广西壮族自治区（4.36%）和天津市（4.07%）。

然后来看要素资本提供的服务账户（见表6-12和图6-15）。各地区4个项目的占比排序大致表现出：社会资本服务价值＞存量资本服务价值＞人力资本服务价值＞自然资本服务价值。其中有几个地区有所不同，如：经济发展水平较高、人力资本较丰富的北京市、上海市和浙江省的人力资本服务价值超过了存量资本服务价值，浙江省的人力资本服务价值甚至超过了社会资本服务价值，成为占比最大的项目；内蒙古自治区、浙江省和福建省的存量资本服务价值超过了社会资本服务价值，其中内蒙古自治区和福建省的存量资本服务价值成为占比最大的项目；青海省得天独厚的自然资源优势使其自然资本服务价值超过了人力资本服务价值占比。

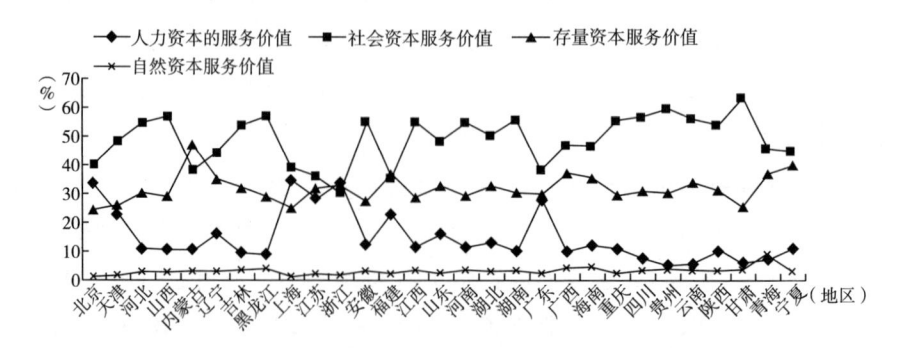

图6-15 各地区要素资本提供的服务账户中各项目指标占比

分项目来看，社会资本服务价值项目占比中，甘肃省最高，达到了 63.87%，占比超过 50% 的省份由高到低依次还有贵州省（59.99%）、四川省（57.57%）、黑龙江省（57.40%）、山西省（57.16%）、云南省（56.50%）、湖南省（55.90%）、重庆市（55.81%）、安徽省（55.76%）、河北省（55.33%）、江西省（54.84%）、河南省（54.79%）、陕西省（54.28%）、吉林省（54.25%）和湖北省（50.21%），占比低于 40% 的有上海市（39.04%）、广东省（38.35%）、内蒙古自治区（38.04%）、江苏省（36.48%）、福建省（36.14%）和浙江省（30.34%）。存量资本服务价值中，占比高于 40% 的有内蒙古自治区（47.74%）和宁夏回族自治区（40.46%），占比不足 25% 的地区为北京市，仅占 24.77%。人力资本服务价值中，经济发达、人力资本丰富的地区占比较高，反之则较低。如占比排名前十位的地区中，有 8 个东部地区省份（从高到低依次为：上海市 34.50%、浙江省 33.98%、北京市 33.71%、江苏省 28.72%、广东省 28.68%、福建省 23.21%、天津市 23.16% 和山东省 16.38%）、1 个东北部地区省份（辽宁省为 16.25%）和 1 个中部地区省份（湖北省为 13.43%），排名后十位的地区中：有 6 个西部地区省份，占比由高到低依次为广西壮族自治区（10.23%）、青海省（7.68%）、四川省（7.67%）、甘肃省（6.17%）、云南省（5.60%）和贵州省（5.46%）；2 个中部地区省份为山西省（10.50%）和湖南省（10.16%）；以及吉林省（9.65%）和黑龙江省（9.16%）2 个东北部地区的省份。自然资本服务价值项目占比中，人均自然资源丰富的青海省（9.19%）、海南省（4.68%）、广西壮族自治区（4.60%）、黑龙江省（4.35%）和贵州省（3.93%）分列前五位，人均自然资源相对较少的江苏省（2.37%）、浙江省（2.15%）、天津市（1.72%）、上海市（1.40%）和北京市（1.33%）占比位列最后五位。

最后来看环境和社会成本账户（见表 6-12 和图 6-16）。各地区 3 个项目的占比排序大致表现为：经济活动的社会成本＞自然资本消耗成本＞污染成本。其中有几个地区有所不同，如：自然资源消费占比较大的几个省份（山西省、内蒙古自治区、黑龙江省和宁夏回族自治区）的自然资本消耗成本高于其经济活动的社会成本，成为占比最大的项目；山西省的污染成本占比也超过了其经济活动的社会成本占比。

表 6-12　各地区 GPI 账户中各项目占比

(%)

地区	以市场为基础的商品和服务 (+)			要素资本提供的服务 (+)				环境和社会成本 (−)		
	家庭消费支出	防御性消费支出	家庭投资成本	收入不平等成本	政府提供的商品和服务	人力资本的服务价值	社会资本服务价值	存量资本服务价值	自然资本服务价值	自然资本消耗成本	污染成本	经济活动的社会成本
北京	95.67	−7.94	−17.88	−10.48	40.63	33.71	40.19	24.77	1.33	11.44	6.51	82.05
天津	90.50	−9.36	−13.35	−4.07	36.28	23.16	48.67	26.45	1.72	25.46	10.98	63.56
河北	101.42	−11.05	−16.10	−8.91	34.64	11.12	55.33	30.51	3.03	27.68	25.83	46.49
山西	104.66	−11.21	−18.53	−8.99	34.08	10.50	57.16	29.41	2.93	44.27	30.17	25.56
内蒙古	99.16	−10.05	−20.94	−8.86	40.69	10.75	38.04	47.74	3.46	48.55	25.31	26.14
辽宁	105.87	−11.03	−14.97	−6.39	26.51	16.25	44.74	35.64	3.37	34.42	22.24	43.34
吉林	91.93	−9.88	−14.06	−8.16	40.17	9.65	54.25	32.41	3.69	32.84	17.12	50.04
黑龙江	91.49	−11.17	−12.37	−6.80	38.84	9.16	57.40	29.09	4.35	41.12	18.36	40.52
上海	100.52	−8.43	−17.14	−8.24	33.29	34.50	39.04	25.06	1.40	22.94	12.82	64.24
江苏	100.71	−10.32	−18.88	−7.15	35.64	28.72	36.48	32.43	2.37	23.24	18.01	58.75
浙江	106.49	−10.67	−19.10	−9.21	32.48	33.98	30.34	33.53	2.15	21.94	16.40	61.66
安徽	110.77	−13.22	−18.24	−7.93	28.62	12.64	55.76	27.89	3.71	22.30	17.43	60.27
福建	114.04	−9.91	−22.93	−12.18	30.98	23.21	36.14	37.83	2.82	18.90	15.79	65.31
江西	110.30	−10.63	−20.52	−7.92	28.76	12.06	54.84	29.24	3.86	16.67	15.50	67.83
山东	112.06	−11.49	−18.49	−9.03	26.95	16.38	48.19	32.63	2.79	30.42	19.29	50.29

第6章 真实进步指标测算结果及比较分析

续表

地区	以市场为基础的商品和服务（+）					要素资本提供的服务（+）				环境和社会成本		经济活动的社会成本（-）
	家庭消费支出	防御性消费支出	家庭投资成本	收入不平等成本	政府提供的商品和服务	人力资本的服务价值	社会资本服务价值	存量资本服务价值	自然资本服务价值	自然资本消耗成本	污染成本	
河南	101.18	-10.46	-17.52	-8.05	34.85	11.50	54.79	29.88	3.83	24.78	16.76	58.46
湖北	105.80	-11.38	-18.60	-9.86	34.04	13.43	50.21	32.93	3.43	22.35	15.57	62.08
湖南	102.10	-10.69	-17.58	-8.12	34.29	10.16	55.90	30.37	3.57	19.75	12.93	67.33
广东	108.51	-9.09	-19.52	-11.19	31.29	28.68	38.35	30.28	2.68	16.13	12.75	71.12
广西	93.80	-9.52	-11.61	-4.36	31.69	10.23	47.37	37.80	4.60	19.13	17.42	63.46
海南	92.31	-9.65	-14.84	-8.82	41.00	12.17	47.07	36.08	4.68	19.41	14.06	66.53
重庆	106.96	-10.38	-20.04	-9.19	32.64	11.31	55.81	30.05	2.82	21.18	15.61	63.22
四川	109.81	-11.22	-19.39	-11.09	31.89	7.67	57.57	31.14	3.61	18.32	12.45	69.23
贵州	111.15	-12.70	-16.54	-13.11	31.20	5.46	59.99	30.61	3.93	25.77	15.57	58.65
云南	99.97	-11.40	-13.78	-11.22	36.43	5.60	56.50	34.15	3.76	18.20	15.47	66.33
陕西	97.70	-10.31	-16.26	-7.11	35.99	10.52	54.28	31.79	3.41	28.52	18.38	53.10
甘肃	99.28	-10.23	-17.61	-8.57	37.14	6.17	63.87	26.08	3.89	26.22	18.54	55.24
青海	76.61	-8.25	-11.60	-7.38	50.62	7.68	45.69	37.44	9.19	29.19	25.38	45.43
宁夏	89.06	-9.48	-15.67	-7.67	43.76	11.15	45.12	40.46	3.26	46.26	22.87	30.87

注：表中"-"表示该指标为扣除项指标占该账户比。

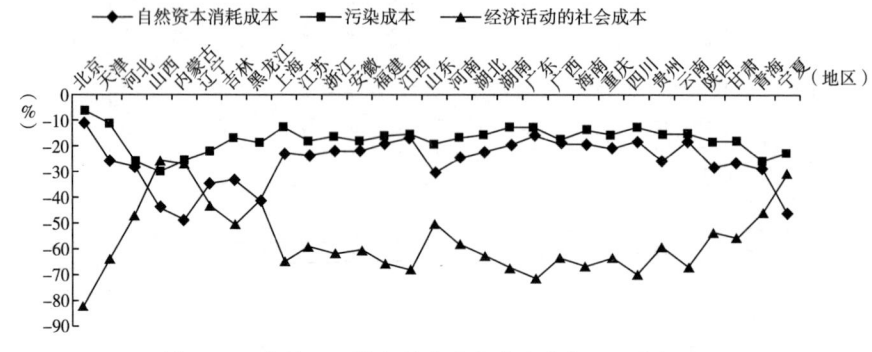

图 6-16 各地区环境和社会成本账户中各项目指标占比

分项目来看，经济活动的社会成本项目占比中，占比超过70%的省份有2个，分别为北京市（82.05%）和广东省（71.12%），低于40%的省份有3个，分别为宁夏回族自治区（30.87%）、内蒙古自治区（26.14%）和山西省（25.56%）。自然资本消耗成本项目中，占比较高的多因为取暖发电等消耗资源相对较多的北方省份，如占比排名前十位的省份均为北方地区：内蒙古自治区（48.55%）、宁夏回族自治区（46.26%）、山西省（44.27%）、黑龙江省（41.12%）、辽宁省（34.42%）、吉林省（32.84%）、山东省（30.42%）、青海省（29.19%）、陕西省（28.52%）和河北省（27.68%），排名后十位的省份中有9个南方地区：重庆市（21.18%）、湖南省（19.75%）、海南省（19.41%）、广西壮族自治区（19.13%）、福建省（18.90%）、四川省（18.32%）、云南省（18.20%）、江西省（16.67%）和广东省（16.13%）。污染成本项目中，占比较高的地区也多为北方省份，如占比排名前十位的均是北方地区的省份：山西省（30.17%）、河北省（25.83%）、青海省（25.38%）、内蒙古自治区（25.31%）、宁夏回族自治区（22.87%）、辽宁省（22.24%）、山东省（19.29%）、甘肃省（18.54%）、陕西省（18.38%）和黑龙江省（18.36%），占比排名后十位的省份有8个南方省份，分别为贵州省（15.57%）、江西省（15.50%）、云南省（15.47%）、海南省（14.06%）、湖南省（12.93%）、上海市（12.82%）、广东省（12.75%）和四川省

（12.45%），另外 2 个省份是天津市（10.98%）和北京市（6.51%），其污染成本项目占比相对较低的原因主要是两地经济活动的社会成本较高。

6.3 GPI 的国内外比较

本节主要从国家和地区两个层面进行 GPI 的国际对比，用于对比的指标为人均 GPI 和 GPI/GDP 的比率。由于很多国家通常使用 ISEW 或者其他类似 GPI 的指标，从本质上都可反映国家的真实进步水平，因此本节进行对比时不仅加入测算 GPI 的国家，还加入了测算 ISEW、SWI 和 NWI 的国家。本报告主要选取 2000 年以后测算的最新真实进步指标进行对比。结果如下文所示。

6.3.1 国家 GPI 比较

图 6-17 汇总了 2000 年以来 21 个国家估算的人均真实进步指标。结果显示，2016 年我国人均 GPI 为 3540.21 美元，在世界上仍处于较低水平。其他国家中，德国人均 NWI 处于第一梯队，超过 35000 美元；澳大利亚、新西兰和美国处于第二梯队，分别超过 25000 美元。排名靠后的国家为印度、泰国、越南和乌克兰，人均 GPI 均没有超过 2000 美元。

6.3.2 国家 GPI/GDP 比较

图 6-18 汇总了 2000 年以来 21 个国家估算的真实进步指标和其 GDP 对比的结果。结果显示，在 2016 年，我国 GPI/GDP 比率为 51.59%，而此前有很多国家已经超过这一数值，包括美国、西班牙、德国、意大利等。而早在 2010 年以前新西兰、韩国、荷兰、英国和乌克兰已经突破 50%，超过当时的世界平均水平 40%，表明他们在发展的同时，较好地注重了居民的实际福利发展。而相对来说，比利时、日本、希腊的 GPI/GDP 较低，还没有超过 30%，一方面可能由于测算时间较早；另一方面可能存在测算口径不同导致的结果偏低。

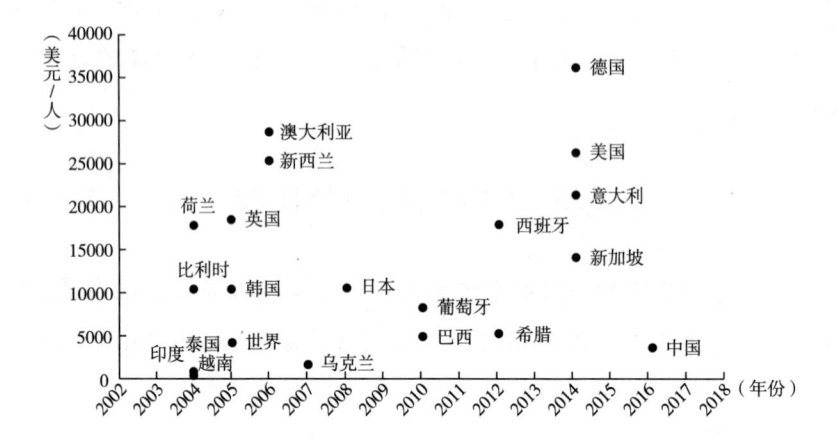

图 6-17 世界各国家人均真实进步指标对比（以 2010 年美元为单位）

资料来源：https：//data.worldbank.org.cn/indicator/NY.GDP.MKTP.KD。

注：（1）美国（Talberth 和 Weisdorf，2017）、中国、巴西（Andrade 和 Garcia，2015）、日本（Hayashi，2015）、韩国（Feeny et al.，2012）、新西兰（McDonald，2009）、世界（Kubiszewski et al.，2013）、乌克兰（Danilishin 和 Veklich，2010）、印度（Lawn，2008）、泰国（Clarke 和 Shaw，2008）、越南（Vu Xuan Nguyet Hong et al.，2008）、澳大利亚（Lawn，2008）和新加坡（Delang，2016）使用 GPI，英国（Jackson et al.，2008）、荷兰（Bleys，2007）、希腊（Menegaki 和 Tsagarakis，2015）、比利时（Bleys，2013）、西班牙（O'Mahony et al.，2018）和葡萄牙（Beca 和 Santos，2014）使用 ISEW，意大利（Armiento，2018）使用 SWI（Sustainable Welfare Index），德国（Held et al.，2018）使用 NWI（National Welfare Index）进行对比。（2）图中人均 GPI 均使用按现价本币单位计算的 GDP 和按 2010 年不变价美元计算的 GDP 进行换算。

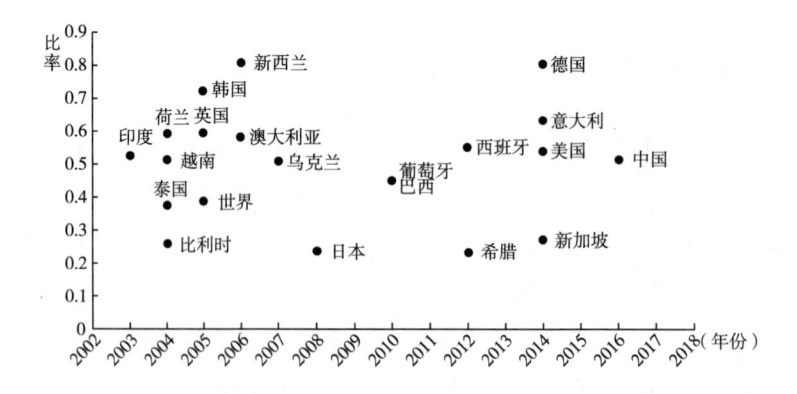

图 6-18 世界各国家真实进步指标/GDP 比率对比

注：美国、中国、巴西、日本、韩国、新西兰、世界、乌克兰、印度、泰国、越南、澳大利亚和新加坡使用 GPI，英国、荷兰、希腊、比利时、西班牙和葡萄牙使用 ISEW，意大利使用 SWI（Sustainable Welfare Index），德国使用 NWI（National Welfare Index）进行对比。

6.3.3 地区 GPI 比较

图 6-19 汇总了 2000 年以来世界 12 个省、州级地区估算的人均真实进步指标。我国北京、上海、广东和贵州四个省份的估计结果为 2016 年数据，其中北京为我国人均 GPI 最高的省份，而贵州最低。其他地区中，美国马里兰和新西兰奥克兰人均 GPI 处于第一梯队，超过 30000 美元；澳大利亚维多利亚、德国汉堡、美国科罗拉多州、美国佛特蒙州和中国香港处于第二梯队，分别超过 15000 美元。排名靠后的地区为比利时弗兰德斯和中国的各个省份，人均 GPI/ISEW 均没有超过 10000 美元。

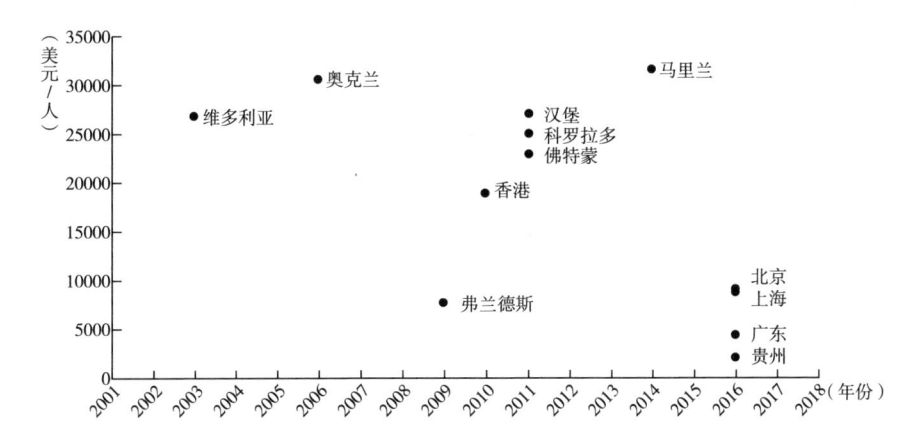

图 6-19　世界各地区人均真实进步指标对比（以 2010 年美元为单位）

注：美国马里兰州（Talberth 和 Weisdorf，2017）、佛特蒙州（Erickson et al.，2013）、科罗拉多州（Stiffler）和中国北京、上海、广东、贵州（本报告）以及香港（Delang，2014）使用 GPI，比利时弗兰德斯（Bleys，2013）、新西兰奥克兰（McDonald，2009）和澳大利亚维多利亚（Clake 和 Lawn，2008）使用 ISEW，德国汉堡（Held et al.，2018）使用 RWI（Regional Welfare Index）进行对比。

6.3.4 地区 GPI/GDP 比较

图 6-20 汇总了 2000 年以来世界 12 个省、州级地区估算的真实进步指标和其 GDP 对比的结果。我国北京、上海、广东、内蒙古和甘肃五个省份的位置为 2016 年数据，其中甘肃为我国 GPI/GDP 最高的省份，而内蒙古比率最低。结果显示，甘肃、北京和上海的发展质量超过我国平均水平

(48%)。而广东和内蒙古的发展质量偏低。GPI/GDP 相对较高的省、州级地区为我国的甘肃、新西兰的奥克兰和德国的汉堡,均已超过 0.7,表明当地经济发展和居民实际福利水平的提升较为一致。此外,我国的香港地区和美国马里兰地区比率基本持平,维持在一个较高的水平,而比利时弗兰德斯地区的比率则较低。

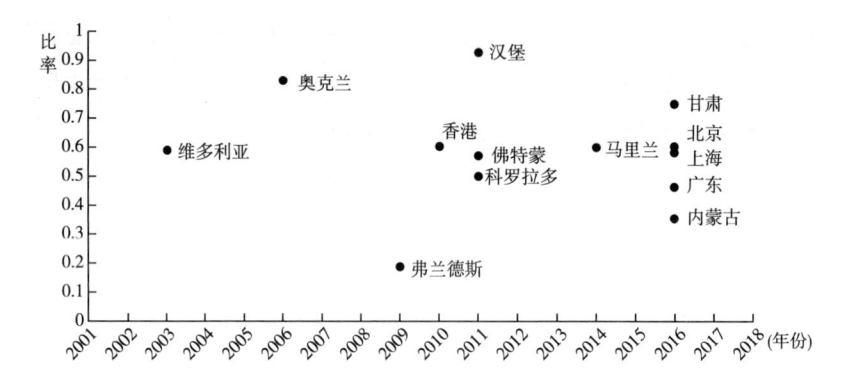

图 6-20　世界各地区真实进步指标/GDP 对比

注:美国马里兰州、佛特蒙州、科罗拉多州和中国北京、上海、广东、甘肃、内蒙古、香港使用 GPI,比利时弗兰德斯、新西兰奥克兰和澳大利亚维多利亚使用 ISEW,德国汉堡使用 RWI(Regional Welfare Index)进行对比。

6.3.5　和中国现有 GPI 测算结果比较

6.3.5.1　人均 GPI 对比

图 6-21 汇总了我国到目前为止测算的人均 GPI 结果。结果显示,从时间趋势来看,我国人均 GPI 一直在增长。从各省排名来看,广东、江苏和浙江基本上也高于我国平均水平。总体来看,本报告测算的结果与我国现有文献的测算较为一致。

6.3.5.2　GPI/GDP 对比

图 6-22 汇总了我国到目前为止测算的 GPI/GDP 结果。结果显示,我国现有文献对 GPI/GDP 的测算结果各有差异,可能的原因在于使用的方法和数据都有所不同。但总体来看,我国 GPI/GDP 仍然不高。

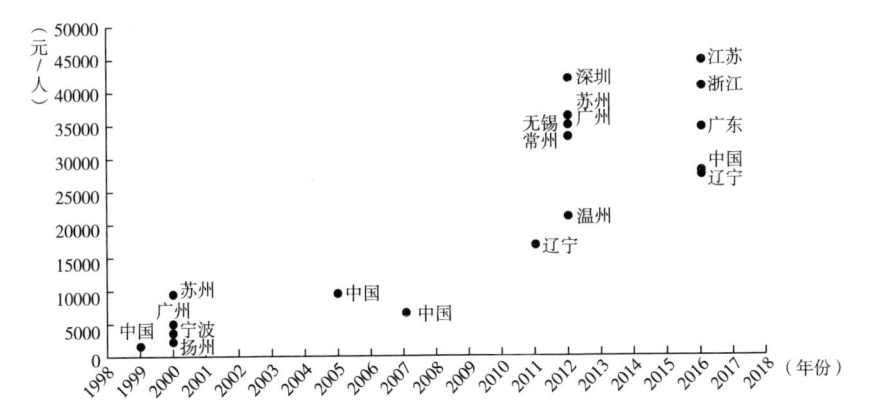

图 6-21 中国各时期人均 GPI 对比（以现价人民币为单位）

注：数据按照年份依次来自：李刚等（2001）、温宗国等（2004）、利果和王铮（2007）、金周英等（2010）、Yu Hou（2016）、李燕和李应博（2014）、李婧等（2016）及本报告。

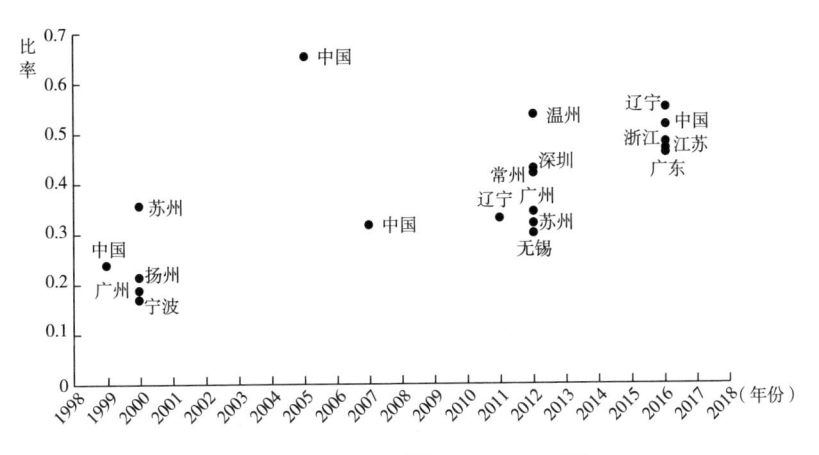

图 6-22 中国各时期 GPI/GDP 对比

注：数据按照年份依次来自：李刚等（2001）、温宗国等（2004）、利果和王铮（2007）、金周英等（2010）、Yu Hou（2016）、李燕和李应博（2014）、李婧等（2016）及本报告。

参考文献

［1］Andrade, D. C., & Garcia, J. R.（2015）. Estimating the Genuine Progress Indicator（GPI）for Brazil from 1970 to 2010. Ecological Economics, 118, 49-56.

［2］Armiento, M.（2018）. The sustainable welfare index: towards a threshold effect for

Italy. Ecological economics, 152, 296-309.

[3] Beca, P., & Santos, R. (2014). A comparison between GDP and ISEW in decoupling analysis. Ecological Indicators, 46, 167-176.

[4] Bleys, B. (2007). Simplifying the index of sustainable economic welfare: methodology, data sources and a case study for the Netherlands. International Journal of Environment, Workplace and Employment, 3 (2), 103-118.

[5] Bleys, B. (2013). The regional index of sustainable economic welfare for Flanders, Belgium. Sustainability, 5 (2), 496-523.

[6] Clarke, M., & Lawn, P. (2008). A policy analysis of Victoria's Genuine Progress Indictor. The Journal of Socio-Economics, 37 (2), 864-879.

[7] Clarke, M., & Shaw, J. (2008). 10. Genuine progress in Thailand: a systems-analysis approach. Sustainable welfare in the Asia-Pacific: studies using the genuine progress indicator, 260.

[8] Danilishin, B. M., & Veklich, O. A. (2010). Genuine Progress Indicator as an adequate macroeconomic indicator of public welfare. Studies on Russian Economic Development, 21 (6), 644-650.

[9] Delang, C. O., & Yu, Y. H. (2014). Beyond economic growth: the genuine progress of Hong Kong from 1968 to 2010. International Journal of Sustainable Development, 17 (4), 387-402.

[10] Erickson, J. D., Zencey, E., Burke, M. J., Carlson, S., & Zimmerman, Z. (2013). Vermont Genuine Progress Indicator, 1960-2011: Findings and Recommendations. Gund Institute for Ecological Economics, Burlington, VT.

[11] Feeny, S., Mitchell, H., Tran, C., & Clarke, M. (2013). The determinants of economic growth versus genuine progress in South Korea. Social indicators research, 113 (3), 1055-1074.

[12] Hayashi, T. (2015). Measuring rural-urban disparity with the Genuine Progress Indicator: A case study in Japan. Ecological economics, 120, 260-271.

[13] Held, B., Rodenhauser, D., Diefenbacher, H., & Zieschank, R. (2018). The national and regional welfare index (NWI/RWI): Redefining progress in Germany. Ecological economics, 145, 391-400.

[14] Hong, V. X. N., Clarke, M., & Lawn, P. (2008). 11. Genuine progress in Vietnam: the impact of the Doi Moi reforms. Sustainable Welfare in the Asia-Pacific: Studies Using the Genuine Progress Indicator, 299.

[15] Jackson, T., McBride, N., Abdallah, S., & Marks, N. (2008). Measuring regional progress: Regional Index of Sustainable Economic Well-being (R-ISEW) for all the English regions.

[16] Kubiszewski, I., Costanza, R., Franco, C., Lawn, P., Talberth, J., Jackson, T., & Aylmer, C. (2013). Beyond GDP: Measuring and achieving global genuine

progress. Ecological Economics, 93, 57-68.

[17] Lawn, P. (2008). Genuine progress in Australia: time to rethink the growth objective. In: Lavn, P. and Clarke, M. (Eds). Sustainable Welfare in the Asia-Pacific: Studies using the Genuine Progress Indicator (PP. 91 - 125). Cheltenham: Edward Elgar Publishing Ltd.

[18] McDonald, G., Forgie, V., Zhang, Y., Robbie, A., & Smith, N. (2009). A Genuine Progress Indicator for the Auckland region: summary report. Auckland Regional Council, Auckland.

[19] Menegaki, A. N., & Tsagarakis, K. P. (2015). More indebted than we know? Informing fiscal policy with an index of sustainable welfare for Greece. Ecological Indicators, 57, 159-163.

[20] O'Mahony, T., Escardó-Serra, P., & Dufour, J. (2018). Revisiting ISEW valuation approaches: The case of Spain including the costs of energy depletion and of climate change. Ecological Economics, 144, 292-303.

[21] Stiffler, C. (2014). Colorado's Genuine Progress Indicator (GPI): A Comprehensive Metric of Economic Well-being in Colorado From 1960-2011. Colorado Fiscal Institute.

[22] Talberth, J., & Weisdorf, M. (2017). Genuine progress indicator 2.0: pilot accounts for the US, Maryland, and City of Baltimore 2012-2014. Ecological Economics, 142, 1-11.

[23] 李刚, 柳杰民, 朱龙杰. (2001). GDP缺陷与GPI核算. 统计研究 (12), 31-35.

[24] 李婧, 黄璐, 严力蛟. (2016). 中国"三大经济模式"的可持续发展——以真实发展指标对6个典型城市的可持续性评估为例. 应用生态学报 (6), 1785~1794.

[25] 李燕, 李应博. (2014). 我国区域经济发展质量的测度和演化——基于真实进步指标的研究. 科技与经济 (5), 6~9+64.

[26] 利果, 王铮. (2007). 基于真实进步指标对我国可持续发展的预警评估. 中国人口·资源与环境 (4), 61~65.

[27] 温宗国, 张坤民, 陈伟强, 杜斌, 宋国君. (2004). 真实发展指标的方法学研究及其应用. 中国软科学 (8), 145~151.

[28] 中国GPI研究组, 金周英. (2010). 中国的真实进步指标(GPI)系统——一种促进可持续发展的工具. 中国科学院院刊 (2), 180~185+169.

附 件

附件 1　各地区各指标计算总值
附件 2　各地区各指标计算均值
附件 3　2017 中国真实进步微观调查问卷

附件 1 各地区各指标计算总值

单位：亿元

		北京	天津	河北	山西	内蒙古	辽宁	吉林	黑龙江	上海	江苏
以市场为基础的商品和服务	家庭消费支出	10621.7	5636.28	10670.77	5533.25	5608.02	10367.58	3802.53	6619.07	11994.75	28654.71
	防御性消费支出	881.44	583.05	1162.13	592.87	568.47	1080.23	408.73	807.79	1005.87	2936.29
	医疗保健成本	336.65	265.72	446.51	234.47	234.87	397.78	175.17	395.67	348.67	983.56
	法律服务成本	14.38	9.66	13.83	5.79	7.84	11.99	5.32	7.70	17.34	57.62
	食品和能源浪费成本	219.86	137.04	258.83	126.59	131.23	278.83	97.52	175.10	263.32	617.50
	福利中性商品成本	181.44	122.90	313.35	180.52	147.43	294.91	101.64	190.81	293.62	1030.94
	防尘防雾霾成本	24.17	7.47	12.17	3.37	3.43	4.82	1.21	1.62	5.28	7.52
	保险成本	104.94	40.26	117.44	42.13	43.67	91.90	27.87	36.89	77.64	239.15
	家庭投资成本	1985.30	831.24	1693.89	979.63	1184.13	1465.48	581.59	895.09	2045.07	5371.37
	耐用品支出成本	1485.46	672.26	1415.36	745.57	1092.99	1231.92	495.16	819.08	1637.76	3882.05
	家居维修保养及改善成本	479.08	150.73	260.16	219.99	77.33	207.87	76.45	59.03	388.30	1430.65
	高等教育支出成本	20.76	8.25	18.37	14.07	13.81	25.69	9.98	16.98	19.01	58.67
	收入不平等系数	0.85	0.94	0.88	0.88	0.87	0.92	0.88	0.9	0.89	0.9
	收入不平等成本	1163.24	253.32	937.77	475.29	501.20	625.75	337.47	491.62	983.82	2034.71
	政府提供的商品和服务	4510.49	2259.48	3643.92	1801.65	2301.43	2596.37	1661.49	2810.18	3972.81	10139.64
	小计	11102.21	6228.15	10520.90	5287.11	5655.65	9792.49	4136.23	7234.75	11932.80	28451.99
要素资本提供的服务	人力资本的服务价值	2171.04	828.55	1082.66	530.21	410.39	872.74	303.18	371.44	2341.17	3822.68
	高等教育的服务价值	1910.44	657.97	855.29	446.37	347.64	654.14	226.32	328.73	1765.14	2181.69
	制造业服务价值	260.60	170.58	227.37	83.84	62.75	218.60	76.86	42.71	576.03	1640.99
	社会资本服务价值	2587.98	1741.16	5386.83	2887.23	1451.89	2402.79	1704.24	2328.19	2649.15	4855.18
	家务劳动价值	2441.75	1719.79	5355.99	2870.37	1443.47	2354.84	1681.76	2272.26	2452.15	4733.55
	志愿服务价值	146.23	21.37	30.84	16.86	8.41	47.95	22.47	55.93	197.00	121.62
	存量资本服务价值	1595.21	946.28	2970.66	1485.33	1821.96	1914.06	1018.16	1180.05	1700.85	4315.29

续表

		北京	天津	河北	山西	内蒙古	辽宁	吉林	黑龙江	上海	江苏
要素资本提供的服务	交通设施服务价值	355.39	271.39	686.84	383.76	537.92	554.88	273.97	339.50	431.47	701.05
	电力燃气水基础设施服务价值	94.61	106.42	340.87	300.89	520.98	270.69	160.16	165.79	120.90	424.45
	家庭资本服务价值	1133.25	548.68	1892.87	776.20	759.05	1028.68	560.19	659.23	1109.68	3071.02
	高铁服务价值	11.96	19.79	50.08	24.48	4.01	59.81	23.84	15.53	38.80	118.77
	自然资本服务价值	85.59	61.50	295.08	148.07	132.05	180.80	115.85	176.46	95.27	315.20
	小计	6439.82	3577.49	9735.23	5050.84	3816.29	5370.39	3141.43	4056.14	6786.44	13308.35
环境和社会成本	自然资本消耗成本	255.38	341.75	1241.16	1449.72	1480.93	1007.40	442.79	698.73	499.62	1409.57
	不可再生能源消耗的替代成本	255.38	341.75	1241.16	1449.72	1480.93	1007.4	442.79	698.73	499.62	1409.57
	污染成本	145.23	147.35	1157.99	987.93	772.10	650.91	230.90	311.95	279.09	1092.58
	温室气体排放	30.84	23.32	231.21	553.91	340.17	181.15	77.55	128.29	54.05	240.30
	空气污染	33.82	76.87	722.85	310.24	329.87	312.96	96.82	99.76	117.78	532.53
	水污染	77.06	42.38	133.72	64.50	48.48	105.67	44.95	64.05	102.22	285.52
	固体废弃物污染	1.32	3.08	68.14	59.04	51.10	46.81	8.60	14.30	3.57	24.53
	噪声污染	2.19	1.70	2.07	0.24	2.48	4.32	2.98	5.55	1.47	9.70
	经济活动的社会成本	1831.59	852.98	2084.45	837.21	797.48	1268.37	674.84	688.66	1398.95	3563.44
	犯罪成本	15.93	39.41	78.01	28.95	11.34	39.35	29.72	20.01	53.32	117.38
	家庭变更成本	27.06	9.75	33.47	9.11	27.21	26.19	16.24	18.72	21.24	39.20
	通勤成本	586.39	261.16	540.37	247.44	247.26	369.83	184.49	179.86	558.39	768.90
	交通事故成本	15.88	10.37	10.96	9.68	6.01	11.60	9.66	6.10	7.36	34.84
	休闲时间损失成本	1186.34	532.29	1421.64	542.03	505.66	821.39	434.73	463.97	758.64	2603.11
	小计	2232.20	1342.08	4483.60	3274.86	3050.51	2926.68	1348.53	1699.34	2177.66	6065.59
	GPI	15309.83	8463.56	15772.53	7063.09	6421.43	12236.20	5929.13	9591.55	16541.58	35694.75
	GDP	25669.13	17885.39	32070.45	13050.41	18128.1	22246.9	14776.8	15386.09	28178.65	77388.28
	GPI/GDP	59.64%	47.32%	49.18%	54.12%	35.42%	55.00%	40.12%	62.34%	58.70%	46.12%

续表

		浙江	安徽	福建	江西	山东	河南	湖北	湖南	广东	广西
以市场为基础的商品和服务	家庭消费支出	17106.67	9541.63	9006.78	7344.86	25593.42	15250.82	11379.23	11897.7	31127.58	7231.78
	防御性消费支出	1714.29	1139.10	782.67	707.78	2624.50	1576.48	1223.56	1245.52	2608.07	733.63
	医疗保健成本	438.24	442.14	200.49	267.68	927.27	593.09	434.03	423.34	798.15	279.55
	法律服务成本	24.44	13.75	13.23	8.02	45.28	22.19	15.31	15.52	46.44	11.29
	食品和能源浪费成本	380.62	211.27	214.23	169.34	624.61	345.61	260.97	270.14	739.82	174.29
	福利中性商品成本	644.93	417.96	266.32	213.70	687.54	491.85	434.43	448.57	741.39	238.07
	防尘防雾霾成本	4.33	1.00	0.90	1.17	12.59	11.96	1.61	2.44	5.71	1.09
	保险成本	221.73	52.98	87.50	47.87	327.21	111.78	77.21	85.51	276.56	29.34
	家庭投资成本	3067.89	1571.15	1811.17	1366.38	4223.49	2640.57	2000.70	2048.23	5600.71	895.25
	耐用品支出成本	2434.52	1290.02	1293.79	933.55	3598.81	2021.96	1531.94	1584.24	4571.86	749.19
	家居维修保养及改善成本	597.09	262.00	492.25	419.91	581.22	581.66	442.16	443.81	944.48	133.13
	高等教育支出成本	36.28	19.13	25.13	12.92	43.46	36.95	26.60	20.18	84.37	12.93
	收入不平等系数	0.88	0.9	0.85	0.9	0.89	0.89	0.87	0.89	0.86	0.94
	收入不平等成本	1478.94	683.14	961.94	527.07	2062.00	1213.71	1060.15	946.43	3208.63	336.17
	政府提供的商品和服务	5218.34	2465.35	2446.60	1915.17	6155.88	5253.42	3660.77	3995.28	8975.46	2443.05
	小计	16063.89	8613.59	7897.60	6658.80	22839.31	15073.48	10755.59	11652.80	28685.63	7709.78
要素资本提供的服务	人力资本的服务价值	3476.22	833.03	1263.54	576.05	2307.05	1129.41	917.12	773.78	4680.41	431.77
	高等教育的服务价值	1889.88	644.66	858.05	383.26	1622.02	847.31	692.90	664.00	2765.51	363.83
	社会资本服务价值	1586.34	188.37	405.49	192.79	685.03	282.10	224.22	109.78	1914.90	67.94
	制造业的服务价值	3103.82	3673.20	1967.22	2619.15	6785.61	5379.74	3428.99	4256.03	6258.02	1998.67
	家务劳动价值	2996.42	3612.12	1928.59	2593.60	6674.68	5270.24	3370.80	4194.56	6156.02	1952.92
	志愿服务价值	107.41	61.08	38.63	25.55	110.94	109.50	58.20	61.47	102.00	45.75
	存量资本服务价值	3429.65	1837.16	2059.50	1396.69	4594.69	2934.19	2248.57	2311.83	4940.89	1594.76

续表

		浙江	安徽	福建	江西	山东	河南	湖北	湖南	广东	广西
要素资本提供的服务	交通设施服务价值	617.95	330.21	572.38	260.80	742.63	565.04	600.72	558.07	1033.09	392.06
	电力燃气水基础设施服务价值	355.10	190.92	262.63	139.62	385.36	308.93	278.81	255.68	530.43	219.92
	家庭资本服务价值	2326.49	1261.05	1141.05	939.21	3407.53	2006.28	1288.43	1432.76	3206.42	916.92
	高铁资本服务价值	130.11	54.98	83.44	57.06	59.17	53.94	80.61	65.32	170.95	65.86
	自然资本服务价值	219.71	244.49	153.30	184.15	393.54	376.09	234.21	271.81	437.29	194.21
	小计	10229.40	6587.88	5443.56	4776.04	14080.89	9819.43	6828.89	7613.45	16316.61	4219.41
环境和社会成本	自然资本消耗成本	802.49	728.50	445.48	379.55	1937.90	1099.27	658.71	589.37	1165.39	352.40
	不可再生能源消耗的替代成本	802.49	728.5	445.48	379.55	1937.9	1099.27	658.71	589.37	1165.39	352.4
	污染成本	600.07	569.31	372.14	352.88	1228.58	743.17	458.94	385.83	921.60	320.93
	温室气体排放	139.87	145.42	92.49	65.75	415.15	190.16	93.80	91.56	184.13	60.72
	空气污染	246.94	283.31	158.28	156.91	522.64	333.83	217.52	140.95	281.03	154.31
	水污染	199.50	111.44	109.75	102.37	235.04	186.17	127.24	138.34	434.45	89.45
	固体废弃物污染	9.19	26.15	9.27	26.02	48.45	29.29	16.96	11.50	11.89	14.57
	噪声污染	4.57	2.99	2.35	1.83	7.30	3.72	3.42	3.48	10.10	1.88
	经济活动的社会成本	2255.90	1968.56	1539.45	1544.64	3203.45	2592.80	1829.67	2009.38	5138.67	1169.22
	犯罪成本	111.72	67.50	79.90	33.80	28.23	139.04	106.21	48.05	148.47	34.03
	家庭变更成本	42.50	25.98	28.21	15.05	56.19	51.63	23.36	30.34	78.27	25.21
	通勤成本	523.64	312.29	288.21	252.15	827.28	505.86	387.00	395.37	993.51	200.81
	交通事故成本	41.14	16.68	15.42	10.21	23.14	8.90	26.25	10.83	48.32	8.73
	休闲时间损失成本	1536.90	1546.11	1127.72	1233.42	2268.61	1887.37	1286.84	1524.80	3870.11	900.44
	小计	3658.46	3266.37	2357.07	2277.07	6369.93	4435.24	2947.32	2984.58	7225.66	1842.55
	GPI	22634.83	11935.10	10984.09	9157.77	30550.27	20457.67	14637.16	16281.67	37776.58	10086.64
	GDP	47251.36	24407.62	28810.58	18499	68024.49	40471.79	32665.38	31551.37	80854.91	18317.64
	GPI/GDP	47.90%	48.90%	38.13%	49.50%	44.91%	50.55%	44.81%	51.60%	46.72%	55.07%

续表

		海南	重庆	四川	贵州	云南	陕西	甘肃	青海	宁夏	全国
以市场为基础的商品和服务	家庭消费支出	1684.52	6378.08	13183.4	5195.17	6912.78	6334.68	3408.49	989.92	1246.76	292661
	防御性消费支出	176.11	619.14	1346.70	593.78	788.49	668.62	351.23	106.65	132.67	29537.20
	医疗保健成本	57.88	217.11	427.56	173.31	305.51	259.12	138.64	47.19	52.43	10488.19
	法律服务成本	2.12	9.44	15.94	5.02	6.27	8.15	2.76	1.10	1.31	410.84
	食品和能源浪费成本	41.75	146.57	295.82	131.78	154.81	151.68	75.53	23.57	30.12	6819.98
	福利中性商品成本	63.14	200.30	481.41	246.31	261.68	197.49	113.14	27.55	36.50	9191.28
	防尘防雾霾成本	0.96	0.56	5.83	0.15	0.43	5.52	0.77	0.14	0.34	129.87
	保险成本	10.26	45.16	120.14	37.21	59.79	46.66	20.39	7.10	11.97	2497.04
	家庭投资成本	270.88	1194.71	2328.13	773.03	952.70	1054.28	604.69	149.84	219.34	50104.69
	耐用品支出成本	232.61	922.22	2035.71	589.49	623.49	853.20	433.48	130.14	161.42	39714.65
	家居维修保养及改善成本	32.50	260.59	270.67	164.38	313.63	183.16	162.81	18.05	55.19	9749.37
	高等教育支出成本	5.77	11.90	21.75	19.16	15.58	17.92	8.40	1.65	2.73	640.67
	收入不平等系数	0.87	0.88	0.86	0.84	0.85	0.9	0.88	0.87	0.88	0.88
	收入不平等成本	160.88	547.71	1331.20	612.54	775.74	461.18	294.31	95.35	107.37	25562.29
	政府提供的商品和服务	748.27	1946.25	3828.61	1458.18	2519.32	2333.43	1275.01	654.17	612.59	94400.23
	小计	1824.92	5962.77	12005.98	4674.00	6915.17	6484.03	3433.27	1292.25	1399.97	281857.05
要素资本提供的服务	人力资本的服务价值	117.89	489.85	748.75	197.60	292.98	472.99	199.18	67.18	95.17	32138.71
	高等教育的服务价值	107.33	369.23	606.31	159.25	231.64	390.07	169.30	57.02	80.28	22566.86
	制造业的服务价值	10.56	120.62	142.44	38.35	61.34	82.92	29.88	10.16	14.89	9571.85
	社会资本服务价值	455.99	2417.59	5616.82	2171.23	2958.32	2439.97	2062.79	399.65	385.09	88318.05
	家务劳动价值	447.75	2375.91	5562.23	2156.05	2920.80	2408.82	2043.16	386.07	378.40	86664.15
	志愿服务价值	8.24	41.68	54.59	15.18	37.53	31.15	19.63	13.58	6.69	1653.90
	存量资本服务价值	349.60	1301.75	3038.40	1107.84	1787.90	1429.19	842.17	327.48	345.32	58144.04

续表

		海南	重庆	四川	贵州	云南	陕西	甘肃	青海	宁夏	全国
要素资本提供的服务	交通设施服务价值	111.81	384.95	843.96	343.85	535.18	428.57	190.79	115.22	74.65	13613.14
	电力燃气基础设施服务价值	41.74	147.54	465.95	167.22	348.82	212.04	216.71	88.51	109.36	7568.54
	家庭资本服务价值	172.46	751.26	1684.28	574.36	892.80	762.02	422.54	118.88	161.31	35610.98
	高铁服务价值	23.59	18.00	44.21	22.41	11.10	26.56	12.13	4.87	0.00	1351.38
	自然资本服务价值	45.35	122.28	352.54	142.37	196.93	153.30	125.64	80.37	27.84	5828.18
	小计	968.83	4331.47	9756.51	3619.04	5236.13	4495.45	3229.78	874.68	853.42	184428.98
环境和社会成本	自然资本消耗成本	98.70	336.77	688.23	597.28	375.22	870.62	324.39	126.45	358.15	21780.32
	不可再生能源消耗的替代成本	98.7	336.77	688.23	597.28	375.22	870.62	324.39	126.45	358.15	21780.32
	污染成本	71.48	248.23	467.83	360.81	319.05	560.96	229.36	109.93	177.04	14972.55
	温室气体排放	28.20	56.84	122.78	128.85	63.70	304.48	64.55	16.35	72.79	4643.40
	空气污染	21.52	91.34	152.15	168.25	143.05	159.19	122.30	49.73	80.59	6303.79
	水污染	20.42	93.56	163.37	46.64	83.85	77.13	30.71	12.63	15.72	3292.66
	固体废弃物污染	0.70	4.90	24.56	15.93	27.28	17.81	10.65	30.93	7.50	643.04
	噪声污染	0.64	1.59	4.97	1.14	1.17	2.35	1.15	0.29	0.44	89.66
	经济活动的社会成本	338.33	1005.37	2601.39	1359.22	1367.77	1620.94	683.43	196.80	238.98	47712.41
	犯罪成本	18.29	15.15	72.82	22.32	51.15	16.00	39.75	10.01	7.23	1516.67
	家庭变更成本	4.51	26.45	50.32	17.83	16.56	14.72	7.96	3.76	3.52	767.46
	通勤成本	48.40	263.49	531.17	187.18	284.70	343.17	144.15	45.72	65.59	10781.28
	交通事故成本	3.73	7.04	11.84	13.28	11.01	8.02	4.59	2.09	2.06	403.91
	休闲时间损失成本	263.40	693.24	1935.24	1118.60	1004.35	1239.03	486.98	135.22	160.59	34243.08
	小计	508.51	1590.37	3757.45	2317.31	2062.04	3052.52	1237.18	433.18	774.17	84465.28
GPI		2285.24	8703.87	18005.04	5975.73	10089.26	7926.96	5425.87	1733.75	1479.22	381820.75
GDP		4053.2	17740.59	32934.54	11776.73	14788.42	19399.59	7200.37	2572.49	3168.59	740060.8
GPI/GDP		56.38%	49.06%	54.67%	50.74%	68.22%	40.86%	75.36%	67.40%	46.68%	51.59%

附件 2　各地区各指标计算均值

单位：元

		北京	天津	河北	山西	内蒙古	辽宁	吉林	黑龙江	上海	江苏
以市场为基础的商品和服务	家庭消费支出	48902.85	36257.83	14327.99	15064.66	22293.86	23670.27	13862.67	17393.43	49616.34	35874.44
	防卫性消费支出	4058.18	3750.77	1560.43	1614.15	2259.90	2466.28	1490.10	2122.70	4160.78	3676.12
	医疗保健服务成本	1549.96	1709.37	599.54	638.37	933.69	908.17	638.59	1039.74	1442.28	1231.38
	法律服务成本	66.19	62.16	18.57	15.76	31.15	27.37	19.40	20.23	71.74	72.14
	食品和能源浪费成本	1012.23	881.59	347.54	344.65	521.70	636.60	355.54	460.12	1089.23	773.08
	福利中性商品成本	835.36	790.64	420.75	491.49	586.10	673.32	370.55	501.41	1214.54	1290.69
	防尘防雾霾成本	111.3	48.04	16.34	9.17	13.64	11	4.42	4.25	21.85	9.42
	保险成本	483.14	258.97	157.69	114.71	173.62	209.82	101.6	96.95	321.14	299.41
	家庭投资成本	9140.47	5347.31	2274.44	2667.11	4707.31	3345.84	2120.25	2352.10	8459.46	6724.72
	耐用品支出成本	6839.15	4324.58	1900.45	2029.87	4345.03	2812.61	1805.16	2152.36	6774.62	4860.16
	家居维修保养及改善成本	2205.72	969.64	349.32	598.94	307.40	474.58	278.70	155.13	1606.20	1791.11
	高等教育支出成本	95.60	53.09	24.67	38.30	54.88	58.65	36.39	44.61	78.64	73.45
	收入不平等系数	0.85	0.94	0.88	0.88	0.87	0.92	0.88	0.90	0.89	0.90
	收入不平等成本	5355.63	1629.59	1259.17	1294.01	1992.46	1428.65	1230.28	1291.86	4069.57	2547.36
	政府提供的商品和服务	20766.52	14535.12	4892.81	4905.11	9149.00	5927.79	6057.20	7384.53	16433.55	12694.39
	小计	51115.09	40065.29	14126.76	14394.50	22483.19	22357.29	15079.24	19011.30	49360.08	35620.63
要素资本提供的服务	人力资本的服务价值	9995.62	5330.01	1453.73	1443.52	1631.43	1992.56	1105.27	976.06	9684.26	4785.83
	高等教育的服务价值	8795.78	4232.66	1148.43	1215.27	1381.98	1493.47	825.07	863.83	7301.52	2731.38
	制造业的服务价值	1199.84	1097.35	305.30	228.25	249.45	499.09	280.20	112.23	2382.74	2054.45
	社会资本服务价值	11915.19	11200.78	7233.07	7860.68	5771.76	5485.82	6213.03	6117.96	10958.22	6078.47
	家务劳动价值	11241.93	11063.33	7191.66	7814.78	5738.31	5376.34	6131.11	5971.00	10143.34	5926.20
	志愿服务价值	673.26	137.45	41.41	45.90	33.45	109.48	81.92	146.96	814.88	152.27
	存量资本服务价值	7344.40	6087.37	3988.80	4043.91	7242.92	4370.01	3711.85	3100.94	7035.60	5402.55

续表

		北京	天津	河北	山西	内蒙古	辽宁	吉林	黑龙江	上海	江苏
要素资本提供的服务	交通设施服务价值	1636.22	1745.82	922.25	1044.81	2138.41	1266.84	998.78	892.14	1784.79	877.68
	电力燃气水基础设施服务价值	435.59	684.61	457.69	819.18	2071.09	618.02	583.89	435.66	500.11	531.40
	家庭资本服务价值	5217.55	3529.61	2541.62	2113.26	3017.48	2348.59	2042.27	1732.32	4590.20	3844.78
	高铁服务价值	55.04	127.33	67.24	66.66	15.94	136.56	86.91	40.82	160.50	148.69
	自然资本服务价值	394.06	395.63	396.21	403.13	524.95	412.79	422.35	463.70	394.08	394.62
	小计	29649.27	23013.79	13071.81	13751.24	15171.06	12261.18	11452.50	10658.66	28072.16	16661.47
环境和社会成本	自然资本消耗成本	1175.78	2198.46	1666.55	3946.96	5887.22	2300.00	1614.25	1836.11	2066.68	1764.72
	不可再生能源消耗的替代成本	1175.78	2198.46	1666.55	3946.96	5887.22	2300.00	1614.25	1836.11	2066.68	1764.72
	污染成本	668.65	947.90	1554.86	2689.71	3069.38	1486.09	841.77	819.74	1154.46	1367.86
	温室气体排放	141.99	150.02	310.45	1508.06	1352.30	413.58	282.72	337.12	223.58	300.85
	空气污染	155.71	494.50	970.59	844.65	1311.35	714.52	352.97	262.15	487.20	666.70
	水污染	354.79	272.63	179.55	175.61	192.73	241.26	163.87	168.31	422.83	357.46
	固体废弃物污染	6.08	19.81	91.49	160.74	203.14	106.87	31.35	37.58	14.77	30.71
	噪声污染	10.08	10.94	2.78	0.65	9.86	9.86	10.86	14.58	6.08	12.14
	经济活动的社会成本	8432.72	5487.14	2798.85	2279.37	3170.26	2895.82	2460.22	1809.62	5786.75	4461.27
	犯罪成本	73.32	253.50	104.75	78.82	45.09	89.84	108.35	52.57	220.54	146.96
	家庭变更成本	124.57	62.71	44.94	24.81	108.15	59.79	59.22	49.18	87.88	49.08
	通勤成本	2699.76	1680.04	725.57	673.68	982.95	844.37	672.58	472.64	2309.80	962.63
	交通事故成本	73.12	66.70	14.71	26.35	23.90	26.49	35.21	16.03	30.43	43.62
	休闲时间损失成本	5461.95	3424.19	1908.88	1475.71	2010.17	1875.33	1584.86	1219.20	3138.11	3258.98
	小计	10277.15	8633.50	6020.26	8916.04	12126.86	6681.91	4916.24	4465.47	9007.90	7593.85
	GPI	70487.21	54445.58	21178.31	19229.70	25527.39	27936.56	21615.50	25204.49	68424.34	44688.25
	GDP	118198	115053	43062	35532	72064	50791	53868	40432	116562	96887
	GPI/GDP	59.63%	47.32%	49.18%	54.12%	35.42%	55.00%	40.13%	62.34%	58.70%	46.12%

续表

		浙江	安徽	福建	江西	山东	河南	湖北	湖南	广东	广西
以市场为基础的商品和服务	家庭消费支出	30742.51	15464.55	23354.80	16040.31	25859.78	16043.36	19390.36	17490.19	28494.67	15013.04
	防御性消费支出	3080.77	1846.19	2029.49	1545.71	2651.82	1658.40	2084.96	1830.99	2387.47	1523.01
	医疗保健服务成本	787.57	716.60	519.88	584.59	936.92	623.91	739.59	622.33	730.64	580.34
	法律服务成本	43.92	22.29	34.31	17.52	45.75	23.34	26.09	22.82	42.51	23.44
	食品和能源浪费费成本	684.02	342.41	555.50	369.81	631.11	363.57	444.70	397.12	677.24	361.83
	福利中性商品成本	1159.00	677.41	690.58	466.69	694.70	517.41	740.28	659.42	678.68	494.22
	防生防雾霾成本	7.79	1.62	2.33	2.56	12.72	12.58	2.74	3.59	5.23	2.27
	保险成本	398.47	85.86	226.89	104.54	330.62	117.59	131.56	125.71	253.17	60.91
	家庭投资成本	5513.33	2546.45	4696.39	2984.01	4267.44	2777.80	3409.23	3010.99	5126.97	1858.52
	耐用品支出成本	4375.10	2090.80	3354.83	2038.76	3636.26	2127.04	2610.45	2328.91	4185.15	1555.31
	家居维修保养及改善成本	1073.03	424.64	1276.41	917.03	587.27	611.89	753.45	652.42	864.59	276.37
	高等教育支出成本	65.20	31.01	65.15	28.22	43.91	38.87	45.33	29.66	77.23	26.84
	收入不平等系数	0.88	0.90	0.85	0.90	0.89	0.89	0.87	0.89	0.86	0.94
	收入不平等成本	2657.81	1107.19	2494.34	1151.06	2083.46	1276.79	1806.50	1391.30	2937.23	697.89
	政府提供的商品和服务	9377.92	3995.71	6344.09	4182.50	6219.95	5526.42	6238.00	5873.25	8216.27	5071.72
	小计	28868.52	13960.43	20478.67	14542.03	23077.01	15856.79	18327.67	17130.16	26259.27	16005.34
要素资本提供的服务	人力资本的服务价值	6247.15	1350.13	3276.40	1258.03	2331.06	1188.10	1562.80	1137.50	4284.52	896.36
	高等教育的服务价值	3396.32	1044.83	2224.95	837.00	1638.90	891.34	1180.72	976.12	2531.59	755.31
	制造业的服务价值	2850.83	305.30	1051.45	421.03	692.16	296.76	382.08	161.38	1752.93	141.05
	社会资本的服务价值	5577.90	5953.32	5101.06	5719.91	6856.23	5659.31	5843.05	6256.57	5728.69	4149.20
	家务劳动价值	5384.88	5854.32	5000.88	5664.12	6744.14	5544.12	5743.88	6166.20	5635.32	4054.22
	志愿服务价值	193.02	99.00	100.18	55.79	112.09	115.19	99.17	90.37	93.37	94.98
	存量资本服务价值	6163.47	2977.59	5340.32	3050.20	4642.51	3086.69	3831.58	3398.52	4522.96	3310.71

续表

		浙江	安徽	福建	江西	山东	河南	湖北	湖南	广东	广西
要素资本提供的服务	交通设施服务价值	1110.53	535.19	1484.19	569.55	750.36	594.41	1023.64	820.40	945.70	813.91
	电力燃气水基础设施服务价值	638.16	309.44	681.00	304.92	389.37	324.98	475.09	375.86	485.56	456.56
	家庭资本服务价值	4180.95	2043.85	2958.78	2051.13	3443.00	2110.55	2195.49	2106.23	2935.21	1903.51
	高铁服务资本服务价值	233.83	89.11	216.35	124.60	59.78	56.75	137.36	96.03	156.49	136.73
	自然资本服务价值	394.84	396.26	397.51	402.16	397.64	395.63	399.10	399.57	400.30	403.18
	小计	18383.36	10677.30	14115.29	10430.30	14227.44	10329.73	11636.53	11192.16	14936.47	8759.45
环境和社会成本	自然资本消耗成本	1442.16	1180.71	1155.14	828.89	1958.07	1156.40	1122.45	866.40	1066.82	731.58
	污染成本	1442.16	1180.71	1155.14	828.89	1958.07	1156.40	1122.45	866.40	1066.82	731.58
	温室气体排放	1078.39	922.71	964.96	770.64	1241.37	781.78	782.05	567.20	843.65	666.24
	空气污染	251.36	235.69	239.83	143.59	419.47	200.04	159.84	134.60	168.56	126.05
	水污染	443.78	459.17	410.42	342.67	528.08	351.18	370.66	207.20	257.26	320.34
	固体废弃物污染	358.52	180.62	284.58	223.56	237.49	195.84	216.82	203.37	397.70	185.70
	噪声污染	16.52	42.38	24.04	56.82	48.95	30.81	28.90	16.91	10.88	30.25
	经济活动的社会成本	8.21	4.85	6.09	4.00	7.38	3.91	5.83	5.12	9.25	3.90
	犯罪成本	4054.07	3190.53	3991.85	3373.30	3236.79	2727.55	3117.77	2953.89	4704.02	2427.28
	家庭变更成本	200.77	109.40	207.17	73.82	28.52	146.27	180.99	70.63	135.91	70.65
	通勤成本	76.37	42.11	73.15	32.87	56.77	54.31	39.81	44.60	71.65	52.33
	交通事故成本	941.04	506.14	747.33	550.67	835.89	532.15	659.46	581.21	909.47	416.88
	休闲时间损失成本	73.92	27.03	39.99	22.29	23.39	9.37	44.72	15.92	44.23	18.13
	小计	2761.97	2505.85	2924.21	2693.65	2292.22	1985.45	2192.79	2241.53	3542.76	1869.29
		6574.62	5293.95	6111.95	4972.83	6436.23	4665.73	5022.27	4387.49	6614.49	3825.10
GPI		40677.26	19343.78	28482.01	19999.50	30868.22	21520.79	24941.93	23934.83	34581.25	20939.69
GDP		84916	39561	74707	40400	68733	42575	55665	46382	74016	38027
GPI/GDP		47.90%	48.90%	38.12%	49.50%	44.91%	50.55%	44.81%	51.60%	46.72%	55.07%

续表

		海南	重庆	四川	贵州	云南	陕西	甘肃	青海	宁夏	全国
以市场为基础的商品和服务	家庭消费支出	18430.2	21032.42	16012.88	14665.26	14533.33	16657.06	13084.41	16764.1	18566.79	21227.85
	防御性消费支出	1926.79	2041.65	1635.74	1676.18	1657.72	1758.16	1348.33	1806.30	1975.82	2142.45
	医疗保健服务成本	633.27	715.93	519.33	489.22	642.31	681.35	532.22	799.07	780.78	760.75
	法律服务成本	23.15	31.13	19.36	14.17	13.18	21.43	10.61	18.69	19.51	29.80
	食品和能源浪费成本	456.75	483.33	359.31	372.01	325.47	398.85	289.96	399.23	448.56	494.68
	福利中性商品成本	690.82	660.50	584.73	695.30	550.15	519.31	434.32	466.62	543.60	666.68
	防尘防雾霾成本	10.52	1.84	7.08	0.43	0.91	14.52	2.94	2.42	5.13	9.42
	保险成本	112.28	148.92	145.93	105.05	125.7	122.7	78.28	120.27	178.24	181.12
	家庭投资成本	2963.64	3939.70	2827.80	2182.16	2002.94	2772.25	2321.27	2537.54	3266.34	3634.29
	耐用品支出成本	2544.94	3041.12	2472.62	1664.05	1310.82	2243.50	1664.03	2203.87	2403.84	2880.66
	家居维修保养及改善成本	355.60	859.33	328.76	464.02	659.37	481.63	625.00	305.75	821.82	707.16
	高等教育支出成本	63.10	39.25	26.42	54.09	32.75	47.12	32.24	27.92	40.68	46.47
	收入不平等系数	0.87	0.88	0.86	0.84	0.85	0.90	0.88	0.87	0.88	0.88
	收入不平等成本	1760.17	1806.13	1616.91	1729.11	1630.90	1212.67	1129.78	1614.63	1598.96	1854.13
	政府提供的商品和服务	8186.81	6417.99	4650.32	4116.25	5296.59	6135.76	4894.45	11078.17	9122.74	6847.22
	小计	19966.41	19662.93	14582.75	13194.06	14538.36	17049.75	13179.48	21883.80	20848.41	20444.20
要素资本提供的服务	人力资本的服务价值	1289.83	1615.32	909.45	557.79	615.97	1243.72	764.63	1137.67	1417.35	2331.14
	高等教育的服务价值	1174.25	1217.57	736.44	449.53	487.01	1025.69	649.91	965.65	1195.53	1636.86
	制造业的服务价值	115.58	397.75	173.01	108.26	128.96	218.03	114.72	172.02	221.82	694.28
	社会资本服务价值	4988.97	7972.25	6822.32	6129.09	6219.53	6415.91	7918.57	6767.98	5734.76	6406.06
	家务劳动价值	4898.78	7834.82	6756.02	6086.25	6140.64	6334.01	7843.21	6537.96	5635.20	6286.09
	志愿服务价值	90.19	137.43	66.30	42.84	78.89	81.90	75.36	230.02	99.56	119.96
	总量资本服务价值	3824.91	4292.66	3690.52	3127.26	3758.84	3758.04	3232.90	5545.76	5142.52	4217.41

续表

		海南	重庆	四川	贵州	云南	陕西	甘肃	青海	宁夏	全国
要素资本提供的服务	交通设施服务价值	1223.30	1269.40	1025.10	970.64	1125.15	1126.91	732.38	1951.23	1111.62	987.41
	电力燃气水基础设施服务价值	456.69	486.54	565.96	472.03	733.35	557.57	831.89	1498.90	1628.60	548.98
	家庭资本服务价值	1886.84	2477.35	2045.77	1621.34	1877.01	2003.72	1622.05	2013.19	2402.30	2583.00
	高铁服务价值	258.08	59.37	53.69	63.25	23.33	69.84	46.58	82.44	0.00	98.02
	自然资本服务价值	496.17	403.23	428.20	401.89	414.02	403.10	482.30	1361.05	414.59	422.74
	小计	10599.88	14283.46	11850.49	10216.03	11008.36	11820.77	12398.40	14812.46	12709.22	13377.35
环境和社会成本	自然资本消耗成本	1079.87	1110.54	835.94	1686.04	788.86	2289.30	1245.26	2141.41	5333.58	1579.81
	不可再生能源消耗的替代成本	1079.87	1110.54	835.94	1686.04	788.86	2289.30	1245.26	2141.41	5333.58	1579.81
	污染成本	782.05	818.56	568.24	1018.53	670.77	1475.04	880.45	1861.64	2636.48	1086.01
	温室气体排放	308.53	187.44	149.13	363.73	133.92	800.63	247.79	276.88	1083.99	336.80
	空气污染	235.45	301.20	184.81	474.95	300.75	418.59	469.48	842.17	1200.15	457.24
	水污染	223.41	308.52	198.43	131.66	176.29	202.81	117.89	213.89	234.10	238.83
	固体废弃物污染	7.66	16.16	29.83	44.97	57.35	46.83	40.88	523.79	111.69	46.64
	噪声污染	7.00	5.24	6.04	3.22	2.46	6.18	4.41	4.91	6.55	6.50
	经济活动的社会成本	3701.64	3315.31	3159.71	3836.89	2875.58	4262.25	2623.53	3332.74	3559.00	3460.76
	犯罪成本	200.08	49.96	88.45	63.01	107.54	42.08	152.58	169.51	107.66	110.00
	家庭变更成本	49.36	87.22	61.12	50.34	34.81	38.70	30.54	63.66	52.49	55.67
	通勤成本	529.55	868.89	645.17	528.39	598.54	902.37	553.37	774.19	976.72	782.01
	交通事故成本	40.80	23.21	14.38	37.48	23.15	21.08	17.64	35.42	30.67	29.30
	休闲时间损失成本	2881.85	2286.03	2350.59	3157.67	2111.54	3258.02	1869.40	2289.96	2391.46	2483.79
	小计	5563.56	5244.41	4563.89	6541.46	4335.21	8026.59	4749.24	7335.79	11529.06	6126.58
GPI		25002.73	28701.98	21869.35	16868.63	21211.51	20843.93	20828.64	29360.47	22028.57	27694.97
GDP		44347	58502	40003	33246	31093	51015	27643	43531	47194	53680
GPI/GDP		56.38%	49.06%	54.67%	50.74%	68.22%	40.86%	75.35%	67.45%	46.68%	51.59%

附件3 2017中国真实进步微观调查问卷

表1 家庭成员基本信息个人变量

[A2000c]【CAPI加载姓名】目前是否与您住在一起？短期离开，即三个月内会回来的，视为住在一起（仅询问追踪受访户）。 1. 是　　　　　　　　　　2. 否	
[A2001]【CAPI加载姓名】是您的什么人？ 1. 本人 2. 配偶或伴侣 3. 父母 4. 岳父母/公婆 5. 祖父母/外祖父母 6. 子女 7. 儿媳/女婿 8. 孙子/孙女 9. 孙媳/孙女婿 10. 兄弟姐妹 7777. 其他	
[A2003]【CAPI加载姓名】的性别？（仅询问2017新增受访户） 1. 男　　　　　　　　　　2. 女	
[A2005]【CAPI加载姓名】的出生年？[1900…2017]	
[A2006]【CAPI加载姓名】是【A2005答案】年几月出生的？[1…12]（仅询问6岁及以下家庭成员）	
[A2005a]【CAPI加载姓名】的体重是多少斤？（单位：斤）[1…999]（仅询问6岁及以下家庭成员）	
[TS003]【CAPI加载姓名】现在或昨天是否在家？（仅询问3岁及以上家庭成员） 1. 是　　　　　　　　　　2. 否	
[A2012]【CAPI加载姓名】的文化程度是（仅询问16岁及以上家庭成员） 1. 没上过学 2. 小学 3. 初中 4. 高中 5. 中专/职高 6. 大专/高职 7. 大学本科 8. 硕士研究生 9. 博士研究生	
[A2012a]【A2012选项】学位是在国外获得的吗？（仅A2012=7、8、9时询问） 1. 是　　　　　　　　　　2. 否	
[A2013ac] 今年上半年【CAPI加载姓名】就读的学校属于下列哪类？（多选，仅询问3~30岁家庭成员） 1. 没有在读 2. 公办学校 3. 民办学校（含私立学校） 4. 重点学校（重点中学或211/985院校） 5. 国际学校 6. 打工子弟学校	

续表

[A2015]【CAPI 加载姓名】是否是中共党员或预备党员？（仅询问新访户的受访者及其配偶）		
1. 是		2. 否

[A2016b]【CAPI 加载姓名】现在居住在哪个省/市/县？（仅询问不住在一起的家庭成员）

[A2017b]【CAPI 加载姓名】现在居住的房屋类型？（仅询问不住在一起的家庭成员）

1. 家庭成员自有　　　　　　　　　3. 免费居住

2. 租赁

[A2019]【CAPI 加载姓名】的户口是在哪个省/市/县？

[A2019b]【CAPI 加载姓名】的户口是否在他/她目前所居住的街道/乡镇？

1. 是　　　　　　　　　　　　　　2. 否

[A2019e]【CAPI 加载姓名】在哪一年离开【A2019 所选省市】

[A2019f]【CAPI 加载姓名】在哪一年来到【CAPI 加载家庭成员常住省市】

[A2022] 目前，【CAPI 加载姓名】的户口类型是

1. 农业　　　　　　　　　　　　　3. 统一居民户口

2. 非农业　　　　　　　　　　　　7777. 其他

[A2022-01]【CAPI 加载姓名】获得统一居民户口之前的户口类型是

1. 农业　　　　　　　　　　　　　3. 没有户口

2. 非农业　　　　　　　　　　　　7777. 其他

[A2022a] 是农转非农户口吗？

1. 是　　　　　　　　　　　　　　2. 否

[A2022b]【CAPI 加载姓名】转为非农业户口的时间是哪一年？［1900…2017］

[A2022c] 农转非户口的原因是

1. 征地拆迁　　　　　　　　　　　7. 参军

2. 城镇购房　　　　　　　　　　　8. 随迁家属

3. 城镇就业　　　　　　　　　　　9. 村改居

4. 升学转集体户口　　　　　　　　7777. 其他

[A2022ha]【CAPI 加载姓名】是否愿意获得目前居住地区所在区/县/市的非农户口？

1. 是　　　　　　　　　　　　　　2. 否

[A2022k]【CAPI 加载姓名】是否有过跨区/县迁移户口的经历？

1. 是　　　　　　　　　　　　　　2. 否

[A2022l]【CAPI 加载姓名】最近一次跨区/县迁移户口是在哪一年？［1900…2017］

续表

[A2022m]【CAPI加载姓名】最近一次跨区/县迁移户口的户口迁出地是_____省_____市_____县？	
[A2023g]【CAPI加载姓名】是否在【A2019所选省市】以外其他地方有半年以上生活或者工作的经历？（仅询问16岁以上家庭成员） 1. 是　　　　　　　　　　　　　　2. 否	
[A2023i]【CAPI加载姓名】是哪一年回到【户籍省/市】？（仅询问16岁以上家庭成员）	
[A2023j]【CAPI加载姓名】在回到【户籍省/市】之前住在哪个省/市？（仅询问16岁以上家庭成员）	
[A2023k]【CAPI加载姓名】是哪一年去到【A2023j答案】？（仅询问16岁以上家庭成员）	
[A2023la]【CAPI加载姓名】回到【户籍省/市】之前的工作性质是？（仅询问16岁以上家庭成员） 1. 受雇于他人或单位（签订正规劳动合同） 2. 临时性工作（没有签订正规劳动合同，如打零工） 3. 经营个体或私营企业、自主创业、开网店 5. 没有工作 7777. 其他（志愿者、自由职业等）	
[A2024] 目前，【CAPI加载姓名】的婚姻状况是（仅询问18岁以上家庭成员） 1. 未婚　　　　　　　　　　　　　5. 离婚 2. 已婚　　　　　　　　　　　　　6. 丧偶 3. 同居　　　　　　　　　　　　　7. 再婚 4. 分居	
[A2025b] 与同龄人相比，【CAPI加载姓名】现在的身体状况如何？ 1. 非常好　　　　　　　　　　　　4. 不好 2. 好　　　　　　　　　　　　　　5. 非常不好 3. 一般	
[A2025e]【CAPI加载姓名】是否接种过乙肝疫苗或肺炎疫苗？（仅询问16岁以下家庭成员） 1. 是　　　　　　　　　　　　　　2. 否	
[A2025f] 去年，【CAPI加载姓名】是否做过体检？（仅询问16岁以下家庭成员） 1. 是　　　　　　　　　　　　　　2. 否	
[A2028]【CAPI加载姓名】有几个兄弟？（不包括自己）（仅询问40岁及以下受访者及配偶）	
[A2029]【CAPI加载姓名】有几个姐妹？（不包括自己）（仅询问40岁及以下受访者及配偶）	

表 2　家庭成员基本信息家庭变量

[A2000a] 除您以外,目前,您家共有几个跟您居住在一起的家庭成员?[0…15]（仅询问新受访户）	
[A2000b] 除刚才的家庭成员之外,您家目前还有几个因外出打工、参军、上学等原因长期不住在这里的家庭成员?[0…15]（仅询问新受访户）	
[Family02ms] 再次向您确认一下,目前,包括您在内,您家一共有【CAPI加载家庭人口数】口人,对吗?（仅询问新受访户）	
1. 是	2. 否
[A2032] 父亲/母亲的教育程度是?	
1. 没上过学	6. 大专/高职
2. 小学	7. 大学本科
3. 初中	8. 硕士研究生
4. 高中	9. 博士研究生
5. 中专/职高	
[A2033] 父亲/母亲的政治面貌是?	
1. 共青团员	3. 民主党派或其他党派
2. 中共党员	4. 群众
[A2034] 父亲/母亲的户口类型是?	
1. 农业	3. 没有户口
2. 非农业	7777. 其他
[A2035c] 父亲/母亲在工作中的最高职务是?	
1. 普通职工	7.（副）局长及以上
2. 单位部门负责人（如经理）	8. 村干部
3. 单位负责人（如总经理）	9. 乡镇干部
4.（副）组/股长	10. 农民
5.（副）科长	7777. 其他
6.（副）处长	7778. 没有工作过

表 3　个人变量

[A3135] 去年,在工作月,【CAPI加载家庭成员姓名】平均每周加班几小时?[1..31]	
[A3135a] 去年,【CAPI加载家庭成员姓名】是否有加班费	
1. 是	2. 否
[A3135b] 去年,平均每小时加班费是多少?（单位:元）	

表4　北京师范大学独享家庭变量

[E2001c] 您平常的日常小额消费中，有多大比例使用微信、支付宝等移动支付工具支付？	
1. 从来不用	4. 50%~80%（含50%）
2. 低于20%	5. 80%及以上
3. 20%~50%（含20%）	

[E2001d] 如果很少或从不使用移动支付工具，最主要的原因是？

1. 周围商家很少开通移动支付　　5. 扫码时等待时间太长
2. 操作复杂，不知道怎么用　　　6. 用现金习惯了
3. 没有智能手机　　　　　　　　7. 害怕暴露隐私
4. 不信任移动支付　　　　　　　7777. 其他

[G1002a] 去年，您家平均一个月家里人抽烟花了多少元？（单位：元）[0…9999999]

[G1002b] 去年，您家平均一个月购买酒精饮料花了多少元？（单位：元）[0…9999999]

[G1002c] 您对转基因食品的购买态度是？

1. 不知道什么是转基因
2. 不在意所买食品是否为转基因
3. 不喜欢，也不相信商品上的非转基因标识
4. 坚决不买

[G1006b] 过去一年，您家是否购买过防尘防雾霾类的产品？（仅询问城镇样本）

1. 是　　　　　　　　　　　　　2. 否

[G1006c] 过去一年，您家因购买防尘防雾霾产品花了多少钱？（单位：元）[0…9999999]（仅询问城镇样本）

[G1007a] 去年，您家居住的房子下水道是否堵过？（仅询问城镇样本）

1. 是　　　　　　　　　　　　　2. 否

[G1007b] 其中修下水道花了多少钱？（单位：元）（仅询问城镇样本）

[G1024] 过去一年，您在法律服务方面的支出是多少元？[0…999999999]

[G1024it] 过去一年，您在法律服务方面的支出大概在哪个范围？

1. [0, 300)　　　　　　　　　　7. [6000, 1万)
2. [300, 600)　　　　　　　　　8. [1万, 2万)
3. [600, 1000)　　　　　　　　 9. [2万, 5万)
4. [1000, 1500)　　　　　　　　10. [5万, 10万)
5. [1500, 3000)　　　　　　　　11. [10万, +∞)
6. [3000, 6000)

续表

[H3224] 如果本市要建一座低污染的大型化工厂，请问您的态度是
1. 反对，在本市哪里都不要建
2. 可以建，但不要在我的居住区附近建
3. 可以在我的居住区附近建
[H3225] 在日常生活中，您会注意节约用水或对水进行再利用吗？
1. 是　　　　　　　　　　　　　　　2. 否
[H3226] 您觉得个人节约用水、不乱扔垃圾等行为对环境保护的贡献是
1. 为零　　　　　　　　　　　　　　3. 有些贡献，但贡献不太大
2. 几乎为零，主要是精神层面的倡导作用　　4. 贡献很大
[H3227] 如果有经济能力，您是否因为环境问题想要迁居？
1. 否　　　　　　　　　　　　　　　3. 是，想要迁居海外
2 是，想要迁居到国内其他地方
[H3340] 您的朋友亲戚中是否有通过性别检测技术这种方式来进行胎儿性别选择。（仅询问18周岁以上，45周岁以下的受访者）
1. 有，较多　　　　　　　　　　　　3. 无
2. 有，很少　　　　　　　　　　　　4. 不清楚
[H3341] 在胎儿完全没有疾病但性别不是你想要的情况下，您自己是否能够接受在得知胎儿性别后采取手段对自己的孩子进行性别选择？（仅询问18周岁以上，45周岁以下的受访者）
1. 无法接受　　　　　　　　　　　　3. 不清楚
2. 能够接受
[H3342] 您的生育行为受到父母/公婆/岳父母等上一代生育观影响的程度有多大？（仅询问18周岁以上，45周岁以下的受访者）
1. 完全受上一代影响　　　　　　　　3. 受上一代影响较小
2. 受到上一代影响较大　　　　　　　4. 完全不受上一代影响
[H3343] 父母/公婆/岳父母等上一辈希望你们夫妻生男孩还是女孩？（仅询问18周岁以上，45周岁以下的受访者）
1. 至少要一个女孩　　　　　　　　　3. 比较希望有一个男孩
2. 无所谓　　　　　　　　　　　　　4. 至少要一个男孩
[H3344] 您是否因为生育政策的放宽而感受到了男方家族要求多生孩子的压力？
1. 是　　　　　　　　　　　　　　　2. 否

续表

[H3345] 全面开放二胎之后，您是否有意愿生育第二个孩子？（仅目前家庭孩子数少于或等于1的18-45周岁女性受访者）		
1. 是		2. 否

[H3346] 如果不愿意生育二胎，您最大的顾虑是什么？（可多选）		
1. 抚养成本高		5. 家庭未来赡养老人的压力大
2. 孩子未来上学、升学压力大		6. 高龄产妇
3. 母亲职业发展压力大		7777. 其他
4. 老人不能帮忙照料		

[H3347] 在经济可以承受的范围内，您最想生养几个孩子？[0…20]（仅18-45岁非未婚女性受访者）

[H3350] 过去一年，您家所有家庭成员遭遇过哪些犯罪或违法行为？		
1. 扒窃		7. 诈骗
2. 抢劫		8. 交通肇事
3. 入室抢盗		9. 人身伤害
4. 性骚扰		7777. 其他
5. 性暴力		7778. 没有遇到犯罪或违法现象
6. 拐卖		

[H3351] 您家在过去一年中由于【H3350所选选项】受到的损失一共有多少元？包括财产损失、医疗费、诉讼费、误工损失等。（单位：元）

[H3351it] 您家在过去一年中由于【H3350所选选项】受到的损失大概在下列哪个范围？		
1. [0, 500)		5. [5000, 1万)
2. [500, 1000)		6. [1万, 2万)
3. [1000, 2000)		7. [2万, +∞)
4. [2000, 5000)		

[H3352] 您的家庭成员是否有人因为遭遇过【H3350所选选项】犯罪或者其他违法行为而受到心理创伤？		
1. 是		2. 否

[H3353] 是否做过心理咨询？		
1. 是		2. 否

[H3354] 做心理咨询花了多少钱？[0…999999999]

续表

[H3354it] 做心理咨询的费用在哪个范围？	
1. ［0，500）	5. ［5000，1万）
2. ［500，1000）	6. ［1万，2万）
3. ［1000，3000）	7. ［2万，5万）
4. ［3000，5000）	8. ［5万，+∞）

[H3355] 是否因遭遇【H3350所选选项】而得到精神损失费？	
1. 是	2. 否

[H3356] 有多少精神损失费？

[H3356it] 精神损失费在哪个范围？	
1. ［0，500）	5. ［5000，1万）
2. ［500，1000）	6. ［1万，2万）
3. ［1000，3000）	7. ［2万，5万）
4. ［3000，5000）	8. ［5万，+∞）

[H3360] 去年，您是否提供过志愿服务？（可多选）
1. 是，参加过有组织的志愿服务
2. 是，参加过没有组织、直接向受助者提供的志愿服务
3. 去年没有提供过，但曾经提供过
4. 从来没有提供过

[H3361] 您是否通过网站或其他方式注册成为正式志愿者？	
1. 是	2. 否

[H3362] 在过去一年中，参加了以下哪些志愿服务活动？（可多选）	
1. "邻里守望"	8. 文艺表演/文化、艺术保护
2. 照顾朋友或非直系亲属	9. 赛会服务
3. 向陌生人提供临时帮助	10. 信息咨询/法律援助
4. 扶贫/助困	11. 宗教服务
5. 抢险/救灾	12. 国外/境外服务
6. 教育/健康/医疗服务	7777. 其他
7. 环保/动植物保护	

[H3363] 在过去的一年中，参加的【H3362选中选项】活动中，属于政府组织的志愿服务有多少小时？［0…8760］

续表

[H3364] 在过去的一年中，参加的【H3362选中选项】活动中，属于非政府组织的志愿服务有多少小时？[0…8760]
[H3365] 在过去的一年中，参加的【H3362选中选项】活动中，没有通过任何组织直接向受助者提供的志愿服务有多少小时？[0…8760]
[H3366] 在过去的一年中，参加的【H3362选中选项】活动中，专业志愿服务有多少小时？[0…8760]
[H3367] 过去一年，在您参与的有组织志愿活动中，您得到了多少补贴？[0…999999999]（单位：元）
[H3367it] 您估计补贴在哪个范围？ 1. [0, 100)　　　　　　　　　　5. [5000, 1万) 2. [100, 500)　　　　　　　　　6. [1万, 5万) 3. [500, 1000)　　　　　　　　7. [5万, +∞) 4. [1000, 5000)
[H3368] 过去一年，在您参与的有组织志愿活动中，您本人承担了多少费用？（单位：元）
[H3368it] 您估计承担的费用在哪个范围？ 1. [0, 100)　　　　　　　　　　5. [5000, 1万) 2. [100, 500)　　　　　　　　　6. [1万, 5万) 3. [500, 1000)　　　　　　　　7. [5万, +∞) 4. [1000, 5000)
[H3369] 过去一年，您参与的没有通过组织、直接向受助者提供志愿服务中，您本人承担了多少费用？（单位：元）
[H3369it] 您估计承担的费用在哪个范围？ 1. [0, 100)　　　　　　　　　　5. [5000, 1万) 2. [100, 500)　　　　　　　　　6. [1万, 5万) 3. [500, 1000)　　　　　　　　7. [5万, +∞) 4. [1000, 5000)
[H3370] 去年，在非假期期间，您平均每天照顾家人几个小时？（单位：小时）[0…24]
[H3371] 去年，在非假期期间，您平均每天做家务几个小时？（单位：小时）[0…24]

表5　北京师范大学、西南财经大学双边共享个人变量

[A3116]【CAPI加载家庭成员姓名】单程上班大概花多少时间（分钟）？
1. [0, 15)　　　　　　　　　　6. [75, 90)
2. [15, 30)　　　　　　　　　 7. [90, 105)
3. [30, 45)　　　　　　　　　 8. [105, 120)
4. [45, 60)　　　　　　　　　 9. ≥120
5. [60, 75)

[A3117]【CAPI加载家庭成员姓名】单程上班的距离大概是多少公里？
1. [0, 2)　　　　　　　　　　 6. [20, 30)
2. [2, 5)　　　　　　　　　　 7. [30, 40)
3. [5, 10)　　　　　　　　　　8. [40, 50)
4. [10, 15)　　　　　　　　　 9. [50, 60)
5. [15, 20)　　　　　　　　　 10. ≥60

[A3118]【CAPI加载家庭成员姓名】上班采用的交通工具是？（多选）
1. 路面公共交通　　　　　　　6. 电动车或摩托车
2. 轨道交通　　　　　　　　　7. 自行车
3. 公务车　　　　　　　　　　8. 步行
4. 私家车　　　　　　　　　　7777. 其他
5. 打车

[A3119]【CAPI加载家庭成员姓名】每天上下班花费多少钱元？
1. [0, 5)　　　　　　　　　　 5. [30, 50)
2. [5, 10)　　　　　　　　　　6. [50, 100)
3. [10, 20)　　　　　　　　　 7. ≥100
4. [20, 30)　　　　　　　　　 8. 0

[A3120] 请问【CAPI加载家庭成员姓名】不在工作地附近居住的原因是？
1. 工作地附近房价太高
2. 工作地附近房源太少
3. 获取更好的教育资源（居住地附近有重点中小学）
4. 获取更好的医疗条件（居住地附近有较好的医院）
5. 获取更好的住房质量（当前住房的面积更大，周围环境更好）
6. 当前住房接近其他家庭成员的工作地
7777. 其他

[A3121] 请问不在居住地附近工作给【CAPI加载家庭成员姓名】带来了哪些问题？（多选） 1. 交通话费增加　　　　　　　　　3. 经常遭遇交通拥堵 2. 上班时间增加　　　　　　　　　7777. 其他	
[A3137] 去年，【CAPI加载家庭成员姓名】个人所得税总共支付了多少元？（单位：元）	
[A3137it] 去年，【CAPI加载家庭成员姓名】支付的个人所得税在下列哪个范围？ 1. [0, 5000)　　　　　　　　　　7. [15万, 20万) 2. [5000, 1万)　　　　　　　　　8. [20万, 30万) 3. [1万, 2万)　　　　　　　　　　9. [30万, 50万) 4. [2万, 5万)　　　　　　　　　　10. [50万, 100万) 5. [5万, 10万)　　　　　　　　　11. ≥100万 6. [10万, 15万)	
[F6110a] 去年缴纳了多少保费（商业人寿保险）？（单位：元）	
[F6203] 去年缴纳了多少保费（商业健康保险）？（单位：元）	
[F6502] 去年缴纳了多少保费（其他商业保险）？（单位：元）	

表6　北京师范大学、西南财经大学双边共享家庭变量

[C7072] 去年，对这（些）车您家一共交纳了多少保费？（单位：元）
[C8001aa] 目前，您家拥有下列哪些类型耐用品？ 1. 手机　　　　　　　　　　　　　9. 家具 2. 黑白/彩色电视机　　　　　　　10. 卫星接收器 3. 洗衣机　　　　　　　　　　　　11. 乐器 4. 冰箱　　　　　　　　　　　　　12. 摄像机/照相机 5. 空调　　　　　　　　　　　　　13. 防盗门/窗/网 6. 电子计算机/电脑　　　　　　　14. 空气净化器 7. 组合音响　　　　　　　　　　　15. 净水器 8. 热水器　　　　　　　　　　　　7788. 以上都没有
[C8002a] 去年，您家购买家庭耐用品的支出有多少钱？（单位：元）
[C8002ait] 去年，您家购买家庭耐用品的支出在下列哪个范围？ 1. [0, 2000)　　　　　　　　　　7. [10万, 15万) 2. [2000, 5000)　　　　　　　　8. [15万, 20万) 3. [5000, 1万)　　　　　　　　　9. [20万, 30万) 4. [1万, 2万)　　　　　　　　　　10. [30万, 50万) 5. [2万, 5万)　　　　　　　　　　11. ≥50万 6. [5万, 10万)

续表

[G1020] 去年，您家的保健、健身锻炼支出花了多少钱元？

[G1020it] 去年，您家的保健、健身锻炼支出在下列哪个范围

1. [0, 2000)
2. [2000, 5000)
3. [5000, 1万)
4. [1万, 2万)
5. [2万, 5万)
6. [5万, 10万)
7. [10万, 15万)
8. [15万, 20万)
9. [20万, 30万)
10. [30万, 50万)
11. ≥50万

[H3104] 如果您有一笔资金用于投资，您最愿意选择哪种投资项目？（仅询问新受访户）

1. 高风险、高回报的项目
2. 略高风险、略高回报的项目
3. 平均风险、平均回报的项目
4. 略低风险、略低回报的项目
5. 不愿意承担任何风险

[H3107] 如果现在有两张彩票供您选择，若选第一张，您有100%的机会获得4000元，若选第二张，您有50%的机会获得10000元，50%的机会什么也没有，您愿意选择哪张？

1. 第一张
2. 第二张

[H3108] 假如有一场游戏，您有50%的机会损失25元，有50%的机会获得X元，您希望X最少等于多少才会参加这个游戏？

1. 37.5
2. 50
3. 62.5
4. 75
5. 大于75

[H3109] 假如您有50%的机会损失100元，有50%的机会赢得Y元，您需要Y最少等于多少才会参与这个游戏？

1. 150
2. 200
3. 250
4. 300
5. 大于300

[H3223] 您愿意每年花多少钱来支持环境保护？（单位：元）

表7　北京师范大学、暨南大学双边共享个人变量

[A3132a]【CAPI加载家庭成员姓名】去年工作的性质是

1. 受雇于他人或单位（签订正规劳动合同）

2. 临时性工作（没有签订正规劳动合同，如打零工）

3. 务农

4. 经营个体或私营企业、自主创业、开网店

5. 自由职业

6. 其他（志愿者）

表8　北京师范大学、暨南大学、西南财经大学三边共享个人变量

[A3122] 除了主要工作，目前【CAPI加载家庭成员姓名】还有几份工作？

1. 1份　　　　　　　　　　　　4. 4份及以上

2. 2份　　　　　　　　　　　　5. 没有其他工作

3. 3份

[A3136] 去年，【CAPI加载家庭成员姓名】工作实际获得多少税后货币工资？（单位：元）

[A3136a] 去年，【CAPI加载家庭成员姓名】获得税后奖金收入总共有多少元？包括月奖、季度奖、年终奖及其他奖。

[A3136ait] 去年，【CAPI加载家庭成员姓名】获得税后奖金在下列哪个范围内？

1. [0, 5000)　　　　　　　　　7. [15万, 20万)

2. [5000, 1万)　　　　　　　　8. [20万, 30万)

3. [1万, 2万)　　　　　　　　9. [30万, 50万)

4. [2万, 5万)　　　　　　　　10. [50万, 100万)

5. [5万, 10万)　　　　　　　11. ≥100万

6. [10万, 15万)

[A3136b] 去年，【CAPI加载家庭成员姓名】获得税后补贴收入或实物收入总共有多少元？包括食品、医疗补贴、交通通信补贴、住房补贴等。

[A3136bit] 去年，【CAPI加载家庭成员姓名】获得补贴收入或实物收入在下列哪个范围？

1. [0, 5000)　　　　　　　　　7. [15万, 20万)

2. [5000, 1万)　　　　　　　　8. [20万, 30万)

3. [1万, 2万)　　　　　　　　9. [30万, 50万)

4. [2万, 5万)　　　　　　　　10. [50万, 100万)

5. [5万, 10万)　　　　　　　11. ≥100万

6. [10万, 15万)

续表

[A3136it] 去年，【CAPI加载家庭成员姓名】工作实际获得的收入在下列哪个范围内？
1. [0, 1万)　　　　　　　　　　7. [30万, 50万)
2. [1万, 2万)　　　　　　　　　8. [50万, 100万)
3. [2万, 5万)　　　　　　　　　9. [100万, 200万)
4. [5万, 10万)　　　　　　　　10. [200万, 500万)
5. [10万, 20万)　　　　　　　 11. ≥500万
6. [20万, 30万)
[A3132] 去年，【CAPI加载家庭成员姓名】一共工作了几个月？若去年换过工作，本体填答总工作时间；若去年没有工作过，本题填0。[0…12]
[A3133] 去年，在工作月，【CAPI加载家庭成员姓名】平均每个月工作多少天？[1…31]
[A3134] 去年，在工作日，【CAPI加载家庭成员姓名】平均每天工作几小时？[1…24]

表9　北京师范大学、浙江大学、西南财经大学三边共享家庭变量

[G1001] 您家去年平均一个月的伙食费是多少钱，包括在外就餐？（单位：元）
[G1005] 您家去年平均一个月，水、电、燃料费、物业管理费、暖气费等支出总共多少钱？（单位：元）
[G1006] 您家去年平均一个月，用于购买日常用品的支出总额是多少？（单位：元）
[G1007] 您家去年平均一个月，雇佣保姆、小时工、司机以及家政服务公司提供的清洁清洗、管道疏通、病床陪护、搬家、修理等家政服务花费多少钱？（单位：元）
[G1009] 您家去年平均每个月使用电话、手机等通信费、有线电视费、上网费共有多少？（单位：元）
[G1010] 您家去年平均每个月书报、杂志、光盘、影剧票、酒吧、网吧、养宠物、游乐场及玩具、艺术器材、体育用品等文化娱乐总支出有多少钱？（单位：元）
[G1011] 去年，您家所有家庭成员购买衣物共花了多少钱？（单位：元）
[G1016] 去年，您家在教育培训上一共支出了多少钱？（单位：元）
[G1018] 去年，您家旅游总支出是多少钱？（单位：元）
[G1018it] 旅游支出在下列哪个范围？
1. [0, 2000)　　　　　　　　　7. [10万, 15万)
2. [2000, 5000)　　　　　　　 8. [15万, 20万)
3. [5000, 1万)　　　　　　　　9. [20万, 30万)
4. [1万, 2万)　　　　　　　　10. [30万, 50万)
5. [2万, 5万)　　　　　　　　11. ≥50万
6. [5万, 10万)

续表

[G1019] 去年，您家的医疗支出有多少钱？（单位：元）
[G1019a] 其中，您家医保支付或报销了多少钱？（单位：元）
[G1019ait] 其中，您家医保支付或报销的费用在下列哪个范围内？ 1. [0, 2000)　　　　　　　　　　7. [10万, 15万) 2. [2000, 5000)　　　　　　　　8. [15万, 20万) 3. [5000, 1万)　　　　　　　　　9. [20万, 30万) 4. [1万, 2万)　　　　　　　　　10. [30万, 50万) 5. [2万, 5万)　　　　　　　　　11. ≥50万 6. [5万, 10万)
[G1019it] 医疗总支出在下列哪个范围内？ 1. [0, 2000)　　　　　　　　　　7. [10万, 15万) 2. [2000, 5000)　　　　　　　　8. [15万, 20万) 3. [5000, 1万)　　　　　　　　　9. [20万, 30万) 4. [1万, 2万)　　　　　　　　　10. [30万, 50万) 5. [2万, 5万)　　　　　　　　　11. ≥50万 6. [5万, 10万)
[G2003] 去年，您家给父母的现金或非现金一共有多少钱？包括礼金，定期或不定期的生活费等，非现金请折算为现金。（单位：元）
[G2003a] 去年，您家给公婆/岳父母的现金或非现金一共有多少钱？包括礼金，定期或不定期的生活费等，非现金请折算为现金。（单位：元）
[G2004a]【G2004所选项】的金额是多少？非现金请折算为现金。（单位：元）
[G3003] 除以上支出外，去年您家前面未提到的其他支出大约是多少钱？（单位：元）
[G2004] 去年，您家庭因下列哪些项目给非家庭成员现金或非现金？（可多选） 1. 春节、中秋节等节假日支出（包括压岁钱和过节费） 2. 红白喜事（包括做寿、庆生等） 3. 教育 4. 医疗 5. 生活费 7. 捐赠或资助 7777. 其他

图书在版编目(CIP)数据

中国真实进步指标测算报告.2018/关成华,涂勤主编.--北京:社会科学文献出版社,2019.12
 ISBN 978-7-5201-5532-8

Ⅰ.①中… Ⅱ.①关… ②涂… Ⅲ.①中国经济-经济发展-经济指标-测算-研究报告-2018 Ⅳ.①F124

中国版本图书馆 CIP 数据核字(2019)第 198178 号

中国真实进步指标测算报告（2018）

主　　编 / 关成华　涂　勤

出 版 人 / 谢寿光
责任编辑 / 赵慧英

出　　版 / 社会科学文献出版社·社会政法分社（010）59367156
　　　　　 地址：北京市北三环中路甲 29 号院华龙大厦　邮编：100029
　　　　　 网址：www.ssap.com.cn

发　　行 / 市场营销中心（010）59367081　59367083
印　　装 / 三河市龙林印务有限公司

规　　格 / 开　本：787mm×1092mm　1/16
　　　　　 印　张：20.25　字　数：327 千字
版　　次 / 2019 年 12 月第 1 版　2019 年 12 月第 1 次印刷
书　　号 / ISBN 978-7-5201-5532-8
定　　价 / 108.00 元

本书如有印装质量问题，请与读者服务中心（010-59367028）联系

▲ 版权所有 翻印必究